Soziale Inklusion

D1995189

Hans-Jürgen Balz · Benjamin Benz
Carola Kuhlmann
(Hrsg.)

Soziale Inklusion

Grundlagen, Strategien und Projekte in der Sozialen Arbeit

Springer VS

Herausgeberinnen
Prof. Dr. Hans-Jürgen Balz
Evangelische Fachhochschule RWL
Bochum, Deutschland

Prof. Dr. Benjamin Benz
Evangelische Fachhochschule RWL
Bochum, Deutschland

Prof. Dr. Carola Kuhlmann
Evangelische Fachhochschule RWL
Bochum, Deutschland

ISBN 978-3-531-18557-6
ISBN 978-3-531-19115-7 (eBook)
DOI 10.1007/978-3-531-19115-7

Die Deutsche Nationalbibliothek verzeichnet diese Publikation in der Deutschen Nationalbibliografie; detaillierte bibliografische Daten sind im Internet über http://dnb.d-nb.de abrufbar.

Springer VS
© VS Verlag für Sozialwissenschaften | Springer Fachmedien Wiesbaden 2012
Das Werk einschließlich aller seiner Teile ist urheberrechtlich geschützt. Jede Verwertung, die nicht ausdrücklich vom Urheberrechtsgesetz zugelassen ist, bedarf der vorherigen Zustimmung des Verlags. Das gilt insbesondere für Vervielfältigungen, Bearbeitungen, Übersetzungen, Mikroverfilmungen und die Einspeicherung und Verarbeitung in elektronischen Systemen.

Die Wiedergabe von Gebrauchsnamen, Handelsnamen, Warenbezeichnungen usw. in diesem Werk berechtigt auch ohne besondere Kennzeichnung nicht zu der Annahme, dass solche Namen im Sinne der Warenzeichen- und Markenschutz-Gesetzgebung als frei zu betrachten wären und daher von jedermann benutzt werden dürften.

Redaktioneller Hinweis: Bei Drucklegung des Buches wurde in Verantwortung des Verlages der Literaturstil „Basic“ verwendet.

Springer VS ist eine Marke von Springer DE. Springer DE ist Teil der Fachverlagsgruppe Springer Science+Business Media.
www.springer-vs.de

Inhaltsverzeichnis

(Soziale) Inklusion – Zugänge und paradigmatische Differenzen

Hans-Jürgen Balz, Benjamin Benz und Carola Kuhlmann

Vielfältige Veröffentlichungen widmen sich aktuell dem Thema Inklusion. Sozialethische, kulturwissenschaftliche, sozialpolitische Perspektiven werden ausgelotet, Praxisfelder wie der Kindergarten, die Schule, die Gemeindepädagogik, die Hochschule, selbst die Wohnungs- und Betriebspolitik und das Internet werden „inklusiv". Immer neue Gruppen (neben behinderten Menschen auch türkische Jugendliche oder Sinti und Roma) werden als „exkludiert" bezeichnet, um anschließend ihre Inklusion zu fordern.[1] Schulen und Kindertagesstätten richten „inklusive Klassen" ein oder stellen ihre Arbeit nach dem „Index für Inklusion" (siehe Booth und Ainscow 2003) um. Ganze Kommunen versprechen ihre Politik „inklusiver" zu gestalten und verstehen darunter ein neues „Konzept des menschlichen Zusammenlebens", das dem Einzelnen die Teilhabe an Gemeinschaft ermöglicht bzw. erleichtert. Barrieren für eine gesellschaftliche Teilhabe sollen erkannt und aktiv beseitigt werden (Montag Stiftung Jugend und Gesellschaft 2011, S. 2; vgl. auch http://www.kommunen-und-inklusion.de).

[1] Siehe etwa Eckstein 2007; Evangelische Landeskirche in Württemberg 2007; Reisz und Stock 2007; Kreuzer 2008; Uerlings 2008; Theunissen 2010; Rachbauer 2011; Isop und Ratkovic 2011.

H.-J. Balz (✉)
Evangelische Fachhochschule RWL, Bochum, Deutschland
E-Mail: balz@efh-bochum.de

B. Benz
Evangelische Fachhochschule RWL, Bochum, Deutschland
E-Mail: benz@efh-bochum.de

C. Kuhlmann
Evangelische Fachhochschule RWL, Bochum, Deutschland
E-Mail: kuhlmann@efhbochum.de

H-J. Balz et al. (Hrsg.), *Soziale Inklusion*, DOI 10.1007/978-3-531-19115-7_1,

© VS Verlag für Sozialwissenschaften | Springer Fachmedien Wiesbaden 2012

Doch es ist keineswegs klar, ob unter Inklusion immer Ähnliches verstanden wird. Denn die unterschiedlichen politischen und fachdisziplinären Debatten wurden und werden zu verschiedenen Zeiten, an verschiedenen Orten und von verschiedenen individuellen und institutionellen Akteuren geführt. So besteht die Gefahr, dass sich der Begriff der Inklusion zu einem sozial- und bildungspolitischen sowie populärwissenschaftlichen Modewort (ohne klaren inneren Bedeutungskern) entwickelt, verschiedene Interessengruppen sich seiner bedienen und mit der Forderung nach Inklusion (lediglich) einen Vorteil in der Debatte um gesellschaftliche und institutionelle Veränderungsperspektiven verschaffen wollen (vgl. etwa die zweifelhafte Karriere des Nachhaltigkeitsbegriffes).

Der Inklusionsbegriff hat sich aber sowohl als sozialpolitisches Konzept einer Vision zur Teilhabe aller an der Gemeinschaft, als auch im konkreten professionellen und Alltagshandeln in verschiedenen gesellschaftlichen Bereichen zu verorten, zu legitimieren und in seiner Nützlichkeit zu beweisen. Inklusion ist dabei einzuordnen in das Spannungsfeld von sozialen Interessen, von sozialer Integration, Partizipation, Gleichstellung und Gerechtigkeit. Dies erscheint uns notwendig, um an fachliche Diskurse anzuschließen und gleichzeitig das Neue bzw. Andere an der Idee der Inklusion herauszuarbeiten. Wichtig sind die konzeptuelle Klarheit und der Begründungszusammenhang für das Inklusionskonzept, aber zugleich auch die Transformation in methodische Grundsätze und konkretes Handeln von Fachkräften im Sozialwesen. Unserer Ansicht nach will und muss der Inklusionsbegriff Prozess und Ziel gleichermaßen beschreiben.

Das vorliegende Buch will Anregungen zur Orientierung bieten, indem es verschiedene theoretische und konzeptuelle Diskussionen sowie praktische Entwicklungen im Kontext von Inklusion und Exklusion vorstellt und aufeinander bezieht. Es möchte Inklusion als Begründung für die Professionen der Sozialen Arbeit diskutieren und kritisch würdigen. Ausgehend von den Beiträgen und Ergebnissen einer Tagung zu sozialer Inklusion im Kontext des gleichnamigen Master-Studiengangs an der Evangelischen Fachhochschule Rheinland-Westfalen-Lippe (EFH R-W-L) in Bochum und unter Einbezug zahlreicher weiterer Autoren und Autorinnen lotet das Buch wissenschaftlich reflektiert und praktisch handlungsorientiert den Stellenwert von sozialer Inklusion, ihren Nutzen und ihre Implikationen für die Arbeit im Sozialwesen aus. Es geht uns darum, Fragen zu stellen, Handlungserfordernisse zu formulieren, konkrete Praxisansätze vorzustellen und Entwicklungsperspektiven aufzuzeigen.

Ziel der vorliegenden Publikation ist bei der begrifflichen Klärung von Inklusion auch, seine konzeptionelle Qualität im Vergleich zur Integration zu diskutieren, das Spannungsverhältnis von Inklusions- und Exklusionsprozessen in verschiedenen Feldern (Bildung, Gesundheit und Arbeit) zu beschreiben, Inklusion hinsichtlich der dafür relevanten Prozessebenen (Institution, Struktur und Handlungsprozess) zu betrachten sowie inklusive Methoden und Good Practice Projekte einzubinden. Auch sollen Perspektiven für den wissenschaftlichen Diskurs und das Studium der Berufe des Sozialwesens unter Gesichtspunkten der Inklusion angeboten bzw. aufgezeigt werden. Wichtig erscheint uns dabei, die Differenz, die (zumindest bislang) zwischen dem Begriff der „Sozialen Inklusion", wie sie etwa im Armutsdiskurs verstanden wird, und dem der „Inklusion", wie sie etwa über die Behindertenrechtskonvention (BRK) gefordert wird, herauszuarbeiten und zu diskutieren.

Erreichen wollen wir mit dem Buch unterschiedliche Zielgruppen: in den Feldern des Sozialwesens Lehrende und Forschende, im Kontext der Inklusion tätige PraktikerInnen (etwa in der Sozialarbeit, der Elementar-, Sozial-, Gemeinde-, Heil-, Sonder- und Schulpädagogik, der Migrationsarbeit, der Gemeinwesenarbeit und der Berufsförderung) sowie Studierende der betreffenden Professionen und Handlungsfelder insbesondere in einschlägigen Master-Studiengängen.

Das vorliegende Buch gliedert sich entsprechend seiner Zielsetzung in drei Bereiche:

- Die Beiträge im ersten Kapitel arbeiten die Grundlagen und theoretischen Zugänge sowie unterschiedliche Konzepte und (disziplinäre) Verständnisse sozialer Inklusion heraus. Ferner identifizieren sie die Notwendigkeit sowie die Chancen, Grenzen, Ambivalenzen und Widersprüchlichkeiten sozialer Inklusion als Grundlage der Sozialen Arbeit.
- Die im zweiten Kapitel versammelten Beiträge sind stärker handlungswissenschaftlich ausgerichtet und fragen danach, was bei inklusivem professionellen Handeln handlungsfeldspezifisch – insbesondere bezogen auf Gesundheit, Bildung und Arbeit – zu berücksichtigen ist.
- Im dritten Kapitel werden auf Inklusion zielende innovative und bewährte Beispiele guter Praxis sowie regionale Entwicklungen in verschiedenen Handlungsfeldern skizziert. Sie nehmen dabei in unterschiedlicher Weise Stellung dazu, welchen Ansatz sozialer Inklusion sie verfolgen, auf welche Dimensionen sozialer Inklusion sie sich (primär) beziehen, welche Erfolge sie versprechen und mit welchen Hindernissen sie zu rechnen haben.
- Abschließend thematisiert ein Beitrag Qualifizierungsbedarfe für eine inklusive Soziale Arbeit und stellt diese exemplarisch anhand des Master-Studiengangs „Soziale Inklusion: Gesundheit und Bildung" an der EFH R-W-L dar.

Detaillierter betrachtet wird unserem Thema in folgenden Beiträgen nachgegangen:

- Das **Kap. 1** – Grundlagen und theoretische Zugänge – eröffnet der politikwissenschaftliche Beitrag von *Ernst-Ulrich Huster* und *Kay Boucarde*, die hier historisch und theoretisch den – durch marktradikale Ideologien immer wieder in Frage gestellten – Zusammenhang von Demokratie und sozialem Klassenkompromiss herausstellen, auf nationalstaatlicher Ebene, wie darüber hinausgehend insbesondere auf EU-europäischer Ebene. Der Begriff sozialer Inklusion, so die Argumentation der Autoren, könne helfen, das Bekenntnis des Grundgesetzes zum Sozialstaat zu präzisieren und zugleich einer Negierung sozialer Interessen im Sozialstaatsdiskurs entgegenwirken.
  In ihrem ebenfalls historisch und theoretisch angelegten Beitrag geht *Carola Kuhlmann* der Frage nach, welche wechselnden Begriffe der Sozialen Arbeit zugrunde lagen und liegen und wie sich die Theoriedebatten der letzten zehn Jahre (Luhmann, Focault, Nussbaum) zum Begriff der Inklusion verhalten. Auch wird hier kritisch gefragt, ob der Inklusionsbegriff geeignet ist, die Orientierung an den Begriffen der sozialen Gerechtigkeit (Salomon) und des Menschenrechts (Staub-Bernasconi) im Bereich der Sozialen Arbeit abzulösen.
  Hildegard Mogge-Grotjahn und *Theresia Degener* greifen die Differenzen im Begriffsverständnis soziologischer und juristischer Debatten auf, insbesondere vor dem Hintergrund der Behindertenrechtskonvention (BRK) der Vereinten Nationen (UN). Ausgehend von Antidiskriminierungsgesetzen und Diversity-Konzepten wird Inklusion als notwendige Folge einer radikalen Kritik an Menschenrechtsverletzungen an behinderten Menschen positioniert, welche besonders im Bildungsbereich offenbar werden.
  Auch der Beitrag von *Sigrid Graumann* arbeitet Inklusion als menschenrechtstheoretischen Begriff unter Bezug auf die UN-BRK heraus. Dabei spielten sowohl Ansprüche auf Gleichberechtigung als auch Ansprüche auf gesellschaftliche Wertschätzung eine Rolle. Es werden drei Dimensionen von Anerkennung reflektiert – die Anerkennung als Person mit individuellen Bedürfnissen, die Anerkennung als Person mit gleichen Rechten und die Anerkennung als Person mit besonderen Eigenschaften, Fähigkeiten, Zugehörigkeiten und Lebensentwürfen in ihrer Bedeutung für die Umsetzung von Inklusion.
  Der Beitrag von *Thomas Eppenstein* und *Doron Kiesel* weitet noch einmal den thematischen Horizont, indem er die Debatte um den Aspekt der „Intersektionalität" nachzeichnet und seine Relevanz für Inklusions- und Exklusionsprozesse herausstellt. In interkultureller Perspektive gehe es einerseits darum, wie und in welchen Dimensionen Verschiedenheit reflektiert werden muss, andererseits darum, wie im Fall von mehrfachen Benachteiligungen angemessen auf diese reagiert werden soll.

- In das strategisch fokussierte **Kap. 2** führt *Benjamin Benz* mit einem wiederum politikwissenschaftlichen Beitrag ein, in dem er deutlich macht, dass für Strategien sozialer Inklusion neben der konkreten Fachpolitik als policy-Dimension von Politik, auch die formale Seite von Politik (polity) und politische Prozesse (politics) in den Blick genommen werden müssen. Strategisch bedeutsam für eine Politik sozialer Inklusion erscheint es ihm, nach Elementen eines nicht nur individuellen, sondern strukturellen Empowerments zu suchen und dabei „Graustufen" partieller und gradueller sozialer Inklusion in den Blick zu nehmen.
  Andrea Platte zeichnet dagegen die erziehungswissenschaftliche (insbesondere die heilpädagogische) Debatte zum Inklusionskonzept nach. Die Autorin versteht unter Inklusion eine gleichsam verstärkte und veränderte Form der Integration behinderter Menschen. Im Unterschied zur Integration müsse sich hier nicht mehr vornehmlich das Individuum selbst anpassen und integrieren, sondern das Bildungssystem seine Praxis ändern und sich den verschiedenen Individuen anpassen.
  Andreas Mielck stellt empirische Ergebnisse zur sozialen und gesundheitlichen Ungleichheit in Deutschland vor und leitet daraus Handlungsbedarfe für das Gesundheitssystem ab. Anschließend sucht er eine Antwort darauf, was die Public Health Diskussion über gesundheitliche Ungleichheit und was die Diskussion über Inklusion/Exklusion voneinander lernen können.
  Der Beitrag von *Hans-Jürgen Balz und Dirk Nüsken* geht der Frage nach, ob in einem auf Effektivität, Effizienz und internationalen Wettbewerb orientierten kapitalistischen Ausbildungs- und Beschäftigungssystem der Anspruch sozialer Inklusion realisierbar ist? Exemplarisch wird dies für das Übergangssystem zwischen Schule und Arbeits- bzw. Ausbildungsstellenmarkt geprüft und gefragt, ob das Übergangssystem einen Beitrag zur Inklusion liefert und wie es sich weiterentwickeln müsste, um dies (besser/stärker) zu gewährleisten.
  Jens Clausen wendet sich schließlich der immer noch unbefriedigenden Arbeits- und Wohnsituation von behinderten und psychisch kranken Erwachsenen zu. Viele von ihnen sind weiterhin auf Heime angewiesen – eine Situation, die ebenso wie die Exklusion aus Regelschulen nach der UN-Behindertenrechtskonvention geändert werden müsste und die in vielen anderen Ländern bereits viel besser gelöst sei.
- Einzelnen lokalen Projekten und Entwicklungen vorangestellt ist in **Kap. 3** mit dem Beitrag von *Sophie Gräbsch-Wagener* ein Hinweis auf die Bedeutung von integrierter Sozialberichterstattung und Sozialplanung für eine kommunale Inklusionspolitik. Erst über diese lasse sich ein hinreichend empirisch fundiertes und sozialräumlich differenziertes Bild von Inklusionsbedarfen sowie Erfolgen

und Anpassungsbedarfen politischer Maßnahmen und konkreter Projektangebote entwickeln.
Die drei folgenden Beiträge nehmen gezielt den vorschulischen Bildungsbereich in den Blick. Mit „Opstapje – Schritt für Schritt" stellt *Rainer Rudl* ein in den Niederlanden entwickeltes präventives Frühförder- und Bildungsprogramm für Kinder aus sozial- und bildungsbenachteiligten Familien sowie Familien mit Migrationshintergrund vor. Die Eltern würden darin durch aktives Mitmachen befähigt, ihre Kinder frühzeitig zu fördern und ihnen damit bessere Bildungsmöglichkeiten und Teilhabebedingungen zu eröffnen.
Christiane Schlott hingegen erläutert in ihrem Beitrag, wie der katholische Kindergarten St. Barbara in Bochum-Wattenscheid als Familienzentrum die In- und Exklusionsdimension Gesundheit umfassend konzeptionell aufgreift und damit auch der Inklusionsverpflichtung des Kinderbildungsgesetzes des Landes Nordrhein-Westfalen in besonderer Weise nachkommt.
Dass ein diagnostisch verengter Blick auf gesundheitliche Exklusionsrisiken vermieden werden muss, macht an den vorausgehenden Beitrag anknüpfend *Fritz Haverkamp* deutlich. So bestätigten Ergebnisse eines studentischen Lehr-Forschungsprojektes Argumentationen in der Fachliteratur, dass auch bei in Schuleingangsuntersuchungen unauffälligen (weil begabten) Kindern, sich der elterliche Bildungsgrad im Intelligenzquotienten der Kinder widerspiegele. Es sei zu befürchten, dass relative und/oder spezifische Bildungs- und Förderbedarfe dieser Kinder nicht rechtzeitig aufgedeckt werden. Diese werden im weiteren Verlauf des Grundschulbesuchs aber ggf. relevant, etwa für den Besuch und Abschluss weiterführender Schulen. Der Autor plädiert daher für eine differenziertere und früher (etwa im 2. Lebensjahr) einsetzende Diagnostik.
Christiane Große-Bley befasst sich im nachfolgenden Beitrag mit Kerngedanken des „Index für Inklusion" in seiner Bedeutung für die heilpädagogische Arbeit an einer Bochumer Grundschule (Vels-Heide-Schule). Hier wird der besondere Beitrag von Diplom-HeilpädagogInnen für ein Gelingen schulischer Inklusion aufgezeigt.
Ursula Henke und *Michael Wendler* stellen mit dem Projekt „Wald statt Ritalin?" einen nichtmedikamentösen Förderansatz für Kinder mit ADHS vor. Ausgangspunkt ihrer Praxisforschung war die Einrichtung eines Projektes an zwei Bochumer Schulen. Das Projekt schafft Kindern, die von der Aufmerksamkeitsdefizit-/Hyperaktivitätsstörung betroffen sind und Verhaltensauffälligen aufweisen, einen zusätzlichen Lernort, der eine Alternative zu den Rahmenbedingungen im Klassenzimmer zugunsten einer für die Zielgruppe entwicklungsförderlichen Umgebung darstellen soll.

Ulrich Wicking schildert aus seiner Perspektive als Verwaltungsdirektor des Schulverwaltungsamtes Bochum die Ausgangslage der städtischen Schulentwicklungsplanung sowie daraus zu ziehende Konsequenzen für Maßnahmen zur Förderung inklusiver Schulstrukturen. Er gibt damit einen Ausblick auf die weitere Entwicklung in diesem Feld am Beispiel der Stadt Bochum.
Im Beitrag von *Claudia Formann* und *Steffen Pfannschmidt* wird das Projekt „Kontrakt – Unternehmen für Bildung" in seiner Entwicklung beschrieben. Dieses zunächst vom Bundesamt für Migration und Flüchtlinge gefördert Projekt unterstützt insbesondere Wittener Kinder mit Migrationshintergrund in der schulischen Entwicklung und bei ihrem Weg ins Berufsleben. Es ist ein sozialpädagogisch begleitetes Patenschaftsprojekt von Unternehmen, Organisationen und Einzelspendern, die damit vielfältige Aktivitäten der Jugendlichen mit Migrationshintergrund zur gesellschaftlichen Teilhabe unterstützen.
Den Schlusspunkt des Kapitels setzt der Beitrag von *Bettina Schmidt* und *Katja Bakarinow-Busse*. Die Autorinnen nehmen darin kritisch-würdigend die Praxis der Inanspruchnahme der unabhängigen Patientenberatung bezogen auf schwer erreichbare Zielgruppen in den Blick. Lösungswege, wie etwa bildungsbenachteiligte Menschen, Männer, Menschen mit Migrationshintergrund und Personen mit sozialen Beeinträchtigungen besser angesprochen und erreicht werden können, lägen vor, würden aber in der Praxis wenig umgesetzt. Es mangele folglich nicht mehr am Wissen, sondern bislang am Wollen, kostenintensive und kaum standardisier- und rationalisierbare, inklusive Instrumente einzusetzen.

- Abschließend gehen *Carola Kuhlmann* und *Ernst-Ulrich Huster* im **Ausblick** auf die Möglichkeit einer besseren Umsetzung inklusiver Praxis durch Professionalisierung und Qualifizierung in diesem Bereich ein. Zur Handlungskompetenz gehöre dabei auch, immer wieder das Spannungsverhältnis zwischen politischer Verursachung von Exklusion und den nur begrenzt wirksamen Inklusionshilfen Sozialer Arbeit auszuhalten.

Wir hoffen, Sie als Leserinnen und Leser mit diesen Beiträgen für eine Exkursion durch die theoretische und konzeptionelle Vielfalt der sozialen Inklusion gut vorbereitet zu haben. Falls Sie bereits Handelnde in einem Inklusionsprozess sind, wünschen wir Ihnen Anstöße für einen erweiterten Blick und ein vertieftes Verständnis zu geben. Wir verstehen das Buch als Einladung und Ermutigung zur Inklusionsdiskussion für eine menschengerechte Gesellschaft für alle. Vielleicht kann das Buch einen „Kompass" darstellen, um die Untiefen und Verzweigungen etwas genauer zu sehen.

Ausgehend von den Debatten bei der Erstellung und Bearbeitung der Beiträge bleibt für uns der Gedanke zentral, Inklusion als eine neue Betrachtung von

Menschenrechten zu sehen, die noch nicht überall hinreichend erkannt, erstritten und verwirklicht sind. Für die Zusammenführung der Debatten um Inklusion und soziale Inklusion kann unserer Ansicht nach insbesondere festgehalten werden, dass sowohl behinderte als auch arme Menschen einer der UN-Menschenrechtskonvention konformen gesellschaftlichen Praxis bedürfen – ob nun mit oder ohne Konkretion in einer eigenen Konvention.

Danken möchten wir an dieser Stelle allen, die zum Gelingen der Bochumer Tagung und dieses Bandes beigetragen haben. Dies sind vor allem die ReferentInnen und mitdiskutierenden TeilnehmerInnen der Veranstaltung, die in der Organisation engagierten Studierenden sowie die AutorInnen der hier versammelten Beiträge. Daneben danken wir dem VS Verlag, insbesondere Frau Laux, für die professionelle Unterstützung unseres Buchprojektes. Auf Wunsch des Verlages wurde in der Zitationsweise und im Literaturverzeichnis das Format Basic verwendet.

Für Anregungen und Diskussionsimpulse zu den Beiträgen des Bandes wären wir Ihnen, den Leserinnen und Lesern, dankbar. Wir verstehen dieses Buch als Einladung zur diskursiven und tätigen Mitwirkung an der Gestaltungsaufgabe einer inklusiven, menschengerechten Zukunft.

Literatur

Booth Z, Ainscow M (2003) Index für Inklusion. Lernen und Teilhabe in der Schule der Vielfalt entwickeln (Übers: Boban I, Hinz A). Universitätsdruckerei, Halle-Wittenberg. http://www.gew.de/Index_fuer_Inklusion.html. Zugegriffen: 01. Feb. 2012

Eckstein C (Hrsg) (2007) Beteiligung, Inklusion, Integration. Sozialethische Konzepte für die moderne Gesellschaft. Aschendorf, Münster

Evangelische Landeskirche in Württemberg (Hrsg) (2007) Christliche Spiritualität gemeinsam leben und feiern. Praxisbuch zur inklusiven Arbeit in Diakonie und Gemeinde. Kreuz-Verlag, Stuttgart

Isop U von, Ratkovic V (2011) Differenzen leben – Kulturwissenschaftliche und geschlechterkritische Perspektiven auf Inklusion und Exklusion. transcript, Bielefeld

Kreuzer M (Hrsg) (2008) Inklusion und Zusammenleben im Kindergarten. Reinhardt, München

Montag Stiftung Jugend und Gesellschaft (Hrsg) (2011) Kommunaler Index für Inklusion. Ein Arbeitsbuch. http://www.jugend-und-gesellschaft.de/fileadmin/Redaktion/Jugend_und_Gesellschaft/PDF/Projekte/Kommunaler_Index/KommunenundInklusion_Arbeitsbuch_web.pdf. Zugegriffen: 01. Feb. 2012

Rachbauer T (2011) e-Inklusion macht Schule – Eine Chance zur Überwindung der Digitalen Kluft. GRIN, München

Reisz R, Stock M (2007) Inklusion in Hochschulen: Beteiligung an der Hochschulbildung und gesellschaftlichen Entwicklung in Europa und in den USA (1950–2000). Institut für Hochschulforschung an der Martin-Luther-Universität Halle-Wittenberg, Wittenberg

Theunissen G (2010) Inklusion von Menschen mit geistiger Behinderung. Zeitgemäße Wohnformen, soziale Netze, Unterstützungsangebote. Kohlhammer, Stuttgart

Uerlings H (Hrsg) (2008) „Zigeuner“ und Nation: Repräsentation – Inklusion – Exklusion. Lang, Frankfurt a. M.

Teil I
Grundlagen und theoretische Zugänge

Soziale Inklusion: Geschichtliche Entwicklung des Sozialstaats und Perspektiven angesichts Europäisierung und Globalisierung

Ernst-Ulrich Huster und Kay Bourcarde

1 Der Sozialstaat: Soziale Integration als Staatsziel

Das im Grundgesetz verankerte Sozialstaatsprinzip ist ein gesellschaftlicher Kompromiss und bündelt in sich verschiedene Elemente der staatstheoretischen Entwicklung. Carlo Schmid (1896–1979), Vorsitzender des Hauptausschuss im Parlamentarischen Rat, begründete am 6. Mai 1949 vor dem Plenum die Namensgebung „Bundesrepublik Deutschland" mit den Worten:

> Der Hauptausschuss schlägt Ihnen den Namen ‚Bundesrepublik Deutschland' vor. In diesem Namen kommt zum Ausdruck, dass ein Gemeinwesen bundesstaatlichen Charakters geschaffen werden soll, dessen Wesensgehalt das demokratische und soziale Pathos der republikanischen Tradition bestimmt: nämlich einmal der Satz, dass alle Staatsgewalt vom Volke ausgeht, weiter die Begrenzung der Staatsgewalt durch die verfassungsmäßig festgelegten Rechte der Einzelperson, die Gleichheit aller vor dem Gesetz und der Mut zu den sozialen Konsequenzen, die sich aus den Postulaten der Demokratie ergeben. (Parlamentarischer Rat 1949, S. 172)

Der Sozialstaatsgrundsatz ist, folgt man dieser Begründung, nicht Additiv etwa zur Rechtsstaatlichkeit, wie in der staatsrechtlichen Diskussion insbesondere von Forsthoff (1968), aber in seinem Gefolge auch bis die Gegenwart von anderen Autoren behauptet, sondern er verbindet unauflösbar die liberal-republikanischen Tradition mit der der pluralistischen Demokratie. Die Bestimmung von Grund-

E.-U. Huster (✉)
Evangelische Fachhochschule RWL Bochum, Deutschland
und Justus-Liebig-Universität Gießen, Deutschland
E-Mail: ernst-ulrich.huster@t-online.de

K. Bourcarde
Ministerium für Soziales, Arbeit, Gesundheit und
Demografie, Mainz, Deutschland
E-Mail: bourcarde@t-online.de

H-J. Balz et al. (Hrsg.), *Soziale Inklusion*, DOI 10.1007/978-3-531-19115-7_2,
© VS Verlag für Sozialwissenschaften | Springer Fachmedien Wiesbaden 2012

und Menschenrechten durch Thomas Marshall (1893–1981) in wirtschaftliche, politische und soziale hebt in gleicher Weise hervor, dass Rechtsstaatlichkeit nicht ohne demokratische Legitimation und dass der Erfolg wirtschaftlicher Interessen nicht ohne den Schutz der sozialen Interessen breiter Bevölkerungskreise verwirklichbar ist (Marshall 1992). Seit der Formulierung der klassischen liberalen Theorie ist die Herstellung des sozialen Zusammenhalts von Gesellschaft das zentrale Thema politischer Theorie, aber es gibt immer wieder auch Versuche und praktische Ansätze, dieses mit ideologischen Argumenten in Frage zu stellen.

Die nachfolgende Untersuchung verfolgt zunächst geschichtlich-theoretisch die von Carlo Schmid benannte „republikanische Tradition" und die „Postulate der Demokratie", um diese dann in den klassischen Sozialstaatskonzepten etwa von Max Weber, Eduard Heimann, Hermann Heller und Ralf Dahrendorf zusammenzuführen. Doch deren Ansatz einer Synthese von unterschiedlichen Klasseninteressen wird – so der nächste Schritt – immer wieder durch marktradikale Ideologien in Frage gestellt. Dabei zeigt ein Blick auf die Empirie, wie unbegründet die Sorge ist, dass sich im Sozialversicherungsstaat eine sozialethisch nicht mehr vertretbare Belastung von Wirtschaft und Gesellschaft entwickelt hat. Entgegen der früheren Gleichsetzung von sozialstaatlichem Ausgleich mit Nationalstaatlichkeit beziehen die im Anschluss daran vorgestellten neueren Konzepte größere Handlungseinheiten mit ein: die Europäische Union (Anthony Giddens) und weltweite Austauschbeziehungen (Amartya Sen und Martha Nussbaum). Neue Begrifflichkeiten entstehen, so etwa die von der Sozialen Inklusion – eine Begrifflichkeit, die das von Helmut Ridder zur Generalnorm im Grundgesetz erhobene Bekenntnis zum Sozialstaat präzisieren könnte und zugleich einen Kontrapunkt setzt gegen die Negierung sozialer Interessen und Normen im Sozialstaatsdiskurs, wie es etwa Niklas Luhmann versucht hat (Huster 2012).

2 Der Sozialstaat: Geschichtliche Entwicklung

2.1 „... das demokratische und soziale Pathos der republikanischen Tradition ..."

Mit der Herausbildung der bürgerlichen Gesellschaft zerbrachen nicht nur die feudalen Strukturen mit ihrem wechselseitigen Treue- und Abhängigkeitsverhältnissen, sondern auch Hilfesysteme für diejenigen, die aus diesen Binnenstrukturen herausgefallen waren. Die frühbürgerlichen Gesellschaftstheorien fragten, was an die Stelle der alten Strukturen treten solle, um nicht nur innergesellschaftliche Konflikte zu lösen, sondern auch um sich als politische Gesellschaft nach außen positionieren zu können. Der Statik der Feudalordnung folgte die Dynamik einer auf Privatbesitz aufbauenden Gesellschaftsordnung, die aber zugleich Elemente enthielt, die diese Ordnung immer wieder in Frage zu stellen in der Lage waren. Dem dienten damals vertragsrechtliche Entwürfe, die die Gesellschaft („Krieg aller gegen alle", Thomas Hobbes) durch rechtliche Rahmensetzung und Handhabung des Gewaltmonopols durch den Staat in die Lage versetzen sollten, dem nach zu gehen, wozu sie da ist, nämlich dem gewaltfreien Handel zwischen freien, gleichen bürgerlichen Rechtssubjekten. Dabei war es diesen Theoretikern – in unterschiedlicher Weise zwar – klar, dass die Interessenidentität in der Gesellschaft nur dann gegeben sei, wenn die Eigentumsunterschiede zwischen den Bürgern nicht zu stark ausfallen würden (vgl. Locke 1967).

Jean Jacques Rousseau (1712–1778) formulierte in seinem „Contrat Social" von 1762 die große Anti-These zur feudalen, auf Standesprivilegien basierenden Gesellschaft des Ancien Regime und damit das Fanal der Französischen Revolution: „Der Mensch wird frei geboren, und überall ist er in Ketten." (Rousseau (1968, S. 30). Rousseau forderte vom Bürger die Wahrnehmung von *Eigenverantwortung* und dass der gesellschaftliche Rang des Einzelnen von dessen Leistung – modern würde man sagen: in der Erwerbsarbeit –, nicht aber von seiner Geburt her bestimmt wird. Zugleich sah Rousseau die Gefahr, dass eben diese Freiheit durch eine zu starke Konzentration des Reichtums untergraben werden könnte. So dürfe niemand so reich sein, „(...) um sich einen andern kaufen zu können, noch so arm, um sich verkaufen zu müssen." (ebenda, S. 87). Er forderte daher eine egalisierende Vermögensbildung zugunsten einer demokratischen, freiheitlichen Entwicklung (*état médiocre*) – allerdings ohne staatliche Eingriffe in den Bestand.

Angesichts der ökonomischen Rückständigkeit in Deutschland dachte etwa der Staatsreformer *Wilhelm von Humboldt* (1767–1835) nicht über mögliche Folgen zu starker Eigentumskonzentration nach, hatte er es doch mit einem Staat zu tun, dessen agrarische Grundlagen weitgehend die Wirtschaft dominierten und merkantilistische sowie staatsbürokratische Maßnahmen letztlich den kapitalistischen Take off in Deutschland eher behinderten. Sein Zeitgenosse aber, *Georg Wilhelm Friedrich Hegel* (1770–1831) erkannte bereits in seiner 1821 erstmalig erschienenen „Rechtsphilosophie":

> „Durch die *Verallgemeinerung* des Zusammenhangs der Menschen durch ihre Bedürfnisse, und der Weisen, die Mittel für diese zu bereiten und herbeizubringen, vermehrt sich die *Anhäufung der Reichtümer*, denn aus dieser gedoppelten Allgemeinheit wird der größte Gewinn gezogen – auf der einen Seite, wie auf der anderen Seite die *Vereinzelung* und *Beschränktheit* der besonderen Arbeit und damit die *Abhängigkeit* und Not der an diese Arbeit gebundenen Klasse (...)." Hegel resümiert: „Es kommt hierin zum Vorschein, daß bei dem *Übermaße des Reichtums* die bürgerliche Gesellschaft *nicht reich genug* ist, d. h. an dem ihr eigentümlichen Vermögen nicht genug besitzt,

> dem Übermaße der Armut und der Erzeugung des Pöbels zu steuern." Hegel erkannte eine für die bürgerliche Gesellschaft gefährliche Dynamik: „Durch diese ihre Dialektik wird die bürgerliche Gesellschaft über sich hinausgetrieben (...)." (Hegel 1970, Rechtsphilosophie, Bd. 7, § 243, S. 389 und § 246, S. 391)

Hegel sah die Sprengkraft privatkapitalistischer Expansion – nach innen in einer sich verfestigenden sozialen Polarisierung, nach außen in Form kolonialer Politik der großen Wirtschaftsnationen –, ohne aber selbst schon innerstaatliche bzw. innergesellschaftliche Alternativen aufzuzeigen.

2.2 „... Mut zu den sozialen Konsequenzen, die sich aus den Postulaten der Demokratie ergeben ..."

Die theoretischen Klassiker der Arbeiterbewegung – *Karl Marx* (1818–1883) und *Friedrich Engels* (1820–1895) – verwarfen die Vorstellung Hegels, die vorhandenen Gegensätze zwischen Staat und Gesellschaft und in der Gesellschaft dialektisch zu „vermitteln", d. h. auf einer höheren Entwicklungsstufe zu einer neuen Synthese zu bringen, denn dieses sichere nur das Privateigentum des (feudal-aristokratischen) Landstandes und des entstehenden Gewerbestandes. Ihre Forderung nach „Abschaffung der Klassen" (MEW 20, 99) schloss die Abschaffung des Privateigentums an Produktionsmitteln ein. Denn eine bloß gleichmäßigere Verteilung des vorhandenen Produktivvermögens reiche nicht aus, um das soziale Herrschaftssystem einer Klasse über eine andere aufzuheben. Da *„der Mensch das höchste Wesen für den Menschen"* sei, ergibt sich schon für den jungen Marx der *„kategorische(.) Imperativ"*, „alle *Verhältnisse umzuwerfen*, in denen der Mensch ein erniedrigtes, ein geknechtetes, ein verlassenes, ein verächtliches Wesen ist, (...)" (MEW 1, 385). Nicht sozialer *Ausgleich* wurde folglich angestrebt, sondern die Aufhebung des Privateigentums an Produktionsmitteln.

De facto hat sich insbesondere in Deutschland eine Arbeiterbewegung herausgebildet, die den Revolutionsbegriff der marxistischen Theorie zwar aufrecht erhielt, insgesamt aber stärker auf Reformen der bestehenden politischen und sozialen Verhältnisse über die Einführung des allgemeinen und gleichen Wahlrechts zielte. *Ferdinand Lassalle* (1825–1864) formulierte – im Rückgriff auf *Johann Gottlieb Fichte* (1762–1814) – Vorstellungen von einem *sozial integrierend wirkenden Staat* (Lassalle 1970). Er strebte ein Bündnis mit dem Bismarck'schen Obrigkeitsstaat an. Parallel dazu organisierten Arbeiter in den 1850er und 1860er Jahren freiwillige Hilfskassen als *Solidarverbund* insbesondere für den Krankheitsfall.

Die mit Hegels analytischer Beobachtung beginnende Auseinandersetzung mit der „sozialen Frage" und das gleichzeitige Sichtbarwerden der demokratischen Repräsentanz der Arbeiterbewegung im politischen Alltag, setzte im kaiserlichen Obrigkeitsstaat eine Diskussion frei, wie man denn beides (die „soziale Frage" und die politische Vertretung der Arbeiterbewegung) „lösen" könne – durch „Zuckerbrot und Peitsche"! Doch die Kaiserliche Botschaft vom 17. November 1881, die das Startsignal zur Errichtung von drei Sozialversicherungen im Deutschen Reich gab, ging darüber hinaus, sie definierte vielmehr klassisch die Aufgabe des Sozialstaates:

> Schon im Februar dieses Jahres haben Wir Unsere Überzeugung aussprechen lassen, dass die *Heilung der sozialen Schäden nicht ausschließlich im Wege der Repression* sozialdemokratischer Ausschreitungen, sondern gleichmäßig auf dem der *positiven Förderung* des Wohles der Arbeiter zu suchen sein werde. Wir halten es für Unsere Kaiserliche Pflicht, dem Reichstage diese Aufgabe von Neuem ans Herz zu legen; und würden Wir mit um so größerer Befriedigung auf alle Erfolge, mit denen Gott Unsere Regierung sichtlich gesegnet hat, zurückblicken, wenn es Uns gelänge, dereinst das Bewusstsein mitzunehmen, dem Vaterlande neue und dauernde Bürgschaften seines inneren Friedens und *den Hülfsbedürftigen größere Sicherheit und Ergiebigkeit des Beistandes*, auf den sie Anspruch haben, zu hinterlassen. (zit. nach Boeckh et al. 2011, S. 57)

Sozialstaat bedeutet demnach *soziale Inklusion* und zielt auf zweierlei. Zum ersten ist es vorrangig die Aufgabe der Sozialpolitik, sozial unverträgliche *Folgen der Marktwirtschaft auszugleichen*, aber in der Weise, dass diese Wirtschaftsform nicht in Frage gestellt wird. Soziale Folgen privaten Wirtschaftens werden vom Ort ihres Entstehens externalisiert und außerhalb des Produktionsprozesses bearbeitet. Doch Ansprüche gegenüber diesen externen Leistungsträgern müssen zuerst „verdient" werden, ihre Leistungserbringung zielt der Sache nach auf die Reintegration in die Erwerbsarbeit bzw. bindet den (Lohn-)Ersatz an Zugangsbarrieren.

Aber dieses von Bismarck konzipierte Sozialstaatsmodell hat auch eine zweite Zielsetzung. Denn dieser materielle Kompensationsansatz im politischen Gemeinwesen zielt auf eine viel umfassendere Inklusion, nämlich auf das Entstehen „dauernde(r) Bürgschaften seines inneren Friedens", also auf eine *innerstaatliche Friedensordnung* durch das Zusammenführen von an sich widerstreitenden sozialen Interessen, nämlich von Kapital und Lohnarbeit, in welcher ausdifferenzierten Form auch immer.

2.3 Der Sozialstaat: Versuche einer Synthese von Klasseninteressen

Dieser Grundgedanke wird in der nachfolgenden Republik theoretisch weiter ausgeführt. *Max Weber (1864–1920)*, ein Vertreter des *Sozialliberalismus*, beispielsweise griff das bei *John Locke* entwickelte liberale Theorem auf, dass nämlich die in einem Staat Beherrschten den mit der Herrschaft Beauftragten und den zu beachtenden Gesetzen zustimmen müssen:

> Ein gewisses Minimum an innerer Zustimmung mindestens der sozial gewichtigen Schichten der Beherrschten ist ja Vorbedingung einer jeden, auch der bestorganisierten, Herrschaft. (Weber 1958, S. 327)

In der Phase des klassischen Liberalismus sei dies auch kein Problem gewesen, bezog sich doch hier die Forderung nach sozialer Zustimmung auf die sozial homogene Klasse der Besitzbürger. Im „modernen Staat" aber gebe es diese *soziale Homogenität* nicht, folglich könne die zustimmende Haltung der Bürgerinnen und Bürger erst auf dem Wege der *sozialen Integration* u. a. durch staatliche Politik hergestellt werden. Weber beschrieb damit den Zustand zugespitzter Klassenauseinandersetzungen am Ende des I. Weltkrieges. Er ging von der „(…) Gebundenheit jeder Regierung an die Existenzbedingungen einer auf absehbare Zeit hinaus kapitalistischen Gesellschaft und Wirtschaft (…)" aus (ebenda, S. 353 f.). Immer wieder fragte Weber, inwieweit die organisierte Arbeiterbewegung die in ihr wirksamen revolutionären Elemente zurückdrängen könne. Zugleich plädierte er für einen Kompromiss zwischen Kapitalismus und Arbeiterbewegung. Zwar werde man noch lange Zeit mit den privaten Unternehmern leben und auf ihre ökonomische Leistungsfähigkeit zurückgreifen müssen, wohl aber müsse und könne man ihren politischen Wirkungsgrad einschränken.

Innerhalb der *sozialdemokratischen Arbeiterbewegung* stellte sich in den 1920er Jahren nach Konsolidierung der Wirtschaft die Frage, ob die Regierungsbeteiligung, die Mitarbeit an den gesetzgeberischen bzw. sozialpolitischen Prozessen nun ein Abweichen vom für richtig gehaltenen Ziel des Sozialismus oder nur ein anderer Weg hin zur Überwindung des Kapitalismus sei. *Eduard Heimann* (1889–1967) gibt in seiner vor Ausbruch der Weltwirtschaftskrise im Jahr 1929 erschienen Schrift „Soziale Theorie des Kapitalismus" eine knappe Antwort:

> Sozialpolitik sichert die kapitalistische Produktionsgrundlage vor den von der sozialen Bewegung drohenden Gefahren, indem sie der sozialen Forderung nachgibt; sie baut den Kapitalismus stückweise ab und rettet dadurch seinen jeweils verbleibenden Rest; sie erreicht immer dann und nur dann einen Erfolg, wenn die Erfüllung einer sozialen Teilforderung zur produktionspolitischen Notwendigkeit wird. Dies ist ihr konservativ-revolutionäres Doppelwesen. (Heimann 1929, zit. nach 1980, S. 172)

Hermann Heller (1891–1933) schließlich kamen am Ende der Weimarer Republik erhebliche Zweifel, ob das Bürgertum noch bereit sei, seinen Beitrag zur Aufrechterhaltung dieses Integrations-Modells, damit zur evolutionären Durchsetzung der

„sozialen Idee", von der Eduard Heimann gesprochen hatte, zu leisten. Angesichts der Gefahr eines zur Macht gelangenden Faschismus forderte er:

> Soll die heutige, vornehmlich vom Bürgertum geschaffene Kultur und Zivilisation erhalten, geschweige denn erneuert werden, so muss unter allen Umständen der erreichte Grad der Berechenbarkeit der gesellschaftlichen Beziehungen nicht nur bewahrt, sondern sogar noch erhöht werden. (Heller 1930, S. 24)

Obwohl gerade Teile des Bürgertums den von Anfang an in der Weimarer Republik nur widerwillig hingenommenen Kompromiss mit der Arbeiterbewegung in der Weltwirtschaftskrise aufzukündigen bereit seien, sah Heller die objektive Aufgabe des Proletariats darin, immer wieder die soziale und politische Kraft zur Integration aufzubringen, da das Bürgertum aus sich heraus dazu nicht in der Lage und auch nicht willens sei (vgl. Schluchter 1968, S. 172). Mit der proletarisierten „Massendemokratie des heutigen Großstaates" und dem gesteigerten Klassengegensatz wird, so Heller, gerade die Arbeiterschaft als jener Teil der bürgerlichen Gesellschaft, der nach Marx eigentlich deren Negation darstellt und bestimmt ist, diese aufzuheben, zum wichtigsten Kristallisationskern und zu einem der „staatsbildenden Faktoren", dem die Aufgabe der Integration der *„ewig antagonistischen Einheit"* in der bürgerlichen Gesellschaft zukomme, um so den Faschismus abzuwenden (vgl. Heller 1929, S. 7, 8 und 11). Diese Ausformulierung der Notwendigkeit eines sozialen Kompromisses zum Zwecke der Verteidigung letztlich auch der bürgerlichen Gesellschaft setzte auf Teilhabe an den privatwirtschaftlich von Unternehmern und Arbeitnehmern erwirtschafteten Ressourcen. Heller formulierte die klassische Alternative: „Rechtsstaat oder Diktatur?", wobei im Rechtsstaatsbegriff zugleich der soziale Kompromiss enthalten ist. Heller ist der „Vater" des Begriffs vom „sozialen Rechtsstaat".

Nach dem 2. Weltkrieg und im Kontext der enormen wirtschaftlichen Schubkraft der (west-) deutschen Wirtschaft formulierte schließlich *Ralf Dahrendorf* (1891–1933) den sozialen Kompromiss als eine wesentliche Grundlage der sozialen Teilhabe aller und des sozialen Zusammenhalts der bürgerlichen Gesellschaft:

> Deshalb verlangt die Durchsetzung der Bürgerrechte ein gewisses Maß dessen, was gerne Nivellierung genannt wird, nämlich einen verlässlichen ‚Fußboden' und eine schützende ‚Decke' für das Gehäuse sozialer Schichtung. Eine Politik zu diesem Ende ließe sich als liberale Sozialpolitik ohne große Mühe konzipieren. Sie bliebe eine liberale Politik, denn ihr eigentliches Ziel läge darin, den Raum zwischen Decke und Fußboden möglichst breit zu halten, damit die Vielfalt menschlicher Talente und Leistungen im Medium der distributiven Ungleichheit seinen Ausdruck finden kann. (Dahrendorf 1965, S. 96)

Damit wird das Gebot der *Integration* erneuert, zugleich auf die gesamte Gesellschaft ausgeweitet und nicht, wie bei *Hermann Heller*, vorrangig als ein Instrument im Abwehrkampf gegen den aufkommenden Faschismus verstanden. Zugleich wird ein quantitatives Spektrum für die *soziale Teilhabe* bzw. *Verteilung* aufgezeigt, denn der Abstand zwischen Decke und Fußboden wird nun zum interessebedingten Ort der Auseinandersetzung.

Bürgerrechte sind, so das Resümee der geschichtlichen Wurzeln des Sozialstaatsgebotes, an eine existenzsichernde Mindestversorgung gebunden, die vor *sozialer Ausgrenzung* schützen soll, zugleich gibt es Grenzen der Verteilung nach oben, wie schon die frühliberale Theorie formulierte. Gesellschaft benötigt soziale Differenzierung als Folge der unterschiedlichen Wahrnehmung von *Eigenverantwortung*, aber auch sozialen Zusammenhalt durch *Solidarität*. Der soziale Widerstreit bezieht sich auf deren Mischungsverhältnis, Verteilungspolitik in Richtung von mehr Leistungsgerechtigkeit oder von mehr solidarischer Gerechtigkeit ist folglich legitim, und zwar ohne Exklusivitätsanspruch. Aber der Boden selbst muss stabil bleiben (*Vorleistungsfreie Gerechtigkeit*). Sozialstaatlichkeit und die daran orientierte Sozialpolitik zielen auf innergesellschaftlichen Inklusion, zu dem andere Staatszielbestimmungen auf den Gebieten Bildung, Gesundheit, politische, soziale und kulturelle Teilhabe etc. hinzukommen. Soziale Inklusion und Sozialer Zusammenhalt als Ziel staatlicher Politik und gesellschaftlichen Zusammenlebens verbindet:

- Sie sind normativ bestimmt.
- Sie verkörpern temporäre Kompromisse zwischen unterschiedlichen, teils stärkeren, teils schwächeren sozialen Interessen.
- Sie sind geschichtlich, geografisch und perspektivisch veränderbar.

Folglich sind diese Normen sowohl prozesshaft als auch teleologisch wirksam, ohne dass hier eine klare Scheidung möglich ist. Diese Normen können aber auch in Frage gestellt werden, was auch parallel zum Ausbau von Sozialstaatlichkeit immer wieder geschehen ist.

3 Wider den Sozialstaat: Inklusion durch Exklusion – das neoliberale Dogma

Schon im Verlauf der sog. *Großen Depression* in den 1870er und 1880er Jahren verfolgte die sich herausbildende universitäre Wirtschaftswissenschaft Strategien, wie diese Wirtschaftskrise überwunden werden könne. Sie formulierte – im Rekurs auf die klassische – eine *neoklassische* Wirtschaftstheorie, die auf Stärkung der Angebotsstrukturen im Marktgeschehen zielte. Mit Ausbruch der *Weltwirtschaftskrise* Ende der 1920er Jahre erlebte diese Schule einen enormen Aufschwung. Wiewohl Deutschland als Bestandteil der Europäischen Gemeinschaft ein führender Repräsentant einer zunehmend europäisierten und globalisierten Wirtschaft geworden ist, sind die zentralen Imperative dieser heute häufig, wenn auch wenig spezifisch, unter dem Sammelbegriff als *neoliberal* bezeichneten Wirtschaftspolitik zunächst außerhalb Deutschlands akademisch und praktisch entwickelt worden. Für sie stehen *Milton Friedman* (1912–2006), und die nach dem Ort seines Wirkens in Chicago benannte Schule. Deutschland erlebt ebenfalls eine Renaissance der Gedanken von *Friedrich August von Hayek* (1899–1992).

Es sei – so Hayek – ein Irrglaube, ähnlich dem an „Hexen und Gespenster", sich in einer spontan sich bildenden Ordnung, also beim Markt, etwas Bestimmtes unter „sozialer Gerechtigkeit" vorstellen zu können – auf eine derartige Idee könne nur eine „Zwangsorganisation" kommen, wie sie offensichtlich der Sozialstaat darstellt (vgl. von Hayek 1981, S. 98). Folglich sei es nicht die Aufgabe des Staates, korrigierend in die Ergebnisse von Marktprozessen einzugreifen. Hayek sieht allerdings durchaus ein „Mindesteinkommen" vor, doch müsse dieses für Bedürftige, die ihren Lebensunterhalt nicht auf dem Markt verdienen könnten, vollständig *außerhalb des Marktes* und im Bereich *privater Fürsorge* angesiedelt sein und keinesfalls für Personen zu Verfügung stehen, die am Markt eine Leistung anbieten, selbst wenn diese dort nicht nachgefragt werde. Er begründet diese Mindestsicherung für offensichtlich nicht mehr Arbeitsfähige als im Interesse jener liegend, „(...) die Schutz gegen Verzweiflungsakte der Bedürftigen verlangen (...)", also der marktstarken Bürgerinnen und Bürger (von Hayek 1991).

Zur Logik des von *Robert Nozick* ausformulierten Konzepts von einem *minimal state* gehört das sozialpolitische Credo, Movens von wirtschaftlichem Erfolg sei die Verstärkung *sozialer Ungleichheit*. Da dieses Credo schlicht unbeweisbare Setzung ist, schließt dieser Ansatz jegliche Korrektur aus. Dass es gerade Marktmechanismen waren, die geschichtlich auf staatliche Interventionen drängten und dass Ungleichgewichte konstitutiv zum Markt gehören, schadet der „Logik" dieses Staatsverständnisses offensichtlich ebenso wenig wie die Tatsache, dass es letztlich Menschen sind, die die negativen Seiten dieses Prozesses ertragen müssen. Dass Markt hier synonym für Klasseninteresse steht, versucht diese Argumentation nicht einmal zu verbergen: „(...) Besteuerung von Arbeitseinkommen (...)" sei „(...) mit Zwangsarbeit gleichzusetzen (...)", denn: „Alles, was aus gerechten Verhältnissen auf gerechte Weise entsteht, ist selbst gerecht." (Nozick 2006, S. 225, 203f.).

Dieser aggressive *Wirtschaftsliberalismus* entkleidet den Ökonomiebegriff all dessen, was ihn seit den Klassikern *Adam Smith*, *David Ricardo* etc. zu einem politisch gestaltbaren Prozess gemacht hat. Ökonomie und Politik verschmelzen fast wieder wie in dem vorbürgerlichen Feudalsystem zu einer – sozial strikt gestuften – „Einheit", wobei an die Stelle der Feudalherren die (groß-)wirtschaftlichen Interessenträger treten. *Soziale Ausgrenzung* ergibt sich aus wirtschaftlichen „Gesetzmäßigkeiten", denen die Prägekraft naturwissenschaftlicher Gesetze zukommt. Soziale Exklusion soll zu sozialer Inklusion führen. Dieser „Gesetzmäßigkeit" zuwiderzuhandeln – durch vom Staat organisierte *Solidarität* – wäre „widernatürlich". Solchermaßen eine der großen Errungenschaften der bürgerlichen Revolution, nämlich den *Primat der Politik* gegenüber der Ökonomie aufgebend, bleiben Derivate dieser Emanzipationsbewegung, nämlich Individualisierung und Privatheit, nur noch im negativen Sinne wirksam, nämlich in Form von *Reindividualisierung* und *Reprivatisierung* sozialer Risiken.

4 Der Sozialstaat: Wer wird wie im Sozialstaat sozial eingegliedert? – Empirische Formen und Grenzen sozialer Inklusion

Die sozialstaatliche Entwicklung ist immer wieder Kompromiss zwischen mehr *Eigenverantwortung* oder mehr *Solidarität*, zwischen staatlicher *Fürsorge* oder *staatsfernem Selbsthilfegedanken*. (Wallrabenstein 2009, S. 65 ff.). Die Bismarck'schen *Arbeitnehmersozialversicherungen* und die staatliche *Fürsorgepolitik* prägen den deutschen Sozialstaat bis heute. Mehr als zwei Drittel aller Sozialleistungen werden über die fünf Sozialversicherungszweige abgewickelt (Bäcker et al. 2010, Bd. 1, S. 102). Das *Versicherungsprinzip* eröffnet hier Inklusionsprozesse, zugleich aber auch Inklusionsgrenzen: Zugang zu den Leistungen der Sozialversicherungen hat zunächst einmal nur, wer als abhängig Beschäftigter auch Zugang zum Arbeitsmarkt hat bzw. hatte. In der Terminologie von Gøsta Esping-Andersen gesprochen erlauben dementsprechend Sozialversicherungssysteme trotz ihres – vergleichsweise hohen – Leistungsniveaus nur ein begrenztes Maß an Dekommodifizierung: (vgl. Ullrich 2005, S. 108) Das mit den Sozialversicherungsleistungen einhergehende Maß an Unabhängigkeit vom Arbeitsmarkt ist nämlich gerade auf all jene begrenzt, die dort ihre Arbeitskraft im Regelfall verkaufen können. Hierfür kommt es zum einen auf den *Umfang* der geleisteten Arbeit an. Zum anderen ist auch die *Dauer* der Erwerbstätigkeit relevant, denn der Zugang zu Versicherungsleistungen ist teilweise an Anwartschaften gebunden. Während das Versicherungsprinzip über das „Ob – Überhaupt" der Inklusion entscheidet, bestimmen das *Äquivalenz- und das Solidarprinzip* das „Wie – Weit". So ist die Höhe des vorherigen Einkommens entscheidend für die des Arbeitslosengeldes I oder auch des Krankengeldes. In besonderem Maße relevant ist dies für die Rentenversicherung, die die Berufs- und Statusunterschiede während der Erwerbsphase auf die gesamte Phase des Ruhestandes überträgt (Boeckh et al. 2011, S. 365).

Sozialstaatlichkeit hat deshalb auch eine disziplinierende Funktion: Der Erwerb von Rechtsansprüchen, die Limitierung und die Verweigerung dienen der Durchsetzung von Erwerbsarbeit als vorrangige Form der Subsistenzsicherung. Die geschichtlich zurückliegenden Formen der Disziplinierung (Arbeitshaus, Armenpolitik etc.), wurden allmählich durch die Ausweitung der Formen, Rechtsansprüche in einem kausal orientierten Sicherungssystem zu erwerben, zurückgedrängt. Doch gerade diese Entwicklung hat angesichts europäischer und darüber hinaus gehender globaler wirtschaftlicher Austauschbeziehungen mittlerweile eine andere Richtung genommen. Exklusion wird aus dieser Perspektive nicht nur als abzuhelfender Missstand gedeutet, sondern hat eine Erziehungsfunktion, durch die die Ausgeschlossenen bewegt werden sollen, sich – endlich oder wieder – „gemeinschaftsfähig" zu verhalten (vgl. Lahusen und Stark 2003, S. 370).

Dem Gros der kausal strukturierten Leistungen, denen eigentumsrechtliche, weil durch Beitragszahlung erworbene Rechtsansprüche zugrunde liegen, steht eine Minderheit *finaler* Elemente gegenüber. Diese sind in aller Regel subsidiär und bedürftigkeitsabhängig, so etwa das Arbeitslosengeld II, die Sozialhilfe oder die Grundsicherung im Alter bzw. bei dauerhafter Nichterwerbsfähigkeit. Die steuerfinanzierten, bedürftigkeitsabhängigen *Fürsorgeleistungen* können daher nicht nur mit der Stigmatisierung verbunden sein, auf Kosten der Allgemeinheit zu leben, sondern rechtfertigen zugleich soziale Härten. Sozialversicherungsleistungen auf der einen, Fürsorgeleistungen auf der anderen Seite – man kann in Deutschland von sozialstaatlichen Leistungen erster und zweiter Klasse sprechen. Bei einer grundsätzlich gleichen Ausgangssituation wirken diese im einen Fall tendenziell inkludierend, im anderen Fall tendenziell exkludierend.

In der Vergangenheit wurde das Sozialversicherungssystem auf Personenkreise erweitert, die mangels eines entsprechenden Beschäftigungsverhältnisses eigentlich nicht davon erfasst würden. Dabei wurde sehr stark von „Als-Ob"-Konstruktionen Gebrauch gemacht: Kindergartenkinder, Schüler oder Studierende etwa sind – wie Auszubildende – in der Gesetzlichen Unfallversicherung versichert, *als ob* sie sich in einer entsprechenden Qualifizierungsphase befinden. Dieses kann man an vielen Regelungen weiterverfolgen, etwa bei der Einbeziehung der Handwerker, Künstler und anderer Selbständiger in die GRV etc. In Deutschland besteht aber dennoch keine Volksversicherung, die die gesamte Bevölkerung umschließt – wie etwa in den Niederlanden.

Gerade weil in dem deutschen Sozialversicherungsstaat die soziale Inklusion in einem hohen Maße an die Existenz des Normalarbeitsverhältnisses anknüpft, ist soziale Ausgrenzung zumeist ein Ergebnis des Fehlens entsprechender Beschäftigungsmöglichkeiten. Die Veränderungen am Arbeitsmarkt führen so dazu, dass ausgerechnet diejenigen, die am meisten auf die inkludierende Wirkung der Sozialversicherungen angewiesen wären, zunehmend davon ausgeschlossen werden. Dieses wird dadurch verschärft, dass Maßnahmen der aktiven Arbeitsmarktpolitik auf die leichter vermittelbare Zielgruppe konzentriert werden, wohingegen Langzeitbezieher mit hohen Vermittlungshemmnissen vernachlässigt und „als hoffnungslose Fälle abgeschrieben" werden (vgl. Anhorn 2008, S. 211). Gerhard Bäcker spitzt sarkastisch zu: „Die ‚Bestenauslese' findet sich somit nicht mehr nur als unerwünschter Effekt in der Programmumsetzung, sondern ist nun selbst integraler Bestandteil der (neuen) Programme in der Arbeitsmarktpolitik geworden (‚institutionalisiertes creaming')." (Bäcker und Neubauer 2012, S. 638). Indem der Staat eine bestimmte Bevölkerungsgruppe faktisch als für den Arbeitsmarkt verloren aufgibt, sie dabei aber zugleich weiterhin jenen Mechanismen unterwirft, die soziale Inklusion hauptsächlich über Arbeitsmarktintegration herstellen wollen, wird ihre Exklusion geradezu zementiert.

Vergröbert betrachtet sind damit zwei gegensätzliche Trends beobachtbar. Einerseits gibt es die langfristige Entwicklungslinie, innerhalb der die an abhängige Beschäftigungsverhältnisse anknüpfenden Sozialversicherungssysteme durch „Als-Ob"-Konstruktionen auf immer größere Teile der Bevölkerung ausgeweitet wurden. Andererseits aber ist insbesondere innerhalb der vergangenen zehn Jahre eine dazu konträre Politik des „aktivierenden Staates" zu beobachten, durch die diejenigen Bevölkerungsgruppen stärker ausgeschlossen werden, die keinen Zugang zum Arbeitsmarkt finden. Während also über eine lange Zeit hinweg eine zunehmende Inklusion von Personen erfolgte, die nicht abhängig beschäftigt waren, dies aber völlig zweifellos auch nicht sein *konnten*, werden nun alle jene exkludiert, denen in irgendeiner Weise *unterstellt* wird, dass sie nicht abhängig beschäftigt sein *wollen*.

5 Der Sozialstaat: Perspektiven angesichts Europäisierung und Globalisierung

Der Raum sozialer Verteilungspolitik war bis in die 1990er Jahre hinein der wie auch immer modifizierte nationale Sozialstaat. Mit Herstellung der Wirtschafts- und Währungseinheit innerhalb der Europäischen Union wird dieser Sozialstaat zunehmend sozialräumlich entgrenzt. Über die Europäische Union hinaus wirken weitere soziale und ökonomische Veränderungen innerhalb Europas und weltweit auf die soziale Lage und die anstehenden nationalen Verteilungsprozesse sowie

Ergebnisse. Damit stehen Sozialstaatlichkeit und Sozialpolitik mit ihrer Aufgabe, dem ihnen obliegenden Integrationsgebot unter Bedingungen *wirtschaftlicher und politischer Entgrenzung* Rechnung zu tragen, vor neuen Herausforderungen. Traditionelle nationale Politikansätze und der darin zum Ausdruck kommende soziale Interessensbezug werden dadurch nicht in toto obsolet, sie bedürfen aber einer Erweiterung in Richtung einer Abstimmung unterschiedlicher nationaler Interessen und einem sich national herausgebildeten Verständnis, was als sozial gerecht akzeptiert wird bzw. was solidarisch in diesem erweiterten Sozialraum abgesichert werden kann. Auf diese Herausforderungen reagieren neue sozialstaatliche Theorien.

5.1 Theorien des Sozialstaates: Über den Nationalstaat hinaus?

5.1.1 Der Dritte Weg: Anthony Giddens

Im Spannungsfeld zwischen dem Zusammenbruch des sozialistischen Blocks in Osteuropa, Strukturproblemen der traditionellen Sozialdemokratie und den „(…) neue[n] Risiken und Unsicherheiten (…)", die der Neoliberalismus erzeuge, gibt *Anthony Giddens* (geb. 1938) Antworten auf fünf elementare Dilemmata der Gegenwart, nämlich die Globalisierung, die Individualisierung, die Verschiebung der Bedeutung des Schemas Links und Rechts, Veränderungen politischer Handlungsebenen sowie den ökologischen Notwendigkeiten (vgl. Giddens 1999, S. 27). Dabei hält Giddens an der zentralen Bedeutung von sozialer Gerechtigkeit und der Gewährung von sozialem Ausgleich fest:

> „Eine in hohem Maße ungleiche Gesellschaft schadet sich selbst, wenn sie die Talente und Fähigkeiten ihrer Bürger nicht bestmöglich nutzt. Überdies können Ungleichheiten den gesellschaftlichen Zusammenhalt gefährden und sozial unerwünschte Konsequenzen haben (etwa eine hohe Verbrechensrate)." (ebenda, S. 55) Da heute „(…) niemand mehr eine Alternative zum Kapitalismus zu bieten (…)" habe (ebenda, S. 57), plädiert Giddens für das Modell einer neuen gemischten Wirtschaft, die „(…) einen Synergieeffekt von öffentlichem und privatem Sektor erzielen (…)" solle, „(…) indem sie die Dynamik des Marktes für das öffentliche Interesse nutzt." (ebenda, S. 117)

Das Verhältnis zwischen Risiko und Sicherheit müsse verändert werden im Sinne einer „verantwortungsbewussten Übernahme von Risiken". Die Umverteilung selbst dürfe nicht von der Tagesordnung genommen werden, doch müsse dabei eine „Umverteilung der Chancen" in den Vordergrund gerückt werden (ebenda, S. 118). Rechte könnten nicht ohne Verpflichtungen eingeräumt werden, die Gewährung von Arbeitslosenunterstützung müsse beispielsweise an die Verpflichtung zu aktiver Arbeitssuche gebunden werden (ebenda, S. 81). Der von Anthony Giddens angestrebte Sozialstaat zielt einerseits auf den traditionellen, von der Arbeiterbewegung gepflegten *Integrationsansatz* über soziale Sicherungssysteme, doch begreift er diesen andererseits ausdrücklich als Beitrag zu einer umfassenderen *sozialen Inklusion* aller Bürgerinnen und Bürger, dabei der – freiwilligen – Exklusion der Reichen ebenso entgegentretend wie der – unfreiwilligen – der Armen. Für Letztere fordert Giddens „gemeinschaftsorientierte Initiativen" in Gestalt von Netzwerken gegenseitiger Unterstützung, Selbsthilfe und Schaffung von sozialem Kapital, kurz: die Unterstützung lokaler Aktivitäten (ebenda, S. 129). Es gelte den Sozialstaat im Sinne einer Steigerung der „positiven Wohlfahrt" umzubauen, die die eigenverantwortliche Integration in die Erwerbsarbeit ebenso umfasst wie Selbstbestimmung, aktive Gesundheitsvorsorge, lebensbegleitende Bildung, Wohlergehen und (Eigen-)Initiative (ebenda, S. 149).

Der Aufbruch in dieses „globale Zeitalter" sei nur möglich, wenn sich die Nationen und die Demokratie kosmopolitisch ausrichteten und sich neue Formen des *Governance* zwischen den Staaten, in den Staaten und unter Einbeziehung der zunehmenden Zahl nichtstaatlicher Organisationen mit zum Teil ebenfalls internationalen Verflechtungen ergäben. Dieses betreffe den Raum der Europäischen Union, gehe aber darüber auch hinaus. Das Konfliktmodell zwischen Lohnarbeit und Kapital, noch dazu auf internationaler Ebene, wird einerseits an ein supranational agierendes *Integrationsmodell* gebunden, andererseits wird innerhalb dieses Modells nach einer *umfassend soziale Inklusion* befördernden Gestaltungsfreiheit der Einzelnen gesucht: Dieses umfassender Konzept sucht nach einer neuen Synthese in einer Gesellschaft, aber auch im supranationalen Staatenverbund.

5.1.2 Ökonomie für den Menschen: Armatya Sen und Martha C. Nussbaum

Die „Entwicklung als Freiheit" müsse nach *Amartya Sen* (geb. 1933) Sinn menschlichen Zusammenlebens sein. Was Menschen positiv erreichen könnten, hänge

> „(...) von den ökonomischen Möglichkeiten, den politischen Freiheiten, den sozialen Kräften und jenen Bedingungen ab, ohne die das alles nicht möglich wäre: gute Gesundheit, Schulbildung, Förderung und Pflege von Initiativen." (Sen 2005, S. 15) Freier wirtschaftlicher Austausch kurbelt das Wirtschaftswachstum kräftig an, politische Eingriffe könnten „(...) die Ausweitung substantieller Freiheiten (...)" beschneiden, „(...) die vom System des Marktes vor allem durch Erhöhung des allgemeinen wirtschaftlichen Wohlstands geschaffen (...)" worden wären. (ebenda, S. 39)

Doch trotz dieser positiven Perspektive hin auf die Entwicklung von Freiheit gebe es Armut und zwar in globalem Ausmaß. Armatya Sen begreift Armut nicht vorrangig als ein Defizit an Markteinkommen, wenngleich dieser Umstand große Auswirkungen auf die Lebensführung habe. Armut bezeichne vielmehr einen „Mangel an Verwirklichungschancen" (ebenda, S. 110). Das Beispiel Arbeitslosigkeit zeige, dass die Folgen weit über die unmittelbare Einkommenseinbuße hinausgehe und psychische Beeinträchtigungen, den Verlust an Arbeitsmotivation und Selbstvertrauen sowie zunehmende Somatisierungen und negative Rückwirkungen auf die Familienleben nach sich zögen: Soziale Ausgrenzung, ethnische Spannungen und eine ungleiche Behandlung der Geschlechter seien die Folge.

Armatya Sen sieht eine neue Synthese zwischen weltweiten marktwirtschaftlichen Strukturen und nationalen wie internationalen Anstrengungen, mehr Freiheit dadurch zu ermöglichen, dass Verwirklichungschancen verallgemeinert würden. Er führt die Sozialstaatsdiskussion auf die globale Weltebene, doch bleibt offen, wie die von ihm selbst beschriebene Voraussetzung, nämlich wettbewerbsfreudige Märkte angesichts der weltweiten marktbeherrschenden Strukturen sowohl innerhalb der großen Wirtschaftszentren als auch durch die Triade der wirtschaftlich dominierenden Gebiete umgesetzt werden kann und soll.

Die Sozialphilosophin *Matha S. Nussbaum* (geb. 1947) konkretisiert diesen Ansatz. Im Rekurs auf *Aristoteles* (384–322 v. Chr.) wendet sie sich gegen ein residuales Wohlfahrtssystem und fordert an dessen Stelle ein institutionelles:

> „Das heißt, dass die Politik nicht einfach abwartet und schaut, wer zu den Zukurzgekommenen gehört und nur mit institutioneller Unterstützung zurechtkommt, und diesen Menschen dann aus ihrer misslichen Lage heraushilft. Stattdessen besteht das Ziel darin, ein umfassendes Unterstützungssystem zu schaffen, das allen Bürgern ein ganzes Leben lang eine gute Lebensführung ermöglicht." (Nussbaum 1999, S. 62) Sodann konkretisiert Nussbaum: „Erforderlich sind ein umfassendes Gesundheitssystem, gesunde Luft und gesundes Wasser, Sicherheit für Leben und Besitz und der Schutz der Entscheidungsfreiheit der Bürger in Bezug auf wichtige Aspekte ihrer medizinischen Behandlung. Erforderlich sind ausreichende Ernährung und eine angemessene Unterkunft, und diese Dinge sind so zu gestalten, dass die Bürger ihre Ernährung und ihre Unterkunft nach ihrer eigenen praktischen Vernunft regeln können." (ebenda, S. 65)

Dabei geht es nicht um die einfache Zuteilung von Gütern, sondern darum, den Menschen zu befähigen, bestimmte menschliche Tätigkeiten auszuüben. Staatliche Aufgabe bestehe folglich darin, „den Übergang von einer Fähigkeitsstufe zu einer anderen zu ermöglichen." (ebenda, S. 87). Der Ausschluss „menschenunwürdige(r) Arbeitsbedingungen" (ebenda, S. 45) und die Konkretion der Güter und Einrichtungen vor allem von Erziehung und Bildung als Voraussetzung eines menschenangemessenen Lebens suchen nach einer Synthese zwischen dem Befähigungskonzept von Amartya Sen und aristotelischen Vorstellungen von einem *gelingenden Leben*, die vage zwar, aber stark normativ besetzt sowohl die eigenständige Persönlichkeit als auch die Politik in ein Konzept des Guten einbindet. Auch hier geht es nicht lediglich um Überwindung von Armut, sondern um ein umfassendes Verständnis von *sozialer Inklusion* – und zwar in allen Bereichen des Lebens.

5.2 Europäische Sozialpolitik im Vierebenen-Sozialstaat, neue Begrifflichkeiten, neue Zugangsweisen

Mit der Europäischen Union hat sich inzwischen ein supranationaler Staatenverbund gebildet, der Elemente dieser theoretischen Konzepte praktisch umzusetzen versucht bzw. selbständig weiterentwickelt. Während die Europäische Union lange Zeit und im Kern bis heute vor allem eine wirtschafts- und währungspolitische Zielsetzung hatte bzw. hat, hat es immer wieder Ansätze gegeben, auch die soziale Komponente in der Europäischen Einigung in den Blick zu nehmen. Unter Jaques Delors, EG-Kommissionspräsident von 1985 bis 1995, gab es erste aktive Maßnahmen zur Problematisierung von Armuts-Lebenslagen in Europa. Es war der Begriff „Armut", der die damals konservativ regierten Länder Großbritannien und Deutschland veranlasste, die Armutsprogramme (Armut I–III) nicht weiter fortzusetzen. Der Druck anderer Länder, auf dem Gebiet des sozialen Zusammenhalts der Mitgliedsländer der Europäischen Union weiter zu arbeiten, führte dazu, dass über die Europäische Union neue Begrifflichkeiten auch in die jeweilige nationale Sozialpolitik-Diskussion Eingang gefunden haben. Der im englischen und im französischen Sprachraum übliche Begriff der „social exclusion" bzw. „exclusion sociale" (vgl. Room 1997, S. 2 ff.) trat vom Gebrauch und Gewicht her an die Stelle von „poverty" bzw. „pauverté", ohne ihn allerdings gänzlich zu verdrängen (vgl. Huster et al. 2012, S. 13 f.). Kaum war über das Vertragswerk von Amsterdam (1997) und die konkretisierende Lissabon-Strategie (2000) die Bekämpfung von sozialer Ausgrenzung im Rahmen der Offenen Methode der Koordination (OMK) zum Programm der Agenda 2010 erhoben worden (vgl. Boeckh et al. 2011, S. 400 f.), bildete sich neuer Widerstand gegen diese – wie befürchtet – prominente Schau auf Ausgrenzungsprozesse in den einzelnen Mitgliedstaaten. Aber die EU hält – bei allen Modifikationen – an dem in Art. 3 der gemeinsamen Bestimmungen des Vertrages über die Europäische Union (2008) gesetzten Ziel fest:

> Ziel der Union ist es, den Frieden, ihre Werte und das Wohlergehen ihrer Völker zu fördern. (…) Sie bekämpft soziale Ausgrenzung und Diskriminierungen und fördert soziale Gerechtigkeit und sozialen Schutz (…) Sie fördert den wirtschaftlichen, sozialen und territorialen Zusammenhalt und die Solidarität zwischen den Mitgliedstaaten. (Vertragstext zit. n. Bundeszentrale 2008)

Die Grundsatzentscheidung, die Ausgestaltung von Sozialstaatlichkeit in der nationalen Kompetenz zu belassen – gemeinsame Beschlüsse bedürfen hier der Einstimmigkeit – gleichwohl aber im Rahmen der Offenen Methode der Koordination (OMK) Folgen nationaler Sozialpolitik zu beobachten und in einem Benchmarking-Prozess zu bewerten, führt zu zwei gegensätzlichen Prozessen: Zum einen wird der nationale soziale Zusammenhalt Gegenstand *europäischer* Beobachtung, zum anderen sucht *nationale* Politik – mal stärker, mal schwächer – unter Adaptation an europäische Terminologie letztlich doch nach eigenen, in ihrer jeweiligen Tradition verhafteten Lösungsansätzen sozialer Konfliktlagen. Gleichwohl findet im politischen, sozialen und im wissenschaftlichen Rahmen eine Auseinandersetzung um eben diese Problemfelder statt:

1. Soziale Eingliederung vor allem derjenigen, die am weitesten entfernt sind vom Arbeitsmarkt
2. Zugang aller zu sozialen Diensten
3. Hilfen gerade für diejenigen, die am meisten von Armut und sozialer Ausgrenzung betroffen sind
4. Zusammenhang zwischen Wirtschaftswachstum, Beschäftigung und sozialen Inklusionserfolgen
5. Fortschritte bei der Gleichstellung der Geschlechter.

Doch es ist nach wie vor offen, wieweit diese europäischen Zielsetzungen einmal auf europäischer Ebene selbst bestimmend werden und ob und inwieweit die Politiken der Mitgliedstaaten an deren Umsetzung aktiv teilhaben – oder es zu tun nur vorgeben (Benz 2012).

6 Inklusion versus Exklusion: Normative oder normlose Normativität

Das Konzept der Sozialen Inklusion umfasst mit seiner mehrdimensionalen Perspektive jenen eingangs am Beispiel der Kaiserlichen Botschaft von 1881 ausgeführten doppelten Integrationsansatz von Sozialstaatlichkeit: nämlich sozialpolitische Bearbeitung von sozialen Risiken und politische Integration in das Gemeinwesen. Der Giessener Staatsrechtler Helmut Ridder sprach dem Sozialstaatsgedanken im Grundgesetz die Aufgabe einer „Generalnorm" zu (Ridder 1975); der Begriff „Soziale Integration" könnte dieses präzisieren. Schon Ridder sah in dem Sozialstaatsbegriff vor allem eine Prüfnorm für konkrete Politik, ohne dass sich daraus konkrete soziale Institute ableiten ließen. In diesem Sinne könnte der Inklusionsbegriff zur Prüfnorm werden, mittels derer Zwischenstufen und Ziele dieses Prozesses im Mainstreaming verfolgt werden. Wenn schon der Konservative Bismarck mit der Sozialversicherung eine soziale und eine politische Inklusionsleistung verbunden hatte, dann wäre unter den politischen Konstellationen des 21. Jahrhunderts und angesichts der Folgen weitreichender sozialer und politischer Destabilisierungen als Folge nationaler und internationaler Wirtschafts- und Finanztransaktionen eine europäische Auffangstrategie wichtiger denn je. Doch diese wird zumindest jetzt und in absehbarer Zeit nicht in einem europäischen Sozialstaat münden, könnte aber die weicheren Steuerungsinstrumente immer stärker und konsequenter anwenden. Und für eben diesen Prozess bietet das Konzept von der sozialen Inklusion sicher einen handhabbaren sozialpolitischen Zugang.

Daraus aber folgt: Soziale Exklusion als Prozess und Ergebnis, Soziale Inklusion als Verlauf und Ziel sind immer interessenbezogen und von normativen Bewertungen mitbestimmt. Der Versuch hingegen etwa von Niklas Luhmanns, diese quasi interesselos, nämlich kommunikativ und als Ergebnis von Binnenzugangsbedingungen von System und Subsystem zu begreifen, will eine Politik, damit auch Sozialstaatlichkeit, die sich prima facie von sozialen Interessen und normativen Vorgaben löst, um dann allerdings umso intensiver gerade diese implizit nicht nur einzuführen, sondern als gleichsam unhinterfragbar gegeben darzustellen. Luhmann negiert die gesamte Denktraditionen seit den Vorsokratikern und setzt seine Theorie hegemonial: Obwohl Luhmann unterstellt, die von ihm als „modern" apostrophierte Gesellschaft sei „ohne Spitze und ohne Zentrum" und lediglich eine Zusammenfassung unterschiedlicher Subsysteme, setzt er mit dem so akzentuierten Gewaltmonopol beim „politischen System" sehr wohl eine zentrale Macht ein, die den Bedarf für „kollektivbindende Entscheidungen" sicherstellt (Luhmann 1981, S. 121 f.). Die tradierte Demokratie mit ihrem Wechselspiel von Regierung und Opposition habe die Überfrachtung staatlicher Politik mit herbeigeführt (ebenda, S. 154). Dabei sei es gleichgültig, ob dies jeweils mehr als sozialistisch oder als liberal etikettiert werde. Deshalb verlöre für die zukünftige Entwicklung diese – letztlich an sozialen Interessen ausgerichtete – Trennungslinie in der Politik an Relevanz und müsse durch eine andere, nämlich der zwischen einem „expansiven" und einem „restriktiven" Politikverständnis ersetzt werden (ebenda, S. 155). Luhmann führt als Maxime ein: „An die Stelle des Appells an den guten Willen träte die harte Pädagogik der Kausalität". (ebenda, S. 156). Carl Schmitt formulierte 1932 klarer: „Das Beste in der Welt ist ein Befehl." Dieses ist dann aber nicht mehr jene ‚neue' Bescheidenheit der Politik im Sinne des klassischen Liberalismus, sondern vielmehr – wie Michael Th. Greven scharf formuliert hat – „die Allgegenwärtigkeit der staatlichen Macht, also der autoritäre Staat (…)." (Greven 1982, S. 152). Nutznießer dieser Politik ist das kapitalistische „ökonomische Subsystem", das gleichsam aus

Sachgesetzlichkeit und deshalb ohne Bedarf an demokratischer Legitimation wirkt. Exklusion ist folglich hinzunehmendes Ergebnis „hochkomplexer" Gesellschaften und deren gesteigerter „Kommunikationsleistungen", es ist ein Ist-Zustand, den die bisherige „rückständige Theorie" nicht zu erfassen in der Lage ist. Dieses alles summiert sich zu einem theoretischen Schutzwall gegen die Notwendigkeit einer Begründung sozialer Kompromisse in Gesellschaft und Staat. Die explizite Normlosigkeit ist also normativ – im Sinne des jeweiligen interessegetragenen Status quo.

Das ist noch nicht verwunderlich, gibt es doch dafür geschichtlich auch andere Beispiele. Das Erstaunliche ist nur, dass ganze Akademiker-Generationen meinen, sich immer wieder daran abarbeiten zu müssen. Ein ähnliches Phänomen gab es bei Carl Schmitt, jenem reaktionären Vorbereiter faschistischer Ideologien, den in den 1950er und 1960er Jahre zahlreiche Wissenschaftler meinten zitieren zu müssen. Wenn man denn Luhmann zitiert, dann doch in dessen Interessenbezug zu den jeweils herrschenden Machtstrukturen in einer Gesellschaft. Der Inklusionsbegriff ist nicht ohne Normen zu haben, dieses beweist Niklas Luhmann aller Wortgewalt zum Trotz. Er unterscheidet sich von Theorie allerdings dadurch, dass er diesen normativen Bezug nicht explizit benennt. Damit aber verkommt er nach einem weit verbreiteten Verständnis letztlich zur Ideologie und mag keinen Beitrag zur Bestimmung des Inklusionsbegriffs aus sozialpolitischer Perspektive zu leisten.

Normenlos kann Politik nicht sein, und darüber muss im sozialen, im politischen und im wissenschaftlichen Raum gestritten werden (Huster 1989). Dabei geht es auch um soziale und politische Kompromisse. Die Namensgebung „Bundesrepublik Deutschland" durch den Parlamentarischen Rat und die Verankerung des Sozialstaatspostulats im Grundgesetz sind – gewichtige – Belege dafür. Wer dieses negiert, will Setzung, nicht Diskurs, will Diktatur statt Rechtsstaat, um noch einmal den bedeutenden demokratischen Staatsrechtler der Weimarer Republik, Hermann Heller, zu zitieren.

Literatur

Anhorn R (2008) Sozialer Ausschluss und soziale Arbeit. Positionsbestimmungen einer kritischen Theorie und Praxis sozialer Arbeit, 2. Aufl. (Perspektiven kritischer sozialer Arbeit, Bd 2). VS-Verlag, Wiesbaden

Bäcker G, Neubauer J (2012) Arbeitslosigkeit und Armut: Defizite von sozialer Sicherung und Arbeitsförderung. In: Huster et al (Hrsg) Handbuch Armut und soziale Ausgrenzung. VS-Verlag, Wiesbaden, S 624–643

Bäcker G, Naegele G, Bispinck R, Hofemann K, Neubauer J (2010) Sozialpolitik und soziale Lage in Deutschland, 2 Bd. VS-Verlag, Wiesbaden

Benz B (2012) Armutspolitik der Europäischen Union. In: Huster et al (Hrsg) Handbuch Armut und soziale Ausgrenzung. VS-Verlag, Wiesbaden, S 644–662

Boeckh J, Huster E-U, Benz B (2011) Sozialpolitik in Deutschland. Eine systematische Einführung, 3. Aufl. VS-Verlag, Wiesbaden
Bundeszentrale für politische Bildung (Hrsg) (2008) Vertrag von Lissabon, in der Fassung des Vertrages über die Arbeitsweise der Europäischen Union vom 13. Dez 2007. Bonn
Dahrendorf R (1965) Gesellschaft und Demokratie. Piper, München
Forsthoff E (Hrsg) (1968) Rechtsstaatlichkeit und Sozialstaatlichkeit. Wissenschaftliche Buchgesellschaft, Darmstadt
Giddens A (1999) Der dritte Weg. Die Erneuerung der sozialen Demokratie. Suhrkamp, Frankfurt a. M.
Greven MT (1982) Vom Wohlfahrtsstaat zum autoritären Staat der „reinen" Politik. PVS-Literatur 23(2):143 ff.
Hayek FA von (1981) Die Illusion der sozialen Gerechtigkeit (Recht, Gesetzgebung und Freiheit, Bd 2). Verlag Moderne Industrie, Landsberg am Lech
Hayek FA von ([3]1991) Die Verfassung der Freiheit. Morh, Tübingen
Hegel GWF (1970) Werke. Suhrkamp, Frankfurt a. M.
Heimann E (1980) Soziale Theorie des Kapitalismus. Theorie der Sozialpolitik. Suhrkamp, Frankfurt a. M.
Heller H (1929) Europa und der Faschismus. de Gruyter, Berlin
Heller H (1930) Rechtsstaat oder Diktatur. Mohr, Tübingen
Huster E-U (1989) Ethik des Staates. Zur Begründung politischer Herrschaft in Deutschland. Campus, Frankfurt a. M.
Huster E-U (2012) Soziale Eingrenzung als sozialstaatliches Ziel. Der sozialpolitische Diskurs. In: Huster et al (Hrsg) Handbuch Armut und soziale Ausgrenzung. VS-Verlag, Wiesbaden, S 78–103
Huster E-U, Boeckh J, Mogge-Grotjahn H (Hrsg) (2012) Handbuch Armut und soziale Ausgrenzung, 2. Aufl. VS-Verlag, Wiesbaden
Lahusen C, Stark C (2003) Integration: Vom fördernden und fordernden Wohlfahrtsstaat. In: Lessenich (Hrsg). Campus, Frankfurt a. M., S 353–372
Lassalle F (1970) Reden und Schriften. hrsg. v. Jenaczek F. dtv, München
Lessenich, S (2003) Wohlfahrtsstaatliche Grundbegriffe. Historische und aktuelle Diskurse (Theorie und Gesellschaft, Band 52), Campus, Frankfurt a. M.
Locke J (1967) Zwei Abhandlungen über die Regierung. hrsg. v. Euchner W. Europäische Verlagsanstalt, Frankfurt a. M.
Luhmann N (1981) Politische Theorie im Wohlfahrtsstaat. Olzog, München
Marshall TH (1992) Bürgerrechte und soziale Klassen. Zur Soziologie des Wohlfahrtsstaates. Suhrlamp, Frankfurt a. M.
(MEW) Marx K, Engels F (1956 ff.) Marx-Engels Werke. Volk und Wissen, Berlin
Nozick R (2006) Anarchie, Staat, Utopia. Olzog, München
Nussbaum MC (1999) Gerechtigkeit oder Das gute Leben. Gender Studies. Suhrkamp, Frankfurt a. M.
Parlamentarischer Rat (1949) Stenographischer Bericht über die Plenarsitzung vom 6. Mai 1949
Ridder H (1975) Die soziale Ordnung des Grundgesetzes: Leitfaden zu den Grundrechten einer demokratischen Verfassung. Leske & Budrich, Opladen
Room GJ (1997) Beyond the threshold. The measurement and analysis of social exclusion. Policy, Bristol

Rousseau JJ (1968) Der Gesellschaftsvertrag oder Die Grundsätze des Staatsrechtes (Übers. v. Denhardt H). hrsg. v. Weinstock H. Reclam, Stuttgart

Schluchter W (1968) Entscheidungen für den sozialen Rechtsstaat. Hermann Heller und die staatstheoretische Diskussion in der Weimarer Republik. Kiepenheuer & Witsch, Köln

Sen A ([3]2005) Ökonomie für den Menschen. Wege zu Gerechtigkeit und Solidarität in der Marktwirtschaft. dtv, München

Ullrich CG (2005) Soziologie des Wohlfahrtsstaates. Eine Einführung. Campus, Frankfurt a. M.

Wallrabenstein A (2009) Versicherung im Sozialstaat (Ius publicum, Bd 186). Mohr Siebeck, Tübingen

Weber M (1958) Gesammelte politische Schriften. Mohr, Tübingen

Der Begriff der Inklusion im Armuts- und Menschenrechtsdiskurs der Theorien Sozialer Arbeit – eine historisch-kritische Annäherung

Carola Kuhlmann

Im folgenden Beitrag soll der Frage nachgegangen werden, ob und inwieweit der Begriff der Inklusion und die damit erhoffte Praxis eine neue und/oder bedeutende Zielperspektive für Soziale Arbeit darstellen kann. Hierzu werden historische und aktuelle Theoriediskurse der Sozialen Arbeit vorgestellt und auf ihren Beitrag zur Fragestellung hin überprüft.

Seit über hundert Jahren gibt es im Bereich der Sozialen Arbeit Diskussionen über Armuts- undMenschrechtsfragen. Der Begriff der Inklusion ist dagegen relativ jungen Datums. Kann die Idee, die diesem Begriff zugrunde liegt, zu einer neuen normativen Grundlage Sozialer Arbeit werden? Um dies zu prüfen, muss der Blick auf das gerichtet werden, was mit dem Begriff der Inklusion in den verschiedenen Theoriebezügen, die für Soziale Arbeit relevant sind, gemeint ist und was mit der Einführung in den Zielkatalog Sozialer Arbeit gewonnen wäre. Dabei ist es auch wichtig zu klären, ob es um Armutsfragen (soziale Inklusion, vgl. Huster et al. 2008) oder um Fragen der Menschenrechte von behinderten Menschen (Inklusion) geht und ob beides mehr miteinander zusammenhängt, als es bisher wahrgenommen wurde. Um die Frage zu klären, soll einleitend ein Blick auf historische Theorieansätze Sozialer Arbeit gerichtet werden. Wurde das, was heute unter „Inklusion" verstanden wird, in früheren Debatten bereits implizit mitgedacht? Anschließend werden ausführlich drei zentrale Theoriediskurse der Sozialen Arbeit der letzten zehn Jahre (Luhmann, Foucault, Nussbaum) in ihrem Bezug zum Thema der Inklusion vorgestellt, um schließlich zu einer Beurteilung des theoretischen Gewinns, sowie der Gefahren zu kommen, die in diesem Konzept und Begriff enthalten sind.

C. Kuhlmann (✉)
Evangelische Fachhochschule RWL, Bochum, Deutschland
E-Mail: kuhlmann@efh-bochum.de

H-J. Balz et al. (Hrsg.), *Soziale Inklusion*, DOI 10.1007/978-3-531-19115-7_3,
© VS Verlag für Sozialwissenschaften | Springer Fachmedien Wiesbaden 2012

1 Historische Paradigmenwechsel der Sozialen Arbeit

1.1 Von der Wohltätigkeit zur Sozialen Arbeit

Die Begriffe, mit denen Hilfehandeln von Menschen beschrieben wurde, haben sich in der Geschichte häufig gewandelt und mit ihnen auch die Interpretation von Hilfsbedürftigkeit und das Selbstverständnis der Helfenden. Vom Mittelalter über die Neuzeit bis zur Aufklärung dominierten Begriffe wie Almosen, Armenzucht, „Liebestätigkeit". Im 19. Jahrhundert bezeichnete man die organisierte Hilfe für Bedürftige als „Armenpflege", die freiwilligen Hilfen als „innere Mission" und „Wohltätigkeit" (Kuhlmann 2007). Mit Beginn der Sozialen Arbeit als Profession wurden erstmals auch theoretische Debatten um die Frage geführt, wohin die Hilfe für benachteiligte und notleidende Menschen führen sollte und mit welchen Begriffen dies am besten ausgedrückt werden könnte. So gab es Auseinandersetzungen um die Frage, ob „Wohltätigkeit" von der professionellen Sozialen Arbeit abzugrenzen sei. Alice Salomon, eine der Begründerinnen professioneller Sozialer Arbeit, hielt den Begriff der Wohltätigkeit für untauglich, da er keine Analyse ungerechter Verhältnisse beinhalte. Der Begriff der „Sozialen Arbeit" – so Salomon – drücke viel eher aus, dass das Ziel dieser Tätigkeit nicht nur auf das Individuum gerichtet sei, sondern auf gesellschaftliche Gerechtigkeit:

> Soziale Arbeit beruht auf dem Grundsatz, daß die Gesamtheit für die schwachen Glieder Verantwortung übernehmen muß. Und die Gesamtheit trägt die Schuld für alle Ungerechtigkeit, Selbstsucht, Rücksichtslosigkeit, die sie im sozialen Kampf zugelassen hat. Sie muß die Schäden, die daraus entstanden, gutmachen, die Leiden der Opfer zu beseitigen versuchen. (Salomon 1930, zit. n. Kuhlmann 2000, S. 223)

In der Analyse Salomons bestand Benachteiligung nicht nur darin, dass jemand Angehöriger der „besitzlosen Klasse" war und nichts als seine Arbeitskraft zu verkaufen hatte. Am unteren Ende der Benachteiligung standen bei ihr Frauen und Kinder dieser Schicht: Frauen, da sie wegen ihrer Gebährfähigkeit sowie mütterlicher und häuslicher Aufgaben nicht voll erwerbstätig sein konnten, Kinder, weil sie noch klein, bildungs- und schutzbedürftig waren. Ungleiche gleich zu behandeln hielt Salomon für ungerecht und sie forderte schon früh Mutterschutzbestimmungen und Verbot von Kinderarbeit (vgl. Kuhlmann 2000, S. 260 ff.). Salomon benutzte weder den Begriff der Inklusion, noch den der Integration. Ihr Anliegen, das sie mit „nicht Wohltun, sondern Gerechtigkeit" ausdrückte, ist aber zu vergleichen mit den Aktivitäten gegen Armut und soziale Ausgrenzung, die im Begriff der „sozialen Inklusion" ausgedrückt sind, beispielsweise im Rahmen sozialpolitischer Debatten in der EU (vgl. Huster/Bourcarde in diesem Bd.).

Es gab in den 1920er Jahren auch andere, konkurrierende Auffassungen davon, wie die Ziele der „Wohlfahrtspflege" zu formulieren seien: Herman Nohl sprach nicht von Sozialer Arbeit, sondern von „Sozialpädagogik". Ihm ging es vor allem um „verwahrloste", d. h. kriminelle oder verhaltensauffällige Jugendliche und ihre Wiedereingliederung (Integration) in soziale Gemeinschaften. Dabei sollte in Bezug auf das „unnormale" Verhalten weniger darauf geachtet werden, welche Probleme ein Kind *macht*, als vielmehr darauf, welche es *hat* (Nohl 1926 in 1965, S. 32). Ziel war aber die „Führung" des Kindes zur Gemeinschaftsfähigkeit zum Zweck der „Höherbildung des deutschen Volkes" (zit. n. Kuhlmann 2007, S. 78). Die „Fürsorgetheorie" von Christian Klumker orientierte sich vor allem am männlichen Arbeitslosen. Ziel der Armenfürsorge war es seiner Meinung nach, „Unwirtschaftlichen" wieder zu einer eigenständigen wirtschaftlichen Existenz zu verhelfen. Die Ursache für den Ausschluss aus dem Arbeitsleben, sah Klumker in vielen Fällen in den rasanten Änderungen im industriellen Produktionsprozess, dem viele Arbeitskräfte aus Landwirtschaft und Handwerk nicht gewachsen waren. Ihm ging es um Unterstützung bei der Arbeitssuche und Hilfe bei der Umstellung auf fremde Arbeitsbedingungen, also ebenfalls um eine Integration, diesmal in das Erwerbsleben (Klumker 1918). Über behinderte Menschen und deren mögliche Integration dachte keine der Theorien explizit nach. Behinderung war in der Wahrnehmung der damaligen Zeit ein medizinisches, bzw. pflegerisches, kein soziales oder sozialpädagogisches Problem.

Einen regelrechten Kampf mit Begriffen führten die Nationalsozialisten und machten von Beginn an damit Politik. Sie sprachen von „Ballastexistenzen" und meinten damit sowohl behinderte wie auch „asoziale" Menschen. Sie ersetzten den Begriff der „Wohlfahrt" durch den der „Volkspflege", da ersterer zu sehr das individuelle Recht des einzelnen auf Hilfe betonen würde. „Fürsorge" wurde als „Nachsorge" kritisiert und sollte durch „Führung" ersetzt werden (statt Gesundheitsfürsorge also Gesundheits*führung*, vgl. Kuhlmann 1989, S. 78 ff.). Unter „Volkspflege" verstanden die Nationalsozialisten eine nach rassistischen Prinzipien ausgrenzende Form der Fürsorge. Nur „wertvolle Volksgenossen" konnten auf Unterstützung hoffen, aber einen Anspruch gab es auch für sie nicht. Abweichendes Verhalten wurde als „krankhaft" bezeichnet und ganze Gruppen von ethnischen Minderheiten oder behinderten Menschen wurden gezielt ermordet. Soziale „Inklusion" war nur bei politischer Gesinnungstreue und Leistungsbereitschaft zu erwarten. In Bezug auf diesen letzten Punkt verhielt sich das Fürsorgesystem der ehemaligen „Deutschen Demokratischen Republik" ähnlich, auch wenn das dahinter stehende Menschen- und Gesellschaftsbild ein sehr verschiedenes, ein nicht-rassistisches, war. In der DDR wurde nach 1945 aus der „Volkspflege" die „Volkssolidarität". Die Integration in Arbeit wurde zum Grundprinzip der Sozialpolitik. „Asoziale", also Menschen, die Arbeit verweigerten oder sich prostituierten wurden in Arbeitshäuser eingewiesen. Ansonsten sorgte der sozialistische Staat teilweise mit einer besseren sozialen Absicherung für seine Bürger als die Bundesrepublik (z. B. mit dem „Babyjahr", Sicherheit vor Arbeitslosigkeit etc.). Einige Historiker nennen die DDR rückblickend auch „Fürsorgediktatur", um auszudrücken, dass dieses Maß an bevormundender Absicherung (und damit sozialer Inklusion) um den Preis der Freiheitsrechte der Bürgerinnen und Bürger gewährt wurde (dagegen Willing 2008[1]).

Die Bundesrepublik Deutschland gab sich 1949 eine Verfassung als demokratischer Sozialstaat und schrieb erstmals einen Rechtsanspruch auf Hilfe fest. Ausdruck der veränderten Wahrnehmung sozialer Hilfeleistungen war auch hier ein Begriffswechsel: Aus „Fürsorge" wurde „Sozialhilfe", bzw. Sozialarbeit. Die Verfassung der Bundesrepublik verspricht allen Bürgerinnen und Bürger die gleichen Chancen auf Teilhabe. Konterkariert wurde und wird dies aber immer wieder durch Ungerechtigkeiten, die durch die Mechanismen einer Marktgesellschaft entstehen, in der soziale Risiken – von der Schwangerschaft und Kindererziehung bis zur Pflegebedürftigkeit – nicht oder nur unzureichend ausgeglichen werden.

Auf dieses Problem machten in den 70er Jahren des letzten Jahrhunderts viele junge Sozialarbeiterinnen und Sozialarbeiter aufmerksam, die sich der „Studentenbewegung" zurechneten. Die Soziale Arbeit erlebte in der Folge eine Phase radikaler Infragestellung. Bestritten wurden von Seiten der „antikapitalistischen Sozialarbeit" (Hollstein und Meinhold 1973) die Möglichkeit und der ethische Wert einer Einzelfallhilfe, die sich die Veränderung und damit Anpassung des einzelnen Hilfebedürftigen an ungerechte Verhältnisse zum Ziel setze. Kritisiert wurde Hilfe als therapeutische „Umerziehung", die sozial verursachte Probleme individualisiere. Für die Exklusion von Chancen würden so zu Unrecht die Individuen verantwortlich gemacht. Die richtige Orientierung für die Soziale Arbeit – so der Tenor der damaligen Veröffentlichungen – sei dagegen der solidarische „Kampf" gegen die „Unterdrückung" der „Ausgebeuteten". Folgend auf die radikale Kritik fanden in vielen Praxisfeldern demokratisierende Reformen der teilweise noch sehr autoritären und stigmatisierenden Institutionen statt. Die „exkludierende Inklusion" (s. 3.2.), wie sie vor allem in Psychiatrien, Heimen und Gefängnissen stattfand, wurde zunehmend kritisiert und reformiert.

Die theoretischen Reflexionen dieses Prozesses in den 1980er und 1990erJahren führten schließlich zu einer erneuten Diskussion um die „richtigen" Ziele und Orientierungen, um „Paradigmen" in der Sozialen Arbeit (Vahsen 1992). Besonders ein-

[1] Willing findet den Begriff „vormundschaftlicher Wohlfahrtsstaat" treffender und rückt die Hartz-IV-Gesetzgebung in die Nähe der auf Integration in Arbeit gerichteten Fürsorge der DDR, Willing (2008, S. 3).

flussreich wurden in der Folge die Theorien der Lebensweltorientierung (Thiersch) und die Analyse Sozialer Arbeit als Menschenrechtsprofession (Staub-Bernasconi).

1.2 Von der Lebensweltorientierung zur Systemtheorie

Thiersch holte mit seinem Ansatz der Lebensweltorientierung die teilweise unfruchtbaren politischen Debatten um die Funktion Sozialer Arbeit auf den Boden der Realität Sozialer Arbeit zurück. Zwar leugnete er nicht die gesellschaftliche Verursachung von Problemen, andererseits öffnete er mit dem Blick auf die Lebenswelt der „AdressatInnen" Sozialer Arbeit eine neue Perspektive auf den Einzelfall im Kontext der sozialen Bezüge. Es geht ihm dabei um eine Emanzipation der Subjekte aus den sie unterdrückenden (auch familiären) Verhältnissen, die zwar durch die Ökonomie mit verursacht, aber nicht durch sie allein verantwortet werden. Mit Blick auf die Ressourcen, nicht auf den Mangel wurde zudem ein neues Verhältnis von Helferin und Adressatin beschrieben. Beide sind Lernende. Hilfe ist eine Kooperation, in der die Professionellen belastende Lebensverhältnisse stellvertretend deuten und verändern helfen (Thiersch 1992). Mit seinem hermeneutischen Ansatz bewegt sich Thiersch in der Nähe zur Diskursethik von Habermas: Danach ist die Lebenswelt geprägt von kommunikativem Handeln, vom Verstehen und nicht durch zweckrationale Interessenpolitik, wie sie im „System", d. h. in der Ökonomie und im Staat allgemein vorherrscht. Insofern ersetzt eine lebensweltorientierte Soziale Arbeit im Prozess der gesellschaftlichen Modernisierung verlorengegangene Unterstützungssysteme wie die der Familie oder der Nachbarschaft.[2] Andererseits gerät damit Soziale Arbeit aber auch in die Gefahr, die Lebenswelt eben jenen Systemzwängen zu unterwerfen, deren Eindringen in die Lebenswelt nach Thiersch mitverantwortlich für die Probleme ist, indem sie die Privatsphäre zweckrationalen Systemzwängen unterwirft (Kolonialisierung der Lebenswelt, vgl. Bossong 1987). Beziehen wir die Gedanken der Lebensweltorientierung auf den Begriff der Inklusion, so können wir mit Thiersch die Gefahren bestimmter Systeme in den Blick nehmen: sie können Menschen unterdrücken, ihre Selbstbestimmung und Individualität rauben. Lebenswelt erscheint hier als Gegenpol zum System, das Menschen durch Inklusion zum zweckrationalen Handeln zwingt und damit sich selbst entfremdet, weil er nicht mehr als Mensch, sondern nur als Funktionsträger wahrgenommen wird.

[2] Die These, dass die Entstehung der Sozialpädagogik im 19. Jahrhundert eine Folge der Veränderung der Großfamilie im Zeitalter der Industrialisierung war und nicht vorrangig Arbeiter disziplinieren sollte, vertrat Klaus Mollenhauer bereits in seiner Dissertation über die „Ursprünge der Sozialpädagogik" (Mollenhauer 1959).

Für Silvia Staub-Bernasconi steht dieses gleichsam als pädagogisches Verhältnis beschriebene Hilfehandeln und die „Befreiung" einzelner aus Unfreiheit weniger im Fokus ihrer Reflexion als die Frage nach menschlichen Bedürfnissen, die unbefriedigt bleiben. Sie thematisierte als eine der ersten die Soziale Arbeit als System, allerdings in Abgrenzung zu Luhmann und in Hinwendung zu ökologischen Systemtheorien (Maturana). Im historischen Rückblick macht sie Theorien des Sozialen aus, die entweder zu sehr atomistisch, also individualistisch (liberal) denken, oder zu sehr „holistisch", d. h. vom Recht der Gesellschaft auf das Individuum (totalitär) denken. Dabei kommt es nach Staub-Bernasconi vielmehr auf einen richtigen Ausgleich der Betrachtung von Individuum und Gesellschaft an. Es geht ihr damit annäherungsweise um das, was in der Behindertenrechtskonvention unter Inklusion verstanden wird: Bedingungen zu schaffen, unter denen Menschen individuell verschieden bleiben dürfen. Sie sollen gesellschaftliche Solidarität erfahren und trotzdem nicht in ihren Freiheiten beschnitten werden. Jeder Mensch – und da sind sich Thiersch und Staub-Bernasconi wieder einig – muss in seiner Lebenswelt – also als Teil von „Systemen" (oder besser Zusammenhängen, nicht automatisch „Funktionssystemen") verstanden werden, denen er angehört. Nach Staub-Bernasconi gibt es allerdings eine gesellschaftliche Tendenz, soziale Probleme zu individualisieren und daher soll Soziale Arbeit stets auch politisch als Anwalt für die Menschenrechte und die menschlichen Bedürfnisse der Klienten eintreten.

Blicken wir auf die über hundert Jahre theoretischer Debatten in der Sozialen Arbeit zurück, so können wir resümierend festhalten, dass sich nicht nur Begrifflichkeiten in Theorie und Praxis änderten, sondern dass es mit diesen Veränderungen auch immer um das Spannungsverhältnis von Individuum und Gesellschaft ging. Die Frage, welche Ursachen zu materieller, sozialer, gesundheitlicher und psychischer Not führen und welche Form der Hilfe darauf folgend die richtige wäre, wurde unterschiedlich beantwortet. Im Extrem einer rein gesellschaftlich verursachten Notlage sind die Klienten der Sozialen Arbeit „Opfer" des „Systems" und nur die Änderung des Systems kann ihnen wirklich helfen. Alles andere – besonders die Soziale Arbeit – verschleiert dann nur dieses Faktum. Im Extrem einer rein privat verursachten Notlage sind die Klienten entweder genetisch bedingt oder aus Mangel an Erziehung, Einsicht oder Willen nicht fähig, die richtigen ethischen Normen und Verhaltensweise einzuhalten. Ist der Einzelne der „Täter" und Verursacher seiner Notlage hat er kein Anrecht auf Hilfe, sondern ist auf Mitleid angewiesen. Dass diese Gegenüberstellung sinnlos und im Extrem auch nie zutreffend ist, darauf hat bereits Alice Salomon hingewiesen. Im konkreten Einzelfall – so Salomons These – liegt fast immer eine nicht rekonstruierbare Mischung aus gesellschaftlichen und privaten Ursachen vor. Macht man den Klienten zum Opfer des Systems, entmündigt man ihn, macht man ihn zum Täter seiner Not, schiebt man ihm ungerechterweise die ganze Verantwortung zu. Auch rechtfertigte das teilweise Vorhandensein privater Ursachen niemals einen Mangel an Hilfe, denn die ethische Grundlage des Menschenrechts auf Hilfe hielt Salomon für einen unverzichtbaren Bestandteil der Identität Sozialer Arbeit (vgl. Kuhlmann 2000, S. 236).

Wer die Diskussionen um die richtige theoretische Positionsbestimmung Sozialer Arbeit in der Rückschau betrachtet, muss feststellen, dass weniger die Art der sozialen Probleme (Armut, Krankheit, Gewalt), als vielmehr die politischen Verhältnisse ursächlich für Begriffs- und Paradigmenwechsel waren. Zwar gibt es heute eine demokratischere Gestaltung von Hilfen und einen nicht zu leugnenden größeren materiellen Wohlstand als noch in den 1970er Jahren.

Aber Ungerechtigkeiten, die durch Benachteiligungen im Bildungs-, Gesundheits- und Arbeitsmarktbereich entstehen, haben sich in den letzten Jahren wieder verschärft. Die Schere zwischen arm und reich wurde gerade seit Beginn des neuen Jahrtausends im Zuge der neoliberalen Wirtschaftspolitik wieder größer. Wie hat die Theoriedebatte auf diese Veränderungen regiert? Exemplarisch soll dies an drei Veröffentlichungen aus den letzten zehn Jahren vorgestellt werden. Diese Debatten, die sich jeweils aus systemtheoretischer, machttheoretischer und gerechtigkeitstheoretischer Perspektive mit gesellschaftlichen Veränderungen in Bezug auf die Soziale Arbeit befassen, werden auf ihren Beitrag zur Inklusion hin befragt.

2 Inklusion in neueren Theoriedebatten der Sozialen Arbeit

2.1 Exklusion als wertfreie Positionsbestimmung des modernen Menschen (Luhmann)

Mit der Perspektive auf einen Normalisierungsprozess Sozialer Arbeit weg von der disziplinierenden Kontrolle hin zu einer sozialen „Dienstleistung" wurde Soziale Arbeit seit den 1990er Jahren zunehmend als System der Zweitsicherung, als organisierte Vor- und Nachsorge für gesellschaftlich anerkannte Problemlagen interpretiert. Vor dem Hintergrund dieses „Paradigmenwechsels" wandten sich Ende der 90er Jahre immer mehr TheorievertreterInnen der Sozialen Arbeit der Systemtheorie Luhmanns zu (zuerst Bommes und Scherr 1996).

Nach Luhmann zeichnet sich die moderne Gesellschaft durch das Zusammenwirken verschiedener Systeme aus, die nach je eigenen Prinzipien funktionieren. Die gesellschaftlichen „Funktionssysteme" benötigen für ihre Operationen einzelne Menschen, aber niemand ist mit seinen gesamten Aktivitäten oder Bedürfnissen insgesamt Teil eines Systems. Nach Luhmann folgen diese Systeme bestimmten selbsterhaltenden Regeln, sie haben einen Hang zum Gleichgewicht und ihr vorrangiger Zweck ist das reibungslose Funktionieren. Wer von der Kommunikation eines Systems ausgeschlossen ist, ist jedoch nicht automatisch benachteiligt. Nach Luhmann beschreibt Exklusion nur einen Zustand der Nicht-Zugehörigkeit, nicht eine wertende Ausgrenzung. Wer aus dem System des Gesundheitswesens ausgeschlossen bleibt, weil er gesund ist, wird sich nicht beschweren, ebenso wenig der Atheist, der nicht zum System der Religion dazu gehört. Außerdem kann niemand in die Gesellschaft insgesamt inkludiert sein, es gibt nur eine „Graduierung von Inklusion" (Luhmann, zit. n. Merten 2004, S. 109). Exklusion ist nach Luhmann sogar der Zustand, in dem sich das Individuum in der Moderne „normalerweise" befindet. Um Inklusion muss sich jede und jeder erst bemühen. Damit sind Individuen nach Luhmann in der modernen Gesellschaft sowohl abhängiger als auch unabhängiger, weil es einerseits keinen Zwang in einen sozialen Zusammenhang mehr gibt, andererseits das Individuum auf die gesellschaftliche Produktion von Konsumgütern und die soziale Inklusion in zunächst fremde Gemeinschaften angewiesen ist (vgl. Luhmann 1984). Nicht automatisch bedeutet das Leben in der Moderne nach Luhmann aber eine zunehmende Unterdrückung oder Ungleichheit der Individuen, wie es in neomarxistischen Theorien zum Spätkapitalismus oder in der kritischen Theorie behauptet wird. Allerdings sieht auch Luhmann, dass der Ausschluss aus dem System des Arbeitsmarktes oder des Bildungswesens in materieller, oft auch in sozialer Hinsicht, problematisch ist und dass der Ausschluss aus diesen Systemen eine Hilfsbedürftigkeit nach sich ziehen kann.

In dem von Merten und Scherr (2004) herausgegebenem Sammelband „Inklusion und Exklusion in der Sozialen Arbeit" reflektieren die AutorInnen den theoretischen Gewinn der Luhmannschen Systemtheorie für die Soziale Arbeit. Bei allen Differenzen untereinander teilen die meisten der Autoren die Auffassung, dass diese Theorie einen guten Reflexionsrahmen für die Funktion und Wirkweise Sozialer Arbeit darstellt, insbesondere da sie hinsichtlich der zunehmenden Verarmung größerer Bevölkerungsgruppen wichtige Erklärungen bereit halte (Merten und Scherr 2004, S. 8).

In den Ausführungen von Scherr wird Soziale Arbeit als „System" oder sich entwickelndes „System" vorgestellt, das zuständig ist für stellvertretende Inklusionsvermittlung und für die Exklusionsvermeidung, bzw. Exklusionsverwaltung. Sie ist zuständig für die Inklusion in andere Systeme, deren Zugehörigkeit über Lebenschancen entscheidet, d. h. deren Nichtzugehörigkeit einen Mangel an Ressourcen und damit beeinträchtigte Teilhabe bedeutet. „Exklusionsverdichtungen", bzw. „Verkettungen" von Exklusion werden von Scherr als Probleme der sozialen Ungleichheit thematisiert, bspw. wenn marginalisierte Gruppen in benachteiligten Wohngebieten leben und ohne Zugang zum Arbeitsmarkt sind. (Roland Merten sieht hier eine „terminologische Brüchigkeit" im Umgang der Sozialen Arbeit mit dem Luhmannschen Inklusionsbegriff, da Exklusion – im Luhmannschen Sinn *nicht* mit sozialer Ungleichheit gleichgesetzt werden kann, vgl. Merten 2004, S. 112). Nach Scherr muss die Soziale Arbeit eine Theorie der Lebensführung entwickeln, „die in der Lage ist aufzuzeigen, unter welchen Bedingungen Inklusion und Exklusion zu einer solchen Hilflosigkeit führen, die Leistungen der Sozialen Arbeit veranlasst". Diese Theorie soll auch Aussagen darüber enthalten, wo „die Möglichkeiten und Grenzen solcher Leistungen liegen." (Scherr 2004, S. 56 f.). Besonders die Teilsysteme Bildungswesen und Erwerbsleben sind in Bezug auf Inklusion wichtig. Exklusion und Inklusion erfolge aber nicht nur über mangelnde Ressourcen an Geld oder Bildung, sondern auch aufgrund von „unnormalem" Verhalten. Daher ist nach Scherr für Professionelle der Sozialen Arbeit die Einsicht wichtig, dass Normen konstruiert, d. h. zwar nicht beliebig, wohl aber relativ sind.

Eine ausführliche Kritik der nur angeblich wertfreien Beschreibung gesellschaftlicher Prozesse in Luhmanns Theorie kann hier nicht erfolgen. Festzuhalten bleibt, dass die Funktionsbestimmung Sozialer Arbeit als Inklusionshilfe und Exklusionsvermeidung im Luhmannschen Sinne problematisch bleibt (vgl. Kritik Merten) und nur sinnvoll erscheint, wenn der Begriff der „social inclusion" wie ihn die EU definiert, zugrunde gelegt wird. Zur Luhmannschen Systemtheorie sei noch angemerkt, dass mit dem Blick auf das funktionierende Ganze der Blick für Machtkämpfe und die mehr oder weniger mit Ressourcen ausgestatten Positionen verschiedener Klassen im sozialen Raum (wie sie etwa Bourdieu beschreibt) verloren geht. Nach Lyotard besteht der Irrtum einer solchen Theorie in der Auffassung, das Gesellschaftliche sei eine „einheitliche Totalität". Eine solche Theorie werde leicht zu einem Werkzeug der „totalisierenden Praxis der Systemverwalter" (Lyotard 2009, S. 49).[3]

2.2 Gefahren der „exkludierenden Inklusion" im Neoliberalismus (Foucault)

Eine andere Perspektive auf die moderne Gesellschaft als Luhmann nimmt der französische Philosoph Michel Foucault ein. In den letzten Jahren wurde Foucault mit der seiner Analyse neoliberaler „Regierungskunst" theoretisch erneut[4] für die Soziale Arbeit relevant (vgl. Anhorn et al. 2007; Stövesand 2007; Verlage 2011). Mit

[3] In diesem Sinne hält Lyotard auch Luhmanns Idee von dem Ersatz der Normativität durch die Performativität für eine Legitimierung durch das Faktum (Lyotard 2009, S. 116).

[4] Zu einer ersten Rezeption seiner Arbeiten zur „Mikrophysik der Macht" kam es in den 1970/1980er Jahren durch Arbeiten zur Geschichte Sozialer Arbeit (dazu Kuhlmann 2007, S. 55 ff.).

dem Begriff der „Regierungskunst" oder „Gouvernementalität" verbindet sich bei ihm die Vorstellung einer spätmodernen Herrschaftsform, die keinen eindeutigen Herrscher mehr auszumachen vermag, sich aber trotzdem auf Machtpraxen zwischen Individuen und gesellschaftlichen Gruppen stützt. In Bezug auf das Thema der Inklusion kann Foucault damit sowohl für den Armuts- wie für den Behinderungsdiskurs wertvolle Interpretationsmöglichkeiten erschließen, die über den Erkenntnisgewinn der Systemtheorie hinausgehen und gerade auf die Gefahren und Ambivalenzen von Inklusion aufmerksam machen.

Foucaults Theorie zur Disziplinarmacht hatte bereits in den 1970er Jahren große Wirkung entfaltet. Seine Deutung der Machtprozesse in Institutionen wie dem Militär, der Fabrik, aber auch der Schulen, Kliniken, Gefängnisse und Arbeitshäuser, machten es möglich, auch sozialpädagogische Hilfeinstitutionen nicht einseitig als Fortschritt gegenüber mittelalterlichen oder neuzeitlichen Straf- und Disziplinierungspraxen zu interpretieren, sondern durchaus als neue Technologien von Herrschaft. Gesellschaftliche Institutionen wie die oben genannten, aber auch Erziehungsanstalten oder Psychiatrien dienten nach Foucault dazu, durch „Inklusion" Menschen an gesellschaftliche Regeln anzupassen und dadurch eine gesellschaftliche Normalität erst herzustellen. Insgesamt inkludiert die Gesellschaft durch solche institutionell bereit gestellten „Einschließungsmilieus" (Opitz 2007, S. 47) abweichende Individuen. Der Prozess ist insgesamt nicht rein negativ zu bewerten, lösen diese Einschließungsmilieus doch die vormodernen, überwundenen Formen der „Exklusion" wie die Verbannung (etwa der Leprakranken oder der „Vogelfreien" im Mittelalter) oder sogar die Todesstrafe ab.

Auch nach Foucault gibt es – wie bei Luhmann – keine totale Exklusion mehr aus der Gesellschaft. Vielmehr löst die Moderne das Problem des Umgangs mit Abweichung durch zwangsweise „Inklusion", die nun nicht mehr Teilhabe, sondern Freiheitsberaubung ausdrückt.

Denn trotz der graduellen Humanisierung im Umgang mit kriminellen, kranken oder „verwahrlosten" Menschen bleiben die „Einschließungsmilieus" Orte der Exklusion von der „normalen" Gesellschaft, sie stellen also eine „inkludierende Exklusion" (Opitz 2007, S. 48) dar und verweisen darauf, dass in funktional organsierten Gesellschaften jede Exklusion aus einer Institution, Organisation oder Interaktion in der Regel eine Inklusion nach sich zieht. In diesen „Einschließungsmilieus" wurde Abweichung dabei immer und überall in den beobachtenden und bewertenden Blick genommen. Die „Mikrophysik" der Macht – so Foucault – schreibt das normative Selbstverständnis durch die Überwachung und Anleitung in disziplinierenden Institutionen in die Körper der Individuen ein. Sie arbeitet Bedingungen des Ausschlusses, der Exklusion und damit der Weitergabe in andere Institutionen aus. Die Fähigkeiten der „Insassen" werden wertend gemessen, um eine genaue Grenze zu den „Anormalen“ oder den weniger „Normalen“ zu ziehen (Foucault 1977, S. 236).

Besonders im Bereich der rehabilitationskritischen „Disability-Studies“ wurde Foucaults Analyse zur theoretischen Basis von Kritik im Umgang mit „Behinderung“. Denn das Verbindende der sehr heterogenen Gruppe behinderter Menschen (wozu u. a. psychisch Kranke, Gehörlose, aber auch Brustamputierte oder aufmerksamkeitsgestörte Kinder gehören), besteht darin, dass sich alle an einem vagen Begriff von Normalität messen lassen müssen (Waldschmidt 2007, S. 128). Insofern sind die Strategien, mit denen sie an die Normalität angepasst werden sollen, für alle relevant. Im Rahmen der „disability-studies“ wurde dem medizinischen System vielfach vorgeworfen, weniger dem behinderten Menschen, als vielmehr der Herstellung von „Normalität“ gedient zu haben. Behinderte seien dem „klinischen Blick“ ausgeliefert worden, sie müssten mit einem „überdiagnostizierten Körper“ leben, an dem hauptsächlich Dysfunktionen und Defizite festgestellt werden. Dadurch werden sie zum „Körperobjekt“, das dem „Ganzmachen“ und „Geraderichten“ ausgeliefert ist (Waldschmidt 2007, S. 124 f.). Um als behindert eingestuft zu werden, muss man z. B. einen Intelligenztest machen, es werden Grade der Behinderung quantifiziert und schließlich werden behinderte Menschen in homogenen Gruppen in Sondereinrichtungen exkludiert.

Insofern ist es nachvollziehbar, dass die „disability studies“ eine Debatte um die Unterschiede von „impairment“ und „disability“, also Beeinträchtigung und Behinderung führten, um deutlich zu machen, dass eine körperliche Funktionsbeeinträchtigung nicht automatisch „behindert“, sondern dass man durch die Gesellschaft erst behindert „wird“. Ähnlich wie Judith Butler es mit den Kategorien „sex“ und „gender“ tat, behauptet auch die kanadische Philosophin Shelley Tremain, dass (ähnlich wie sex) sogar „impairment“ (also die Beeinträchtigung) erst noch diskursiv hergestellt werde. Die Unterscheidung und alle, die an ihr mitarbeiten, verursachten somit die Stigmatisierung mit, denn auch Hautfarbe oder sexuelle Einstellungen seien körperliche Merkmale, welche aber nicht automatisch medizinisch gedeutet und als „Behinderung“ einstuft würden.[5]

---

[5] Die Debatte endete ähnlich fruchtlos, wie die Debatte um „sex und gender“, da mit den Thesen von Butler und Tremain nicht konstruierte Körpererfahrungen nicht existieren. Wie schon im Diskurs um das Geschlecht als auf den „Körper geschriebene Phantasie“ (Butler) stieß auch der Versuch Tremains – so Waldschmidt – auf berechtigte Kritik. Auch wenn nicht zu leugnen sei, dass auch „impairment“ sozial konstruiert wird, so sind doch gerade die Körper nicht nur materieller Ausgangspunkt von solcherart Konstruktion, sondern möglicherweise auch widerständig. Hughes und Paterson kommen auf die Formel, dass Beeinträchtigung sozial ist und Behinderung verkörpert wird, d. h. dass sie sich wechselseitig bedingen (Waldschmidt 2007, S. 123).

Seit den 1970er Jahren hat sich der Umgang mit den „Unnormalen" erneut geändert: es gab weitreichende Reformen im Bereich der Psychiatrie, des Strafvollzugs, der Behindertenhilfe (Daniels 1983) und der Heimerziehung, die sich als „Enthospitalisierung" zusammenfassen lassen. Haben diese Reformen zu einem größeren Maß an Freiheit für die Betroffenen geführt? Mit Foucaults Analyse der „neoliberalen Regierungskunst" kann darauf differenziert geantwortet werden. Nach Foucault zeichnete sich der politische Wechsel zum Neoliberalismus nicht einfach durch eine Rückkehr zum politischen Liberalismus des 19. Jahrhunderts aus. Im klassischen Liberalismus sei der Nationalstaat der Garant für das freie Spiel der ökonomischen Kräfte gewesen, indem er die Bedingungen des freien Handels (Sicherheit, Verkehrswege etc.) schuf und garantierte. Der neoliberale Staat dagegen macht die Ökonomie selbst zum „inhärenten Organisationsprinzip des Staates" (nach Pieper 2007, S. 99). Neoliberale Regierungskunst ist daher nicht laissez-faire wie im klassischen Liberalismus, sondern sie schafft eine künstliche und arrangierte Freiheit. Die zeichnet sich durch sachliche Kosten-Nutzen-Kalküle sowie durch das Vorherrschen von Marktlogiken aus. Neoliberale Gouvernementalität[6] verzichtet auf direkte Anweisungen und Disziplinierungen und regt eher zur Aktivität durch Gestaltung an. Trotzdem ist sie wie jede liberale Regierung in der Paradoxie gefangen, Freiheit nur durch Sicherheit gewährleisten zu können, d. h. in Freiheit auch eingreifen zu müssen. Nach Optiz muss eine liberale Regierung die Bedingungen gestalten, unter denen der einzelne frei sein kann. Daher muss er auch Mechanismen erfinden, die den Einzelnen im Gebrauch seiner Freiheit absichern:

> Während die Regierung ihre Subjekte im liberalen Inklusionsbereich führt, indem sie sie über die Gewährung umgrenzter Freiheiten zu Praktiken der Selbstführung anreizt, bereitet die Reflexion über Sicherheit und Gefahr auch jene Schwelle, an der bestimmte Personen aus diesem Ermöglichungszusammenhang mehr oder weniger gewaltsam ausgeschlossen werden. (Opitz 2007, S. 50)

Wie hat sich diese veränderte „Regierungskunst" auf die Bereiche der Behindertenarbeit und Armutsbekämpfung niedergeschlagen? Waldschmidt zieht für den Behindertenbereich folgendes Fazit:

[6] Foucault selbst beschreibt „Gouvernementalität" als „Taktiken der Macht", einer Macht, die durch Institutionen und Diskurse (Wissen) auf die Bevölkerung ausgeübt werde (Foucault 2005, S. 171 f.). Dabei unterscheidet Foucault Macht und Gewalt. Gewalt beugt und bricht, sie zwingt zur Passivität, Macht dagegen anerkennt das Gegenüber, sie „stachelt an, gibt ein, lenkt ab, erleichtert oder erschwert, erweitert oder begrenzt, macht mehr oder weniger wahrscheinlich; im Grenzfall nötigt oder verhindert sie vollständig; aber stets handelt es sich um eine Weise des Einwirkens auf ein oder mehrere handelnde Subjekte, und dies, sofern sie handeln oder zum Handeln fähig sind." (Foucault 1994, S. 254 f.).

> Bis in die 70er Jahre setzte man im gesellschaftlichen Umgang mit behinderten Menschen auf eine starr ausgrenzende, die Anstaltsverwahrung und Besonderung fördernde Apparatur, die sich am Psychiatriemodell orientierte; heute haben wir es mit einem Ensemble vielfältiger Normalisierungsstrategien zu tun. Ohne dass es zu einer vollständigen Auflösung des negativen Pols kommt, verschwimmen doch zunehmend Trennlinien zwischen dem Normalen und dem Behindertsein, und zwar nicht nur auf Werbeplakaten und in Fernsehspots. (Waldschmidt 2007, S. 130)

Trotz der Erfolge um Inklusion, Anerkennung und Partizipation bedeute Behinderung aber noch immer, auf der „anderen" Seite, d. h. nicht im Reich der Vernunft, Kultur und Normalität, sondern in dem der Unvernunft, Natur und des Pathologischen verortet zu werden. Der „binäre Code" (behindert/nicht behindert) werde immer wieder hergestellt, allerdings „immer wieder auf neue Weise" (Waldschmidt 2007, S. 126). Diese „neue" Weise lässt sich nach Waldschmidt so beschreiben: Im Bildungssystem wie auf dem Arbeitsmarkt werde aktuell eine „inkludierende Exklusion" ebenso wie „exkludierende Inklusion" praktiziert (ebd., S. 130). Das heißt es gibt nach wie vor Sonderinstitutionen, daneben aber auch die individuell wählbar, gestaltbar und verantwortete Inklusion, die möglichweise mehr exkludiert, als die „exkludierende Inklusion". So werden Menschen, die Arbeit verweigern seit 1969 nicht mehr in Arbeitshäusern eingesperrt, aber ihnen droht heute der Entzug von Unterstützungsleistungen und damit die Exklusion aus einer Gesellschaft, in der sie auf Erwerb von Konsumgütern nicht nur materiell, sondern auch sozial angewiesen sind (e-exclusion).

Wenn wir diese kritischen Anmerkungen richtig weiter denken, so steht mit Foucault die „inklusive Pädagogik" in der Gefahr, in ein krampfhaftes Bemühen um eine „Schein-Normalität" abzugleiten, die eine verschärfte Form von Exklusion innerhalb eines inkludierenden Schulsystems produziert. Erfahren Schülerinnen und Schüler mit Behinderungen in einer inklusiven Klassen möglicherweise ihre „Anomalität" in verschärfter Weise, weil sie dauernd mit dem „Normalen" konfrontiert werden und an den „normalen" Ansprüchen mit gemessen werden? Greift dies ihr Selbstwertgefühl an? Wird ihre Förderung angesichts der Bedürfnisse der Mehrheit vernachlässigt? Wenn Inklusion für behinderte Kinder in der Schule mehr Anpassungsdruck an Normalität und einen Mangel an Förderung erzeugt, wenn sich das System nicht – wie gewünscht und in der inklusiven Pädagogik postuliert – mit verändert, verschärfen sich möglicherweise Exklusionserfahrungen, gerade innerhalb eines „inkludierenden" Systems. Mit dieser Frage steht und fällt der Inklusionsgedanke als Menschenrechtsfrage. Es wird sich zeigen, inwieweit das Schulsystem und die Bildungspolitik in der Lage sind, diesen Tendenzen entgegen zu wirken und zu verhindern, dass solcherart Exklusionserfahrungen stattfinden. Auf jeden Fall werden durch die Inklusionspädagogik neue Grenzen des Nicht-

„Inkludierbaren" entstehen. Auch wird durch die notwendige Individualisierung die Eigenverantwortung für das Mithalten im Unterricht gestärkt, ein mögliches Versagen ebenfalls individualisiert: Tendenzen wie sie insgesamt für die Entwicklung der „neoliberalen Regierungskunst" im Sinne Foucaults typisch sind.

Auch im Bereich der „sozialen Inklusion", bei der Frage der ausgrenzenden Armut sind in den letzten Jahren weitreichende Veränderungen vollzogen worden. Mit der Umgestaltung der Sozialhilfe durch die „Hartz IV"- Gesetze ab 2005 sollten die Arbeitslosen – so die offizielle Darstellung – „aktiviert" werden. Sie wurden als „Unternehmer ihrer selbst" oder als „Ich-AG" angesprochen. Nach Pieper ist dies ein Verweis darauf, wie sehr die Sprache und die Logik der Ökonomie in den Bereich von Sozialpolitik und Sozialarbeit Einzug gehalten hat. Die Lösung der sozialen Frage des 19. Jahrhunderts durch Sozialversicherung und Sozialhilfe, die „solidaritätsbasierte Sozialstaatsidee" sei – nicht nur durch die Hartz IV-Gesetze, aber maßgeblich dadurch – abgelöst worden durch ein neues Prinzip von Leistungsgerechtigkeit. Ziel der „Job-Center" ist nun die individualisierte, „passgenaue" *Eingliederung* in den Arbeitsmarkt. Dadurch sind die Probleme von Armut und Arbeitslosigkeit in „Fragen der Selbstsorge" transformiert worden. Sie erscheinen als willentlich herbeigeführter, freiheitlicher Entschluss, als moralische Fehlhaltung einzelner, obwohl noch immer (trotz aktueller Verbesserungen in 2011) auf eine freie Stelle neun Arbeitslose kommen (Pieper 2007, S. 95 f. Bundesagentur für Arbeit 2012). Gleichzeit sorgt die bedrohliche Anwesenheit von Armut dafür, in den Individuen Energien zu mobilisieren und die Zumutbarkeitsgrenze von Arbeit zu senken. Da anders als früher (scheinbar) jeder eine Chance hat, Armut zu vermeiden, ist auch jeder selbst schuld, wenn es ihm nicht gelingt.

Kritisch anzumerken ist gegenüber dieser auf Foucault aufbauenden Argumentation, dass mit dem Fokus allein auf den Diskurs möglicherweise die empirische Realität aus dem Blick gerät und damit tatsächliche Verbesserungen in der sozialen Lage von Arbeitslosen.[7] Denn der „Solidaritätsdiskurs" kann genauso eine Verschleierungstaktik einer gar nicht solidarischen Gesellschaft gewesen sein und der „Aktivierungsdiskurs" ein vielleicht nur unwirksamer Versuch, sozialpolitische Errungenschaften einzuschränken. Zu Einsparungen hat „Hartz IV" jedenfalls nicht geführt. Ob die Appelle an die „Selbstregierung" fruchten oder verpuffen, ist letztlich auch eine Entscheidungsfreiheit des Individuums. Möglicherweise ist ein Diskurs nicht eine Beschreibung, sondern nur ein Reflex auf Verhältnisse, deren Wirkungen nicht von vornherein zu berechnen sind. Damit soll allerdings nicht gesagt sein, dass die Angriffe auf das Selbstbewusstsein von arbeitslosen Menschen in Bezug auf

[7] Zu den Debatten um die Paradoxien im Denken Foucaults und die Auswirkungen auf sozialpädagogische Interventionen siehe Kessl (2007, S. 217).

den „Aktivierungsdiskurs“ nicht wirksam sind und sich viele Betroffene zu Unrecht selbst für ihre soziale Ausgrenzung verantwortlich machen. In diesem Sinne ist für sie nicht nur der Mangel an materiellen Ressourcen ein Problem, sondern auch die Abweichung von der gesellschaftlichen Norm des arbeitenden Individuums.

2.3 Befähigung zur gerechten Teilhabe (Nussbaum)

Wenn wir die oben ausgeführten Bedenken ernst nehmen, ist die Tatsache einer Inklusion allein kein positiver Zustand, sofern nicht die Bedingungen geschaffen werden, unter denen das Individuum befähigt wird, innerhalb des inkludierenden Systems auch zu kommunizieren, seine Rechte zu verwirklichen und wirklich teilzuhaben. Es kann den Tatbestand einer „inkludierenden Exklusion“ geben, auch wenn es sich nach dem Wortsinn etwa der Luhmannschen Theorie oder auch der erziehungswissenschaftlichen Debatte damit nicht um eine wirkliche Inklusion handelt.

Die Denkrichtung des „Befähigungsansatzes“ (capabilities) von Amartya Sen und Martha Nussbaum kann hier eine wichtige Perspektive eröffnen, indem auf die Bedingungen einer wirklichen Teilhabegerechtigkeit verwiesen wird. Der indische Nobelpreisträger für Wirtschaftswissenschaften Amartya Sen entwickelte in den 90er Jahren einen alternativen Begriff von der „Entwicklung“ eines Landes, die er nicht mehr allein am Bruttosozialprodukt, bzw. der Verfügung des Einzelnen über eine spezifische Geldmenge festmachen wollte, sondern an den Freiheiten und den Verwirklichungschancen, die die Menschen einer Gesellschaft haben. „Wohlergehen“ hängt für Sen auch vom Gesundheitszustand, von den Umweltbedingungen, vom familiärem Kontext, von sozialen Beziehungen und Selbstbestimmungsmöglichkeiten ab (Sen 2002, S. 89 f.). Da beispielsweise behinderte Menschen mehr Güter brauchen, um zu gleicher Freiheit zu kommen, hängt ihr Wohlergehen häufig an einem höheren Zugang zu materiellen Mitteln. Für Sen zählen die folgenden Freiheiten zu den Indikatoren eines „entwickelten“ Landes:

> ... die Möglichkeit, Hunger, Unterernährung, heilbare Krankheiten und vorzeitigen Tod zu vermeiden, wie auch jene Freiheiten, die darin bestehen, lesen und schreiben zu können, am politischen Geschehen zu partizipieren, seine Meinung unzensiert zu äußern usw. Von diesem Standpunkt aus bedeutet Entwicklung die Erweiterung dieser und anderer grundlegender Freiheiten. (Sen 2002, S. 50)

Während Sen die Verwirklichungschancen, die „capabilities“ als Messlatte für die Lebensqualität eines Landes nimmt, entwickelte Martha Nussbaum, eine US-amerikanische Philosophin diesen „capabilitiy-approach“ weiter – hin zu einer materialen Bestimmung eines Lebens im Wohlergehen, deren Bedingungen sie in einer Liste, bestehend aus zehn Punkten festhielt, welche sie nicht religiös, sondern unter Rückgriff auf die aristotelische Idee des „Guten Lebens" begründet.

Wesentlich ist bei Nussbaum, dass es ihr nicht reicht, Menschen allein Rechte zuzugestehen. Sie müssen zur Inanspruchnahme ihrer Rechte auch befähigt zu werden. Sie geht anders als der Gerechtigkeitstheoretiker John Rawls nicht vom „gleichen, kooperationswilligen – und- fähigen Bürger" (Dabrock 2010, S. 19) aus, sondern berücksichtigt mehr als andere auch die Fürsorgebedürftigkeit von Menschen. Auch geht sie in ihren Punkten auf die Achtung nicht-menschlicher Lebensformen ein und stellt konsequent die Gerechtigkeitsfrage in einen internationalen Zusammenhang. Eine materiale Bestimmung von „Normen", die zu einem guten Leben dazu gehören müssen, ist riskant. Theoretisch steht sie immer der Gefahr, autoritär oder paternalistisch ausgelegt zu werden. Allerdings umgeht Nussbaum diese Gefahr nach Ansicht der meisten deutschen Befürworter ihres Ansatzes, indem sie nicht das Ziel selbst bestimmt, sondern jedem und jeder nur die Verwirklichung individuellen Lebens ermöglichen will.

Dabei ist es wichtig zu verstehen, dass Nussbaum – anders als Foucault – die Menschen nicht als Wesen sieht, die „von der leistungsstarken Maschine der Konventionen" wie „Münzen" geprägt werden. Zwar werden sie von sozialen Normen eingeschränkt, doch diese Normen sind vielgestaltig, und „die Menschen gehen krumme Wege." (Nussbaum 2002, S. 13). Inklusion in Systeme bedeutet daher in ihrer Theorie weniger die Gefahr einer Normierung, als vielmehr die Chance der Befähigung zur Teilhabe, welche die Menschen dann individuell gestalten können.

Oelkers et al. erkennen in dem Capabilities-Ansatz die Basis für eine „Neuorientierung" im Bereich der Bildungs- und Wohlfahrtsforschung. Die Idee des „guten Lebens" kann in ihren Augen als „Schlüsselbegriff" bzw. als ein „sich selbst begründeter Zielbegriff" für die „öffentliche Wohlfahrtsproduktion" gelten (Oelkers et al. 2010, S. 87, vgl. auch Albus et al. 2009). Im Weiteren soll kritisch betrachtet werden, ob dieser Ansatz für die Theoriediskurse der Sozialen Arbeit tatsächlich eine „Neuorientierung" darstellt oder doch vielmehr eine „Rückbesinnung".

Der Ansatz von Nussbaum hat nach Dabrock den Vorteil, dass er kein „leeres Prinzip" kommuniziert, sondern die Zusicherung der Befriedigung prinzipieller Grundbedürfnissen mit der Förderung von „Selbstachtung und Nicht-Demütigung" (Dabrock 2010, S. 31) verbindet. Für ihn stellt dieser Ansatz die richtige theoretische Begründung von gesellschaftlicher Inklusion dar und er schlägt vor, Soziale Arbeit – genau wie es Bommes und Scherr bereits 1996 forderten – als Exklusionsvermeidung und Inklusionshilfe zu charakterisieren:

> Wenn denn die Pointe des Befähigungsgerechtigkeitsansatzes nach eigenem Bekunden darin besteht, gesellschaftliche Inklusion zu ermöglichen, dann sollte man auch

> die soziologische, konkret: systemtheoretische Einsicht berücksichtigen, dass es *die* Gesellschaft (womöglich noch identifiziert mit dem politischen System) nicht gibt, sondern dass sie jeweils nur in den unterschiedlichen Funktionssystemen mit deren jeweiligen Code-Programmen, Medien etc. existiert ... Man muss kein Anhänger der Systemtheorie .... sein, um anzuerkennen, dass die Politik nicht mehr alleine ... Gesellschaft gestaltet. Auch dürfte phänomenologisch unwidersprochen einleuchten, dass unterschiedliche gesellschaftliche Sphären unterschiedliche Inklusionsbedingungen – oder in der Terminologie Nussbaums – Befähigungen erfordern. (...) Befähigung zur Teilnahmemöglichkeit an gesellschaftlicher Kommunikation wäre dann in die systemtheoretische Sprache zu übersetzen als Verhinderung wechselseitiger Exklusionsverstärkung *und* Ermöglichung von Inklusion. (Dabrock 2010, S. 49)

Liegt nun mit diesem Ansatz wirklich eine „Neuorientierung" vor? Oder erschließt sich dem historisch-kritisch denkenden Blick nicht vielmehr eine Ähnlichkeit mit bereits bekannten Theorien Sozialer Arbeit? Tatsächlich mag mit diesem Ansatz für den Bereich der Ökonomie und der Politik, eventuell auch für die Erziehungswissenschaft eine Erweiterung des Humankapitalansatzes möglich sein. Für die Soziale Arbeit ist der Vorschlag, sich auf ihn zu beziehen, aber möglicherweise etwas Ähnliches wie „Eulen nach Athen" zu tragen. Entspricht nicht Salomons Idee des Rechts auf Hilfe diesem Ansatz? Deutlicher noch als bei ihr sieht man die Parallelen bei der in den 1920er Jahren entwickelten „Bedürfnistheorie" der Österreicherin Ilse Art, welche sie als eine Grundlage fürsorgerischer Tätigkeit entwickelte. Ihre Liste der Bedürfnisse sprengt dabei bei weitem die 10 Kriterien von Nussbaum, entspricht aber in der Grundidee und den Grundelementen dem Befähigungsansatz (Staub-Bernasconi 2002; Pantuce und Maiss 2009; Hunold 2010).

Bereits 1992 haben Silvia Staub-Bernasconi und andere Vertreterinnen und Vertreter der „International Federation of Social Workers" die Soziale Arbeit als „Human-Rights-Profession" charakterisiert (Manual über Menschrechte für Ausbildungsstätten Sozialer Arbeit und die Sozialarbeitsprofession, vgl. Staub-Bernasconi 1995, S. 414). In der Begründung findet sich auch schon ein Bezug auf Arlt und Nussbaum. Die Aufgabe der Profession – so die damalige Erklärung – sei nicht allein in der Bereitstellung von Ressourcen zu sehen, sondern auch in der Ermöglichung von Freiheiten, gerade auch der Freiheit von Gewalt im familiären Umfeld. Explizit bekannte die internationale Vereinigung sich dazu, in allen Arbeitsfeldern an der Durchsetzung der Menschen- und Sozialrechte der Klienten arbeiten zu wollen und dazu die 30 Artikel der Menschenrechtserklärung von 1948 zugrunde zu legen:

> Menschenrechte machen ernst mit der Tatsache, dass die Weltgesellschaft nicht eine Fiktion, sondern eine in Entstehung begriffene Realität ist, in welcher es kein ‚Außerhalb' mehr gibt. So liefern sie für diesen langsamen, krisen- und konfliktreichen Zusammenschluss eine mögliche interkulturelle Verständigungsbasis. (Staub-Bernasconi 1995, S. 424)

Legt man die UN-Menschenrechtscharta von 1948 (AEMR), wie die Konventionen über die Rechte von Frauen und Kindern neben die Liste Nussbaums, so sind die wesentlichen Punkte identisch, d. h. es braucht keine Neuorientierung Sozialer Arbeit, sondern eine konsequentere Orientierung an einer bereits vor zwanzig Jahren beschlossenen internationalen Erklärung zur Sozialen Arbeit als Menschenrechtsprofession.[8] In einem Punkt geht Nussbaum allerdings über den Ansatz der Menschenrechte hinaus, indem sie die Befähigung zur Inanspruchnahme von Rechten fordert. Deutlich würde dann die konsequente Anwendung ihres Ansatzes bedeuten, dass Soziale Arbeit auch einen Bildungsauftrag erhält. Muss dann aber nicht doch stärker als es Nussbaum tut, auch ein Blick auf die Gefahren dieser Beeinflussung im Sinne der mit Foucault ausgeführten „Mikrophysik der Macht" gerichtet werden? Wenn es darum geht, zu qualifizieren, wie jemand leben sollte (im Wohlergehen) und wie er dazu zu befähigen ist, möglicherweise auch zu „regieren" ist, wie kann verhindert werden, dass er/sie an Normalitätsvorstellungen angepasst wird, also ein normiertes Individuum, aber kein Subjekt wird? Befähigung findet nicht in einem Machtvakuum statt. Sie ist nicht Gewalt, aber im Sinne Foucaults eine Macht, die ge-, aber auch missbraucht werden kann (was bereits Salomon thematisierte, vgl. Kuhlmann 2008, S. 152).

Ob Inklusion als Chance oder Gefahr zu sehen ist, hängt nach dem bisher Ausgeführten im Wesentlichen davon ab, in welches System und unter welchen Bedingungen ein Mensch „inkludiert" wird. Und dies zeigt sich möglicherweise, wenn die Absichten derjenigen, die diesen Begriff benutzen, näher beleuchtet werden. Wer spricht in welchem Kontext von Inklusion? Es hängt, so würde es Ludwig Wittgenstein formulieren, vom jeweiligen „Sprachspiel" ab, was gemeint ist. Abschließend soll daher noch ein Blick auf die Politik mit Begriffen geworfen werden, um zu klären, ob Inklusion eine taugliche Utopie oder nur eine beschönigende Floskel zur Bezeichnung von Effektivierungsprozessen darstellt.

[8] Zur Veranschaulichung der Überschneidungen die Liste von Nussbaum und dahinter in Klammern die entsprechenden Artikel der AEMR-Charta: 1) das Leben zu Ende führen, nicht vorzeitig sterben zu müssen (AEMR, Art. 3), 2) sich guter Gesundheit zu erfreuen (Nahrung, Unterkunft, AEMR Art. 25), 3) unnötigen Schmerz vermeiden zu können, Freude zu erfahren (AEMR, Art. 4, 5, 12), 4) die fünf Sinne benutzen zu können, sich etwas vorstellen, denken, urteilen zu können (AEMR, Art. 16, 19, 26, 27), 5) Bindungen zu Menschen und Dingen außerhalb unserer selbst zu haben, „diejenigen zu lieben, die uns lieben und die für uns sorgen, …. zu lieben, zu trauern, Sehnsucht und Dankbarkeit zu empfinden." (Nussbaum 1999, S. 58; AEMR, Art. 16, 20), 6) sich mit anderen verbunden zu fühlen, familiäre und soziale Beziehungen eingehen, 7) sich eine Vorstellung vom Guten zu machen (AEMR, Art. 26, 27), 8) mit Tieren und Pflanzen verbunden zu leben, 9) zu lachen, zu spielen, Freude an erholsamen Tätigkeiten zu haben (AEMR, Art. 24), 10) das eigene Leben und nicht das eines anderen zu führen (Nussbaum 1999, S. 49 f.; AEMR, Art. 16, 18).

3 Inklusion als Sprachspiel: Utopie oder Euphemismus

Begriffswechsel sind nie folgenlos, denn sie bestimmen die Haltung, mit der Menschen handeln und die Art und Weise, wie sie ihr Handeln reflektieren. Als die Nationalsozialisten den Begriff der Wohlfahrtspflege durch den der Volkspflege ersetzten, war damit die Veränderung hin zu einem rassistischen und totalitären Hilfesystem verbunden. Daneben werden Begriffe aber auch in bestimmten Theorien in je anderer Weise verstanden und gebraucht. Beispielsweise bedeutet „Inklusion" in der Mineralogie etwas völlig anderes als im heilpädagogischen und hier wiederum etwas anders als im sozialwissenschaftlichen oder im rechtswissenschaftlichen Diskurs.

Ludwig Wittgenstein ging davon aus, dass Begriffe nicht an sich eine Bedeutung haben, sondern dass ihre Bedeutung in ihrem Gebrauch innerhalb eines bestimmten „Sprachspieles" liegt. Die „Mitspieler", also diejenigen, die gemeinsam einen Begriff nutzen, kennen die Regeln dieses „Spiels", wobei mit Spiel nicht eine unernste oder beliebige Tätigkeit, sondern die regelhafte, manchmal auch phantasievolle Nutzung von Wörtern gemeint ist. Ausgehend von Wittgenstein entwickelte der französische Philosoph Jean Francois Lyotard die These, dass Sprechakte immer auch so etwas wie Schachzüge sind, dass wer spricht, immer auch im Sinne eines Spiels kämpft – nicht immer nur, um zu gewinnen, aber um etwas zu erreichen. (Lyotard 2009, S. 46) Die Nutzung bestimmter Begriffe ist dabei ebenfalls ein – nicht immer bewusstes – Kampfmittel, mit dem ich meine Mit- oder Gegenspieler zu bestimmten Reaktionen veranlasse.

Sich auf die Sprache zu konzentrieren, mit der gesellschaftliche Verhältnisse beschrieben werden, hat für Lyotard eine wichtige Funktion. Er behauptet, dass sich die Entscheidungsträger in postmodernen Gesellschaften nicht mehr an den modernen „Erzählungen"/Sprachspielen der Vergangenheit beteiligen, in denen die Aufgabe von Politik und Wissenschaft darin gesehen wurde, ein Mehr an sozialer Gerechtigkeit und Emanzipation zu befördern. Heute, in der „postmodernen" Gesellschaft gehe es nur noch darum, die Effektivität des Bestehenden zu erhöhen. Ziel sei es, dass die Systeme bei geringeren Kosten schneller einen größeren Output produzieren.

Wie über Institutionen erzählt wird, das legitimiert sie. Das gilt auch für soziale Institutionen. Die an der Aufklärung des Geistes und der Hermeneutik des Sinns orientierte Legitimation (wie sie noch bei Hans Thiersch eine große Rolle spielt) ist – so Lyotard – genauso verblasst, wie die sozialpolitische „Erzählung" von der Aufhebung der Unterdrückung durch die Revolution, bzw. die Erzählung von der sozialen Gerechtigkeit und der wissenschaftlichen Wahrheit. Entscheidungsträger heute – und das gilt auch für die Soziale Arbeit – legitimieren sich zunehmend durch die Optimierung der Leistungen des Systems.

Lyotard hält diesen Prozess jedoch für äußerst problematisch, denn das „Kriterium der Wirksamkeit ist ein technologisches, es taugt nicht, um über die Wahrheit und das Recht zu urteilen" (Lyotard 2009, S. 26). Der postmoderne Umgang mit Wissen, also auch mit Theorien, ist nach Lyotard einerseits durch Effektivitätsmaximen geprägt, andererseits macht der Verlust der großen Erzählungen fähiger das „Inkommensurable" zu ertragen. Das heißt für unseren Zusammenhang, dass es nicht notwendig und möglich ist, die eine, „richtige" Definition von Inklusion zu geben, sondern die Bedeutung dieses Begriffes in dem jeweiligen Diskurskontext, bzw. seine strategische Funktion in diesem „Sprachspiel" zu erfassen. So kann der Begriff beispielsweise in der Schulpolitik ablenken von Verschlechterungen in der Betreuung von behinderten Kindern: Inklusion wäre dann eine euphemistischen Beschreibung von Einsparungs- und Effektivierungspolitik durch Zusammenlegungen von Schulformen. Diese Gefahr der „Inklusion" muss mit Blick auf die aktuelle Entwicklung „inklusiver Klassen" durchaus als gegeben gesehen werden.

Genauso gut kann „Inklusion" aber auch eine kämpferische Absicht ausdrücken, mit der Verbesserungen in der Förderung eingefordert oder sogar durchgesetzt werden können. Warum nicht das Betreuungsverhältnis der Förderschulen (Klassen nicht größer als 15 SchülerInnen) auf die inklusiven Schulen übertragen? Das wäre die Utopie. Nur wer solcherart Sprachspiele durchschaut und seine Regeln bewusst einsetzt und bei Bedarf auch verletzt, ist in der Lage dem hegemonialen Wissensdiskurs etwas entgegen zu setzen und die Aufmerksamkeit vom angeblichen Sachverhalt auf die Diskursregeln zu lenken. Nach Lyotard kann ein Begriff also zugleich in der einen Theorie ungerechte Verhältnisse euphemistisch verschleiern, wie auch – in einem anderen Sprachspiel – eine Utopie, eine wünschenswerte Praxis ausdrücken. Notwendig ist aber in beiden Fällen, die Funktion dieses Begriffes zu untersuchen. (Lyotard 2009, S. 89 f.).

Wenn wir diesen Überlegungen folgend die einleitende Frage nach der Tauglichkeit der Begriffes der Inklusion als Norm Sozialer Arbeit aufgreifen, so muss nach jetzigem Stand der Entwicklung inklusiver Praxis festgehalten werden, dass der Begriff oder der Tatbestand der „Inklusion" allein keine hinreichende Normbestimmung für Soziale Arbeit sein kann. Erweitert zu einer Theorie der sozialen Gerechtigkeit und der Menschenrechte kann er jedoch die theoretische Debatte der Sozialen Arbeit befruchten – wenn jeweils herausgearbeitet wird, wo die Chancen und Gefahren von einer Zugehörigkeiten zu „Systemen" liegen.

Wo soziale Gerechtigkeit oder Menschenrechte durch Exklusion aus einem gesellschaftlich wichtigen Bereich (Bildung, Gesundheit, Arbeit) gefährdet sind, da soll Soziale Arbeit auf eine inkludierende Praxis setzen. Theoretisch übergreifend bleibt der Begriff der Inklusion als Leitformel jedoch problematisch, da er in vielen Diskursen, die mit Sozialer Arbeit verknüpft sind, sehr unterschiedlich genutzt wird. Die Begriffe des Menschrechts und der soziale Gerechtigkeit dagegen sind nicht hintergehbare Orientierungspunkte einer professionellen Sozialen Arbeit im internationalen Horizont. Der Inklusionsgedanke ist in einzelnen Punkten hilfreich; zu einer neuen normativen Grundlage Sozialer Arbeit, welche die Orientierung an Menschenrechten und sozialer Gerechtigkeit überflüssig macht, kann er nicht werden. Sein theoretischer Gewinn besteht vielmehr in der Zusammenführung der Armuts- und Behinderungsdiskurse. Die Frage nach Inklusion kann zu der Erkenntnis führen, dass Armut „behindert" und beispielsweise inklusive Schulen sich nicht nur für Körper- oder Lernbehinderte, sondern auch für sozial Benachteiligte öffnen müssen. Sie kann andererseits zu der Erkenntnis weiterführen, dass Behinderung nicht automatisch eine (zu heilende) Krankheit ist und dass die Barrierefreiheit von Institutionen der Sozialen Arbeit, beispielsweise in der Kinder- und Jugendhilfe, noch eine große Herausforderung darstellt.

Literatur

Albus S, Andresen S, Fegter S (Hrsg) (2009) Wohlergehen und das „gute Leben" in der Perspektive von Kindern: Das Potential des Capability Approach für die Kindheitsforschung. Juventa, Weinheim

Anhorn R, Bettinger F, Steh J (2007) Foucaults Machtanalytik und Soziale Arbeit. Eine kritische Einführung und Bestandsaufnahme. VS-Verlag, Wiesbaden

Bommes M, Scherr A (1996) Soziale Arbeit als Exklusionsvermeidung, Exklusionsvermittlung und/oder Exklusionsverwaltung. In: Merten R et al (Hrsg) Sozialarbeitswissenschaft – Kontroversen und Perspektiven. Luchterhand, Neuwied, S 93–119

Bossong H (1987) Die freundliche Kolonialisierung. Sozialarbeit zwischen System und Lebenswelt. Kleine, Bielefeld

Bundesagentur für Arbeit (2012) Arbeitsmarkt in Zahlen, Gemeldete Arbeitsstellen, Stand: Dezember 2011, Nürnberg. http://www.sozialpolitik-aktuell.de/tl_files/sozialpolitik-aktuell/_Politikfelder/Arbeitsmarkt/Datensammlung/PDF-Dateien/abbIV32.pdf. Zugegriffen: 17. Feb 2012

Dabrock P (2010) Befähigungsgerechtigkeit als Ermöglichung gesellschaftlicher Inklusion. In: Otto H-U, Ziegler H (Hrsg). VS-Verlag, Wiesbaden, S 17–53

Daniels S v (Hrsg) (1983) Krüppel-Tribunal. Menschenrechtsverletzungen im Sozialstaat. Pahl-Rugenstein, Köln

Foucault M (1977) Überwachen und Strafen. Die Geburt des Gefängnisses. Suhrkamp, Frankfurt a. M.

Foucault M (1994) Das Subjekt und die Macht. In: Dreyfus HL, Rabinow P (Hrsg) (1994^2) Michel Foucault. Jenseits von Strukturalismus und Hermeneutik. Beltz, Athenäum, Weinheim, S 241–261

Foucault M (2005) Analytik der Macht. Suhrkamp, Frankfurt a. M.

Hollstein W, Meinhold M (Hrsg) (1973) Sozialarbeit unter kapitalistischen Produktionsbedingungen. Fischer, Frankfurt a. M.
Hunold M (2010) Wirklichkeitshorizonte. Ilse Arlt und der Capability Approach. Tectum-Verlag, Marburg
Huster EU, Boeckh J, Mogge-Grotjahn H (Hrsg) (2008) Handbuch Armut und soziale Ausgrenzung. VS-Verlag, Wiesbaden
Kessl F (2007) Wozu Studien zur Gouvernementalität in der Sozialen Arbeit? Von der Etablierung einer Forschungsperspektive. In: Anhorn R et al. (Hrsg). S 201–226
Klumker CJ (1918) Fürsorgewesen. Einführung in das Verständnis von Armut und Armenpflege. Quelle und Meyer, Leipzig
Kuhlmann C (1989) Erbkrank oder erziehbar? Juventa, Weinheim
Kuhlmann C (2000) Alice Salomon – Ihr Beitrag zur Entwicklung der Sozialen Arbeit in Theorie und Praxis. Beltz, Weinheim
Kuhlmann C (2007) Geschichte Sozialer Arbeit. Studienbuch. Wochenschau, Schwalbach/Ts.
Kuhlmann C (2008) „Nicht Wohltun, sondern Gerechtigkeit“ Alice Salomons Theorie Sozialer Arbeit. ibidem, Stuttgart
Lyotard, JF (1979/2009): Das postmoderne Wissen. Ein Bericht, Wien: passagen,
Luhmann N (1984) Soziale Systeme: Grundriß einer allgemeinen Theorie. Suhrkamp, Frankfurt a. M.
Merten R (Hrsg) (2004) Inklusion und Exklusion in der sozialen Arbeit. VS-Verlag, Wiesbaden
Merten R, Scherr A (2004) Inklusion/Exklusion und Soziale Arbeit. Überlegungen zur aktuellen Theoriedebatte zwischen Bestimmung und Destruktion. In: Merten R, Scherr A (Hrsg). VS-Verlag, Wiesbaden, S 99–118
Mollenhauer K (1959) Die Ursprünge der Sozialpädagogik in der industriellen Gesellschaft. Eine Untersuchung zur Struktur sozialpädagogischen Denkens und Handelns. Beltz, Weinheim
Nohl H (1965) Aufgaben und Wege der Sozialpädagogik. Vorträge und Aufsätze von Herman Nohl. Juventa, Weinheim
Nussbaum M (1999) Gerechtigkeit oder Das gute Leben. Suhrkamp, Frankfurt a. M.
Nussbaum M (2002) Konstruktion der Liebe, des Begehrens und der Fürsorge. Drei philosophische Aufsätze. Reclam, Stuttgart
Oelkers N, Otto H-U, Ziegler H (2010) Handlungsbefähigung und Wohlergehen – Der Capabilities-Ansatz als alternatives Fundament der Bildungs- und Wohlfahrtsforschung. In: Otto H-U, Ziegler H (Hrsg) Capabilities – Handlungsbefähigung und Verwirklichungschancen in der Erziehungswissenschaft. VS-Verlag, Wiesbaden, S 85–89
Opitz S (2007) Foucault als Theoretiker der Inklusion/Exklusion. In: Anhorn R et al. (Hrsg). S 41–58
Pantucek P, Maiss M (2009) Die Aktualität des Denkens von Ilse Arlt. VS-Verlag, Wiesbaden
Pieper M (2007) Armutsbekämpfung als Selbsttechnologie. Konturen einer Analytik der regierung von Armut. In: Anhorn R, Bettinger F, Stehr J (Hrsg) Sozialwiss. VS-Verlag, Wiesbaden, S 93–107
Scherr A (2004) Exklusionsindividualität, Lebensführung und Soziale Arbeit. In: Merten R, Scherr A (Hrsg). VS-Verlag, Wiesbaden, S 55–74
Sen, A (2002): Ökonomie für den Menschen. Wege zu Gerechtigkeit und Solidarität in der Marktwirtschaft. Müchen: dtv

Staub-Bernasconi S (1995) Systemtheorie, soziale Probleme und Soziale Arbeit: lokal, national, international oder: vom Ende der Bescheidenheit. Haupt, Bern

Staub-Bernasconi S (2002) Ilse Arlt: Lebensfreude dank einer wissenschaftsbasierten Bedürfniskunde: Aktualität und Brisanz einer fast vergessenen Theoretikerin. In: Die Geschichte der sozialen Arbeit in Europa (1900–1960). Leske & Budrich, Opladen, S 25–33

Stövesand S (2007) Mit Sicherheit Sozialarbeit!: Gemeinwesenarbeit als innovatives Konzept zum Abbau von Gewalt im Geschlechterverhältnis unter den Bedingungen neoliberaler Gouvernementalität. Lit-Verl., Hamburg

Thiersch H (1992) Lebensweltorientierte Soziale Arbeit. Aufgaben der Praxis im sozialen Wandel. Juventa, Weinheim

Vahsen F (1992) Paradigmenwechsel in der Sozialpädagogik. Böllert, Bielefeld

Verlage T (2011) Die Regierung der Arbeitslosen: Rekonstruktion einer neoliberalen Gouvernementalität im Bericht der Hartz-Kommission und dem Diskurs im Spiegel. VDM Verlag Dr. Müller, Saarbrücken

Waldschmidt A (2007) Die Macht der Normalität. Mit Foucault „(Nicht-)Behinderung" neu denken. In: Anhorn R et al. (Hrsg) Foucaults Machtanalytik und Soziale Arbeit. VS-Verlag, Wiesbaden, S 119–134

Willing M (2008) „Sozialistische Wohlfahrt": die staatliche Sozialfürsorge in der Sowjetischen Besatzungszone und der DDR (1945–1990). Mohr Siebeck, Tübingen

„All inclusive"? Annäherungen an ein interdisziplinäres Verständnis von Inklusion

Theresia Degener und Hildegard Mogge-Grotjahn

1 Einleitung

Mit dem folgenden Text wollen wir einen Beitrag dazu leisten, unterschiedliche Inklusions-Verständnisse aufeinander zu beziehen und sie zu einem gemeinsamen Begriffsverständnis, das politisch und in professionellen Handlungsfeldern wirksam wird, weiterzuentwickeln. Die disziplinären Kontexte, in denen wir uns verorten, sind die Rechtswissenschaften sowie die Disability Studies einerseits, die soziologische Gesellschafts- und Ungleichheitstheorie sowie die Soziologie sozialer Probleme andererseits. Die professionellen Kontexte sind bzw. waren heilpädagogische und sozialarbeiterische Handlungsfelder, für die wir ursprünglich in unterschiedlichen Studiengängen Fachkräfte qualifizierten. Mittlerweile lehren wir in den gleichen Studiengängen. Über die Jahre hinweg haben sich die disziplinären und die professionellen Herkünfte als zwar fruchtbare, aber mitunter auch hinderliche Diskurszusammenhänge erwiesen – fruchtbar, wenn es um die Schärfung von Argumentationen und Profilen geht; hinderlich, wenn es darum geht, Fachkräfte zu qualifizieren, die in innovativen Arbeitsfeldern zukunftsfähige Inklusions-Konzepte entwickeln und implementieren wollen und sollen. Als gemeinsame Perspektive erscheint uns die Weiterentwicklung sozialer Berufe zu Menschenrechtsprofessionen.

T. Degener · H. Mogge-Grotjahn(✉)
Evangelische Fachhochschule RWL, Bochum, Deutschland
E-Mail: degener@efh-bochum.de

H. Mogge-Grotjahn
E-Mail: mogge-grotjahn@efh-bochum.de

H-J. Balz et al. (Hrsg.), *Soziale Inklusion*, DOI 10.1007/978-3-531-19115-7_4,

© VS Verlag für Sozialwissenschaften | Springer Fachmedien Wiesbaden 2012

2 Kontexte

Die herkömmliche Ausgrenzungs- und Integrations-Debatte sowie die jüngere Exklusions- und Inklusions-Debatte wurden und werden seit vielen Jahren auf wissenschaftlich, politisch, rechtlich sowie professionell weitgehend voneinander getrennten Ebenen geführt. Diese Ebenen sind auf der einen Seite der Armutsdiskurs, zunehmend verbunden mit den Diskursen zu Migration, Gesundheit und Bildung. Auf der anderen Seite ist es der Behinderungsdiskurs, der wiederum eingebettet ist in den größeren Zusammenhang der Diversity-Thematik. In deren Fokus stehen die Dimensionen Geschlecht, „Rasse", sexuelle Identität und Behinderung. Auf beiden Ebenen wird mit dem Begriff der (sozialen) Ungleichheit gearbeitet, wobei es bei ersterer vor allem um die Mechanismen der Ungleichverteilung von Ressourcen geht, bei letzterer vor allem um die Konstruktion und Zuschreibung von personalen Merkmalen, die dann wiederum zu unterschiedlichen Positionen und Chancen im Ungleichheitsgefüge führen.

2.1 Wissenschaftliche Kontexte

2.1.1 Soziologische Ungleichheitsforschung: Integration und/ oder Inklusion

Zu den Grundfragen soziologischer Ungleichheitsforschung gehört erstens das Verhältnis der ökonomischen zu den sozialen, politischen und kulturellen Dimensionen von Armut und sozialer Ausgrenzung. Zweitens geht es um die Beschreibung bzw. Analyse der Folgen ungleicher Lebenslagen für die Handlungsspielräume der Menschen. Eine dritte zentrale Frage ist die nach dem gesellschaftlichen Konfliktpotenzial, das mit der Ausprägung und der Verfestigung sozialer Ungleichheiten verbunden ist.

Die Theoriebildung zu Prozessen der sozialen Inklusion und Exklusion erweitert die „klassischen" Theorien zur sozialen Integration. Mit dem Integrationsbegriff werden die Prozesse der Einbindung von Individuen in das normative Gefüge der Gesellschaft ebenso bezeichnet wie die Zugehörigkeit von Individuen zum gesellschaftlichen Ganzen und/oder zu gesellschaftlichen Teilbereichen. In der Integrationsperspektive erscheinen die Übernahme, Akzeptanz und Verinnerlichung der gegebenen Werte und Normen als Voraussetzung für Integration, und diese wiederum gilt als Voraussetzung für Partizipation. Integration bedeutet, dass zwei (oder mehr) Teile zu einem Ganzen werden.

(Nicht nur) in der Heil- und Sonderpädagogik wurde lange Zeit davon ausgegangen, dass es so etwas wie ein „normales" und deshalb anstrebenswertes Leben gäbe. Diesem so nahe wie möglich zu kommen, sollte durch Normalisierung und Integration auch für Menschen mit Behinderungen ermöglicht werden. Vor diesem Hintergrund fanden und finden die Auseinandersetzungen darüber statt, ob Menschen mit Behinderungen eher in spezialisierten Einrichtungen (z. B. Schulen, Betrieben, Wohnheimen) gefördert werden oder eher in die Regeleinrichtungen integriert werden sollen. In diesen Debatten wird indirekt in Kategorien der Trennung oder des Gegenübers gedacht – Menschen mit Behinderungen sollen „in die normale Gesellschaft integriert" werden, als seien sie nicht selber Bestandteil eben dieser gesellschaftlichen Normalität. Diese an sich schon problematische Denkfigur wird noch problematischer dadurch, dass es die unterstellte gesellschaftliche „Normalität" immer weniger gibt. Moderne Gesellschaften weisen eine Vielzahl von sozialen und kulturellen Milieus, Lebenslagen und Lebenswelten auf – was also ist „normal"?

In einer systemtheoretischen Perspektive werden die Grenzen dieses Integrationsbegriffs deutlich. Als profiliertester Vertreter der Systemtheorie geht Niklas Luhmann davon aus, dass die funktionalen Subsysteme der Gesellschaft nicht nach einer allgemein gültigen, sondern nach je spezifischen Logiken funktionieren. Die soziale Teilnahme an den Funktionssystemen und an der Gesellschaft insgesamt kann dann nicht als allgemeine Integration gelingen, sondern immer nur partiell „dadurch, dass Menschen von den Funktionssystemen als Personen für relevant gehalten werden. Um als Person für die Funktionssysteme relevant zu sein, ist nicht (wie bei der Integration) die Akzeptanz oder Verinnerlichung von normativen Vorgaben notwendig, sondern die Möglichkeit, Kommunikationsmedien wie Geld, Bildung, Wissen, Recht, Macht etc. ins Spiel zu bringen, um die Leistungen in Anspruch zu nehmen, die die Funktionssysteme offerieren" (Kleve 2005, S. 20). So gesehen, geht es nicht um Integration, sondern darum, dass Menschen in einzelne Funktionssysteme mehr oder weniger inkludiert sind. „Inklusion" taugt dann nicht als positive Orientierungsgröße und Maßstab für gesellschaftlich wünschenswerte Entwicklungen, wie auch Exklusion nicht wirklich als Bedrohung wahrgenommen werden kann, weil sie immer nur partiell wirksam wird. Eine solche Sichtweise erscheint als wenig anschlussfähig an die Erkenntnisinteressen einer materialen Ungleichheitsforschung und an die auf die Realisierung von Menschenrechten einschließlich Partizipation bezogenen praktisch-politischen sowie professionsbezogenen Diskurse (vgl. Beitrag Kuhlmann in diesem Bd.).

Begriff und Theorie der sozialen Inklusion, so wie wir sie hier vertreten, fordern erstens dazu heraus, die gewohnten Denkmuster des „Gegenübers" von Individuum und Gesellschaft und der „Integration" von „Randgruppen" in die Gesellschaft zu überwinden. Zweitens verlassen sie die Logik der „theoretisch unmöglichen" Inklusion und/oder Exklusion zugunsten einer expliziten Reflexion der häufig lebensweltlich geteilten, aber ebenso häufig lediglich impliziten Vorstellungen vom

„guten Leben“ bzw. „guten Zusammenleben“. Ferner zielt das hier vertretene Inklusionskonzept auf ein komplexes Verständnis der Strukturen und sozialen Beziehungen, aus denen Gesellschaften bestehen. Das Lebenslagen-Konzept bietet hierfür einen wesentlichen Baustein.

Denn durch das Lebenslagen-Konzept wurde die Weiterentwicklung klassischer „Schicht- und Klassenforschung zur mehrdimensionalen Ungleichheitsforschung“ (Geißler 2006, S. 104) wesentlich vorangetrieben. Zwar wurde der Begriff Lebenslage schon in den 1950er Jahren von Gerhard Weisser (1898–1989) in die wissenschaftliche Diskussion eingeführt und lässt sich zurückverfolgen bis zu den marxistischen wie bürgerlichen Klassikern (vgl. Glatzer und Hübinger 1990, S. 34 ff.), aber erst in den 1980er Jahren erfuhr er eine gewisse Konjunktur. Neben klassischen vertikalen Schichtungskriterien – z. B. Beruf oder Einkommen – werden horizontale Kriterien – z. B. Alter, Geschlecht oder Religion – berücksichtigt. Der Begriff der sozialen Lage bzw. Lebenslage ermöglicht es ferner, auch Statusinkonsistenzen und individuelle Biografieverläufe zu berücksichtigen. Entscheidender Unterschied zu Klassen- und Schichtungstheorien ist aber vor allem das mit dem Lebenslagen-Konzept verbundene Erkenntnisinteresse: Im Mittelpunkt der Analyse stehen die Handlungsgesamtchancen von Menschen in ihren jeweiligen Lebenslagen. So wird ein umfassender Blick auf die Lebenslage Armut eröffnet: Ihre materiellen (Einkommen, Wohnen) wie immateriellen Dimensionen (Gesundheit, Bildung) werden in die Analyse ebenso einbezogen wie die rechtlichen Bedingungen, die zu ihrer Verfestigung oder Überwindung beitragen (Hilfeansprüche, aber auch staatsbürgerliche Rechte, z. B. bei Migrantinnen und Migranten); ebenso kommen die subjektiven Voraussetzungen und Chancen für ein Leben im Wohlbefinden in den Blick (soziale Netzwerke, Resilienz).

Während die „Gender-Frage“ allmählich Eingang in die soziologische Ungleichheitsforschung gefunden hat (vgl. Mogge-Grotjahn 2012a, b) – z. B. durch das Anerkennen von „Geschlecht“ als Strukturkategorie –, ist die Frage nach der Bedeutung von Behinderung für die Ungleichheitsstrukturen einer Gesellschaft und die Lebenslagen von Menschen bislang ein „Randthema“ geblieben. Allerdings ist die Anschlussfähigkeit des Behinderungs- und Diversity-Diskurses an das Lebenslagen-Konzept so offenkundig, dass es eher erklärungsbedürftig erscheint, warum dieser Perspektivwechsel bzw. diese Erweiterung des Blickes bislang zumindest im deutschsprachigen Raum kaum stattgefunden hat.

2.1.2 Rechtswissenschaftliche Ungleichheitsforschung: Antidiskriminierungs- und Diversity-Ansätze

Ungleichheitsforschung in den Rechtswissenschaften fragt nach dem Schutz gegen Diskriminierung und der Herstellung von Gleichberechtigung. Den theoretischen

Rahmen liefern verschiedene Gerechtigkeitstheorien. Fragen der Integration und Inklusion spielen erst in jüngeren Jahren eine Rolle im rechtswissenschaftlichen Gleichheitsdiskurs.

Dafür musste ein Konzept von Gleichheit entwickelt werden, das sich von dem der rein formalen Gleichheit abgrenzte. Die Aristotelische Formel: „Gleiches gleich und Ungleiches ungleich zu behandeln" wurde in der (deutschen) Rechtswissenschaft lange als Legitimation von Diskriminierung missbraucht (statt vieler: Sacksofsky 2009). Gleichbehandlung bedeutete formale Gleichbehandlung, z. B. die gesetzliche Gleichstellung der Frau ohne Berücksichtigung ihrer Lebenslagen – insbesondere Unterbrechung der Erwerbsbiografie wegen Kindererziehung. Der Maßstab blieb (und bleibt) der des nicht-behinderten deutschen Mannes mittleren Alters. Frauen hatten (haben) umso größere berufliche Chancen, je mehr sie sich diesem männlichen Maßstab anpass(t)en. Die Unterschiede zwischen Mann und Frau wurden dabei lange biologisiert. Nicht nur die Gebärfähigkeit, auch die Geschäftsfähigkeit oder Leistungsfähigkeiten in der Politik wurden als biologisch determiniert angesehen, und wie zufällig war es – mit Ausnahme der Gebärfähigkeit – immer der Mann, der der Frau überlegen war. Diese „Unterschiede" rechtfertigten dann die Diskriminierung der Frau. Auch nachdem die *Gender Studies* in Deutschland längst etabliert waren, brauchte die deutsche Justiz bis in die 1990er Jahre hinein, um diesem Prozess der Aufklärung zu folgen.

Das formale Gleichheitskonzept wurde mit der Zeit von einem materiellen Gleichheitsbegriff abgelöst. Das theoretische Gerüst lieferte die egalitäre Gerechtigkeitstheorie, allen voran John Rawls (vgl. Rawls 1971). Deren Version des Gesellschaftsvertrags nimmt nicht nur die zu verteilenden Güter und Ressourcen, sondern auch die unterschiedlichen Lebenslagen und Ausgangsbedingungen der Vertragsparteien in den Blick. Gleichheit wird nun nicht mehr nur als rechtliche, sondern auch als faktische Gleichheit verstanden. Wegweisend war zudem die Entwicklung der feministischen Rechtstheorie, mit der Dominanz- und Subordinationsverhältnisse in den Blick genommen wurden.

Der rechtliche Begriff der direkten Diskriminierung wurde durch den der indirekten bzw. mittelbaren Diskriminierung ergänzt. Im Gegensatz zur direkten Diskriminierung, die unmittelbar an ein Merkmal wie Geschlecht, sexuelle Identität, Religionszugehörigkeit, Behinderung oder Alter anknüpft, ist die mittelbare Diskriminierung durch scheinbar neutrale Behandlung gekennzeichnet, deren Ergebnis aber bestimmte Bevölkerungsgruppen benachteiligt. Ein klassisches Beispiel hierfür sind die unterschiedlichen Eingruppierungen von Löhnen in „Frauen-" und „Männer-Berufen". Auch die Aufnahme von (sexualisierter) Gewalt und Belästigung in den Begriff der rechtlichen Diskriminierung stellte eine Weiterentwicklung des Gleichheitskonzeptes dar, weil damit eindeutig auch Gewaltverhältnisse ins rechtliche Visier genommen wurden. Diskriminierung ist damit mehr als ungerechtfertigte ungleiche Behandlung. Diskriminierung bedeutet auch Verletzung der Menschenwürde. Die vorerst letzten Weiterentwicklungen des Gleichheitsrechts betreffen die Berücksichtigung von Verschiedenheit (im Sinne von Abweichung von der Norm bzw. der Mehrheit) und die Anerkennung von mehrdimensionaler Diskriminierung. Die Berücksichtigung von Verschiedenheit – wie Behinderung oder Minderheitsreligion – soll durch „angemessene Vorkehrungen" (Art. 2 Behindertenrechtskonvention, BRK), berücksichtigt werden. Das kann die behindertengerechte Ausstattung eines Arbeitsplatzes oder die Beseitigung von Barrieren an Regelschulen oder die Gewährung von Gebetspausen und – räumen sein.

Der rechtswissenschaftliche Diskurs um mehrdimensionale Diskriminierung wurde durch Kritik schwarzer Frauen an der Hegemonie der Diskriminierungserfahrung weißer Frauen in der Frauenbewegung ausgelöst, die von anderen Subgruppen (behinderte Frauen, Lesben, Migrantinnen) fortgeführt wurde. Die in der *critical race theory* beheimatete Feministin Kimberlé Crenshaw führte das Konzept der intersektionalen Diskriminierung in den Diskurs ein (vgl. Crenshaw 1991). Aus rechtlicher Sicht ergaben sich daraus zwei Fragen: Reicht der Schutz vor Diskriminierung, wenn Antidiskriminierungsverbote eindimensional auf ein Merkmal abstellen, die Diskriminierungserfahrung sich aber auf das Zusammenspiel mehrerer Kategorien/Merkmale bezieht? Und weiter: Inwieweit trägt das Recht selbst zur Hierarchisierung von Ungleichheitserfahrungen bei, wenn rechtlicher Schutz vor sexistischer oder rassistischer Diskriminierung umfassender ist als der vor Diskriminierung wegen sexueller Identität oder Behinderung oder Religionszugehörigkeit? Die empirische Forschung zeigt, dass die Mehrzahl der Diskriminierungserfahrungen in der Tat mehrdimensional ist (vgl. Antidiskriminierungsstelle des Bundes 2010). Intersektionalität bei Ungleichheitserfahrungen zu berücksichtigen ist daher die aktuelle Herausforderung nicht nur in der Rechtswissenschaft, sondern auch in den Sozialwissenschaften sowie der praktischen Politik und in professionellen Tätigkeiten.

Eine Antwort auf diese Herausforderung ist die Entwicklung einer Politik der positiven Diskriminierung, die über Fördermaßnahmen und aktive Gleichstellungs- und Teilhabepolitik eine Kultur der Wertschätzung für Vielfalt schafft: *Diversity Management* zielt hierauf ab.

Die Veränderung des Gleichheitskonzeptes in der deutschen Rechtswissenschaft wurde von verschiedenen Entwicklungen beeinflusst. Die Einbindung Deutschlands in supranationale und internationale Rechtsorganisationen, wie die Europäische Union/Europäischen Gemeinschaften (EU/EG), den Europarat und die Vereinten Nationen, waren und sind ein wichtiger Faktor. Die Gleichstellungsnormen der EU/EG haben gerade im Hinblick auf die Gleichstellung von Frauen im deutschen Arbeitsleben viel bewirkt. Aber auch das Allgemeine Gleichstellungsgesetz von 2006 (AGG), welches Diskriminierungen „aus Gründen der Rasse oder wegen der ethnischen Herkunft, des Geschlechts, der Religion oder Weltanschauung, einer Behinderung, des Alters oder der sexuellen Identität“ (§ 1 AGG) verbietet, wurde durch europäische Richtlinien erzwungen (vgl. Degener et al. 2008). Für die deutsche Rechtsprechung waren und sind außerdem die Menschenrechtskonventionen des Europarates und der Vereinten Nationen wegweisend.

Darüber hinaus gilt: Gleichheitsrechte werden wie alle Menschenrechte von sozialen Bewegungen erkämpft. Die Geschichte der Antidiskriminierungsgesetze in den meisten Ländern ist von den jeweiligen nationalen und internationalen sozialen Emanzipationsbewegungen geprägt, die aber nicht allerorts gleichzeitig und kongruent verlaufen. Beispielsweise wurde Behindertendiskriminierung in den USA bereits 1973 durch den *Rehabilitation Act* gesetzlich verboten, während es in Deutschland bis zum Jahre 2002 dauerte, bis das Behindertengleichstellungsgesetz verabschiedet wurde (vgl. Degener 2005). Während die Vereinten Nationen bereits 1965 die Antirassismuskonvention, aber erst 1979 die Frauenrechtskonvention verabschiedeten, gehörte das Verbot der geschlechtlichen Diskriminierung schon seit den 1950er Jahren zum EU/EG-Recht, doch erst im Jahre 2000 wurde mit der EU-Antirassismusrichtlinie (Richtlinie 2000/43/EG zur Anwendung des Gleichbehandlungsgrundsatzes ohne Unterschied der Rasse oder der ethnischen Herkunft vom 29. Juni 2000) die rassistische Diskriminierung zum Gegenstand von wirksamem EU/EG-Recht. Nur vor einem rechtshistorischen Hintergrund lässt sich verstehen, warum es in Deutschland im Vergleich zu anderen Ländern, aber auch zur internationalen Politik eine kaum entwickelte Antidiskriminierungskultur gibt. In dieser Hinsicht ist Deutschland noch ein Entwicklungsland, was sich eben auch auf die Theorie und Praxis der Sozialen Arbeit und die anderen Berufsfelder des Sozial- und Gesundheitswesens niederschlägt.

2.2 Gleichheitsrecht und Inklusion

Die Debatte um Integration und Inklusion ist als Weiterentwicklung des Gleichheitsrechts auf nationaler und internationaler Ebene zu sehen. Deutlich wird dies auf internationaler Ebene an der Behindertenrechtskonvention (BRK) von 2006. Inklusion ist eines der allgemeinen Prinzipien der Konvention (Art. 3 BRK) und steht im direkten Zusammenhang mit der Achtung von Menschenwürde und den Prinzipien von Nichtdiskriminierung und Chancengleichheit. Inklusion wird in der BRK weder definiert noch als eigenständiges Menschenrecht kodifiziert. Mit der BRK sollten nämlich keine neuen Menschenrechte und schon gar keine Sonderrechte für behinderte Personen geschaffen werden. Vielmehr wurde mit ihr der allgemein anerkannte Menschenrechtskatalog auf den Kontext von Behinderung zugeschnitten. Das bedeutet gleichberechtigten Schutz und Ausübung der Menschenrechte unter Berücksichtigung der Verschiedenheit, die Behinderung mit sich bringen kann. Am Beispiel des klassischen Menschenrechts auf Meinungsfreiheit lässt sich dies konkretisieren: Art. 21 BRK enthält wie der entsprechende Artikel des Bürgerrechtspaktes (Art. 19) das Recht auf freie Meinungsäußerung und Meinungsfreiheit. Zudem enthält aber Art. 21 BRK das Recht auf barrierefreien Zugang zu Informationen und die Anerkennung von Gebärdensprache, Braille und anderen alternativen Kommunikationsformen, um das Recht auf Meinungsfreiheit gleichberechtigt zu gewährleisten. Inklusion im Sinne der BRK steht für das Prinzip der gleichberechtigten Partizipation unter Berücksichtigung der Menschenwürde und Anerkennung der Verschiedenheit der Menschen. Anerkennung und Wertschätzung von Differenz lassen sich durch die Erweiterung des Diskriminierungsbegriffs um die Verweigerung „angemessener Vorkehrungen" (Art. 2 BRK) operationalisieren. Inklusion bedeutet zudem die eindeutige Absage an separierende gesellschaftliche Systeme, die wie die Sonderschulen oder Werkstätten für Menschen mit Behinderungen Aussonderung bewirken oder perpetuieren. Im deutschen Behindertenrecht ist diese Weiterentwicklung des Gleichheitsbegriffs noch nicht abgebildet, erste Ansätze lassen sich aber bereits im Rehabilitationsrecht (§ 1 SGB IX) erkennen. Die erhebliche Kritik an der amtlichen deutschen Übersetzung des Inklusionsbegriffs der BRK mit „Integration" verdeutlichte jedoch (vgl. Deutscher Bundestag 21. November 2008), dass es hierbei nicht um Begriffspedanterie, sondern um ein grundlegend verändertes Verständnis von Inklusion und Exklusion geht. In der Praxis der Antidiskriminierungspolitik schlägt sich die Weiterentwicklung des Gleichheitskonzeptes in der Entwicklung eines auf Wertschätzung zielenden *Diversity Management* nieder, soweit dieses nicht nur ökonomisch verstanden wird. Hier geht es einerseits um die Schaffung von diskriminierungsfreien Atmosphären in Organisationen und andererseits um die Berücksichtigung der unterschiedlichen Identitätsaspekte wie Alter, Geschlecht oder Behinderung, die je nach Lebenslage, Lebensphase und Lebenswelt unterschiedliche Gewichtungen haben können.

2.3 Politische und professionelle Kontexte

Während die wissenschaftlichen Diskurse sich immer deutlicher von nationalen und sprachräumlich-kulturellen Zusammenhängen ablösen, weisen die politischen und professionellen Kontexte nach wie vor erhebliche nationalspezifische Besonderheiten auf. Dies erscheint vor allem deshalb widersinnig, als eine Vielzahl von Problemen nicht nur, aber auch und gerade der Klientel Sozialer Arbeit sich nicht mehr losgelöst von internationalen Entwicklungen verstehen lässt. Die Lebenslagen von Migrantinnen und Migranten, die wachsenden Mobilitätsansprüche an tendenziell alle Bevölkerungsgruppen, die Herausforderungen interkulturellen Zusammenlebens, die Bedrohungen durch den global entfesselten Kapitalismus, die Beschränkung der Handlungsfähigkeit nationaler Regierungen gerade auch in Hinblick auf Sozial- und Menschenrechte: Dies alles erfordert ein Loslösen professioneller Handlungskompetenzen von nationalen oder regionalen Besonderheiten; zugleich aber vollzieht sich gerade das professionelle Handeln nach wie vor in eben diesen Besonderheits-Strukturen.

Inklusion wird in der Folge weder als politische Querschnittsaufgabe noch als gemeinsame professionelle Herausforderung und Aufgabe verschiedener Berufsgruppen wahrgenommen, sondern jeweils in unterschiedlichen funktionalen Systemen thematisiert. Beispielsweise befasst sich das Bundesministerium für Familie, Senioren, Frauen und Jugend (BMFSFJ) mit der Inklusion von Kindern und Jugendlichen mit Behinderungen in das Bildungssystem, während das Bundesministerium für Arbeit und Soziales (BMAS) eine Kampagne zur Inklusion von Menschen mit Behinderungen in den Arbeitsmarkt vorantreibt. Beide sind durch international bindendes Recht – die BRK, aber auch die europäische Sozialgesetzgebung und politische Zielvereinbarungen innerhalb der EU – zu solchen Kampagnen verpflichtet. Demgegenüber steht das föderale System der Bundesrepublik Deutschland, in dem Bildung Ländersache, Arbeitsmarktpolitik aber Bundesangelegenheit ist. Die Inklusions-Kampagnen in beiden politischen Funktionssystemen sind wiederum ausschließlich auf Menschen mit Behinderungen fokussiert, während Aussonderungsprozesse im Bildungsbereich und auf dem Erwerbsarbeitsmarkt, die in erster Linie durch die soziale Herkunft und/oder Migrationsgeschichte verursacht sind, unberücksichtigt bleiben.

Im professionellen Bereich spielt die Inklusionsthematik sowohl in erzieherischen Berufen als auch in der Sozialen Arbeit und in der Heil- und Sonderpädagogik eine zentrale Rolle. Die Ausbildungs- und Studiengänge aber sind weitgehend voneinander getrennt. Trotzdem finden sich die Absolventinnen und Absolventen der verschiedenen Studiengänge häufig in den gleichen Tätigkeitsfeldern wieder – in Kindertagesstätten und Schulen, in der Kinder- und Jugendhilfe, in ambulanten und stationären Einrichtungen der Behindertenhilfe. Dort haben sie nicht selten mit den Parallelstrukturen der Hilfesysteme zu kämpfen.

Die meisten Fachkräfte haben verstanden, dass Inklusion eine radikale Abkehr von der Fokussierung auf einzelne Merkmale von Personen oder („Rand"-)Gruppen und auf voneinander säuberlich getrennte Problemlagen bedeutet. Die Überwindung der Problemlagen soll aber in Bezug auf eben diese einzelnen Merkmale und in den dafür jeweils „zuständigen“ Hilfesystemen und Institutionen stattfinden.

3 Bildung als (ein) Schlüssel zur Inklusion

Besonders deutlich werden die Probleme der getrennten Systeme und Professionen im Bildungssektor. Bildung wird immer wieder als DER Schlüssel zu Partizipation und Inklusion identifiziert. Dabei geht es zum einen um mangelnde Bildung bzw. Bildungserfolge als dem größten und wirkungsvollsten Exklusions-Risiko. Zum anderen geht es darum, dass Bildung bzw. Bildungserfolge im allgemeinen Schulsystem und nicht in abgesonderten Förderschulen möglich sein sollen, zumal sonst lediglich die Exklusions-Risiken vom schulischen Bereich auf den Übergang in Ausbildung, Studium und Beruf verlagert werden (vgl. Beitrag Balz in diesem Bd.).

Die erste UN-Sonderberichterstatterin für Bildung, Katarina Tomaševski, hat den Entwicklungsprozess des Rechts auf Bildung insbesondere für benachteiligte Gruppen, wie Mädchen und Frauen sowie Minderheiten, in vier Phasen nachgezeichnet. In der ersten Phase wurde Bildung als Recht anerkannt. In der zweiten Phase wurde das Recht auf Bildung durch Segregation verwirklicht. In der dritten Phase gelangt man durch Assimilation zur Integration, und die vierte Phase ist gekennzeichnet von Inklusion durch Anpassung des Systems an Verschiedenheit (vgl. Annual Report of the Special Rapporteur on the right to education 2002, Abs. 30). Geht es beim Risiko der mangelnden Bildung vor allem um die Wechselwirkungen von Schulerfolg mit Armutslagen, gesundheitlichen Einschränkungen und migrationsbedingten Bildungsnachteilen, so geht es bei der Ausgliederung von Bildungschancen in „Fördersysteme“ um die Exklusion von dem, was als gesellschaftliche „Normalität“ und gemeinsame Lebenswelt zu beschreiben ist. Inklusive Bildung als Menschenrecht ist tendenziell weder mit formaler Integration noch mit Segregation durch (erzwungene) Sonderbeschulung zu vereinbaren.

In der öffentlichen und politischen Diskussion wird das Spannungsverhältnis von „Schule“ bzw. „Bildung“ einerseits und „Inklusion“ andererseits häufig eng geführt, indem es

a. in erster Linie mit dem Recht auf inklusive Bildung für Kinder und Jugendliche mit Behinderungen in Verbindung gebracht und
b. in erster Linie als Aufgabe von Lehrerinnen und Lehrern definiert wird.

Weitgehend entkoppelt von der Diskussion um das Recht auf inklusive Bildung für Menschen mit Behinderungen findet die bildungspolitische Auseinandersetzung im Gefolge der sog. „Pisa"-Debatte statt. Hier steht der in Deutschland besonders enge Zusammenhang zwischen sozialer Herkunft einschließlich Migrationsgeschichte mit Bildungschancen und Bildungserfolgen im Mittelpunkt des Interesses. Das stark gegliederte deutsche Schulsystem, die frühzeitige leistungsorientierte Selektion innerhalb des Schulsystems, die didaktische und inhaltliche Qualität des schulischen Bildungsgeschehens, die pädagogische Qualifizierung des Lehrpersonals, die Verknüpfung von Schule mit den Hilfesystemen der Kinder-, Jugend- und Familienhilfe, die Bedeutung frühkindlicher Bildung und vieles andere mehr wird medial, politisch und wissenschaftlich leidenschaftlich diskutiert; „dank" des föderalen Bildungssystems werden länderspezifisch höchst unterschiedliche Konsequenzen aus diesen Diskussionen gezogen und Schulreformen auf den Weg gebracht.

Weitestgehend unabhängig von alledem findet die Arbeit an der Inklusion von Kindern und Jugendlichen mit Behinderungen in das Bildungs- und Schulsystem statt. Neuer Motor und Auslöser hierfür war die BRK, die 2006 verabschiedet wurde und seit 2009 in Deutschland Rechtskraft im Rang eines einfachen Bundesgesetzes erlangt hat. Mit dieser wurde der Paradigmenwechsel vom medizinischen zum menschenrechtlichen Modell von Behinderung im Kontext der Schulpolitik vollzogen. Während das medizinische bzw. individuelle Modell von Behinderung, die körperliche, psychische oder kognitive Schädigung des Einzelnen in den Blick nimmt, dieser mit Diagnose, Therapie und Förderung begegnet, ist das menschenrechtliche Modell von Behinderung auf die äußeren, gesellschaftlichen Bedingungen gerichtet, die behinderte Menschen aussondern und diskriminieren. Das menschenrechtliche Modell von Behinderung basiert auf der Erkenntnis, dass die weltweite desolate Lage behinderter Menschen weniger mit individuellen Beeinträchtigungen als vielmehr mit gesellschaftlich konstruierten Entrechtungen (gesundheitlich) beeinträchtigter Menschen zu erklären ist. Die wissenschaftliche Kritik am medizinischen/individuellen Modell von Behinderung führte zur Entstehung der *Disability Studies*, die sich an anderen kritisch-konstruktivistischen Denkschulen wie *Gender Studies* und *Critical Race Studies* orientieren (vgl. Arbeitsgemeinschaft Disability Studies in Deutschland; Oliver 1996; Snyder 2006).

Während dem medizinischen Modell von Behinderung zunächst das soziale Modell von Behinderung entgegengesetzt wurde, gewann im internationalen rechtswissenschaftlichen Kontext bald das rechtsbasierende menschenrechtliche Modell von Behinderung an Bedeutung (vgl. Degener und Koster-Dreese 1995; Degener und Quinn 2002; Quinn und Degener 2002). Dieser rechtsbasierende Ansatz ist als Gegenpol zu einer an Bedürftigkeit orientierten Fürsorge- und Wohlfahrtspolitik zu verstehen, in der Behinderte als Objekte der Sozialpolitik, nicht aber als Bürgerrechtssubjekte gelten. Er entstand im Zuge der Entwicklung von

Antidiskriminierungsgesetzen, die weltweit seit den 1990er Jahren auch die Kategorie der Behinderung einschließen (vgl. Degener 2005). Der rechtsbasierende Ansatz in der Behindertenpolitik gilt mittlerweile als der offizielle Ansatz für die Behindertenpolitik in der Europäischen Union (vgl. Waddington 2006) und in den Vereinten Nationen (vgl. Degener und Quinn 2006). Auch in Deutschland wurde dieser Ansatz spätestens mit der Reformierung des Rehabilitationsrechts durch Schaffung des SGB IX im Jahre 2001 und durch Verabschiedung des Behindertengleichstellungsgesetzes verfolgt und mit einer ausdrücklichen Antidiskriminierungskomponente verknüpft.

Eine Engführung des Diskurses zur inklusiven Bildung auf die Behinderungsdimension verliert aber die intersektionale Perspektive aus dem Auge. Denn zur Vielfalt und Normalität gehören auch die vielfachen, gleichzeitig wirksamen und sich u. U. sogar wechselseitig verstärkenden Exklusions-Risiken und Inklusions-Chancen. Allein der weit überproportionale Anteil von Kindern und Jugendlichen mit Migrationshintergrund und von Kindern und Jugendlichen aus materiell benachteiligten Familien an Förderschulen (vor allem mit dem Schwerpunkt „Lernen") verdeutlicht die Problematik und ist zugleich ein besonders „gelungenes" Beispiel für die soziale Konstruktion von Kategorien wie „Behinderung" und „Ethnizität". Insofern muss der bislang meist nur innerhalb von Behindertenpädagogik und -politik geführte Diskurs über inklusive Pädagogik Eingang finden in die allgemeinen bildungspolitischen Debatten und die gesamte Schulentwicklungsforschung. Die verbreitete und in ihrer Grundintention durchaus zutreffende Kritik an Sonderpädagogik als aussondernder Pädagogik greift insofern zu kurz, als Aussonderung ja nicht nur durch die Sonderpädagogik stattfindet, sondern auch im allgemeinen Schulsystem und in Hinblick auf „Abweichungen" aller Art. Der erste Schritt in Richtung eines wirklich inklusiven Bildungssystems kann mithin nicht die bloße Abschaffung der Sonderschulen und die Verteilung von deren Schülerschaft auf nach wie vor ausgrenzende „Regelschulen" sein, sondern die modellhafte Entwicklung von „Schulen für alle" (vgl. Rohrmann 2012, vgl. Beitrag Platte in diesem Bd.).

Eine solche „Schule für alle" lässt sich nicht im Rahmen des Gegebenen entwickeln. Optimale inklusive Bedingungen (wie kleine Klassen bzw. Lerngruppen, qualifiziertes Lehr- und Betreuungspersonal, qualifizierte Ganztagsbetreuung, binnendifferenzierte Lernangebote, Ausbau der Schulsozialarbeit, Öffnung der Schulen ins Gemeinwesen) müssen für ALLE hergestellt werden, um dann – möglicherweise – weitere „exklusive" Zusatzangebote für Hoch- und „Tiefbegabte" (vgl. Steinhöfel 2009) zu entwickeln. Wo diese umfassende Perspektive nicht mitgedacht wird, besteht die Gefahr, dass Inklusion zu einer „Mogelpackung" verkommt, die dem Einsparen teurer Doppelstrukturen dient. Zugleich besteht die Gefahr, dass der Verweis auf die notwendige umfassende Perspektive der Veränderungen des

Bildungssystems zur „Vertagung" der jetzt nötigen und möglichen Inklusionsprozesse dient. Es kann und darf nicht darum gehen, ZUERST das Regelschulsystem zu verändern und DANN die Sonderschulen aufzulösen (oder umgekehrt), sondern beide Prozesse müssen planvoll miteinander verbunden und zu einem umfassenden Konzept weiterentwickelt werden.

4 Inhaltliche Qualifizierung von Inklusion

Entscheidend ist die inhaltliche Qualifizierung des Inklusionsbegriffes weit über den Bereich der Behindertenpolitik und der Kinder- und Jugendhilfe hinaus. Denn in einer Gesellschaft, die sich durch ein hohes Maß an sozialen Spaltungen und heterogenen Milieus auszeichnet, kann man nicht einfach die „Zugehörigkeit aller" und/oder die „Vielfalt" als solche zum Leitbild erheben, sondern es bedarf eines öffentlichen (und wissenschaftlichen) Diskurses über die Bedingungen und die Qualitäten gesellschaftlichen Zusammenlebens und Zusammenhaltes. Entscheidend ist auch, den Blick auf die Menschen selbst zu verändern. So richtig es war und ist, spezifische Bevölkerungsgruppen (Alte, Behinderte, Kinder) wahrzunehmen und Sozialpolitik für sie zu entwickeln, um die stillschweigende Hegemonie von „Normalbiografien" und „Normalidentitäten" (männlich, weiß, heterosexuell, voll erwerbstätig, nicht-behindert etc.) zu dekonstruieren, so wichtig ist es, die Vielschichtigkeit von Biografien und Identitäten in den Blick zu nehmen. Alle Menschen haben ein Geschlecht, aber eben auch eine oder keine Religion, sie haben ein Alter, sie haben vielleicht auch eine Behinderung oder einen Migrationshintergrund. In die Praxis des Sozial- und Gesundheitswesens hat die Antidiskriminierungsarbeit zwar inzwischen Einzug gehalten, sie ist aber oftmals eindimensional ausgerichtet. Expertenwissen beschränkt sich häufig auf eine Kategorie: Antirassismus und interkulturelle Bildung oder Gendergerechtigkeit oder Barrierefreiheit. In der Behindertenhilfe gibt es zwar Expertenwissen zu Barrierefreiheit, aber selten zu Antirassismusarbeit und Gendergerechtigkeit. Umgekehrt wissen SozialarbeiterInnen, die im Migrationsmilieu arbeiten, viel über interkulturelle Kommunikation und vielleicht auch einiges über Genderfragen, kaum aber etwas über Barrierefreiheit und Inklusion von Menschen mit Behinderungen. Fragen der mehrdimensionalen oder gar intersektionalen Diskriminierung werden auf diese Weise ausgeblendet.

Inhaltlich qualifizierte Inklusion bedeutet, dass Menschen die Möglichkeit haben bzw. dazu befähigt werden, ihr Leben aktiv zu gestalten; dass sie sich in freiwilligen und stabilen sozialen Beziehungen befinden; dass sie sich an der Gestaltung des gesellschaftlichen und politischen Lebens beteiligen können und fähig sind, Verantwortung dafür zu übernehmen. Wichtigste Voraussetzungen dafür sind

- genügend materielle Sicherheit,
- gleichberechtigte Teilhabe an Bildung und an Erwerbsarbeit,
- genügend Möglichkeiten zu frei gewählten und stabilen sozialen Kontakten und Beziehungen,
- persönliche Fähigkeiten und Kompetenzen, die vorhandenen Möglichkeiten und Rechte zu nutzen, soziale Netzwerke zu knüpfen, „selbstwirksam" zu agieren und Verantwortung zu übernehmen,
- soziale, kulturelle, politische und rechtliche Bedingungen, die alle Gesellschaftsmitglieder in ihrer Menschenwürde und ihren Menschenrechten schützen.

Nun müssen solche hehren Ziele natürlich auf einzelne Handlungsfelder und unterschiedliche Akteure „heruntergebrochen" werden. Stichworte hierzu wären „Komplexleistungen" und „Hilfepläne", sozialräumliche Orientierung und eine Vernetzung von Sozialer Arbeit mit zivilgesellschaftlichen Akteuren. In Hinblick auf die Inklusion von Kindern und Jugendlichen wäre es wünschenswert, wenn das Konzept des „kindlichen Wohlergehens", wie es u. a. vom Institut für Sozialarbeit und Sozialpädagogik (ISS) entwickelt wurde, und die Inklusionspädagogik, wie sie in Hinblick auf die Arbeit mit behinderten Kindern und Jugendlichen entwickelt wurde, systematisch(er) aufeinander bezogen würden. Die Arbeit mit behinderten Kindern und Jugendlichen könnte ihre Engführung durch die Fokussierung auf das Merkmal „Behinderung" überwinden; die Kinder- und Jugendhilfe würde das bislang vernachlässigte Problemfeld „Behinderung" in ein umfassendes Bemühen um kindliches Wohlergehen aufnehmen. Das wäre EINE ganz konkrete Möglichkeit der inklusionsförderlichen Weiterentwicklung sowohl der fachlich-wissenschaftlichen als auch der professionellen Diskurse und Konzepte.

5 Ausblick: Menschenrechtsprofessionen

Eine gemeinsame, auch theoretisch tragfähige Perspektive sehen wir darin, das Verständnis sozialer Berufe als Menschenrechtsprofessionen weiterzuentwickeln. Damit ließe sich anknüpfen an die Anfangszeit der Sozialen Arbeit, als deren prominenteste Vertreterin in Deutschland Alice Solomon zu nennen ist. Zugleich ist anzuknüpfen an die international breit geführten, in Deutschland dagegen bislang nur wenig rezipierten Diskussionen zum Selbstverständnis Sozialer Arbeit als einer Verfechterin der Umsetzung von Menschenrechten, für die soziale Gerechtigkeit von fundamentaler Bedeutung ist.

Als profilierteste Vertreterin der These von der Sozialen Arbeit als Menschenrechtsprofession hat Silvia Staub-Bernasconi den Bezug auf die internationalen

Menschenrechte in der Theorie und Praxis der Sozialen Arbeit frühzeitig eingefordert (vgl. Staub-Bernasconi 1995). Sie betrachtet den universalen Menschenrechtskatalog, wie er in den Kernmenschenrechtskonventionen der Vereinten Nationen kodifiziert wurde, als abgrenzbaren Wertemaßstab und als „Werkzeug" für sozialarbeiterisches Handeln. Allerdings verortet Staub-Bernasconi die Begründung der Menschenrechte nicht in einem metaphysischen Naturrecht, sondern in den Grundbedürfnissen der Menschen. Menschenrechte seien als Antwort auf die Missachtung dieser menschlichen Grundbedürfnisse zu sehen, die als große Ungerechtigkeiten in die Geschichte eingingen. Diese theoretische Begründung der Menschenrechte erinnert an die Gerechtigkeitstheorie von Rawls, die ebenfalls auf der Annahme eines bestimmten Katalogs von menschlichen Grundbedürfnissen, die allen Menschen zugestanden werden, beruht. Allerdings, so haben es insbesondere der indische Wirtschaftswissenschaftler Armatya Sen und die US-amerikanische Philosophin Martha Nussbaum herausgearbeitet (vgl. Sen 1992; Nussbaum 2006), setzt die Annahme eines Katalogs menschlicher Grundbedürfnisse, an dem Gerechtigkeit zu messen ist, einen bestimmten Prototyp Mensch voraus. Und der ist häufig – so auch bei Rawls – der „normale" Mann. Die Lebenswelt und die Bedürfnisse von Frauen, von behinderten Menschen, von Kindern oder alten Menschen werden zunächst nicht mitgedacht, allenfalls später über das „Differenzprinzip" berücksichtigt (Rawls 1971, S. 75). Sen und Nussbaum setzten diesem Ansatz den *capability approach* (Verwirklichungschancenansatz) entgegen, der statt auf die Verteilung von Gütern und Befriedigung von Grundbedürfnissen auf die Chancen und Freiheit der Menschen hinsichtlich ihrer Fähigkeiten abstellt. Diese im Rahmen der Entwicklungspolitik entwickelte Gerechtigkeitstheorie nimmt die unterschiedlichen Lebenslagen der Menschen in ihrer Verschiedenheit in den Blick und respektiert ihre Autonomie. Der *capability approach* gilt heute als Grundlage des von den Vereinten Nationen entwickelten Weltentwicklungsberichts, hat aber über die Entwicklungspolitik hinaus weithin Beachtung gefunden, nicht nur in der Philosophie, sondern zunehmend auch als theoretischer Bezugsrahmen Sozialer Arbeit. Insbesondere Martha Nussbaum hat mit diesem Ansatz eine Gerechtigkeitstheorie entwickelt, die sich stark an den Menschenrechten orientiert (vgl. Nussbaum 1997). Ihr besonderer Verdienst ist es, sowohl die Situation behinderter Menschen als auch die Situation der Menschen in Entwicklungsländern von Anfang an in die Entwicklung ihrer Gerechtigkeitstheorie einbezogen zu haben. Ob diese ausreicht, um auch behinderten Menschen mit hohem Assistenzbedarf gerecht zu werden, oder ob es deshalb einer moralphilosophisch begründeten inklusiven Menschenrechtstheorie bedarf (vgl. Graumann 2011) sind theoretische Fragen, die mit der BRK neu gestellt werden müssen.

Soziale Arbeit als Menschenrechtsprofession zu verstehen, fordern die Vereinten Nationen zusammen mit dem Internationalen Verband der SozialarbeiterInnen (IFSW) sowie der Internationalen Vereinigung der Ausbildungsstätten für Soziale Arbeit (IASSW) seit 1994. In der von diesen Organisationen am Rande der 2. Weltmenschenrechtskonferenz in Wien entwickelten Handreichung zu Menschenrechten und Sozialer Arbeit wird die Ergänzung des Bedürfnisansatzes durch den Menschenrechtsansatz mit der Notwendigkeit des Respekts vor der Menschenwürde und Autonomie begründet (vgl. Center for Human Rights und United Nations 1994). Die Befriedigung der Grundbedürfnisse der Menschen, mit denen SozialarbeiterInnen zu tun haben, wird durch den Bezug auf Menschenrechte zu einer Rechtspflicht der Staaten. Sozialarbeiterische Handlungsfelder decken sich mit den aktuellen Themenfeldern der nationalen und internationalen Menschenrechtspolitik, wie z. B. Armut, Diskriminierung vulnerabler Gruppen (Kinder, Frauen, Behinderte, Flüchtlinge etc.), moderne Formen der Sklaverei. Es sind SozialarbeiterInnen, die vor Ort als Erste von Menschenrechtsverletzungen erfahren, weil sie mit den Menschen arbeiten, die am meisten von Menschenrechtsverletzungen bedroht sind. Allerdings kommen SozialarbeiterInnen aufgrund ihrer professionellen Tätigkeit in Abhängigkeitsverhältnissen auch als potenzielle MenschenrechtsverletzerInnen in Betracht. Umso wichtiger ist die Verankerung des Menschenrechtsbezugs als berufsspezifischer Ordnungsrahmen. Der australische Sozialarbeitswissenschaftler Jim Ife hat hierfür ein Konzept vorgelegt, das von einem Verständnis der Menschenrechte als dynamischem Diskursprozess über historisches und gegenwärtig anhaltendes Unrecht ausgeht und universal einsetzbar ist (vgl. Ife 2009). Es ist bedauerlich, dass SozialarbeiterInnen und ihre Berufsverbände sich bislang wenig in den internationalen Menschenrechtsorganisationen (Vereinte Nationen, Amnesty International etc.) engagieren und das Feld nahezu vollkommen den JuristInnen und PolitologInnen überlassen.

Die deutsche Rezeption des Verständnisses von Sozialer Arbeit als Menschenrechtsprofession ist eher zurückhaltend. Es gibt nur wenige Hochschulen, die hierin ihr Profil bilden. Das könnte sich durch das Inkrafttreten der BRK ändern. Denn zum einen ist die Wahrnehmung der BRK ungleich größer als z. B. die der im Jahre 1989 verabschiedeten Kinderrechtskonvention. Zum anderen installiert die BRK ein nationales *Monitoringsystem*, in das neben dem BMAS als *focal point* und dem Behindertenbeauftragten der Bundesregierung als Koordinationsstelle auch das Deutsche Institut für Menschenrechte als unabhängige Überwachungsstelle eingebunden ist. Und schließlich ist die BRK die erste Menschenrechtskonvention, die explizit auch die Professionen der Behindertenhilfe erwähnt. In Art. 4 BRK werden die Staaten verpflichtet, *„die Schulung von Fachkräften und anderem mit Menschen mit Behinderungen arbeitendem Personal auf dem Gebiet der in diesem Übereinkom-*

men anerkannten Rechte zu fördern, damit die aufgrund dieser Rechte garantierten Hilfen Unterstützungen und Dienste besser geleistet werden können" (Netzwerk Artikel 3 e. V. 2009).

Es gibt also Anlass zu hoffen, dass auch in der deutschen Sozialen Arbeit das professionelle Selbstverständnis mehr als bisher auf die internationalen Menschenrechte Bezug nimmt.

Inklusion ist als Weiterentwicklung des Gleichheitsgebotes zu verstehen, welches in allen Menschenrechtsquellen enthalten ist. Die Weiterentwicklung besteht in der Anerkennung der Heterogenität der Menschenrechtssubjekte und ihrer unterschiedlichen Lebenslagen. Gleichheit unter Anerkennung der Verschiedenheit und Berücksichtigung von Autonomie, Freiheit und Partizipation bedeutet Inklusion.

Ein menschenrechtsbasierter Ansatz der Inklusion beruht auf folgenden Annahmen:

1. Exklusion ist Menschenrechtsverletzung.
2. KlientInnen der Sozialen Arbeit sind keine Objekte der sozialen Wohlfahrt oder der Sozialpolitik, sondern Menschenrechtssubjekte.
3. Inklusion ist aktive Antidiskriminierungspolitik und -praxis.
4. Inklusion ist mehr als Integration, da sie nicht auf der Voraussetzung der Assimilation beruht, sondern Systemveränderungen verlangt.
5. Inklusionspolitik und -praxis darf sich nicht eindimensional an Identitätsmerkmalen orientieren, sondern muss auf der Erkenntnis basieren, dass alle Menschen mehrere Identitätsschichten haben, die in unterschiedlichen Lebenslagen verschiedene Bedeutungen haben können.

Inklusion als neues Leitmotiv Sozialer Arbeit führt zu veränderter Praxis wie zu neuen theoretischen Herausforderungen: Sind die Theorien Sozialer Arbeit inklusiv in Bezug auf alle Gruppen und ihre Lebenslagen? Liegt der Fokus auf Rechten und Partizipation statt auf individueller Anpassung und Therapie? Sind die Angebote der Sozialen Arbeit allgemein verfügbar, allgemein zugänglich (barrierefrei), annehmbar und anpassungsfähig oder richten sich die Dienstleistungen an homogene Gruppen und fördern segregierende Systeme? Welches *Change Management* hilft segregierende Dienstleistungen in inklusive Angebote umzuwandeln?

Die Kontextualisierung der Inklusionsdebatte in einen allgemeinen Menschenrechtsdialog über Theorie und Praxis der Sozialen Arbeit erscheint uns in jeder Hinsicht gewinnbringend für die professionellen Tätigkeiten im Sozial-, Gesundheits- und Bildungswesen und für ihre weitere wissenschaftliche Fundierung.

Literatur

Antidiskriminierungsstelle des Bundes (2010) Gemeinsamer Bericht der Antidiskriminierungsstelle des Bundes und der in ihrem Zuständigkeitsbereich betroffenen Beauftragten der Bundesregierung und des Deutschen Bundestages. Berlin

Arbeitsgemeinschaft Disability Studies in Deutschland: Woher kommen die Disability Studies? http://www.disabilitystudies.de/studies.html#woher. Zugegriffen: 17. Jan. 2012

Center for Human Rights, United Nations (1994) Human rights and social work. A manual for schools of social work and the social work profession. United Nations (Professional Training Series No. 1), New York

Crenshaw K (1991) Mapping the margins: intersectionality, identity politics, and violence against women of color. Stanf Law Rev 43(6):1241–1299

Degener T (2005) Antidiskriminierungsrechte für Behinderte: Ein globaler Überblick. ZaöRV 65:887–935

Degener T, Koster-Dreese Y (Hrsg) (1995) Human rights and disabled persons: essays and relevant human rights instruments. International studies in human rights, Bd 40. M. Nijhoff, Dordrecht

Degener T, Quinn G (2002) A survey of international, comparative and regional disability law reform. In: Breslin ML, Yee S (Hrsg) Disability rights law and policy: international and national perspectives. Transnational, New York, S 3–128

Degener T, Quinn G (2006) United Nations disability convention. In: Albrecht G (Hrsg) Encyclopedia of disability, Bd 4. Sage, Thousand Oaks, S 1580–1584

Degener T, Dern S, Dieball H, Frings D, Oberlies D, Zisnmeister J (2008) Antidiskriminierungsrecht: Handbuch für Lehre und Beratungspraxis. Mit Lösungsbeispielen für typische Fallkonstellationen. Fachhochschulverlag, Frankfurt a. M.

Deutscher Bundestag (21. November 2008) Anhörung zur UN Behindertenrechtskonvention, Ausschussdrucksache 16/10808

Geißler R (2006) Die Sozialstruktur Deutschlands. VS, Wiesbaden

Glatzer W, Hübinger W (1990) Lebenslagen und Armut. In: Döring D, Hanesch W, Huster E-U (Hrsg) Armut im Wohlstand. Suhrkamp, Frankfurt a. M., S 31–55

Graumann S (2011) Assistierte Freiheit. Von einer Behindertenpolitik der Wohltätigkeit zu einer Politik der Menschenrechte. Campus, Frankfurt a. M. http://www.socialnet.de/rezensionen/isbn.php?isbn=978-3-593-39396-4. Zugegriffen: 17. Jan. 2012

Ife J (2009^2) Human rights and social work. Towards rights-based practice. Cambridge University Press, Cambridge

Kleve H (2005) Inklusion und Exklusion. Sozialpädagogische Impulse 1:19–21

Mogge-Grotjahn H (2012a) Gesellschaftliche Ein- und Ausgrenzung. Der soziologische Diskurs. In: Huster E-U, Boeckh J, Mogge-Grotjahn H (Hrsg) Handbuch Armut und soziale Ausgrenzung. VS Verlag, Wiesbaden, S 39–53 (2., vollständig überarbeitete Auflage)

Mogge-Grotjahn H (2012b) Geschlecht – Wege in die und aus der Armut. In: Huster E-U, Boeckh J, Mogge-Grotjahn H (Hrsg) Handbuch Armut und soziale Ausgrenzung. VS-Verlag, Wiesbaden, S 350–361 (2., vollständig überarbeitete Auflage)

Netzwerk Artikel 3 e. V. (2009) UN-Behindertenrechtskonvention – Schattenübersetzung. http://www.netzwerk-artikel-3.de/vereinte-nationen/93-international-schattenuebersetzung. Zugegriffen: 14. Jan. 2012

Nussbaum MC (1997) Capabilities and human rights. Symposium: human rights on the Eve of the next century: beyond Vienna & Beijing: human rights theory. Fordham Law Rev 66:273–300
Nussbaum MC (2006) Frontiers of justice. Disability – nationality – species membership. Harvard University Press, Cambridge
Oliver M (1996) Understanding disability: from theory to practice. St. Martin's Press, New York
Quinn G, Degener T et al (2002) Human rights and disability: the current use and future potential of United Nations human rights instruments in the context of disability. OHCHR/United Nations, New York
Rawls J (1971) A theory of justice. Harvard University Press, Cambridge
Rohrmann E (2012) Zwischen selbstbestimmter sozialer Teilhabe und fürsorglicher Ausgrenzung. Lebenslagen und Lebensbedingungen von Menschen, die wir behindert nennen. In: Huster E-U, Boeckh J, Mogge-Grotjahn H (Hrsg) Handbuch Armut und soziale Ausgrenzung. VS Verlag, Wiesbaden, S 400–418 (2., vollständig überarbeitete Auflage)
Sacksofsky U (2009) Das Frauenbild des Bundesverfassungsgerichts. In: Rudolf B (Hrsg) Querelles. Jahrbuch für Frauen- und Geschlechterforschung: Wallstein (Geschlecht im Recht. Eine fortbestehende Herausforderung, 14), S. 191–215.
Sen A (1992) Inequality reexamined. Harvard University Press, Cambridge
Snyder S (2006) Disability studies. In: Albrecht G (Hrsg) Encyclopedia of disability, Bd 1. Sage, Thousand Oaks, S 478–489
Staub-Bernasconi S (1995) Das fachliche Selbstverständnis Sozialer Arbeit – Wege aus der Bescheidenheit. Soziale Arbeit als Human Rights Profession. In: Wendt WR (Hrsg) Soziale Arbeit im Wandel ihres Selbstverständnisses. Beruf und Identität. Lambertus, Freiburg
Steinhöfel A (2009) Rico, Oskar und die Tieferschatten. Carlsen, Hamburg
Waddington L (2006) From Rome to Nice in a Wheelchair. The Development of a European Disability Policy. Groningen: Europa Law Publishing. Online verfügbar unter http://www.gbv.de/dms/bowker/toc/9789076871684.pdf

Inklusion geht weit über „Dabeisein“ hinaus – Überlegungen zur Umsetzung der UN-Behindertenrechtskonvention in der Pädagogik

Sigrid Graumann

1 Inklusion als Frage nach Anerkennung

Seit einigen Jahren löst der Begriff „Inklusion“ zunehmend den Begriff „Integration“ in der Pädagogik ab. Vermutlich ist das als Antwort darauf zu verstehen, dass die Umsetzung des Konzepts der Integration nur unvollkommen gelungen ist. Die Arbeit mit behinderten Menschen ist zudem davon geprägt, dass „Inklusion“ ein Schlüsselbegriff der Konvention für die Rechte von Menschen mit Behinderungen (UN-BRK) ist, die von den Vereinten Nationen 2006 verabschiedet wurde und derzeit in den Vertragsstaaten umgesetzt wird (Netzwerk Artikel 3 e.V. 2009). Die Konvention fordert die volle und gleichberechtigte gesellschaftliche *Inklusion* von allen Menschen mit Behinderungen insbesondere in den Bereichen Bildung, Wohnen, Arbeit und Freizeit. Die Umsetzung von Inklusion ist damit für Behindertenpolitik und Behindertenarbeit verbindlich. Wie der Begriff dabei konzeptionell zu verstehen ist, lässt sich aus den Regelungen der Konvention detailliert erschließen.

Im allgemeinen pädagogischen Diskurs dagegen ist der Unterschied zwischen den Konzepten, die mit den Begriffen „Integration“ und „Inklusion“ beschrieben werden, nicht immer klar. Manche vermuten zudem, es würde sich lediglich um alten Wein in neuen Schläuchen handeln. Andere sehen hier eine echte Weiterentwicklung (Hinz 2002): Inklusion umfasse mehr als Dabeisein, in Schule, Gemeinde und Nachbarschaft. Sie sei „Ausdruck einer Philosophie der Gleichwertigkeit jedes Menschen, der Anerkennung von Verschiedenheit, der Solidarität der Gemeinschaft und der Vielfalt von Lebensformen.“ (Seifert 2006, S. 100). An diese Gedan-

S. Graumann (✉)
Evangelische Fachhochschule RWL, Bochum, Deutschland
E-Mail: graumann@efh-bochum

H-J. Balz et al. (Hrsg.), *Soziale Inklusion*, DOI 10.1007/978-3-531-19115-7_5,
© VS Verlag für Sozialwissenschaften | Springer Fachmedien Wiesbaden 2012

ken von Monika Seifert möchte ich mit meinem Beitrag anschließen. Dabei wähle ich einen zweifachen Zugang. Zum einen möchte ich Inklusion als menschenrechtstheoretischen Begriff unter Bezug auf die UN-BRK herausarbeiten. Dabei spielen sowohl Ansprüche auf Gleichberechtigung als auch Ansprüche auf gesellschaftliche Wertschätzung eine Rolle. Leitend bei der Entwicklung der UN-BRK waren die Erfahrungen von Ausgrenzung und Missachtung von behinderten Menschen, die in den vergangenen Jahren zunehmend öffentliche Aufmerksamkeit erfahren haben, auf die ich ebenfalls eingehen werde. Zum anderen reflektiere ich die Ansprüche auf Gleichberechtigung und Wertschätzung aus einer sozialphilosophischen Sicht. Dabei vertrete ich die These, dass drei Dimensionen von Anerkennung – die Anerkennung als Person mit individuellen Bedürfnissen, die Anerkennung als Person mit gleichen Rechten und die Anerkennung als Person mit besonderen Eigenschaften, Fähigkeiten, Zugehörigkeiten und Lebensentwürfen –berücksichtigt werden sollten, wenn eine angemessene Umsetzung von Inklusion gelingen soll.

2 Die Vielfalt an Erfahrungen von Ausgrenzung und Missachtung

Rollstuhlnutzerinnen machen täglich die Erfahrung, dass öffentliche Gebäude und Verkehrsmittel für sie nicht zugänglich sind. Das gleiche gilt für blinde und sehbehinderte Menschen, wenn Orientierungshilfen im öffentlichen Raum fehlen. Gehörlose Menschen sind auf Grund fehlender Gebärdendolmetscher in Veranstaltungen und im Fernsehen von wesentlichen Teilen der öffentlichen Meinungsbildung ausgeschlossen. Generell sind Menschen mit Behinderung häufiger erwerbslos und von Armut betroffen sowie teils lebenslang finanziell von ihren Familien abhängig (Behindertenbeirat der Landeshauptstadt München 2009). Kurz, sie werden daran gehindert, sich gleichberechtigt am gesellschaftlichen, kulturellen und politischen Leben zu beteiligen. Die Liste solcher Ungerechtigkeiten ließe sich beliebig fortsetzen.

Das betrifft besonders auch die Felder Bildung, Erziehung und soziale Arbeit, die für die pädagogischen Professionen besonders wichtig sind: Nur wenige Kindergärten, Schulen und andere Bildungsstätten, Beratungsstellen und allgemeine Freizeiteinrichtungen sind barrierefrei zugänglich und ausgestattet. Angebote, die für blinde und gehörlose Menschen oder für Menschen mit Lernschwierigkeiten geeignet sind, fehlen vielfach. Stattdessen existieren ausdifferenzierte Spezialangebote für behinderte Kinder, Jugendliche und Erwachsene, angefangen bei Kindergärten und Tagesstätten, Sonder- und Förderschulen sowie speziellen Bildungs-, Beratungs- und Freizeitangeboten für erwachsene behinderte Menschen, die von den Trägern der Behindertenhilfe bereit gestellt werden. Das aber heißt: behinderten Menschen wird zwar eine Vielzahl an Angeboten in den Feldern Bildung, Erziehung und sozialer Arbeit gemacht. Diese finden allerdings überwiegend an „Sonderorten" statt, wodurch behinderte Menschen systematisch vom allgemeinen gesellschaftlichen Leben ausgegrenzt werden.

Darauf aber beschränken sich die Erfahrungen von Missachtung behinderter Menschen keineswegs. In biographischen Schriften berichten viele, dass nicht behinderte Menschen den Kontakt mit ihnen meiden (Saal 1992, S. 186 f.). Der seit seiner Geburt spastisch gelähmte Alexandre Jollien beschreibt eindrücklich, er habe „wiederholt festgestellt, dass die Menschen verstummen, wenn (er) durch die Menge gehe, dass sie ein ernstes Gesicht aufsetzen, so wie wenn man beim Vorbeifahren des Leichenwagens den Hut lüftet." (Jollien 2001, S. 65). Birgit Rommelspacher erklärt derartige Strategien der Kontaktvermeidung damit, dass in der Begegnung von nicht behinderten Menschen mit behinderten Menschen Irritationen ausgelöst und Ängste aktiviert werden können, was die eigene „Normalität" und „Unbeschadetheit" betrifft. Der eigenen „Normalität" und „Unbeschadetheit" versichert man sich dann häufig mit Abwehr. Diese kann in Meidung, offener Ablehnung oder in Form von Paternalismus erfolgen, bei dem die „Objekte des Mitleids vereinnahmt und als ernstzunehmendes Gegenüber entwertet" werden (Rommelspacher 1999, S. 14 f.). Insbesondere letzteres erfahren behinderte Menschen gerade auch von Seiten derjenigen, die sie professionell unterstützen sollen.

Was hier auf der Ebene persönlicher Interaktion beschrieben wird, spiegelt sich in der symbolischen Sphäre in der Art und Weise wie Wahrnehmungen und Bewertungen von Behinderung vermittelt werden (Rösner 2002, S. 15), aber auch wenn behinderte Menschen in der medialen Welt weitgehend unsichtbar sind. Sie werden nämlich meist nur dann sichtbar, wenn ihre Behinderung explizit thematisiert wird. Die Thematisierung kann positiv gemeint sein, wie beispielsweise in dem Kinofilm „Ziemlich beste Freunde" von 2011, oder ist negativ konnotiert, wie im medizinischen und bioethischen Diskurs, wo Behinderung meist umstandslos mit schwerem Leid in Verbindung gebracht wird. Trotz dem derzeitigen Bemühen um ein positiveres Bild von Behinderung durch Kampagnen von Verbänden und Regierung werden auf diese Weise nach wie vor überwiegend negative Einstellungen, Wahrnehmungen und Bewertungsmuster reproduziert.

Dazu kommen auf der Seite der pädagogischen Professionen konzeptionell bedingte Diskriminierungen. Das zeigt sich besonders deutlich in der Bildung und Erziehung von Kindern und Jugendlichen mit Behinderung. Die darin verfolgten pädagogischen Konzepte tendieren nach wie vor vielfach zu einer Defizitorientierung. Das bedeutet, sie orientieren sich häufig am sogenannten „medizinischen Modell von Behinderung", das Behinderung auf Funktionsstörungen von Körper,

Geist oder Seele zurückführt, die durch individuelle Förderung zu kompensieren sind. Dieses Modell wird von Vertretern der „Disability Studies" dafür kritisiert, behinderte Menschen auf ihre Beeinträchtigung zu reduzieren, zu stigmatisieren und so zu ihrem Ausschluss aus der Gemeinschaft beizutragen. Deshalb stellen sie dem „medizinischen" das „soziale Modell von Behinderung" gegenüber. Dem „sozialen Modell" folgend sind behinderte Menschen nicht behindert, sondern sie werden behindert; die Behinderung wird auf das Zusammenwirken von gesellschaftlichen Barrieren und individuellen Beeinträchtigungen zurückgeführt (Hirschberg 2009, S. 103 f.). Das heißt, dass nicht nur mangende Barrierefreiheit und „Sonderorte" für Benachteiligung und Ausgrenzung verantwortlich sind, „[...] sondern ebenso hartnäckige Gegebenheiten in der symbolischen Sphäre menschlicher Gewohnheiten, Einstellungen, Wahrnehmungen und Bewertungsmuster" (Rösner 2002, S. 15). Dies zusammen mit den beschriebenen Phänomenen von Mitleid, fürsorglicher Bevormundung, Kontaktvermeidung und Ablehnung beeinflussen zwangsläufig auch die Interaktion von behinderten und nichtbehinderten Kindern und Jugendlichen. Deutlich wird dies etwa in populären Ausdrücken der Jugendsprache wie „Spast", „Mongo" oder „du bist ja behindert!".

Für die davon betroffenen Menschen sind alle hier beschriebenen Erfahrungen äußerst schmerzlich.

3 Inklusion als Schlüsselbegriff der UN-BRK

Mit „Inklusion" ist in der UN-BRK gemeint, dass behinderte Menschen künftig in allen Gesellschaftsbereichen freiheitlich und gleichberechtigt mit nicht behinderten Menschen einbezogen sein sollen (Graumann 2011a, S. 26 ff.). Dabei wurden die vielfältigen Erfahrungen von Ausgrenzung und Missachtung, von denen behinderte Menschen berichten, aufgegriffen.

Die UN-Behindertenrechtskonvention macht dabei zunächst nur das, was offensichtlich gefordert ist, nämlich die gleichen Rechte für alle behinderten Menschen in den einzelnen Menschenrechtsnormen zu betonen. Dort aber, wo sich in der Praxis gezeigt hat, dass nicht alle behinderten Menschen ihre Rechte tatsächlich wahrnehmen können, auch wenn ihnen formal die gleichen Rechte zugestanden werden, wurden einzelne Menschenrechtsnormen entsprechend – unter Berücksichtigung der diversen Lebenslagen und damit verbundenen spezifischen Unrechtserfahrungen – konkretisiert, präzisiert und erweitert (Graumann 2011a, S. 51 ff.). Die UN-Behindertenrechtskonvention hat somit keine neuen, exklusiven Rechte für behinderte Menschen geschaffen. Das würde auch nicht dem Menschenrechtsdenken entsprechen. In dem sie aber die allgemeinen Menschenrechte für behinderte Menschen präzisiert und konkretisiert, fordert sie umfassende und weitreichende gesellschaftliche Veränderungen (Kayess und French 2008, S. 32).

Das zeigt sich insbesondere darin, dass die bürgerlichen Freiheitsrechte und die politischen Rechte mit umfangreichen verbindlichen Ansprüchen auf Hilfe und Unterstützung verbunden sind, und dass die wirtschaftlichen, sozialen und kulturellen Rechte nicht nur detailliert für die besonderen Lebenslagen behinderter Menschen ausdifferenziert sind, sondern außerdem mit Verboten von Fremdbestimmung und paternalistischer Bevormundung verknüpft werden. Diese durchgehende Verflechtung von Abwehrrechten und Anspruchsrechten in allen drei Gruppen von Menschenrechten stellt eine deutliche Weiterentwicklung des Menschenrechtsschutzes dar (Graumann 2011a, S. 51 ff.). Die UN-BRK zielt damit auf die *Gleichberechtigung* von behinderten Menschen. Dabei spiegelt sich in der Ausgestaltung der einzelnen Rechte die Einsicht, dass die formale Garantie *gleicher Rechten* für wirkliche Gleichberechtigung nicht ausreicht und durch die Beachtung der *besonderen Bedürfnisse* des einzelnen Menschen ergänzt werden muss.

Bemerkenswert ist auch, wie der Begriff „Behinderung" in der UN-BRK verwandt wird. Die Konvention erläutert den Begriff und führt ein offenes Konzept von Behinderung ein (Aichele 2008, S. 5). In der Präambel der UN-BRK wird ausgeführt, „dass das Verständnis von Behinderung sich ständig weiterentwickelt und dass Behinderung als Wechselwirkung zwischen Menschen mit Beeinträchtigungen und einstellungs- und umweltbedingten Barrieren entsteht, die sie an der vollen und wirksamen Teilhabe auf Grundlage der Gleichberechtigung mit anderen an der Gesellschaft hindern." Damit wird das „medizinische Modell" zu Gunsten des „sozialen Modells" zurückgewiesen. Konsequenterweise verzichtet die UN-BRK daher auch auf eine abschließende Definition von „Behinderung". Stattdessen wird in Art. 1 der UN-BRK der Kreis der Personen mit Behinderungen festgelegt, als „Menschen, die langfristige körperliche, seelische, geistige oder Sinnesbeeinträchtigungen haben, die in Wechselwirkung mit verschiedenen Barrieren ihre volle und wirksame Teilhabe gleichberechtigt mit anderen an der Gesellschaft behindern können." Welche und wie viele Menschen in einer Gesellschaft als behindert gelten, hängt folglich entscheidend von den gesellschaftlichen Bedingungen ab. In diesen Formulierungen hat sich niedergeschlagen, dass behinderte Menschen die Etikettierung „behindert" als diskriminierend erleben. Sie wollen gesellschaftliche Wertschätzung als Personen in ihrer *Diversität* erfahren.

Die hier aufgeführten Regelungen sind im Lichte des weiten Verständnisses von „Diskriminierung" zu sehen, dass sich in der UN-BRK auf Grund der Einsicht niedergeschlagen hat, dass das Ziel der vollen gesellschaftlichen Inklusion von behinderten Menschen nur erreicht werden kann, wenn sowohl die Forderungen nach Gleichberechtigung als auch die Forderungen nach gesellschaftlicher Wertschätzung erfüllt werden. Mit „Diskriminierung" ist in der Konvention dementsprechend nicht nur das willkürliche Vorenthalten gleicher Rechte gemeint, sondern „jede Unterscheidung, Ausschließung oder Beschränkung aufgrund von Behinderung, die zum Ziel oder zur Folge hat, dass das auf die Gleichberechtigung mit anderen gegründete Anerkennen, Genießen oder Ausüben aller Menschenrechte und Grundfreiheiten" beeinträchtigt ist (UN-BRK Art. 2). Darunter fallen explizit auch das Versagen barrierefreier Zugänge zu gesellschaftlichen Räumen, das Vorenthalten individueller Unterstützungen sowie das Vorhandensein von negativen Bildern und Einstellungen über Behinderung in der Gesellschaft. Die UN-BRK fordert damit die *Defizitorientierung* im Umgang mit Behinderung durch eine *Diversitätsorientierung* zu ersetzen. Darin liegt, wie es Heiner Bielefeldt formuliert, wohl das größte Innovationspotenzial der Konvention nicht nur für behinderte Menschen sondern für die ganze Gesellschaft (Bielefeldt 2006, S. 16).

Die Erfahrungen von Missachtung von behinderten Menschen haben sich auch in Art. 1 der UN-BRK niedergeschlagen. Darin wird auf die Menschenwürde nicht nur Bezug genommen, um die Menschenrechte zu begründen, wie das in anderen Menschenrechtsverträgen der Fall ist; die Menschenwürde selbst wird als Gegenstand notwendiger Bewusstseinsbildung angesprochen. Damit ist zum einen gemeint, dass behinderte Menschen selbst in die Lage versetzt werden sollen, ein Bewusstsein ihrer eigenen Würde zu entwickeln, zum anderen, dass die Achtung der Würde von Menschen mit Behinderung in der Gesellschaft gefördert wird. Damit verbunden werden konkrete Verpflichtungen der Vertragsstaaten, die in Art. 8 der UN-BRK „Bewusstseinsbildung" ausgeführt werden. Diese umfassen „sofortige, wirksame und geeignete Maßnahmen zu ergreifen", um „das Bewusstsein für Menschen mit Behinderungen zu schärfen und die Achtung ihrer Rechte und ihrer Würde zu fördern", „Klischees, Vorurteile und schädliche Praktiken", denen behinderte Menschen ausgesetzt sind, zu bekämpfen und „das Bewusstsein für die Fähigkeiten und den Beitrag von Menschen mit Behinderungen zu fördern."

Die UN-BRK stellt damit nicht nur Staat und Politik vor Herausforderungen, sondern auch die pädagogischen Professionen. Besonders aufschlussreich ist in diesem Zusammenhang das Recht auf Bildung: Art. 24 der UN-BRK fordert, wie es für einen Menschenrechtsvertrag typisch ist, zum einen individuelle Rechte, die jedem Menschen unmittelbar garantiert werden müssen, und zum anderen strukturelle Veränderungen, die zukünftig eine vollständige Verwirklichung der Menschenrechte gewährleisten sollen. Für das Feld der Bildung und Erziehung bedeutet das nicht nur, dass alle behinderten Kinder und Jugendlichen ein individuelles Recht auf inklusive Beschulung haben, sondern auch, dass die Barrierefreiheit von Schulen und anderen Bildungseinrichtungen geschaffen werden muss, sowie Konzepte entwickelt werden sollen, die einen diskriminierungsfreien Zugang zu einem inklusiven und hochwertigen Unterricht für alle behinderten Kinder und Jugendlichen und die jeweils notwendige, individuell angepasste und wirksame Unterstützung „in einem Umfeld, das die bestmögliche schulische und soziale Entwicklung gestattet", gewährleisten. Da in der UN-BRK von „lebenslangem Lernen" die Rede ist, gilt dies sinngemäß nicht nur für die Schule, sondern auch für alle anderen Bildungseinrichtungen.

Die Konvention akzentuiert aber noch einen weiteren Aspekt von „Inklusion", nämlich dass diese nicht nur gleichberechtigt sondern auch freiheitlich zu erfolgen hat. An verschiedenen Stellen der Konvention wird die Achtung der Selbstbestimmung und der „Freiheit, eigene Entscheidungen zu treffen" (UN-BRK Art. 3) besonders hervorgehoben. Pädagogische Konzepte für den Umgang mit behinderten Menschen, die es Experten überlässt, was dem Wohlergehen behinderter Klienten dient und was nicht, sollten damit obsolet sein. Dabei ist außerdem entscheidend, dass Autonomie und Freiheit nicht unhinterfragt als gegeben vorausgesetzt werden dürfen, weil auch die Potenziale zu ihrer Entwicklung unter dem Schutz der Menschenrechte stehen. Daraus folgt konkret einerseits, dass die Autonomie und Freiheit von behinderten Menschen respektiert werden muss, und andererseits, dass behinderte Menschen in die Lage versetzt werden sollen, ihre individuellen Potenziale für Autonomie und Freiheit voll zu entwickeln. Dementsprechend fordert die Konvention als ein Ziel der inklusiven Bildung in Art. 24 der UN-BRK, „Menschen mit Behinderungen ihre Persönlichkeit, ihre Begabungen und ihre Kreativität sowie ihre geistigen und körperlichen Fähigkeiten voll zur Entfaltung bringen zu lassen."

Es dürfte deutlich geworden sein, dass die im vorigen Abschnitt beschriebenen Erfahrungen von Ausgrenzung und Missachtung, die behinderte Menschen tagtäglich machen, umfassend in der UN-BRK aufgegriffen wurden. Die UN-BRK zeichnet sich dadurch aus, dass sie viel konsequenter als das in bisherigen Menschenrechtskonvention für Gruppen in vulnerablen Lebenslagen wie der Frauenrechts- oder der Kinderrechtskonvention der Fall war, verbindliche Ansprüche auf Gleichberechtigung unter Beachtung individueller Bedürfnisse formuliert und mit Ansprüchen auf gesellschaftliche Wertschätzung verknüpft. Nun könnte ich an dieser Stelle meinen Beitrag beenden und mich darauf berufen, dass die UN-BRK völkerrechtlich verbindlich ist und damit auch für die pädagogischen Professionen eine verpflichtende Orientierung darstellt. Ich tue das aber nicht, weil die Verbindlichkeit alleine noch nicht garantiert, dass eine angemessene Umsetzung der UN-BRK in den Feldern der Bildung, Erziehung und Sozialen Arbeit erfolgt. Deshalb halte ich es für durchaus lohnenswert, die konkreten Forderungen der Konvention anerkennungstheoretisch zu reflektieren. Damit möchte ich einen theoretischen

Beitrag dazu leisten, dass bestehende pädagogische Konzepte kritisch hinterfragt und neue pädagogische Konzepte entwickelt werden können, die dem „Geist" der UN-BRK entsprechen.

4 Verbindlichkeit von Anerkennungserwartungen

Dem Selbstverständnis des Menschenrechtsdenkens entsprechend gelten die Menschenrechte, wie sie in der Allgemeinen Erklärung der Menschenrechte von 1948 formuliert wurden, gleichermaßen für alle Menschen. Das heißt, dass behinderte Menschen vom Grundsatz her schon immer in den Schutzbereich der Menschenrechte eingeschlossen waren. Die historische Erfahrung hat aber gezeigt, dass ihnen gleiche Rechte faktisch oft verwehrt wurden. Es handelt sich also offensichtlich nicht um ein Problem der Geltung der Menschenrechte, sondern um ein Problem von *Anerkennung*. Den Erfahrungen von Ausgrenzung und Missachtung, die behinderte Menschen beschreiben, stehen *Anerkennungserwartungen* gegenüber, die mit Hilfe der Regelungen der UN-BRK erfüllt werden sollen. Deshalb wird es mir im Folgenden darum gehen, wie diese Anerkennungserwartungen genau zu verstehen sind.

Dabei beziehe ich mich auf Theorien interkultureller und intersubjektiver Anerkennung. Theorien *interkultureller Anerkennung* (Graumann 2011b) greifen die kollektiven Forderungen von Gruppen mit einer distinkten kulturellen Identität nach gesellschaftlicher Anerkennung auf. Sie weisen damit auf eine Leerstelle liberaler Politik hin, die sich auf die Garantie formaler Rechtsgleichheit beschränkt. Damit erweitern sie das Verständnis dessen, was berechtigte Anerkennungserwartungen umfassen können. Theorien *intersubjektiver Anerkennung* beschäftigen sich mit der Entwicklung personaler Identität durch gegenseitige Anerkennung und leiten daraus individuelle Ansprüche auf Anerkennung ab, deren Einlösung als Frage sozialer Gerechtigkeit aufgefasst wird. Auch sie verstehen sich als Korrektiv liberaler Theorie und Politik, in dem sie nicht nur die Anerkennung als Rechtssubjekt, sondern die Anerkennung als „ganze Person" (Hegel) in Aussicht stellen. Damit tragen sie zu einer Differenzierung von berechtigten Anerkennungserwartungen bei. In einem entscheidenden Punkt weiche ich von beiden Theorien ab, weil diese nicht erfassen können, wie die *Verbindlichkeit* von Anerkennungserwartungen zu Stande kommt. Das aber ist für die Anwendung auf pädagogische Konzepte entscheidend.

Das Paradebeispiel für eine Theorie *interkultureller Anerkennung* ist Charles Taylors berühmt gewordenen Aufsatz zum Multikulturalismus. Darin wirft Taylor der liberalen Theorie vor, „differenzblind" zu sein. Diese sei mit ihrer Garantie formal gleicher Rechte für alle auf eine ihr selbst nicht bewusste Weise zutiefst ungerecht, weil sie kulturelle Differenzen systematisch unterdrücke. Taylor behauptet, dass „[...] unsere Identität teilweise von der Anerkennung oder Nicht-Anerkennung, oft auch von der Verkennung durch die anderen geprägt ist" (Taylor 1993). Dies führe dazu, „[...] daß ein Mensch oder eine Gruppe von Menschen wirklichen Schaden nehmen, eine wirkliche Deformation erleiden kann, wenn die Umgebung oder die Gesellschaft ein einschränkendes, herabwürdigendes oder verächtliches Bild ihrer selbst zurückspiegelt" (Taylor 1993). Damit verbunden sei das Leiden an einer schwachen Selbstachtung, das Fügen in Unterordnung und Unterdrückung und die Unfähigkeit, Chancen der Selbstverwirklichung zu ergreifen – trotz der Garantie formal gleicher Rechte. Damit kann auch die *Verkennung*, die behinderte Menschen durch negative Bilder und Einstellungen zu Behinderung sowie durch die Erfahrung von Kontaktvermeidung, mitleidiger Bevormundung bis hin zu offener Ablehnung erleben, erfasst werden. Es kann damit außerdem plausibel gemacht werden, dass diese Erfahrungen von *Verkennung* zur Beschädigung ihrer personalen Identität führen können. Fraglich bleibt aber, ob und wie andere zur Wertschätzung von Menschen mit Behinderung verpflichtet werden könnten (vgl. Habermas 1993). Taylor will dieses Problem lösen, indem er kulturellen Gruppen einen Eigenwert unterstellt. Damit aber lädt er sich eine erhebliche Begründungslast auf (Bedorf 2010, S. 19). Er sieht selbst, dass sich zwar eine gewisse Unvoreingenommenheit gegenüber anderen Kulturen schlüssig fordern, sich jedoch keine allgemeinverbindliche Verpflichtung zu ihrer Wertschätzung begründen lässt (Taylor 1993). Das würde ebenso für die Gruppe von behinderten Menschen gelten. Für die Pädagogik ist diese Lösung mit Blick auf die Umsetzung des Konzepts der Inklusion aber unbefriedigend: So können beispielsweise in einer Schulklasse, die nicht behinderten Kinder vielleicht daran gehindert werden, ein behindertes Kind zu hänseln oder zu beleidigen. Sie können aber kaum dazu gezwungen werden, es zu mögen. Dies weist auf eine Leerstelle in Taylors Konzeption hin.

Der zeitgenössische Hauptvertreter einer Theorie *intersubjektiver Anerkennung* ist Axel Honneth. Im Gegensatz zu Taylor geht Honneth zunächst nicht von den politischen Forderungen kultureller Minderheiten und benachteiligter Gruppen sondern von den Unrechtserfahrungen einzelner Individuen aus. Diese Unrechtserfahrungen führen dazu, so Honneths Vorstellung, dass die Individuen im Konflikt miteinander (Kampf um Anerkennung) zu gegenseitiger Anerkennung gelangen. Damit konstituieren sie sich einerseits als personale Subjekte und treiben damit andererseits die Weiterentwicklung der „gesellschaftlichen Moral" an. Honneth's Anliegen damit ist es nachzuweisen, dass soziale Beziehungen eine normative Struktur aufweisen, die uns zeigen kann, inwiefern die faktischen gesellschaftlichen Verhältnisse ungerecht sind. Auch sein Ansatz ist damit mit einer erheblichen Begründungslast verbunden.

Honneth unterscheidet mit Hegel zunächst drei Formen von Anerkennungsverhältnissen: Liebe, Recht und Wertschätzung. Diese drei Formen von Anerkennung würden im Falle einer Missachtung jeweils einen Grund für soziale Konflikte in sich tragen (Honneth 1998, S. 8). Wesentlich für Honneth ist die Beziehung zwischen der Erfahrung intersubjektiver Anerkennung und der Entwicklung personaler Identität in drei Stufen: Auf der ersten Stufe, im Verhältnis von Müttern bzw. Eltern und Kindern, erkennen sich die Subjekte gegenseitig als sich liebende, bedürftige Wesen an:

> [D]er Anteil der individuellen Persönlichkeit, der hier Anerkennung durch andere findet, ist das ‚praktische Gefühl', die Angewiesenheit des einzelnen auf lebensnotwendige Zuwendung und Güter. (Honneth 1998, S. 34)

Die Erziehung ziele dann auf die Selbstständigkeit des Kindes, die nach Hegel eine Aufhebung der „Vereinigung des Gefühls" sein müsse. Die bloß partikular geltenden praktischen Bezüge, in die das Kind eingebunden ist, würden überwunden und in „vertraglich verbürgte Rechtsansprüche transformiert".

> Die Subjekte erkennen sich nunmehr wechselseitig als Träger legitimer Besitzansprüche an und werden damit als Eigentümer konstituiert; im Tausch beziehen sie sich aufeinander als ‚Personen', denen das ‚formelle' Recht zukommt, auf alle angebotenen Transaktionen mit Ja oder Nein reagieren zu können. (Honneth 1998, S. 34)

Nun fehle aber auf dieser Stufe der Sittlichkeit noch die Garantiemacht für die Achtung der Rechte durch eine staatliche Autorität. Hier kommt Hegels Begriff der „Ehre" ins Spiel, der eine gewisse Parallele zu Taylors Forderungen nach „Anerkennung von Differenz" zeigt.

> ‚Ehre' ist die Haltung, die ich mir gegenüber dann einnehme, wenn ich mich mit all meinen Eigenschaften und Eigenarten positiv identifiziere. (Honneth 1998, S. 41)

Die Subjekte erreichten auf dieser Stufe die gegenseitige Anerkennung als individuelle Personen mit besonderen Eigenschaften und Fähigkeiten.

Honneth geht damit von drei Interaktionssphären zwischen Menschen aus. Die erste erwächst aus der emotionalen Zuwendung in persönlichen Nahbeziehungen, die zweite aus der wechselseitigen Zuerkennung von Rechten im gesellschaftlichen Leben und die dritte aus der gemeinsamen Orientierung an Werten in der kulturellen Sphäre. In persönlichen Nahbeziehungen, besonders in der Eltern-Kind-Beziehung, erwirbt das Individuum durch die umfassende Anerkennung seiner Bedürftigkeit Selbstvertrauen. Im gesellschaftlichen Leben erwirbt der heranwachsende junge Mensch durch die reziproke Anerkennung von Rechten Selbstachtung. Durch die Erfahrung sozialer Wertschätzung schließlich, durch die kulturelle Anerkennung, erwirbt er Selbstwertgefühl (Honneth 1998, S. 148–211). Alle drei Formen des Selbstbezugs – Selbstvertrauen, Selbstachtung und Selbstwertgefühl –, stellen konstitutive Aspekte der personalen Identität dar. Alle drei Stufen von Anerkennung werden immer wieder reproduziert und enthalten bei Missachtung, d. h. bei Verletzung des darin vermittelten Selbstverhältnisses, jeweils eine Motivierung zu sozialen Konflikten. Das Selbstvertrauen kann durch physische und psychische Verletzungen (z. B. Vernachlässigung, Gewalt, Missbrauch) jederzeit bedroht sein. Die Selbstachtung kann durch gesellschaftliche Ausgrenzung und Entrechtung gefährdet sein, das Selbstwertgefühl kann durch die Erfahrung von Abwertung und Geringschätzung (z. B. Fremdenfeindlichkeit) verletzt werden.

Damit können auch die vielschichtigen Erfahrungen von Diskriminierung, die behinderte Menschen machen, wenn ihnen die Hilfe und Unterstützung nicht so gewährt wird, wie sie es brauchen, wenn ihnen durch Barrieren Teilhabe verwehrt wird und wenn sie mit negativen Bewertungsmustern in Bezug auf ihre Behinderung konfrontiert werden, besser nachvollzogen werden. Der Gewinn für pädagogische Konzepte besteht in der Einsicht, dass alle drei Formen von Anerkennung beachtet werden müssen, wenn Inklusion von behinderten Menschen gelingen soll. Das heißt, wirkliche Gleichberechtigung muss mit der Berücksichtigung besonderer Bedürfnisse und der Ermöglichung der Erfahrung von Wertschätzung einhergehen. Ähnlich wie in Taylors Ansatz ist damit aber noch nicht das Problem gelöst, dass Anerkennung nur sehr begrenzt erzwungen werden kann.

In Honneths Konzeption besteht der „normative Überschuss" darin, dass er gelingende wechselseitige Anerkennung im Namen der Entwicklung und Bewahrung personaler Identität verbindlich einfordert. Nur wenn dies gewährleistet sei, wären gesellschaftliche Strukturen gerecht (Honneth 2010, S. 63). Thomas Bedorf kritisiert daran, dass bei Honneth „Anerkennung" aus der Perspektive handlungsfähiger Akteure konzipiert wird, die sich gegenseitig zu einem „ungebrochenen Selbstverhältnis" verhelfen (sollen) (Bedorf 2010, S. 68 f.). Allerdings wird damit das personale Subjekt erst durch das Durchlaufen der drei Stufen von Anerkennung konstituiert. Honneths Begründungsfigur scheint folglich widersprüchlich zu sein.

Das Problem ist nach meiner Ansicht lösbar, wenn Honneths qualitative Differenzierung von Anerkennung nicht als ontogenetische Stufen der Konstitution von Personalität aufgefasst wird, sondern als zusammenwirkende Dimensionen geforderter Anerkennung. Dabei sollten die drei Dimensionen von Anerkennung als synchron zusammenwirkende „Anerkennungszwänge" gedacht werden. Es steht uns nämlich üblicherweise nicht frei, ob wir andere als Personen anerkennen wollen. Das wird gesellschaftlich von uns erwartet. Damit aber stellt sich die Frage, wie diese „Anerkennungszwänge“ in die sozialen Beziehungen gelangen. Honneth selbst kann diese Frage nicht beantworten, weil für ihn die erstrebte Intersubjektivität die „Gestalt einer Dyade“ hat (Honneth 2010, S. 268). Damit aber fehlt eine dritte Instanz, über die generalisierte Anerkennungserwartungen vermittelt werden könnten.

Diese dritte Instanz können beispielsweise Freunde, Eltern, Nachrichtensprecher, Schauspieler in Filmen oder auch Pädagogen sein. Sie vermitteln die informellen und formellen Normen, nach denen wir unser Verhalten anderen gegenüber richten sollen. Im Unterschied zu Honneth und Taylor wird dabei der „normative Überschuss“ von Anerkennung nicht als moralische Forderung, die als solche begründet werden müsste, sondern als soziales Phänomen beschrieben, das kontingent und damit beeinflussbar ist. Damit wird zwischen der moralischen Gültigkeit von Normen, deren Reflexion Aufgabe der Moralphilosophie ist, und der sozialen Geltung von Normen bzw. verbindlichen Verhaltenserwartungen, die sich als empirischer Tatbestand zeigt und u. a. durch pädagogische Konzepte beeinflusst werden kann, unterschieden.

5 Inklusion als pädagogisches Konzept

Daran lassen sich nun Überlegungen anschließen, was eine Pädagogik, die sich am „Geist“ der UN-BRK orientiert und zur Inklusion behinderter Menschen wirkungsvoll beitragen will, berücksichtigen sollte. Das möchte ich am Beispiel der Arbeit mit Kindern erläutern.

Die Einsicht, dass jedes Kind für sein Selbstvertrauen auf die Erfahrung der Anerkennung als Person mit besonderen Bedürfnissen angewiesen ist, bedeutet zunächst ganz einfach, dass Sensibilität dafür entwickelt werden muss, dass jede und jeder individuelle Bedürfnisse hat und auf unterschiedliche Weise Hilfe und Unterstützung braucht, um diese befriedigen zu können. Wenn beispielsweise ein blindes Kind in der Gruppe ist, das auf Erklärungen angewiesen ist, was auf einem Bild dargestellt ist, das zur Illustration eingesetzt wird, sollte dies selbstverständlich und ohne es besonders hervorzuheben geschehen. Ebenso wäre mit den besonderen Bedürfnissen aller anderen Kinder umzugehen.

Auf der Ebene der Anerkennung als Person mit gleichen Rechten geht es vor allem um konsequente Gleichberechtigung unter Beachtung der individuellen Bedürfnisse. Wenn die Kinder erfahren, dass sie Rechte haben, aber auch, dass sie die Rechte anderer respektieren müssen, entwickeln sie Selbstachtung. Auf dieser Ebene ist zunächst wichtig, dass alle gemeinsam genutzten Räume barrierefrei für alle Kinder zugänglich und nutzbar sind. Außerdem sollten die pädagogischen Fachkräfte das Recht auf Selbstbestimmung von jedem Kind achten. Wenn ein Kind noch klein oder vielleicht lernbehindert ist, ist das kein Grund für beschützend gemeinte Bevormundung, aber auch keine Rechtfertigung für „Sonderrechte". Stattdessen sollten alle Kinder auf angemessene Weise im Wahrnehmen ihrer Selbstbestimmung unterstützt werden. Wichtig ist hier aber auch auf den wechselseitigen Respekt von Rechten unter den Kindern zu achten. Ausgrenzen oder Beleidigen sollte Tabu sein. Dadurch gewinnen nicht nur die Kinder, die vor Ausgrenzung und Beleidigung geschützt werden, sondern auch die, die zum Unterlassen aufgefordert werden, Selbstachtung. Ein Kind z. B. wegen seiner Lernschwierigkeiten davon auszunehmen, einem anderen Kind ein Spielzeug nicht wegnehmen zu dürfen, würde beide Kinder als Personen mit gleichen Rechten verkennen.

Am meisten Schwierigkeiten für pädagogische Konzepte dürfte die Anerkennung als Person mit besonderen Eigenschaften bereiten, durch die Kinder Selbstwertgefühl gewinnen sollen. Ganz entscheidend ist hier, dass die Defizitorientierung im eigenen professionellen Denken in der Pädagogik überwunden wird. Darüber hinaus gilt es geeignete Mittel zu finden, um eine wertschätzende Einstellung gegenüber allen besonderen Eigenschaften, Fähigkeiten, Zugehörigkeiten und Lebensentwürfe der Kinder zu fördern. Dazu gehört nicht nur das Zurückdrängen von negativen Einstellungen (z. B. Auseinandersetzung mit Schimpfworten), sondern auch, dass alle Kinder ihre individuellen Stärken erfahren können, dass die Beiträge, die sie leisten, mit Wertschätzung beantwortet werden und dass sie etwa über Geschichten, Bilder, Rituale oder andere Mittel positive Identifikationsangebote bekommen.

Kurz zusammengefasst: ein pädagogisches Konzept der Inklusion sollte Gleichberechtigung unter Beachtung individueller Bedürfnisse anstreben und mit Ansprüchen auf gesellschaftliche Wertschätzung verknüpfen. Nur wenn alle drei Dimensionen möglicher Anerkennung oder Verkennung Beachtung finden, kann Inklusion gelingen. Nun könnte entweder eingewandt werden, die hier gemachten Vorschläge zur Arbeit mit Kindern seien banal, oder aber, die damit verbundenen Erwartungen seien utopisch. Den ersten Einwand möchte ich damit zurückweisen, dass sicher keiner der Vorschläge besonders originell ist, es aber konzeptionell hinsichtlich des Gelingens von Inklusion entscheidend ist, dass immer alle drei Ebenen von Anerkennung gleichzeitig im Blick sind. So könnte auf der einen Seite die einseitige Beachtung der besonderen Bedürfnisse eines Kindes ohne seinen Anspruch auf Wertschätzung im Blick zu haben, zu einer Stigmatisierung führen. Auf der anderen Seite könnte die Betonung der Diversität aller Kinder dazu führen, dass individuelle Bedürfnisse einzelner Kinder vernachlässigt werden. Beides kann als ausgesprochen schmerzhaft erlebt werden. Außerdem hilft der anerkennungstheoretische Hintergrund, sich über die eigene Rolle als dritte Instanz, die Einfluss auf die Verbindlichkeit von Anerkennungserwartungen ausübt, im Klaren zu sein. Auf den zweiten Einwand wäre zu antworten, dass die besten pädagogischen Konzepte alleine natürlich die Welt nicht retten können. Das Konzept der Inklusion wird letztlich nur dann erfolgreich sein können, wenn die UN-BRK insgesamt angemessen umgesetzt wird und wenn sich ein gesellschaftliches Bewusstsein für die komplexen, teils subtilen Formen von Diskriminierung sowie generell eine kulturelle Wertschätzung von Diversität durchsetzen kann.

Literatur

Aichele V (2008) Die UN-Behindertenrechtskonvention und ihr Fakultativprotokoll. Ein Beitrag zur Ratifikationsdebatte. Deutsches Institut für Menschenrechte, Berlin

Bedorf T (2010) Verkennende Anerkennung. Suhrkamp, Frankfurt a. M.

Behindertenbeirat der Landeshauptstadt München (2009) Behinderung heißt Armut und Diskriminierung. http://www.behindertenbeirat-muenchen.de/images/stories/docs/broschuere_armut.pdf. Zugegriffen: 02. Apr. 2012

Bielefeldt H (2006) Zum Innovationspotenzial der UN-Behindertenkonvention. Deutsches Institut für Menschenrechte, Berlin

Graumann S (2011a) Assistierte Freiheit. Von einer Behindertenpolitik der Wohltätigkeit zu einer Politik der Menschenrechte. Campus, Frankfurt a. M.

Graumann S (2011b) Anerkennung und Sorgebeziehungen. In: Lüdtke N, Matsuzaki H (Hrsg) Akteur - Individuum - Subjekt. Fragen zu „Personalität" und „Sozialität". VS-Verlag, Wiesbaden, S 385–399

Habermas J (1993) Anerkennung im demokratischen Rechtsstaat. In: Taylor C (Hrsg) Multikulturalismus und die Politik der Anerkennung. Fischer, Frankfurt a. M., S 147–196

Hinz A (2002) Von der Integration zur Inklusion – terminologisches Spiel oder konzeptionelle Weiterentwicklung. Z Heilpädag 9:354–361

Hirschberg M (2009) Behinderung im internationalen Diskurs. Die flexible Klassifizierung der Weltgesundheitsorganisation. Campus, Frankfurt a. M.

Honneth A (1998) Kampf um Anerkennung. Zur moralischen Grammatik sozialer Konflikte. Suhrkamp, Frankfurt a. M.

Honneth A (2010) Das Ich im Wir. Studien zur Anerkennungstheorie. Suhrkamp, Frankfurt a. M.

Jollien A (2001) Lob der Schwachheit. Pendo, Zürich

Kayess R, French P (2008) Out of darkness into light? Introducing the convention on the rights of persons with disabilities. Hum Rights Law Rev (8):1–34

Netzwerk Artikel 3 e. V. (Hrsg) (2009) Übereinkommen über die Rechte behinderte Menschen. Schattenübersetzung. Berlin

Rommelspacher B (1999) Behindernde und Behinderte. Politische, kulturelle und psychologische Aspekte der Behindertenfeindlichkeit. In: dies (Hrsg) Behindertenfeindlichkeit. Ausgrenzungen und Vereinnahmungen. Lamuv, Göttingen, S 7–35

Rösner H-U (2002) Jenseits normalisierender Anerkennung. Reflexionen zum Verhältnis von Macht und Behinderung. Campus, Frankfurt a. M.

Saal F (1992) Leben kann man nur sich selber. Texte 1960–1994. Verlag selbstbestimmtes Leben, Düsseldorf

Seifert M (2006) Inklusion ist mehr als Wohnen in der Gemeinde. In: Dederich M, Greving H, Mürner C, Rödler P (Hrsg) Inklusion statt Integration. Heilpädagogik als Kulturtechnik. Psychosozial-Verlag, Gießen, S 98–113

Taylor C (1993) Die Politik der Anerkennung. In: der. (Hrsg) Multikulturalismus und die Politik der Anerkennung. Fischer, Frankfurt a. M., S 13–77

Intersektionalität, Inklusion, und Soziale Arbeit – ein kongeniales Dreieck

Thomas Eppenstein und Doron Kiesel

> *„Ich habe nur ein Auge, bin Jude und schwarz – und wie geht es Ihnen?"*
>
> (Sammy Davis jr. zu seinem Publikum)

1 Einleitung

Soziale Arbeit tut sich schwer mit der Bestimmung Ihrer *Adressaten*. Zwar finden und erfinden ihre Akteure in den jeweiligen Handlungszusammenhängen wie in der akademischen wissenschaftlichen Reflexion begriffliche Bestimmungen, die Rede ist dann von *Klienten oder Klientinnen* (in Anlehnung an eine sozialanwaltliche Funktionsbestimmung Sozialer Arbeit vor allem in der Einzelfallhilfe), von *Kundinnen oder Kunden* (in Annahme einer marktfömig organisierten Dienstleistung), von *Betroffenen* (wenn kritische Stellungnahmen gegenüber strukturellen Ursachen mitschwingen), von *Ratsuchenden* (in Hinblick auf die Leistungen spezifischer Beratungsdienste) von jeweiligen *Zielgruppen* quer durch alle Lebensalter oder Lebensbereiche (Kinder- und Jugendliche, Schwangere, Ehepaare, Familien, Frauen, Männer, Migranten, Bewohner und Bewohnerinnen eines ausgewiesenen Stadtteils oder Wohngebiets, Alte, Hochbetagte usw.), von *Hilfenehmern, Benachteiligten* oder anhand von Problembestimmungen (z. B. Überschuldete, Straffällige, Gewaltopfer oder Täter, Schulabstinente, Hochbegabte, Benachteiligte, Gefährdete, Bildungsferne, Arme, Nichtsesshafte usw.). Jedoch scheint es kaum möglich, die

T. Eppenstein (✉)
Evangelische Fachhochschule RWL, Bochum, Deutschland
E-Mail: eppenstein@efh-bochum.de

D. Kiesel
Universität Erfurt, Erfurt, Deutschland
E-Mail: kiesel@fh-erfurt.de

H-J. Balz et al. (Hrsg.), *Soziale Inklusion*, DOI 10.1007/978-3-531-19115-7_6,

© VS Verlag für Sozialwissenschaften | Springer Fachmedien Wiesbaden 2012

begriffliche Unschärfe aufzuheben, ohne die der Sozialen Arbeit eingeschriebenen spezifischen Charakteristika „zwischen jeweils mehreren Stühlen zu sitzen" zu verleugnen.

All diese Versuche der Apostrophierung kranken in der Regel daran, dass sie das sozialarbeiterische Problem der Entgrenzung von Zuständigkeiten und der Vielzahl methodischer Anleihen eher dokumentieren, denn klären, und dass sie das Problem der Etikettierung nicht abstreifen, ja sogar noch verstärken können. Mit der Bestimmung eines sozialen Problems – für Soziale Arbeit konstitutiv und unhintergehbar – werden ihre Adressaten zu Kulminations- und Bezugsgrößen, in denen sich die jeweilige Problematik manifestiert. Sie, die jeweils Anderen haben Probleme, machen Probleme, baden Probleme aus oder werden gar selbst als Problem bezeichnet. Soziale Arbeit wie ihre wissenschaftliche Reflexion bleiben auf Handlungsvollzüge verwiesen und können daher gar nicht anders, als soziale Problemlagen nicht nur von der Sache her zu analysieren, sondern deren Bearbeitung immer auch anhand und mittels der Einbindung von Personen, die als relevante Akteure identifiziert werden, vorzunehmen. Die begrifflichen Konstruktionen, mit denen Akteure Sozialer Arbeit versuchen, ihr(e) Gegenüber zu benennen, geben demnach auch Auskunft über getroffene Unterscheidungen und implizieren oft wertende Aussagen über die anvisierten Problemkontexte. Zwar hilft die fachliche Differenzierung zwischen einem sozialpädagogischen Fall und feldbezogenen Aktivitäten, Engführungen auf bestimmte Personen oder Personengruppen zu relativieren, letztlich aber hat es Soziale Arbeit immer mit Individuen zu tun; auch wenn sie sich anschickt, auf die Veränderung von Strukturen einzuwirken, besitzt sie hierfür nicht immer ein Mandat und ist neben Politik und Ökonomie oft nur ein marginaler Akteur. Andere soziale Berufe scheinen diese Problematik nicht oder weniger ausgeprägt zu teilen: Ärztinnen und Pfleger versorgen *Patienten*, Lehrer haben *Schüler*, und Anwältinnen vertreten *Klienten*. Die professionstheoretischen Analysen zu diesem Phänomen sollen hier nicht wiederholt werden, denn Gegenstand des folgenden Beitrages ist es, im Anschluss an erziehungswissenschaftliche Fachdebatten um die Bedeutungsgehalte von „Differenz" in der Pädagogik Ansätze der *Intersektionalitätsforschung* in Hinblick auf ihre Reichweite für eine an *Inklusionsvermittlung* und *Exklusionsvermeidung* oder *Exklusionsbewältigung* orientierte Soziale Arbeit zu befragen. Die Perspektive der *Inklusion* wird in diesem Zusammenhang im Sinne eines normativen Horizontes verstanden, der Anschlussrechte und Teilhabemöglichkeiten an den zentralen Gütern und Systemen einer Gesellschaft unter der Prämisse einfordert, dass Differenzen, also Verschiedenartigkeiten weder nivelliert, diskreditiert oder anhand assimilatorischer Strategien eingeebnet werden. Inklusion impliziert den Bedarf, Formen der Anerkennung des oder der Anderen zu kultivieren, die das Konstrukt von „Normalität und Abweichung" und damit bestimmte Zumutungen von Zugehörigkeitsbekundungen auf kultureller, gesundheitlicher oder habitueller Ebene hinter sich lässt. Die Kategorie der Inklusion scheint geeignet, das Adressatenproblem Sozialer Berufe dahingehend zu lösen, als damit nicht mehr primär „Zielgruppen" oder deren Vertreter im Fokus stehen, sondern Bildungs- und Veränderungsprozesse zentral werden, die – bemessen an einer oder mehrerer Differenzkategorien – jeweils alle Akteure einbezieht: Vom Defizit zur Differenz lautet der entsprechende pädagogische Slogan, und kennzeichnet jeweils einen Perspektivwechsel z. B. von der Ausländerarbeit zur interkulturellen Konzepten, von der Fixierung auf Armutslagen auf relationale Verhältnisbestimmungen zwischen Armut und Reichtum, von der Sonder- und Heilpädagogik zur inklusiven Pädagogik. Im Folgenden wird der Versuch, Inklusion, Intersektionalität und Soziale Arbeit miteinander zu vermitteln, in drei Schritten unternommen: Zunächst werden Bezüge zu Differenz und Sozialer Arbeit rekapituliert (1) und zentrale Elementen von Intersektionalität referiert (2). Am Beispiel von Kontexten interkultureller Konzepte werden Potenziale und Grenzen des Ansatzes diskutiert und verdeutlicht (3).

2 Differenz und Soziale Arbeit: Unterschiedliches Unterscheiden

Die Betonung von Differenz gilt zu Recht als problematisch, „wenn sie dazu dient, statische und homogene Gruppen zu bilden, diese hierarchisch zu ordnen und ihre soziale Unverträglichkeit festzusetzen." (Lutz 2001, S. 221). Daher sind normative Vielfaltspostulate, die „Differenz" ontologisierend als eine Art Wertehorizont affirmieren, dem Vorhalt eines „differenzialistischen Rassismus" ausgesetzt. Der Begriff geht auf den Philosophen Taguieff zurück, der in seiner Analyse des Neorassismus eine Verschiebung von der biologischen Ungleichheit zu einer „Verherrlichung der Differenz" und daraus abgeleitet ein „Recht auf Differenz" der französischen Anti-Einwanderer-Debatte kritisiert (Taguieff 1991, S. 222). Indes resultieren sowohl die normative Forderung nach Anerkennung von Differenz(en) bzw. Erwartungen an eine differenzsensible Kompetenz bei Akteuren sozialer Berufe wie die Differenzierung kategorialer Unterscheidungen in der aktuellen intersektionellen Forschung allesamt aus Absichten, gesellschaftlich konstruierte Hierarchien, Ungleichbewertungen und „Unterdrückungszusammenhänge" zu kritisieren, sichtbar zu machen und damit zu problematisieren. Es gehe, so rekonstruiert Helma Lutz die Diskussion zu Vorgängen der Beschreibung, Markierung und Beurteilung von Anderen aus einer dominanten Sprecherpostition heraus („othering"), um „theoretische Zugänge (...), die sich gegen jegliche Form naturalisierender Zuschreibungen (über Geschlecht, ‚Rasse', Klasse, Sexualität, Nationalität) wenden und stattdessen für die genaue Untersuchung sozialer Positionierung plädieren" (Lutz 2001, S. 221, 222). Mit dieser Position wird verdeutlicht, dass Differenzen nicht als naturgegeben, sondern als Ergebnis eines sozialen Prozesses verstanden werden, in dem sie erst als relevant hergestellt, also in sozialen Interaktionen erzeugt werden. Akteure Sozialer Arbeit sind zwar häufig an einer Aufhebung von Ausschlüssen (Exklusionen) oder dem Abbau von Hierarchien im sozialen gesellschaftlichen Gefüge interessiert (z. B. Ausgleich von Armuts-Reichtums-Gefälle), sie sind aber auch an der Konstruktion oder Dekonstruktion von Differenzmustern beteiligt.

Die Vielfalt der Bezeichnungen und Bezeichnungsversuche für die Gegenüber, die jeweils Anderen in Kontexten Sozialer Berufe muss aber nicht nur als Diffusität eingeordnet werden, sondern kann als Ausweis eines gesteigerten Reflexionsbedarfs im Zusammenhang eben solcher Befangenheiten gewürdigt werden, als Ausdruck eines gesteigerten Pluralitätsbewußtseins, für das die Bedeutungsvielfalt der unter dem Diktum der „Differenz" zum Ende des letzten Jahrhunderts auftretenden und bis heute anhaltenden philosophischen, sozialwissenschaftlichen und erziehungswissenschaftlichen Beiträge und Debatten (vgl. Lutz und Wenning 2001, S. 11) Pate stehen. Für die Soziale Arbeit und ihre akademische Reflexion geht dies mit erheblichen *Bedeutungsverschiebungen* einher: Wenn sich Soziale Arbeit bisher „als Gebilde konstituierte, das hilfreich gegenüber Leuten sein wollte, die anders waren" (Müller 1995, S. 136), entwickelt sich nun eine Perspektive, Andere *in ihrem Anderssein* zu unterstützen und nicht länger einem Normalisierungs- und Homogenisierungsdruck zu unterwerfen (Vgl. Eppenstein 2010 in Kessl et al. 2010, S. 96). Heiko Kleve stellt Konzepte zur Diskussion, Soziale Arbeit als Instanz zur Bearbeitung von Differenz(en) auszuweisen (Differenzakzeptierende Soziale Arbeit durch Differenzbeobachtung, Differenzminimierung, Differenzakzeptanz oder Differenzmaximierung) (Vgl. Kleve et al. 2003). In einer Rekonstruktion von Konzepten zum Verhältnis von „Differenz und Pädagogik" identifizieren Melanie Plößer und Paul Mecheril Strategien der *Ausblendung, der Anerkennung* oder *der Dekonstruktion*: „Besteht das Problem der Ausblendung von Differenz darin, dass sie den Anderen Gewalt antut, indem sie sie (die Differenzen Ep/Ki) letztlich nicht zulässt, tendiert der Dekonstruktivismus dazu, die Schemata der Unterscheidung zu übergehen, in denen Menschen sich und andere erkennen und achten, verkennen und missachten." (Mecheril und Plößer 2009, S. 9). Fabian Kessl und Susanne Maurer diskutieren Praktiken der Differenzierung als „Grenzbearbeitung" und schlagen vor, „Soziale Arbeit als Grenzbearbeiterin" auch in dem Sinne zu bestimmen, dass sie gegebene Unterscheidungen nicht nur reproduziert (Vgl. Kessl und Maurer 2010, S. 154). Mecheril und Melter erinnern daran, dass Soziale Arbeit anhand der Unterscheidung von „Unterstützungs(un)würdigkeit" Zugehörigkeitsordnungen verfestigt und die „Orientierung an Differenz und Andersheit als Praxis des Ein- und Ausschließens" ihre prekäre Stellung ausweist (Mecheril und Melter 2010, S. 117).

Soziale Arbeit verwendet den Begriff der *Benachteiligung* und legitimiert damit ihre Interventionen und Praxen, die Benachteiligt*en* helfen sollen und die „Benachteilig*ungen*" sichtbar machen und skandalisieren wollen. Konzeptionelle Differenzen ergeben sich vor allem dort, wo die sozialpädagogische Bearbeitung die Problembestimmung eher anhand der „benachteiligten" Person oder Personengruppe vornimmt, oder aber auch strukturelle Kontextbedingungen in den Blick zu nehmen vermag. Die Ambivalenzen der mit diesen Prozessen verbundenen normativen Implikationen zwischen Hilfe und Kontrolle begleiten auch die Diskussion um Professionalität und um Methodenfragen und Haltungen in der Sozialen Arbeit, die auf Veränderung und nicht auf Verfestigung von benachteiligten Positionen im gesellschaftlichen Gefüge drängen. Die Prinzipien von „Empowerment" generieren ihre zentralen Elemente entsprechend aus der Erfahrung der sogenannten neuen sozialen Bewegungen in den 1970er Jahren (Vgl. Herriger 2010).

Hier setzt nun auch – diesmal im Kontext der Frauen- und Geschlechterforschung – die Geschichte von der „Mehrfachunterdrückung zur Intersektionalität" (Lutz 2001, S. 217) ein. Der Begriff der Unterdrückung kann als Referenzpunkt von Erfahrungen der 1970er und 1980er Jahre in einer Sprachform gelten, „in der die kollektive Erfahrung als Ausgangspunkt von Bewusstwerdung und politischer Aufklärungsarbeit gesehen wurde" (Lutz 2001, S. 217–218). Lutz referiert diesen an Täter-Opfer-Konstellationen gebundenen Diskurs, der im Englischen als „triple-oppression-theory" (Race, Class, Gender) und zeitversetzt in Deutschland als *„Mehrfachunterdrückungsthese"* bezeichnet wurde. Zwischen der eher politisch motivierten Kritik an der „Mehrfachunterdrückung" und der in der Sprache der Sozialen Arbeit eher weichgespülten „Mehrfachbenachteiligung" sind Parallelen erkennbar: Einmal die Hoffnung, der Vereinzelung und Isolierung als Opfer von Marginalisierungen, Benachteiligungen oder Unterdrückung durch Gruppenbildung zu entgehen, daran anschließend und darüber hinausgehend aber auch die Hoffnung auf eine Solidarisierung verschiedener marginalisierter Gruppen und eine entsprechende Überwindung der Konkurrenzen zwischen benachteiligten Gruppen. Diese Illusion wird um den Preis erkauft, dass eine Akkumulation oder Addition von Problemzuschreibungen (- Selbst- und/oder Fremdzuschreibungen -) im Sinne von multiplen Betroffenheiten erzeugt werden, die für die Soziale Arbeit fast zwangsläufig zur Potenzierung von Askriptionen führt, die nicht selten in Defizitzuschreibungen münden: Arm, bildungsfern, migrantisch, weiblich, ungesund mit einem potentiell endlosen „usw." am Ende. Hier setzt die zentrale Kritik an diesem Ansatz an und führt unter anderem zur sogenannten Intersektionalität.

3 Intersektionalität: Identitätskonstruktionen im Kreuzungsbereich

3.1 Bedeutung, Ursprünge und Verbreitung des Konzeptes

Mit dem Begriff „Intersektionalität" oder analog durch Intersektionalitätsforschung werden Überschneidungen verschiedener Diskriminierungsformen in einer Person in jeweils unterschiedlichen Kontexten zu erfassen versucht. Die Wortbedeutung von Intersection bezeichnet Schnitt- oder Kreuzungspunkte bzw. eine jeweilige Schnittmenge. Intersektionelle Analysen beachten demnach die jeweiligen Unterschiede zwischen den Differenzen und untersuchen das Zusammenwirken verschiedener Differenzkategorien und ihre Wirkungen in Hinblick auf soziale Ungleichheiten. Der Ansatz erkundet und vermittelt ein differenziertes Verständnis von sozialer Ungleichheit, indem die Analyse jeweils verschiedener Verhältnisse des Ein- und Ausschlusses „machtanalytisch fragwürdige Verallgemeinerungen wie ‚die Arbeiter', ‚die Frauen', ‚die Homosexuellen', ‚die Alten', ‚die Ausländer', (…)" durchkreutzt werden (Ladwig 2011, S. 34).

Als vielschichtiges Konzept weist der Ansatz inzwischen über seine Ursprünge in der Frauen- und Geschlechterforschung hinaus, denn „mit Intersektionalität wird ein Bündel theoretischer Ansätze bezeichnet, die das Wechselverhältnis von Geschlecht und weiteren sozialen Ungleichheiten erfassen wollen" (Lenz 2010, S. 158). Der Ansatz impliziert, eine isolierte Sicht von generischer Differenz zu überwinden und weitere soziale Kategorien wie z. B. Alter, sexuelle Orientierung, Ethnizität einzubeziehen. Die Stärke von Intersektionalität wird demnach darin gesehen, „die Mehrstimmigkeit (sozialer Bewegungen) hörbar zu machen, sowie die Multidimensionalität (von Identitäten und sozialen Platzanweisern) sichtbar zu machen. Intersektionalität (…) hat das Potential, fortwährend für neue mögliche Auslassungen, Entnennungen und Exklusionen sensibel zu bleiben." (Lutz et al. 2010, S. 12).

Ursprünge und historische Vorläufer des Konzeptes, Zusammenhänge zwischen parallelen oder differenten Kategorien zu thematisieren, die jeweils spezifische Erfahrungen von Exklusionen verdeutlichen, reichen auf politische Projekte des 19. und 20. Jahrhunderts zurück, in denen die materiellen und sozialen Folgen der Kategorien „Rasse", Klasse und Geschlecht deutlich gemacht wurden. Zu erinnern ist an die Unterscheidung aus den 1930er Jahren der feministischen Bewegung in Deutschland in eine „proletarische" und „bürgerliche" Frauenbewegung (Zetkin), also eine Bedeutungsaufladung der Relevanz der Kategorie der „Klassenlage", die auf Unterschiede innerhalb der Kategorie „Frauen" verweist. „Während der Kampf um Frauenrechte in Europa historisch eingebettet war in Diskursen über Klassenwidersprüche, ökonomische Verhältnisse und institutionalisierte Organisationsformen, entwickelte sich dieser in den USA in enger Verbindung mit dem Kampf für die Abschaffung der Sklaverei und der Anerkennung von Schwarzen als Individuen (…)" (Walgenbach 2010, S. 152).

Begriffsgeschichtlich geht Intersektionalität auf die Verwendung der amerikanischen Juristin Kimberlé Crenshaw im Jahr 1989 zurück. Crenshaw trat anhand einer Untersuchung von Gerichtsverfahren der Verfahrenspraxis entgegen, wonach sich race und gender wechselseitig ausschließen: Anhand einer Antidiskriminierungsklage von fünf schwarzen Frauen gegen General Motors konnte sie aufzeigen, dass beide Kategorien (race und gender) Einfluss auf die Vergütungsstruktur und die Kündigungspolitik des Unternehmens hatten, das Gericht eine Kombination von sexistischer und rassistischer Diskriminierung jedoch nicht anerkannte mit dem Hinweis auf jeweilige Interessenvertretungen durch weiße Frauen und schwarze Männer. In *intersektioneller Analyse* konnte Crenshaw zum einen deutlich machen, dass „Frauen" als weiße Frauen nicht unbedingt für alle Frauen sprechen können und „Schwarze" als schwarze Männer nicht unbedingt alle Schwarzen repräsentieren, sondern es im untersuchten Fall darum geht, die Spezifik einer Diskriminierung als „schwarze Frau" juristisch sichtbar zu machen, wobei die Bezeichnung „Schwarz" *mehr* als nur ein additives oder subordinatives Adjektiv bedeutet. Crenshaw verwendet Intersektionalität im Sinne einer Metapher: „Nehmen wir als Beispiel eine Straßenkreuzung, an der der Verkehr aus allen vier Richtungen kommt. Wie dieser Verkehr kann auch Diskriminierung in mehreren Richtungen verlaufen. Wenn es an einer Kreuzung zu einem Unfall kommt, kann dieser von Verkehr aus jeder Richtung verursacht worden sein – manchmal gar von Verkehr aus allen Richtungen gleichzeitig" (Crenshaw 2010, S. 38).

In der Folge wurde der Intersektionalitätsansatz ungleichzeitig aufgegriffen: In den USA vor allem vor dem Hintergrund der Forderungen nach Empowerment anhand der Kategorien von „race, class und gender", wobei der kollektive Ausschluss von afroamerikanischen Frauen als Movens gilt. In Europa fand der Ansatz vor allem in Großbritannien und den Niederlanden Mitte der 1990er Jahre Resonanz, es folgten Debatten in der Bundesrepublik, die zeigten, dass die Kategorienbildung aufgrund unterschiedlicher historischer Narrative nicht umstandslos zu übernehmen war: So konnte v. a. Birgit Rommelspacher zeigen, dass die Kategorie „race" in Deutschland nicht komplikationslos auf Phänomene eines alltäglichen Rassismus hin bezogen werden kann, da hier weniger der deutsche Kolonialismus, sondern vorrangig die nationalsozialistischen Verbrechen mit dem Rassebegriff verknüpft werden: In Deutschland könne „Rassismus ohne den Nationalsozialismus und den Antisemitismus nicht diskutiert werden" (Rommelspacher 1999, S. 22). Lutz rekonstruiert die *unterschiedliche Rezeptionsgeschichte* des Intersektionalitätsansatzes und kann zeigen, dass die Begriffe von „Rasse" und „Ethnizität" in den englischsprachigen Debatten häufig parallel verwendet werden, „Rasse" und Ethnizität werden als „Konstruktionen mit einer langen Geschichte machtpolitischen Missbrauchs" (Lutz 2001, S. 224) nahezu gleichgesetzt. „In der BRD wurde dagegen der Ethnizitätsbegriff für die Beschreibung der durch Arbeitsmigration der Nachkriegszeit ethnisch pluralisierten deutschen Gesellschaft präferiert (…)" Prozesse der Ethnisierung oder Kulturalisierung, wie sie im Deutschen wissenschaftlichen Diskurs etwa im Kontext interkultureller pädagogischer Konzepte erörtert werden, sind daher mit dem im Englischen verwendeten Begriff „racialisation" vergleichbar, vor dem Hintergrund differenter gesellschaftlicher Narrative jedoch nicht identisch.

In einer jüngeren Kritik von Kimberlé Crenshaw am Antidiskriminierungsrecht wird deutlich, dass es Ihr nicht allein um analytische Instrumente, um begriffliche Dekonstruktionen oder die Erfassung von Identitätsmustern geht, sondern um die *Aufhebung von Marginalisierungen*, um *Unterstützung*, die *Durchsetzung von Lebenschancen* und damit um eine *verändernde Praxis*: „Weder Schwarze Befreiungspolitiken, noch die feministische Theorie können es sich leisten, die intersektionellen Erfahrungen eines großen Teils derer zu ignorieren, für die sie zu sprechen behaupten (…). Die Praxis beider Bewegungen sollte sich auf die Lebenschancen und -situationen von Menschen konzentrieren, die Unterstützung benötigen, unabhängig davon, was die Ursache ihrer Probleme ist (Frau-Sein oder Schwarz-Sein Ep/Ki) (…)" (Crenshaw 2010, S. 52). Sie übt Kritik an Top-down-Strategien (v. a. in Europa), z. B. in Form des Gender Mainstreaming: „Es ist ein wenig ironisch, dass ausgerechnet diejenigen, die durch Rassismus und Sexismus erzeugten Missständen abhelfen wollen, in ihrer Arbeit ein deduktives ‚top-down' Verständnis von Diskriminierung anwenden. Wenn sie stattdessen damit begännen, die Nöte und Probleme derjenigen zu thematisieren, die am stärksten benachteiligt sind, und die Welt dort zu verändern, wo es am nötigsten ist, würden letztlich auch diejenigen davon profitieren, die nur in einer Weise benachteiligt sind. (…)" (Ebd., S. 52).

Vor dem Hintergrund, dass die Debatten um Intersektionalität nicht recht haben klären können, ob es sich dabei eigentlich um eine „Idee, eine Theorie, eine Methode, ein(en) Ansatz (…), ein Konzept" (Smykalla und Vinz 2011, S. 10), eine Interpretationsstrategie, ein Analyseinstrument oder von all dem Etwas handelt, ja die Vagheit und Offenheit von Intersektionalität als ihr Erfolgsgeheimnis ausgegeben wird, scheint der Blick auf die strategischen Intentionen sinnvoll und in Hinblick auf die Bedeutung für Akteure Sozialer Berufe im normativen Horizont inklusiver Praxis geboten.

Chebout kritisiert die Verkürzungen von Chrenshaws Ansatz in der jüngeren Rezeptionsgeschichte: Es gehe nicht nur um Identitätskonstruktion, sondern um *Vulnerabilität*: „Die Metapher der Kreuzung enthält mehrere analytische Ebenen. Zunächst ist es die Kreuzung an sich, also die *Überschneidung von Rassismus und Sexismus* als Diskriminierungs*prozesse* und strukturelle Unterdrückungs*systeme*. Eine weitere Ebene ist die *Position* und *situative Verortung* von Schwarzen Frauen am Kreuzungspunkt. Darüber hinaus wird deutlich, dass die Positionierung in der Mitte der Kreuzung das Risiko erhöht, von allen Seiten in einen Unfall verwickelt zu werden. Es handelt sich dabei also auch um eine *Spezifizierung* von Verletzungsrisiken ergo Schutzbedürftigkeiten." (Chebout 2011, S. 49). Wesentlich – und hier liegt ein impliziter Verweis auf Funktionen Sozialer Arbeit – erscheint der „Hinweis, dass es für einen Unfall in der Mitte der Kreuzung – sofern keine *eindeutige* Unfallursache rekonstruiert werden kann – offenbar keine zuständige Ambulanz gibt (...)" (Ebd., S. 49).

Die Methapher ist also als Kritik an einer Praxis zu verstehen, die Hilfe(n) und Schutz nur in jenen Fällen zu gewähren scheint, wenn jeweils bestimmte Rekonstruktionen eines Problems („Unfall-Konstruktionen") in den Blick geraten, andere indes unerkannt bleiben.

3.2 Kategorien und kategoriale Differenzen: Drei, vier, viele... aber welche Schnittpunkte werden relevant?

In Abgrenzung zu Konzepten eines „Diversity-Managment" steht „Intersektionalität" somit eher in einer „herrschaftskritischen Tradition" (Smykalla und Vinz 2011, S. 11). Carol Hagemann-White weist zu recht darauf hin, dass freilich „ohne einen adäquaten Strukturbegriff (...) das Konzept (...) in Beliebigkeit (verfalle), da es unversehens auf der Ebene der zwischenmenschlichen Beziehungen angesiedelt wird." (Hagemann-White 2011, S. 21). „Generell (...) lassen sich die Strukturen von Macht nicht auf eine einzige vertikale Hierarchie reduzieren, sondern Position, Lebenslage und Lebenschancen einer Person können nur an der Schnittstelle mehrerer Strukturlinien beschrieben werden." (Ebd., S. 21–22). Allerdings bestehe die theoretische Herausforderung darin, „die ‚Strukturmächtigkeit' von Kategorien zu unterscheiden von beliebigen Auflistungen der Vielfalt" (Ebd., S. 27). Das Problem dabei: Zur Einschätzung als „Strukturkategorie" bedarf es Kriterien, denn „im politischen Handlungsfeld kann jede Gruppe sich selbst einen Benachteiligtenstatus zuschreiben, Scientology- Anhänger und Scheidungsväter ebenso gut wie Konservative oder Transvestiten." (Ebd., S. 27).

Es geht also jeweils um die *Frage, wie ungerechte Ungleichheiten verstanden werden können, welches Verständnis von gültigen Ansprüchen dabei leitend ist und wie (und von wem) diese einzulösen sind* (Vgl. Ladwig 2011, S. 35).

Vor diesem Hintergrund ergeben sich unterschiedliche Ansätze von Intersektionalität anhand der *Auswahl, Anzahl* und *qualitativen Gewichtung* der zu berücksichtigenden Kategorien. Ausgehend von der Trias „race, gender und class", die als Ursprung und dominantes Grundmuster zur Analyse gesellschaftlicher Ungleichheit fokussiert wurden (Vgl. Klinger und Knapp 2007), kann die *Kategorie des Körpers* als vierte Kategorie ergänzt werden, wenn man die Bedeutung von Alter, Gesundheit, körperlicher Ausstattung oder in Hinblick auf die Chancen einbezieht, an der Verteilung von Ressourcen vor allem in Hinblick auf Arbeit untersucht. (Vgl. Degele und Winkler 2009.) Degele und Winkler schlagen eine mehrebenenanalytische Differenzierung vor: Eine Makro- und Mesoebene der gesellschaftlichen Struktur, auf der Strukturkategorien wirksam und ineinander verwoben werden, die man als Ursache sozialer Ungleichheit identifizieren kann, die sich aber nicht auf andere Ursachen reduzieren lassen; Daneben eine Mikroebene der Identitätskonstruktionen (z. B. Selbstplatzierungen, „doing difference"); Ferner eine Ebene der symbolischen Repräsentationen, auf der die untersuchten Phänomene und Prozesse daraufhin befragt werden, wie sie durch normative-, ideologische- oder durch aktuelle Debatten beeinflusst sind.

Lutz und Wenning identifizieren in einer erweiterungsfähigen Liste von 14 Kategorien „Resultate sozialer Konstruktionen" (2001, S. 21), die als vermeintlich (horizontale) Grunddualismen im Sinne gleichwertiger Oppositionspaare erscheinen, indes als (vertikale) Differenzierungen im Sinne einer hierarchisierenden Markierung von Ungleichwertigkeiten gesellschaftlich wirksam werden (in Ergänzung zu obigen z. B. geographische Lokalität: „The west, the rest"/Dominante Gruppe: „Nicht-ethnisch, ethnisch"/Gesellschaftlicher Entwicklungsstand: „Modern, traditionell oder fortschrittlich, rückständig" etc.) mit der Hereinnahme weiterer Differenzlinien (vgl. Lutz 2001, S. 228) können erstarrte Festschreibungen auf jeweils eine bestimmte Andersartigkeit verflüssigt und damit Essentialisierungen in Bewegung versetzt werden: In Intersektionalistätsanalysen geht es darum, „unterschiedliche Verschiedenheiten in ihrem – widersprüchlichen – Zusammenspiel und in Bezug auf die Gleichzeitigkeit ihrer Wirkungen zu untersuchen" (Krüger-Potratz 2005, S. 152). Zum anderen entstand mit der Vervielfältigung möglicher sich überschneidender Differenzlinien die „Gefahr der Egalisierung von Differenz, die einer Entproblematisierung gleich kommt: ‚all different – all equal' – wir sind alle gleich unterschiedlich" (Lutz 2001, S. 221).

3.3 Methodische Zugänge

Aus diesen kritischen Implikationen resultieren Fragen nach Methoden und intersektionellen Forschungszugängen, die kategoriale Differenzierungen nach sich ziehen: Zu unterscheiden sind *interkategoriale* Ansätze von *intrakategorialen* Ansätzen.

Letztere hinterfragen die Homogenisierung einzelner Kategorien und fokussieren Differenzlinien innerhalb einer Kategorie (z. B. innerhalb der Kategorie „männlich" die Differenzmuster „Hautfarbe", „Alter", „sexuelle Orientierung" usw.), bei ersteren konzentriert sich das Interesse darauf, auf welche Weise welche Kategorien in Intersektionen wirken, z. B. hinsichtlich der Verteilung von Ressourcen oder aber auch des Verhaltens von Individuen. Interkategorial ist dabei auch von Interesse, auf welchen Ebenen jeweilige Differenzkategorien einzuordnen sind; In welchen Hinsichten unterscheidet sich etwa die generische Differenz von ethnischen Differenzkonstruktionen (Vgl. hierzu Eppenstein 2003, Kap. 4 und Eppenstein und Kiesel 2008, Kap. 5.6)? Yuval-Davis plädiert für eine Integration der beiden Ansätze und begründet „eine analytische Unterscheidung (...) zwischen den Positionierungen von Menschen in sozioökonomischen Machtgefügen (...), den erfahrungsbedingten identifikatorischen Perspektiven von Menschen darauf, ‚wo sie hingehören', und ihren normativen Wertsystemen" (Yuval-Davis 2010, S. 189). Dem dritten *antikategorialen* Ansatz geht es um die Kritik von Ausschlüssen anhand der Konstruktion von Differenzkategorien im Sinne einer Stereotypenbildung und damit um deren Dekonstruktion oder Auflösung. Freilich sind Differenzkategorien, die diskurskritisch dekonstruierbar erscheinen von jenen materialen Differenzen zu unterschieden, die man nur analysieren, nicht jedoch als bloßes soziales Konstrukt „entlarven" kann. Dies gilt z. B. hinsichtlich einer Askription von Armut oder aber realen Armutslagen.

Hagemann-White konstatiert, dass die Frage, „wie der Aufforderung nachzukommen ist, diese Vielfalt empirisch zu berücksichtigen (...) noch nicht beantwortet" ist (Hagemann-White 2011, S. 28). Um das jeweilige empirische Design mit einer nicht mehr überschaubaren Gruppenbildung innerhalb einer zu untersuchenden Zielgruppe forschungspraktisch nicht überborden zu lassen, schlägt sie vor, „Differenzkategorien nicht simultan, sondern sequentiell zur Anwendung zu bringen". Ausgehend von einer strukturwirksamen relevanten Differenzkategorie, mit deren Analyse die Forschung beginnt, werden sukzessive weitere relevante Kategorien in ihrer Interdependenz einbezogen. Dies kann eine Abkehr von gängigen methodologischen Regeln bedeuten, denn Voraussetzung für ein sequenzielles Vorgehen sei „ein Forschungsdesign, das sowohl bei der Datensammlung als auch bei der Auswertung Raum für die Entdeckung im Voraus nicht eingeplanter Differenzen" lasse (Ebd.).

4 Zwischen Interkulturalität, Diversity und Intersektionalität

Im Feld der interkulturellen Pädagogik und der interkulturell orientierten Sozialen Arbeit lässt sich der Bedeutungszuwachs der intersektionellen Perspektive zeigen:

Die kritischen Implikationen der Interkulturellen Pädagogik und des Diversity Ansatzes zeigen Defizite in der alltäglichen sozialpädagogischen und pädagogischen Praxis auf, die durch die intersektionelle Analyse biographischer Prozesse kompensiert werden können.

Während interkulturelle Debatten die Anerkennung der jeweiligen kulturellen Kontexte der Zuwanderer und deren Inklusion bei Beibehaltung kultureller Differenzen einklagten, übersahen sie oft, dass die *„Entdeckung“* (- Wer „entdeckt“ hier wen? -) der kulturellen Herkunft der Migranten sie gleichsam auf bestimmte kulturelle Muster und ihrer sozialen Ausdrucksformen festlegt. So sehr die Zuwanderer im pädagogischen Kontext eine pädagogische Wertschätzung erfuhren, erkannten Sozialarbeiter, Lehrer und Pädagogen, dass kulturelle Sensibilität sie nicht davor schützt, *kulturalistische Argumente* zu bemühen, um Zuwanderer unterschiedlicher Provenienz „besser zu verstehen“. Aus dem Dilemma führt die von Franz Hamburger treffend beschriebene Argumentationsfigur der *„reflexiven Interkulturalität“*, die Akteure im interkulturellen Feld auffordert, die kulturelle Einbettung ihrer Gesprächspartner mit und ohne Migrationshintergrund zu würdigen, zugleich aber die dynamische Entwicklung deren kultureller Orientierung nachzuvollziehen (vgl.: Hamburger 2009). So sehr kulturelle Einflüsse identitätsstiftend sind, so sind sie zugleich immer auch vorläufig. Sie wollen wahr- und ernst genommen werden, entziehen sich jedoch genau einer vermeintlich treffsicheren Analyse, sobald diese vorgenommen wird.

Georg Auernheimer hat jüngst in einem Beitrag, in dem er das Verhältnis zwischen Interkultureller Pädagogik, dem Diversity-Ansatz und Intersektionalität reflektiert, die Fortentwicklung interkulturell orientierter Handlungskonzepte vorgestellt und deren Wirkungsfeld beschrieben (Vgl. Auernheimer 2011). Der *Diversity-Ansatz* kommt in erster Linie in Unternehmen und Organisationen zur Geltung. Er schärft den Blick auf soziale Verwerfungen und strukturelle Barrieren und Differenzlinien. Hubertus Schröer kommt jedoch zu dem Schluss, dass dieser Ansatz den Machtaspekt unterschätzt (Vgl. Schröer 2009). Während sich die interkulturelle Perspektive der kulturellen Dimension sozialer Beziehungen im pädagogischen Feld widmet, sieht Auernheimer im Diversity-Ansatz die Möglichkeit, das *Profil einer Organisation* dadurch zu schärfen und in einer Einwanderungsgesellschaft zu verankern, dass „Ressourcen eines vielfältigen Personals“ (Auernheimer 2011, S. 412) deren Ideenreichtum und Gestaltungskraft erweitern. Die Implementierung dieses Ansatzes im institutionellen Rahmen führte, so Auernheimer, zur erkennbaren Reduzierung von Diskriminierungen und zur Anerkennung vielfältiger Lebensführungskonzepte. Im pädagogischen Kontext seien soziale Barrieren ebenso ins Zentrum der Wahrnehmung gerückt, wie kulturalistische Denkweisen (vgl.: Ebd.). Der Diversity–Ansatz eröffnet somit einen Blick auf soziale Strukturprobleme, die kulturell begründet werden und zur gesellschaftlichen Ungleichheit führen. Die kulturelle Dominanz einzelner Gruppen bzw. die kulturelle Abwertung anderer Gruppen werden durch diesen Ansatz in den Fokus der Kritik genommen, da er ein Konzept von Vielfalt entwirft, das sowohl ein Verständnis von bedeutsamen Unterschieden als auch „einen selbstreflexiven Umgang mit eigenen Identitätskonstruktionen" (Hormel und Scherr 2004, S. 207. Vgl. auch Kiesel 1996) ermöglicht. So sehr der Diversity-Ansatz die kritische Sichtweise auf soziale Disparitäten befördert, nimmt er für sich in Anspruch die *Repräsentanz* vielfältiger und eigensinniger Gruppen, Initiativen, soziale Bewegungen zu gewährleisten. Zu klären bleibt jedoch, ob er soziale Differenzlinien, die Formen sozialer Ungleichheit festschreiben, dadurch sanktioniert, dass er das Diversity-Konzept so weit ausdifferenziert, dass in ihm nicht nur vielfältige Identitätsmuster innewohnen, sondern auch unterschiedliche soziale Lebenslagen vertreten sind. Mit Auernheimer (vgl. Auernheimer 2011, S. 414) sei auch darauf verwiesen, dass ein kaum lösbares Dilemma dann entsteht, wenn im sozialwissenschaftlichen Diskurs auf die Notwendigkeit verwiesen wird Sozialkategorien zu dekonstruieren, zugleich aber die Anerkennung der Anderen in ihrem So-Sein gefordert wird. Wie steht es also mit Individuen oder Gruppen, deren Selbstkonzept sich nicht nur gegen eine Dekonstruktion ihrer „bewährten und erprobten" Lebensweise stemmt, sondern ein selbstreferentiell wirksamen Identitätsverständnis dagegen hält? Wie wird die pädagogische Intervention aussehen, wenn etwa Angehörige zugewanderter ethnisch-kultureller Gemeinschaften genügend Anlass geben, traditionell geprägten Lebensformen und daraus resultierende vormoderne Einstellungen zu dekonstruieren, um ihnen einen Weg zu einer autonomen Selbstdefinition zu bahnen? Im derzeitigen dominanten Diskurs geläufige Beispiele hierfür betreffen z. B. „die Rolle der Frau", „Einfluss der Religion" oder „autoritäre Erziehungsstile". Wird hier möglicherweise das Diversity-Prinzip ausgehöhlt, weil die Erkenntnis überwiegt, dass der Anerkennungsbegriff an Voraussetzungen geknüpft ist, die nur für ausgewählte Gruppen und Individuen gelten, die besondere Standards erfüllen? Auernheimer schlägt dazu vor, die Dekonstruktion nur dann vorzunehmen, wenn machtvolle Differenzlinien im Ensemble der Vielfalt „eine selbstbestimmte Identitätsarbeit behindern" (Ebd., S. 414).

Die Bestimmung der vielfältigen Differenzlinien im Diversity-Ansatz vermag die Pluralität moderner Lebensformen und Sozialkategorien zu erfassen, doch bleibt hierbei die jeweilige identitätsstiftende Relevanz der aufgeführten Dimensionen für das Individuum oder die Gruppe ungeklärt.

Ähnlich wie im interkulturellen Diskurs, dessen Erkenntnisse und Einsichten einen paradigmatischen Wandel im migrationspädagogischen Feld nach sich zog, dessen Begrenzungen und Fallstricke jedoch in der Kulturalismuskritik (Vgl. Eppenstein und Kiesel 2008, S. 70) deutlich wurden, verhält es sich mit dem Diversity- Ansatz: Er überwindet die zielgruppengerichtete Arbeit, schafft aber neue Differenzordnungen, die „zu einer Einübung wechselseitiger Stereotypisierungen" (Hormel und Scherr 2004, S. 54) führen könnte. Während dieser Ansatz auf die gesellschaftliche Konstruktion von z. B. Gender, Geschlecht, Nationalität, sexuelle Orientierung oder religiöse Zugehörigkeit verweist, gelingt es ihm, eine „differenz- und dominanzsensible Haltung zu stärken und (zu) fördern" (Auernheimer 2011, S. 416). Die Ausweitung der sozialen Radarfunktionen lässt sehr wohl erkennen, dass Menschen nach anderen als nach herkunftsorientierten Aspekten zu (ver)ordnen seien, doch bleibt ungeklärt, wie das Zusammenspiel von definierten Differenzmerkmalen und sozialer Selbstverortung der Individuen oder Gruppen wirkt bzw. welche neuen Differenz- und Dominanzlinien entstehen.

So wird der differenzsensible Lehrer in seiner Klasse, in der vorwiegend Jugendliche aus unterschiedlichen ethnisch-kulturellen Einwanderungscommunities stammen, die „Fähigkeit" ausbilden, die Kinder etwa den Kategorien ethnische Herkunft, Religion, Gender, Alter oder Hautfarbe zuzuordnen. Er wird auch in dem Klassenverband Dominanzmuster bestimmter Gruppen und eine Benachteiligung von mit spezifischen Merkmalen ausgestatteten Jugendlichen problematisieren. Insofern hat der Diversity-Ansatz die Komplexität sozialer Verhältnisse in das institutionelle Bewusstsein und in die Verantwortung ihrer Akteure gehievt. Doch die Konfrontation mit vielfältigen sozialen Dimensionen und Aspekten moderner Gesellschaften vermag noch keine operationalisierbare Kompetenz auf der pädagogischen Handlungsebene zu generieren.

Vielfalt als solche ist weder bereichernd noch bedauerlich, sie stellt vielmehr Pädagogen und Sozialarbeiter vor kommunikative und methodische Aufgaben, denen sie sich oft nicht gewachsen fühlen.

Mit dem Ansatz der *Intersektionalität* wird eine weitere Dimension in dem vielschichtigen Projekt der reflexiven Moderne eröffnet, das von der Perspektive getragen wird, *biographische Narrative* zu erkunden. Die intersektionelle Perspektive radikalisiert die oben erwähnte kulturalismuskritische Sicht, da sie sich nicht nur weigert, ein Individuum anhand jeweils dem Zeitgeist geschuldeter dominanter Differenzmerkmale, z. B. hinsichtlich seiner Herkunft zu reduzieren, und diese auch noch als die herausragende und die sozialen Beziehungen strukturierende Komponente seiner Persönlichkeit zu bestimmen, sondern stattdessen die Komplexität widersprüchlicher biografischer Prozesse mit gesellschaftlichen Positionierungen vermittelt. Die oben problematisierten sozialarbeiterischen Topoi der jeweiligen „Adressaten" können durch den intersektionellen Ansatz begrifflich schärfer gefasst werden, da dieser fordert, das Individuum zunächst aus allen gesellschaftlich erzwungenen sozialen Verankerungen zu entlassen, um in einem nächsten Schritt den Aufbau sozialisations-, erfahrungs- oder überzeugungsbedingten Anordnungen – seien sie nun konstruiert oder der sozialen Lage geschuldet – zu rekonstruieren. Dieser biographische Exkurs erkennt, dass biographische Narrative kontingent verlaufen und ist eingebettet in einen gesellschaftstheoretischen Horizont, der die soziologischen Parameter von Ungleichheit, Modernisierung, Partizipation oder Macht ständig im Blick behält.

In der Praxis der Sozialen Arbeit erscheint dieser Ansatz als Zumutung, da er klare Kategorien und Zuweisungen in Frage stellt und stabile Wahrnehmungsmuster erschüttert. Daher bedarf es einer theoretischen Fundierung dieser vom Risiko einer Überkomplexität überforderten Praxis, in dem die Spannung sowohl zwischen soziologischen Wissensbeständen, kulturellen Zuschreibungen und deren Infragestellung, als auch der – allen Antizipationen zum Trotz – weiterhin wirksamen identitätsstiftenden ethnischen oder religiösen Selbstverortung von Individuen oder Gruppen angemessen thematisiert und reflektiert werden kann.

Interkulturalität, Diversity und *Intersektionalität* bilden ein *kongeniales pädagogisches Dreieck*: so unterschiedlich sie auch sind, streben sie ähnliche Ziele an und werfen inständig kritische Blick aufeinander. Sie erkennen die Defizite des jeweils anderen Ansatzes ohne den eigenen Anspruch aus dem Blick zu verlieren. Die Produktivität dieser Dynamik kommt sowohl den Adressaten der mit diesen Ansätzen befassten Professionellen, als auch den Ansätzen selbst zugute, da sie sich ständig aufgefordert sehen, sich neuen und komplexen Fragestellungen zu stellen, die Prozesse der In- respektive Exklusion betreffen.

Literatur

Auernheimer G (2011) Diversity und Intersektionalität – neue Perspektiven für die Sozialarbeit? In: np 4/2011. Verlag neue praxis, Lahnstein, S 409–424

Becker R, Kortendiek B (Hrsg) (2010) Handbuch Frauen und Geschlechterforschung. Theorie, Methoden, Empirie. 3. erw. Aufl. VS-Verlag, Wiesbaden

Bielefeld U (Hrsg) (1991) Das Eigene und das Fremde. Neuer Rassismus in der alten Welt? Hamburger Edition, Hamburg

Chebout LN (2011) Wo ist Intersectionality in bundesdeutschen Intersektionalitätsdiskursen? – Exzerpte aus dem Reisetagebuch einer Travelling Theory. In: Smykalla S, Vinz D (Hrsg) Intersektionalität zwischen Gender und Diversity. Verlag Westfälisches Dampfboot, Münster, S 47–60

Crenshaw KW (2010) Die Intersektion von „Rasse" und Geschlecht demarginalisieren: Eine Schwarze feministische Kritik am Antidiskriminierungsrecht, der feminsitischen Theorie und der antirassistischen Politik. In: Lutz et al (Hrsg) Fokus Intersektionalität. Bewegungen und Verortungen eines vielschichtigen Konzeptes. VS-Verlag, Wiesbaden, S 33–54

Degele N, Winkler G (2009) Intersektionalität. Zur Anlyse sozialer Ungleichheiten. transcript, Bielefeld

Eppenstein T (2003) Einfalt der Vielfalt? Interkulturelle pädagogische Kompetenz in der Migrationsgesellschaft. Cooperative Verlag, Frankfurt a. M.

Eppenstein T (2010) Professionelles soziales Handeln in Orientierung auf kulturell Andere. In: Kessl F et al (Hrsg) Soziale Arbeit und Soziales Kapital. VS-Verlag, Wiesbaden, S 96–116

Eppenstein T, Kiesel D (2008) Soziale Arbeit interkulturell. Theorien-Spannungsfelder-reflexive Praxis. Kohlhammer, Stuttgart

Hagemann-White C (2011) Intersektionalität als theoretische Herausforderung für die Geschlechterforschung. In: Smykalla S, Vinz D (Hrsg) Intersektionalität zwischen Gender und Diversity. Verlag Westfälisches Dampfboot, Münster, S 20–33

Hamburger F (2009) Abschied von der Interkulturellen Pädagogik. Plädoyer für einen Wandel sozialpädagogischer Konzepte. Juventa, Weinheim

Herriger N (2010) Empowerment in der sozialen Arbeit. Kohlhammer, Stuttgart

Hormel U, Scherr A (2004) Bildung für die Einwanderungsgeselschaft. VS-Verlag, Wiesbaden

Kessl F, Plößer M (Hrsg) (2010) Differenzierung, Normalisierung, Andersheit. VS-Verlag, Wiesbaden

Kessl F, Maurer S (Hrsg) (2010) Praktiken der Differenzierung als Praktiken der Grenzbearbeitung. Überlegungen zur Bestimmung Sozialer Arbeit als Grenzbearbeiterin. In: Kessl und Plößer (Hrsg) 2010: Diefferenzierung, Normalisierung, Andersheit a.a.O. S.154–169

Kiesel D (1996) Das Dilemma der Differenz. Zur Kritik des Kulturalismus in der Interkulturellen Pädagogik. Cooperative Verlag, Frankfurt a. M.

Kleve H, Koch G, Müller M (Hrsg) (2003) Differenz und Soziale Arbeit. Sensibilität im Umgang mit dem Unterschiedlichen. Schibri, Berlin

Klinger C, Knapp GA (2007) Achsen der Ungleichheit – Achsen der Differenz: Verhältnisbestimmungen von Klasse, Geschlecht, „Rasse"/Ethnizität. In: dies. (Hrsg) Achsen der Differenz. Campus, Frankfurt a. M., S 19–41

Krüger-Potratz M (2005) Interkulturelle Bildung, Lernen für Europa, Bd. 10. Waxmann, Münster

Ladwig B (2011) Intersektionalität und Liberalismus – Mesaillance oder glückliche Verbindung? In: Smykalla S et al (Hrsg) Intersektionalität zwischen Gender und Diversity. Verlag Westfälisches Dampfboot, Münster, S 34–45

Lenz I (2010) Intersektionalität: Zum Wechselverhältnis von Geschlecht und sozialer Ungleichheit. In: Becker R et al (Hrsg) Handbuch Frauen und Geschlechterforschung. Campus, Frankfurt a. M., S 158–165

Lutz H (2001) Differenz als Rechenaufgabe: Über die Relevanz der Kategorien Rac, Class und Gender. In: Lutz H, Wenning N (Hrsg) Unterschiedlich verschieden. Differenz in der Erziehungswissenschaft. Leske & Budrich, Opladen, S 215–230

Lutz H, Wenning N (Hrsg) (2001) Unterschiedlich verschieden. Differenz in der Erziehungswissenschaft. Leske & Budrich, Opladen

Lutz H, Amos K, Gutiérrez R (Hrsg) (1999) Ethnizität, Differenz und Geschlechterverhältnisse. Zentrum für Frauenforschung und die Erforschung der Geschlechterverhältnisse. Dokumentation, Frankfurt a. M.

Lutz H, Theresa M, Viva H, Supik L (Hrsg) (2010) Fokus Intersektionalität. Bewegungen und Verortungen eines vielschichtigen Konzeptes. VS-Verlag, Wiesbaden

Mecheril P, Melter C (2010) Differenz und Soziale Arbeit. Historische Schlaglichter und systematische Zusammenhänge. In: Kessl F, Plößer M (Hrsg) Differenzierung, Normalisierung, Andersheit. VS-Verlag, Wiesbaden, S 117–131

Mecheril P, Plößer M (2009) Differenz und Pädagogik. In: Andresen S et al (Hrsg) Handwörterbuch Pädagogik der Gegenwart. Beltz-Verlag, Weinheim. http://www.kreativinnovativ09.at/fileadmin/templates/images/differenz%20und%20p%C3%A4dagogik%204einhalb.pdf. Zugegriffen: 26. Jan. 2012. 10:16: 1–14

Müller B (1995) Sozialer Friede und Multikultur. Thesen zur Geschichte und zum Selbstverständnis Sozialer Arbeit. In: Müller S et al (Hrsg) Fremde und Andere in Deutschland. Leske & Budrich, Opladen, S 133–147

Müller S, Otto H-U, Otto U (Hrsg) (1995) Fremde und Andere in Deutschland. Nachdenken über das Einverleiben, Einebnen, Ausgrenzen. Leske & Budrich, Opladen

Rommelspacher B (1999) Ethnizität und Geschlecht. In: Lutz H et al (Hrsg) Ethnizität, Differenz und Geschlechterverhältnisse. Zentrum für Frauenforschung und die Erforschung der Geschlechterverhältnisse, Frankfurt a.M. Dokumentation, S 19–32

Schröer H (2009) Interkulturelle Orientierung und Diversity-Management. In: Migration und Soziale Arbeit (ISS 31. Jg., H. 3/4). Juventa, Frankfurt a. M., S 203–211

Smykalla S, Vinz D (Hrsg) (2011) Intersektionalität zwischen Gender und Diversity. Verlag Westfälisches Dampfboot, Münster

Taguieff P-A (1991) Die ideologischen Metamorphosen des Rassismus und die Krise des Antirassismus. In: Bielefeld U (Hrsg). Das Eigene und das Fremde. Neuer Rassismus in der alten Welt? Hamburger Edition, Hamburg, S 221–268

Walgenbach K (2010) Postscriptum: Intersektionalität – Offenheit, interne Kontroversen und Komplexität als Ressourcen eines gemeinsamen Orientierungsrahmens. In: Lutz H et al (Hrsg) Fokus Intersektionalität. VS-Verlag, Wiesbaden, S 245–256

Yuval-Davis N (2010) Jenseits der Dichotomie von Anerkennung und Umverteilung: Intersektionalität und soziale Schichtung. In: Lutz H et al (Hrsg) Fokus Intersektionalität. Bewegungen und Verortungen eines vielschichtigen Konzeptes. VS-Verlag, Wiesbaden. S 185–202

Teil II

Strategien der Inklusion

Politik sozialer Inklusion in formaler, inhaltlicher und prozeduraler Perspektive

Benjamin Benz

1 Einleitung

Es finden sich derart viele Integrations- und Inklusionsansätze, -diskurse und -forderungen, etwa

- in der Forschung und Politik zu Armut und sozialer Ausgrenzung (siehe den offenen Koordinierungsprozess zur sozialen Inklusion auf EU-europäischer Ebene; vgl. Benz 2004),
- zu Migration (siehe die Integrationsgipfel auf Bundesebene)
- und Behinderung (siehe die UN-Behindertenrechtskonvention und ihre schulpolitischen Implikationen in Deutschland),

dass sie in diesem Beitrag teils lediglich exemplarisch herangezogen, teils von ihnen abstrahierende Perspektiven eingenommen werden. Nachgegangen wird der Frage, wie soziale In- und Exklusion in politischen Strukturen, Inhalten und Prozessen relevant werden? Dabei müssen die dafür zentralen Vokabeln „Politik" und „soziale Inklusion" zunächst begrifflich geschärft und operationalisiert werden. Anschließend wird drei zu unterscheidenden Dimensionen der Politik (polity, policy, politics) in Bezug auf das Thema näher nachgegangen. Abschließend wird deren strategische Bedeutung für eine inklusive Politik im Feld Sozialer Arbeit herausgestellt.

B. Benz (✉)
Evangelische Fachhochschule RWL, Bochum, Deutschland
E-Mail: benz@efh-bochum.de

H-J. Balz et al. (Hrsg.), *Soziale Inklusion*, DOI 10.1007/978-3-531-19115-7_7,
© VS Verlag für Sozialwissenschaften | Springer Fachmedien Wiesbaden 2012

2 Vorklärungen

Was meint in diesem Beitrag „Politik" (nicht)? Man kann Politik in einer heuristischen Annäherung (siehe hierzu Benz 2010, S. 319) als „gesellschaftliches Handeln" verstehen, „welches darauf gerichtet ist, gesellschaftliche Konflikte über Werte (einschließlich materieller Güter) verbindlich zu regeln" (Lehmbruch 1967, S. 17). Tut man dies, tauchen bezogen auf Politiken sozialer Inklusion gleich eine ganze Reihe von Fragen auf, denen sich über eine in der Politikwissenschaft geläufige analytische Dreiteilung des Politikbegriffes nachgehen lässt. Polity, policy und politics – diese drei englischsprachigen Begriffe für das Wort Politik im Deutschen – erlauben es, auch sprachlich zu unterscheiden zwischen

- Politik im Sinne institutioneller Ordnung von Akteuren, politischen Spielregeln und Garantien, also ihrer Form (polity),
- Politik im Sinne von Inhalten politischer Programme zur Lösung politischer Sachfragen (policy) und
- handlungswissenschaftlich: der Politik als Prozess von der Problemdefinition über die Meinungsbildung und Entscheidungsfindung, bis hin zur Implementierung und Evaluation (politics)

(vgl. König 1999, S. 55; Meyer 2000, S. 52; Schubert und Bandelow 2009a, S. 5). Diese Trennung ist freilich nur ein analytisches Hilfsmittel. In jedem Beispiel konkreter Politik geht es um alle drei Dimensionen, die sie ausmachen. Politics, polity und policy sind also fokussierte Blickrichtungen auf das Phänomen der Politik.

In diesem Sinne lässt sich beispielsweise auch das wissenschaftliche Studium an einer Hochschule zunächst und zu Recht „ganzheitlich" verstehen. Es können aber auch hier fokussierte Perspektiven hilfreiche Fragen und Hinweise zu Tage fördern, etwa:

- In was für einer formalen Struktur findet das Studium statt: in einer, die studentische Selbstverwaltung im Rahmen einer „Verfassten Studierendenschaft" sichert oder politisch entmachtet, was dann „U-AStA"-Strukturen provoziert (siehe hierzu ABS 2010)? Handelt es sich um ein Bachelor-, Diplom- oder Masterstudium?
- Ein Studium lässt sich ferner betrachten in seinen curricularen Inhalten und in seiner ökonomischen Absicherung (einkommensbezogen nach dem Bundesausbildungsförderungsgesetz – BAföG, ausgabenbezogen bei Studiengebühren etc.).
- Schließlich lassen sich Bildungsprozesse selbst zum Thema machen. Welche Bedeutung haben Didaktik und Methodik, Lernpartnerschaften und die Gestaltung von Lernprozessen?

All das zusammen – und vielleicht noch viel mehr – macht ein Studium aus.

Was aber ist Politik? Vom Kriterium der Staatlichkeit (Georg Jellinek) über den Kampf um die Bewahrung und Veränderung bestehender Verhältnisse (Christian Graf von Krockow) bis hin zum Ideal rationaler Gesellschaftssteuerung mittels ungehindertem Informationsfluss (Karl W. Deutsch) reichen mögliche Antwortansätze (siehe hierzu zusammenfassend etwa König 1999, S. 50 ff.; Meyer 2000, S. 24 ff.). Im Folgenden will ich hier Politik begreifen als zwar prinzipiell revidierbare, zunächst und vor allem aber verbindliche Entscheidung von Interessen- und Wertkonflikten, in der es also um die Wahl zwischen Alternativen geht, die Entscheidung anschließend aber über den Einzelfall hinaus für ganze Personengruppen und Mitglieder einer Gesellschaft verbindlich ist und ggf. mit Gewalt durchzusetzen (vgl. Lehmbruch 1967; Hartmann 1995, S. 10). Abgrenzen hiervon lassen sich dann etwa individuelle oder kollektive (nicht aber über den Kreis der Zustimmungswilligen hinaus verbindliche) Beantwortungen „letzter Fragen" in Religionen oder Einzelfallentscheidungen im Feld sozialer Hilfe (Benz 2010).

Was meint in diesem Beitrag „soziale Inklusion" (nicht)? Die Begriffe „*Inklusion*" und „Exklusion" verleiten zu substantivierenden Verkürzungen. Mit Substantiven lassen sich etwa Dinge (bzw. Konstrukte) und *Zustände* (Relationen) beschreiben. In der Tat geht es hier um solch relationale Phänomene. Differenzierter betrachtet sind diese aber erstens verbunden mit *inklusiven* und exklusiven *Regeln* (etwa Beteiligungsrechten, Besitzansprüchen und exklusiven Zuständigkeiten). Zweitens geht es um *inkludierende*/exkludierende *Praktiken* (von staatlichen Umverteilungspolitiken bis zu Exklusivangeboten privater Unternehmen) und damit drittens um *inkludierende*/exkludierende *Prozesse* (etwa der Verarmung und Ausgrenzung oder Wiedereingliederung und Ermächtigung). Von diesen Regeln, Praktiken und Prozessen insgesamt sind inkludierte/exkludierte Menschen betroffen und sie sind an ihnen beteiligt. „Inklusion" ist also nur unzureichend als bloßer *Zustand* zu thematisieren. Analogien zum multidimensionalen Verständnis von Politik in seiner formalen, inhaltlichen und prozeduralen Dimension scheinen hier auf.

Was aber meint nun „*soziale* Inklusion"? Der Einschluss eines Insekts in Bernstein mag eine Inklusion darstellen, beansprucht aber sicher nicht das Attribut „sozial". Wen oder was betreffend oder inwiefern soll hier aber etwas in etwas einbezogen, eingeschlossen, inkludiert sein? Sollen alle Menschen in eine Gesellschaft, also der und die Einzelne in das Ganze inkludiert sein? Einerseits wird hier etwas sehr „sozialarbeiterisches" am Inklusionsgedanken deutlich: *keine/r* soll verloren gehen, aufgegeben und ausgegrenzt werden (vgl. Salomon 1921, S. 6; Bock 1993). Andererseits dürfte hier sicher nicht nur Norbert Elias kritische Anfragen haben, ob denn Individuum (das Einzelne) und Gesellschaft (das Ganze) zutreffend als derart voneinander unterschieden zu verstehen sind (siehe Elias 2000[9], S. 9 ff.). Überdies, der Umgang etwa mit straffälligen (Exklusion durch Inhaftierung) oder Asyl suchenden Menschen (Ausschluss von Freizügigkeit, Wahlrechten, Zugängen zum Gesundheitssystem, der Arbeitswelt usw.) zeigen, dass es nicht der Anspruch westlicher Gesellschaften der Gegenwart ist, tatsächlich alle ihre Mitglieder umfänglich zu inkludieren. Inklusion taugt zumindest derzeit nicht als Generalformel für gesellschaftliches Zusammen- oder auch nur Nebeneinanderleben. Soziale Ausgrenzungen werden bewusst und ausdrücklich betrieben. Wo aber (erst) wird ungleiche gesellschaftliche Teilhabe (in welchen Lebensbereichen) zum Problem für soziale Inklusion? Wann werden welche Art und welches Maß von Ungleichbehandlung zur sozialen Exklusion? Vielleicht gelingen (ähnlich der Diskussion um Armut und soziale Randgruppen) lediglich Annäherungen über Fallbeispiele, in denen soziale Exklusion besonders deutlich wird, ohne Anspruch auf eine vollständige Erfassung von durch Exklusion gekennzeichneter Lebenslagen.

Versucht man sich über den wissenschaftlichen Diskurs dem Begriffsverständnis sozialer Inklusion zu nähern, fällt die Pluralität der thematischen Zugänge auf. „Im Vertrag von Maastricht haben sich die Mitgliedstaaten der Europäischen Union u. a. das Ziel gesetzt, gesellschaftliche Ausschließung von Bürgern (social exclusion) zu bekämpfen und auf soziale Integration aller (social inclusion) hinzuwirken." (Hauser 2012, S. 125). Es geht also – in dieser auf Armut und soziale Ausgrenzung bezogenen Variante – um einen dezidiert politischen Begriff. Dies trifft auch dann zu, wenn er in einem zweiten, eher schul- und heilpädagogischen Verwendungskontext benutzt wird und er hier im Sinne von verallgemeinerter Heterogenität gegen den auf Gruppen (Merkmalsträger) bezogenen Integrationsbegriff abgegrenzt wird (siehe hierzu Greving und Ondracek 2009, S. 49, 198, 226 f.; Theunissen 2009[2], S. 17 ff.; Wocken 2010, S. 224).

In den dabei historisch und aktuell besonders hervorgehobenen Differenzkategorien Class, Race und Gender sowie Body berühren und verbinden sich zum Teil der armutspolitische und heilpädagogische Diskurs mit einem dritten, gleichstellungspolitischen, und vierten, migrationspolitischen. Hier aber spielt der (soziale) Inklusionsbegriff kaum eine Rolle. In Nordrhein-Westfalen etwa wird derzeit auf Behinderung(en) bezogen eine „inklusive" Schulpolitik debattiert, auf Migration bezogen aber aktuell ein „Integrationsgesetz" ins Werk gesetzt. Geschlechterbezogen ist von Gleichstellungspolitik und Gender Mainstreaming die Rede, nicht aber von gender-bezogener Integration oder Inklusion.

Gemeinsam ist all diesen Diskursen und Politiken jedoch

- erstens, dass sie sich als Antidiskriminierungs-, Integrations- und Inklusionsdiskurse und -politiken stets auf *soziale Grenzen* (Ausgrenzungen und Eingrenzungen) und ihre Infragestellung als *Grenz-Setzungen* beziehen.
- Zweitens haben sie damit alle soziale Ungleichbehandlungen, Benachteiligungen und Ausgrenzungen zum Thema, also den Streit um *soziale (Un-)Gerechtigkeit* und zwischen ökonomischen, politischen und sozialen *Interessen.*
- Gemeinsam ist ihnen drittens, dass soziale Gleichstellung, Integration und Inklusion nur *multidimensional* angemessen zu verstehen sind (siehe zum Diskurs um Intersektionalität Eppenstein und Kiesel in diesem Band sowie zum multidimensionalen Armuts- und Lebenslagebegriff insgesamt Huster et al. 2012[2]). Integration und Inklusion beziehen sich dabei auf soziale Spaltungen entlang der beiden Achsen „Oben" und „Unten" („Haben"/„Nicht-Haben") sowie „Drinnen" und „Draußen" („Dazugehören"/„Nicht-Dazugehören") (Kronauer 2002, S. 43 ff.; Mogge-Grotjahn 2011[4], S. 167).

Fundamental unterschiedlich sind sie schließlich wieder, betrachtet man etwa mit Hans Wocken (2010, S. 222) nicht „Exklusion" (Ausschließung), sondern „Extinktion" (Auslöschung) als Gegenpol zur „Inklusion". So ergibt die Forderung a) nach einer männer- oder frauenlosen Gesellschaft schlicht keinen Sinn. Auf „Extinktion" gerichtete Forderungen nach einer Gesellschaft, in der es keine b) Armen, c) behinderten Menschen oder d) Ausländer und ethnische Minderheiten mehr gibt, markieren dagegen historisch wirksam gewordene rechtsextremistische Positionen. Diesen stehen sozial-reformerische, -konservative, -liberale und -alternative Forderungen gegenüber, die Armut statt die Armen zu bekämpfen, das Behindertwerden statt das Behindert-sein zu überwinden, die Folgen des Ausländerstatus zu minimieren oder durch Einbürgerung zu überwinden.

Wie vielschichtig und widersprüchlich schließlich Aus- und Eingrenzungen sind, hat Christoph Türcke im armutspolitischen Diskurs einmal treffend auf den Punkt gebracht: Der Markt treibe mit durch ihn ausgesonderte Menschen ein Doppelspiel, er

> grenzt sie aus – und hört dennoch nicht auf, sie zu integrieren. Ausgeschlossen werden sie zwar vom Arbeitsleben samt seinen kleinen und größeren Entschädigungen; als um so integrierter erfahren sie sich in die Marktzwänge. Erst wer auf dem Sozialamt oder an der Straßenecke die Hand aufhalten, mittellos um Schaufensterauslagen, Kino- oder Discoeingänge herumstreichen muß, bekommt diese Zwänge ganz ungepolstert, sozusagen pur zu spüren, und gerade er kann sich ihnen am wenigsten entziehen. Vor ihm zu flüchten nützt nichts. Wo man auch ankäme, der Markt ist schon da. (Türcke 1996, S. ZB 3)

Gleichwohl ist der Umfang, in dem etwa Marktgesetze oder der Verweis auf Erwerbsarbeit als Zugang von einkommensarmen und behinderten Menschen, Frauen und Migranten zu gesellschaftlicher Teilhabe gelten, eine politische Gestaltungsfrage. Dies gilt empirisch sowohl im Vergleich verschiedener Gesellschaften, als auch für die Binnendifferenzierung einzelner Gesellschaften. So sind auch Beamtinnen und Beamte auf Erwerbsarbeit verwiesen, aber anders als ArbeiterInnen und Angestellte der Angst vor und Disziplinierung über die Drohung mit Arbeitsplatz- und damit Einkommensverlust enthoben. Teilbereiche des Bildungs- und Gesundheitswesen können in verschiedenen Ländern (stärker) marktmäßig organisiert werden (siehe USA) oder in verschiedenen Graden Marktmechanismen entzogen werden (siehe etwa Deutschland und Schweden).

Festgehalten werden kann in Anlehnung an Christoph Türcke's Zitat und die obigen Differenzierungen, dass die durch sozial ausgrenzende Mechanismen *mit*geprägte Gesellschaft Menschen also mitunter *in sich* von *bestimmten* Teilhaberechten und -chancen ausschließt, „die" Gesellschaft „die" Ausgegrenzten dabei aber gleichwohl nicht gänzlich aus sich (und der Geltung ihrer Inklusions- und Exklusionsmechanismen) entlässt, wohin auch? Individuell kann sich erst im Falle von Statusgruppenwechsel (und dabei begrenzt, siehe das Beamtenbeispiel oder subkulturelle Gegengesellschaftsversuche; siehe hierzu etwa Hollstein 1981[4]), Auswanderung und im Extremfall Extinktion (Suizid oder die Inkaufnahme von Todesstrafe) in- und exkludierenden Regeln entzogen werden. Gesellschaftlich wird nicht nur über Extinktionen (Abtreibung, Abschiebung, Sterbehilfe, Todesstrafe etc.) leidenschaftlich gestrittenen. Verschiedene Gesellschaften erhalten oder schaffen inklusionsrelevante Bereiche, in denen bestimmten (etwa ökonomischen) Exklusionsmechanismen keine Geltung zukommen soll. So entbinden etwa Eltern- und Krankengeldzahlungen sowie Ruhestandsregelungen – von der Grundsicherung im Alter über Erwerbsunfähigkeits- und Witwenrenten bis zum „Ehrensold" – zumindest phasenweise und statusgruppenbezogen vom unbedingten Verweis auf Erwerbsarbeit als Einkommensquelle. Werden solcherlei soziale Ein- und Ausgrenzungen (und ihre „Preise") problematisiert, bieten sich neben den Begriffen von sozialer In- und Exklusion sowie (Des-)Integration weiterhin auch die der sozialen (Un-)Gerechtigkeit und des (Un-)Rechts an (siehe hierzu etwa Kuhlmann in diesem Bd.). Was als legitimer oder illegitimer Ausschluss (Inhaftierung, Unterausstattung mit Ressourcen etc.) anzusehen ist, liegt nicht einfach objektiv vor, hierüber muss politisch gestritten werden.

Ohne damit bereits eine befriedigende Begriffsbestimmung oder Theorie sozialer Ex- und Inklusion entwickelt zu sehen (vgl. Kronauer 2002, S. 43), soll im

Folgenden auf die gesellschaftliche (ökonomische und politische) Bedingtheit sozialer In- und Exklusion, in- und exklusiver Regeln sowie in- und exkludierender Praktiken und Prozesse in marktwirtschaftlich und demokratisch verfassten Staaten näher eingegangen werden. Damit zur ersten Frage:

3 Welche Bedeutung haben politische Spielregeln und Leitideen für soziale Inklusion?

Beantwortet werden soll diese Frage im Folgenden beispielhaft anhand a) der Bedeutung politischer Kompetenzordnungen und b) von Machtverteilungen in bürgerlichen Gesellschaften sowie c) anhand der Kontrastierung von institutionellen Rahmenbedingungen für soziale Inklusion in sozialpolitisch markt- und staatszentrierten Gesellschaften sowie solchen, die korporatistisch bzw. subsidiär frei-gemeinnützigen Organisationen einen besonderen Stellenwert geben.

Exklusive Kompetenzen und politische Partizipation In der systemischen polity-Dimension des Politischen wimmelt es zunächst nur so von (auch sozialen) Exklusionsregeln: vom Wahlrecht sind – je nach politischer Ebene unterschiedlich weitgehend – Personen bestimmten Alters oder ohne deutschen Pass ausgeschlossen. Für die Interessenartikulation über Parteien gelten Prozenthürden für den Einzug in Parlamente. Die Opposition ist von der Regierung ausgeschlossen, die kommunale Ebene von wesentlichen Bereichen der Fiskal- und Wirtschafts- sowie gänzlich von der Währungspolitik, die Bundesebene weitgehend von der Kultur- und Bildungspolitik sowie den örtlichen Angelegenheiten, die der kommunalen Selbstverwaltung vorbehalten sind.

Kompetenzordnungen lassen sich dabei nicht einfach nach der Gleichung thematisieren: je mehr Mitsprache für möglichst viele Akteure, desto besser. Politik ist wesentlich Mehrebenenpolitik, sie bezieht sich also auf unterschiedlich weite Räume. Hier gibt es dann aber nicht nur inklusives Eingebundensein, sondern auch ein Draußen. Wer etwa soll verbindlich über den Umbau eines Hauptbahnhofes (eines Jugendzentrums usw.) in Stuttgart entscheiden: ein Untenehmen, eine Volksvertretung, ein „Runder Tisch", die Stuttgarter, die Baden-Würtemberger, die Bundesbürger? Wessen Interessen werden bei welcher Variante marginalisiert oder privilegiert?

Auch Exklusivität kann auf Inklusion zielen. Nicht nur soll nach frühbürgerlichem Ideal das Gewaltmonopol des Staates das „Recht" des Stärkeren in der Gesellschaft überwinden (Hobbes 1651/1970); das Gewaltmonopol soll seinerseits durch die Teilung der Gewalten gezähmt werden (Locke 1689/1983). Die Wächterfunktion der Verfassungsgerichte über die Grundrechtskonformität von Entscheidungen der Legislative und Exekutive dient nicht zuletzt der Verhinderung diskriminierender und privilegierender Willkür, im Einzelfall wie generalisiert (siehe die zahlreichen durch Verfassungsgerichtsurteile erzwungenen gleichstellungspolitischen Änderungen im Familienrecht).

Dienen aber Grundrechte, das Gewaltmonopol, die Gewaltenteilung und weitere Systemmerkmale ausschließlich inklusiven Zwecken? Sie dienen insgesamt der Aufrechterhaltung der bestehenden gesellschaftlichen Ordnung, die mit inneren Widersprüchen durchsetzter Kompromiss ist (Marshall 1981; siehe auch Huster/Bourcarde in diesem Bd.); ein Kompromiss, der – wie oben bereits angesprochen – keineswegs allein auf soziale Inklusion hin ausgerichtet ist.

Ungleich verteilte Machtressourcen Machtanalytisch stellen etwa Walter Korpi (1985, S. 34) und Gøsta Esping-Andersen (1998, S. 29) heraus, dass das bestehende gesellschaftliche, wirtschaftliche und staatliche System als bürgerliches Gemeinwesen geprägt ist von sehr unterschiedlichen Machtressourcen, die in ihm zum Teil signifikant ungleich, zum Teil dezidiert gleich unter der Bevölkerung verteilt sind. Zu den ungleich verteilten Machtressourcen gehören hier insbesondere die ökonomischen der Kontrolle über Produktionsmittel und des Geldbesitzes. Zu den (zumindest formal[1]) gleich verteilten gehören insbesondere die politischen Machtressourcen des Wahl- und des Koalitionsrechts. Dabei lassen sich bereits bei diesen Charakteristika der formalen Seite von Politik (etwa seiner Institutionen der Gewaltmonopolisierung und Gewaltenteilung) gewichtige historische und räumliche Differenzen erkennen. Verwirken etwa mittellose Bürger ihr Wahlrecht (wie ehedem im preußischen Zensuswahlrecht) oder werden ihre Möglichkeiten zum Zusammenschluss aktiv unterstützt (etwa durch staatlich geförderte Interessenverbände)?

Politik (ob nun Verkehrs- oder Sozialpolitik) gibt nicht nur, sie muss dafür auch nehmen. Sie verteilt Ressourcen und Chancen (um) und muss sich dabei notwendig nicht nur für, sondern auch gegen bestimmte soziale Interessen entscheiden (wobei dies nicht gleich soziale Exklusion bedeuten muss). Eine in der Pädagogik vielleicht paradigmatisch hilfreiche Unterscheidung von Integration und Inklusion stößt auf politikwissenschaftlichem Gebiet jedenfalls schnell an Grenzen. Man kann sich trefflich über den Maßstab und Verlauf von Grenzen, die Durchlässig-

[1] Wie dennoch ungleich diese de facto verteilt sind und/oder genutzt werden, belegen etwa Untersuchungen zur sozialen Ungleichverteilung in der Wahlbeteiligung und unterschiedliche tarifpolitische Drohpotentiale etwa von Fluglotsen und Beschäftigten im Pflegekinderdienst des Jugendamtes.

keit von Grenzen und multiple Zugehörigkeiten streiten, sollte aber tatsächlich das oben postulierte Verbindlichkeitskriterium für Politik gelten, so muss geklärt sein, wen eine konkrete Entscheidung bindet und wen nicht, wer sie trifft und wer nicht. Dies gilt selbst bei einem nicht staatlich fixierten Politikbegriff, in dem als Mikropolitik etwa auch Politiken einzelner Organisationen und ihrer Gliederungen aufgehoben sind (etwa von Elternbeiräten, Hochschulen oder Sozialverbänden).

Die Möglichkeiten, für soziale Programmatiken (policy) zu streiten (politics), werden bedeutend mitbestimmt durch in verschiedenen bürgerlichen Staaten unterschiedliche a) Institutionenordnungen, die das politische Gemeinwesen bereithält (etwa als föderales Gebilde oder in Form individuell anrufbarer Verfassungsgerichte; siehe das Bundesverfassungsgerichtsurteil zur Regelsatzbemessung), b) durch unterschiedliche Verfahrensregelungen (etwa plebiszitäre oder korporatistische Beteiligungsrechte an sozialpolitischen Entscheidungen) und c) durch unterschiedliche Garantien (etwa der Verpflichtung auf internationale Menschenrechtsabkommen, das Todesstrafeverbot für Mitgliedstaaten des Europarates oder das Menschenwürdepostulat im Grundgesetz).

Relevanz freier Trägerschaft für eine politisch anwaltschaftliche Soziale Arbeit Die Bedeutung der formalen Dimension von Politik lässt sich vielleicht auch mittels eines historischen Exkurses zum fiktiven Fallbeispiel eines jungen Obdachlosen gut nachzuvollziehen. Das Gedankenexperiment, als Sozialarbeiter/Sozialpädagogin im 18. Jahrhundert gegenüber dem französischen König Ludwig XIV die Einhaltung menschenwürdiger Mindeststandards in Obdachloseneinrichtungen zu fordern, scheitert nicht allein daran, dass es zu dieser Zeit noch keine professionelle Soziale Arbeit gab. Um auf die Menschenwürde und aus ihr abgeleitete Mindeststandards erfolgreich verweisen zu können, müssen erstens diese Würde und Standards (und damit zunächst der Gedanke der grundsätzlichen Gleichheit aller Menschen) anerkannt werden. Zweitens müssen erfolgreiche Wege der Artikulation dieses Appells vorhanden sein (und genutzt werden, siehe politics). Was aber, wenn Menschen statt in Verantwortung füreinander als Staatsbürger vielmehr als Angehörige verschiedener Stände begriffen werden, für die es überhaupt nicht sinnvoll erscheint, gleiche Mindeststandards für Lebensbedingungen zu formulieren? Was, wenn angenommen und mit Gewalt verteidigt wird, dass allein der Herrscher den Staat darstellt? Wieder ist man hier auf Machtressourcen für die Vertretung politischer (ökonomischer, sozialer) Interessen (in diesem Fall: schwacher Interessen) verwiesen, auf erfolgreich Geltung beanspruchenden Institutionen im Sinne von Normen (Gleichheitsanspruch, Einstandspflicht), als auch auf Institutionen im Sinne von Adressen (Staatsoberhaupt, Parlament, Verbände) und im Sinne von Interaktionsregeln im politischen Geschäft (Wahl-, Demonstrations- und Petitionsrecht etc.).

Hätte der junge Obdachlose im 14. Jahrhundert in Nürnberg gelebt, so hätte die dortige Bettelordnung ihm (bei Fürsprache eines angesehenen Bürgers der Stadt) für ein halbes Jahr ein Bettelzeichen und damit das Recht verliehen, in der Stadt Almosen zu sammeln. Ab 1522 hätte dann die nunmehr kommunale Pflichtaufgabe der Armenpflege ihn dabei nicht minder rigide auf seine Arbeitsfähigkeit hin überprüft (Sachße und Tennstedt 1998[2], S. 30, 63 ff.). Würde er heute in Wisconsin (USA) leben, wäre er wohl wieder auf mildtätige Gaben verwiese, in Schweden hingegen einzig auf ein kommunales Amt, während er sich in Deutschland zusätzlich an eine frei-gemeinnützige Beratungs- und Unterstützungseinrichtung in freier Trägerschaft wenden könnte.

Man kann diese unterschiedlichen „Settings" darauf hin abklopfen, welche Möglichkeiten diese dem Obdachlosen für soziale Inklusion bieten (in Form basaler Bedürfnisbefriedigung und in Form von Möglichkeiten der Artikulation schwacher politischer Interessen). In Deutschland etwa treten frei-gemeinnützige Stellen (zumindest potentiell) in einer doppelten Funktion auf, erstens als Ressource alltagspraktischer Hilfen und Beratung (nötigenfalls auch gegen kommunale Sozialleistungsträger) sowie zweitens (weniger verlässlich) als Anwalt und Sprachrohr für die Belange obdachloser Menschen in der politischen Öffentlichkeit und gegenüber politischen Instanzen. Dies hat gerade für diese Klientel eine besondere Relevanz. So stellt etwa Günter Rieger heraus, dass gerade Zielgruppen der Sozialen Arbeit Ausschluss aus dem politischen System drohe: „Sie befinden sich in der paradoxen Situation, dass je unfähiger sie zur politischen Partizipation sind, sie umso mehr auf die Politik des Wohlfahrtsstaates angewiesen sind." (Rieger 2007, S. 90).

Am Fallbeispiel des jungen Obdachlosen wird deutlich, wie gewichtig für die Partizipationschancen und Chancen der Widerständigkeit gegen Zumutungen staatlicher Stellen wie auch solcher des Marktes frei-gemeinnützige Organisationen sein können. Wenn auch durch zahlreiche politische Strukturentscheidungen je nach Sachgebiet – Pflege, Wohnungslosenhilfe, etc. – unterschiedlich stark erodierend, werden sie in den polity-Charakteristika der deutschen Sozialpolitik bislang explizit privilegiert. Bei aller berechtigten und unberechtigten Kritik an dieser Privilegierung, frei-gemeinnützige Organisationen können ebenso wie inhaltliche sozialpolitische Entscheidungen als Elemente eines „strukturellen Empowerments" (Benz 2011, S. 220) wirken. Die Beratung, Fürsprache, Ermunterung und Öffentlichkeitsarbeit einer diakonischen Einrichtung der Wohnungsnothilfe kann bestärkend (ermächtigend und befreiend) wirken, nicht nur die Zahlung von Krankengeld, die davon enthebt, trotz Krankheit zur Unterhaltssicherung auf den Markt angewiesen zu sein.

Aber frei-gemeinnützige Organisationen und sozialpolitische Leistungssysteme können nicht nur strukturell ermächtigen (empowern), sondern auch im Gegenteil fürsorglich entmündigen bzw. Inklusion verhindernd wirken (siehe Anspruch und

Wirklichkeit in zahlreichen „Bewahranstalten" sowie etliche der Bestimmungen des Asylbewerberleistungsgesetzes). Damit ist die Bedeutung der zweiten (policy-) Dimension der Politik für soziale Inklusion angesprochen.

4 Welche Bedeutung hat politische Programmatik für soziale Inklusion?

Wie in der polity-Dimension spiegeln sich auch in der policy-Dimension politische Interessen und Werturteile wider. Anhand dieser Interessen und Werturteile bezogen auf die Frage, was sozial gerecht sei, soll hier die Bedeutung der policy-Dimension für soziale Inklusion verdeutlicht werden.

Zentral ist in der policy-Dimension der Streit um politische Programme (Maßnahmen und Regelungen), die mehr oder weniger alternative Antworten auf politische Probleme (Sachfragen) geben. Eine bedeutende Scheidelinie ist hierbei die Beantwortung der Frage, welcher gesellschaftlichen Instanz (Individuum, Familie, Gesellschaft, Markt, Staat) die Erbringung entscheidender Integrations- oder Inklusionsleistungen obliegt? Hier sind handfeste politische Interessen mit im Spiel, die weder auf Extinktion, noch Integration/Inklusion zielen, sondern für die soziale Privilegierung und soziale Ausgrenzung (bzw. die Drohung damit) innerhalb der Gesellschaft funktional sind. Sollen etwa Ehen gezielt gefördert und der Status von „Alleinerziehende" geschützt oder sanktioniert werden? Sollte(n) in der Bildungspolitik Elitenförderung und/oder die Stärkung von Bildungschancen sozial benachteiligter BürgerInnen betrieben werden? Sollen die ökonomischen Risiken junger Elternschaft primär bedarfsorientiert für einkommensärmere Eltern sozialpolitisch beantwortet werden (wie beim Erziehungsgeld) oder primär lebensstandardsichernd (wie beim Elterngeld)? Besonders deutlich wird der Streit um in- und exklusive Programmatiken und deren Legitimation – in allen vier oben angerissenen Diskursen – insbesondere dort, wo die Verfasstheit von Gesellschaften als Geld- und Erwerbsarbeitsgesellschaften (siehe Debatten um „Leistungsgerechtigkeit" am oberen und unteren ökonomischen „Rand" der Gesellschaft) und damit die Scheidung von „würdigen" und „unwürdigen" Betroffenen/Nutznießern sozialer In- und Exklusion bedeutsam wird.

Ökonomische Knappheiten, soziale Interessen und politische Legitimationsbedarfe für Regelungen und Maßnahmen setzen dabei dem Anspruch von Inklusion Grenzen, letztlich nicht mehr in Gruppen von MerkmalsträgerInnen zu denken, sondern schlicht von *einer* durch Heterogenität geprägten Gesamtgruppe auszugehen. Dies gilt insbesondere dann, wenn man statt von einem konsensorientierten von einem konfliktorientierten Politikverständnis ausgeht (siehe hierzu pointiert

Mouffe 2007) und es gilt zumindest da, wo Politiken besonderer Schutz- und Förderrechte für besonders vulnerable Gruppen betrieben werden sollen, etwa auf dem Arbeitsmarkt (für behinderte Menschen, ältere Arbeitslose etc.), im Prüfungsrecht einer Hochschule (etwa Klausurzeitverlängerung bei gewichtigen Handicaps) oder im Sozialleistungsrecht (einkommensbezogene Familienlastenausgleichs- und Ausbildungsförderungsregelungen etc.). Hier muss jeweils klar sein, wer diesen Gruppen angehört und wer nicht. In Debatten um die Vision eines bedingungslosen Grundeinkommens etwa lassen sich auch für reiche Gesellschaften ökonomische Knappheit und politische Legitimationsbedarfe als Schwachpunkte dieses Konzepts beschreiben (siehe hierzu Benz 2009).

Doch bereits in den Niederungen der implementierten Sozialpolitik wird unmittelbar deutlich, welch zentrale Bedeutung die policy-Dimension für soziale Inklusion und auf sie gerichtete Strategien hat. Es ist hoch relevant für soziale Inklusion bzw. Exklusion etwa von wohnungslosen Menschen, ob sozialpolitische Entscheidungen im großen Maßstab die Befriedigung sozialer Bedürfnisse über den Markt oder jenseits des Marktes (familial, frei-gemeinnützig oder staatlich organisiert) präferieren oder in etwas kleinerem Maßstab: ob sozialpolitische Programmatik etwa die medizinische Versorgung Wohnungsloser wie bei Asylbewerbern im Wesentlichen auf die Bekämpfung akuter Schmerzzustände reduziert oder diese Klientel in die Sozialgesetzbücher II und XII integriert und damit gesetzlich Krankenversicherten gleichstellt. Es ist höchst relevant für Art und Maß sozialer Inklusion, ob eine sozialpolitische Programmatik die Bekämpfung von Armut und sozialer Ausgrenzung zentral über ein Almosenwesen, sozialrechtliche Ansprüche und/oder vorgelagerte, präventive Maßnahmen und Regelungen bewerkstelligen will. Letzteres kann beispielsweise in Form der Sicherstellung armutsfester Löhne, über Sozialberatung und Therapieangebote sowie über eine Wohnungspolitik angestrebt werden, die drohende Wohnungsnotfälle frühzeitig identifiziert und verhindern hilft.

Soziale Gerechtigkeit – eine Frage der Perspektive und des Konsenses Immer wieder geht es hierbei nicht nur um die Frage, welche Lösung am effektivsten und effizientesten ist, sondern ob sie als sozial gerecht anerkannt wird. Die oben aufgeworfenen Fragen kehren hier zurück: Wer soll die zur Erreichung sozialer Inklusion nötigen Anstrengungen erbringen? Soll hier zwischen „würdigen" und „unwürdigen" Exkludierten unterschieden werden? Bekenntnisse zur sozialen Gerechtigkeit finden sich dabei in unzähligen politischen (etwa Parteiprogrammen) sowie berufsständischen Dokumenten im Sozialwesen (etwa IFSW und IASSW 2004). Von marktradikalen Apologeten wie Friedrich August von Hayek (1981) abgesehen, unterschreibt jede Partei, jeder Bürger, jede Mandatsträgerin das Ziel sozialer Gerechtigkeit. Mehr soziale Ungerechtigkeit hingegen fordert niemand. Wenn aber von der FDP bis zur Linkspartei, von der Deutschen Bischofskonferenz bis zum Lesben- und Schwulenverband soziale Gerechtigkeit gefordert wird, muss offensichtlich unterschiedliches hierunter verstanden werden. Welche politische Programmatik *genau* also ist sozial gerecht und zur Förderung oder Garantie sozialer Inklusion *am besten* geeignet?

Ob diese Frage (die letztlich lautet: Was ist die richtige Politik?) wissenschaftsfähig ist, ist angesichts ihrer Normativität umstritten (siehe empirisch-analytische Wissenschaftsauffassungen). Allerdings lässt sich berechtigt zurückfragen, ob denn eine Wissenschaft – zumal im Falle der Politikwissenschaft als Demokratiewissenschaft – überhaupt wertfrei sein könne (siehe normativ-hermeneutische und kritisch-dialektische Wissenschaftsauffassungen und Erkenntnis leitende Interessen). Im einen wie anderen Fall lässt sich aber zumindest auf relativ stabile (wenngleich nicht unwandelbare), differente Einstellungen in der Bevölkerung verschiedener Länder zu wohlfahrtsstaatlichen Regelungen verweisen (siehe Mau 1998), wobei sich normatives Sollen nicht einfach aus empirischen Ist-Zuständen ableiten lässt.

In kleinerem Maßstab und nicht repräsentativ zeigen Abstimmungen in zahlreichen Lehrveranstaltungen ebenfalls relativ stabile „Mehrheitsmeinungen" zu Einzelbeispielen, anhand derer sich Präferenzen für verschiedene Lesarten sozialer Gerechtigkeit (subsidiär, solidarisch, liberal; s. hierzu Boeckh et al. 2011[3], S. 136 ff.) verdeutlichen lassen. Diese Mehrheitsmeinungen lassen sich wie folgt zusammenfassen:

- Dass der während eines Vollzeitstudiums benötigte Unterhalt nicht selbst erarbeitet werden kann, stellt ein Risiko für soziale Inklusion dar, auf das politisch reagiert werden muss. Statt allein die Studierenden (etwa über den Einsatz von Ersparnissen oder über Verschuldung) sowie ihre Herkunftsfamilien bzw. Lebenspartner oder private Sponsoren in der Verantwortung für die Lösung des Problems zu sehen (liberale Lesart) oder allen Studierenden generell als Staat in Form einer bedarfs*un*abhängigen Grundsicherung im Studium den Unterhalt zu garantieren (solidarische Gerechtigkeit), sollten – so die meist deutlich mehrheitliche, gleichwohl aber keineswegs einhellige studentische Meinung – zunächst (subsidiär) Studierende selbst und ihre privat unterhaltspflichtigen Angehörigen den Unterhalt sichern, über das Kindergeld und bei Bedarf ein BAföG jedoch auch der Staat.
- Dass unabhängig vom gezahlten Eurobetrag in der Gesetzlichen Krankenversicherung jede und jeder die gleichen Leistungen erhält, stellt (noch) die sozialpolitische Logik dieses sozialen Sicherungssystems dar. Fragt man danach, ob dies für sozial gerecht gehalten wird, oder gleichen Leistungen der Kassen künftig auch gleiche Eurobeträge an Beiträgen gegenüber stehen sollten (s. „Kopfpau-

schale“), so antwortet eine deutliche Mehrheit hier zugunsten der geltenden – solidarischen – Systemlogik.
- Wird schließlich danach gefragt, ob sich die Gesetzliche Rentenversicherung zwar weiterhin in ihren Beiträgen am Einkommen orientieren soll (jede und jeder zahlt einen gleich hohen Prozentsatz ihres/seines Erwerbseinkommens, also unterschiedlich hohe Euro-Beträge), ihre Leistungen aber künftig – ähnlich der Präferenz für die soziale Sicherung bei Krankheit – einheitlich bzw. solidarisch umverteilend sein sollen, so äußert eine deutliche Mehrheit der Studierenden in diesem Fall, dass hier die geltende Systemlogik von sozialer Gerechtigkeit als Leistungsgerechtigkeit („Wer hohe Beiträge zahlt, soll auch hohe Leistungen erhalten.“) aufrecht erhalten werden soll.

Das „Bauchgefühl“ oder die elaborierte Meinung der meisten Befragten zur verbindlichen Regelung verschiedener Sachverhalte ist also gegenüber einer subsidiären, solidarischen oder leistungsgerechten Verantwortungszuschreibung durchaus abhängig vom spezifischen sozialen Problem, auf dass sozialpolitisch geantwortet werden soll. Aber auch von Minderheiten in den Abstimmungen kann gelernt werden: Es ist gar nicht so einfach oder gar einhellig zu beantworten, was denn sozial gerecht ist. In jeder mit Sozialpolitik befassten gesellschaftlichen Organisation findet ein Ringen um die Gewichtung und Ausbuchstabierung subsidiärer, solidarischer und leistungsorientierter Vorstellungen von sozialer Gerechtigkeit statt.

Gleichwohl wird „die“ soziale Gerechtigkeit (im vermeintlich einfach zu bestimmenden Singular) schnell und gerne in Anspruch genommen, um politische Entscheidungen zu legitimieren oder zu kritisieren. Der Vorwurf sozialer Ungerechtigkeit trifft, die Umdeutung sozialer Interessen in alternativlose Sachzwänge ist deshalb ebenso beliebt, wie ihre Verkleidung als sozialpolitische Wertfragen (Weingardt 2010, S. 33 ff.). Argumentiert wird dann etwa, man wolle soziale Gerechtigkeit verwirklichen, indem subsidiär „die kleinen Lebenskreise“ oder leistungsorientiert „die Eigenverantwortung der Bürger“ gestärkt werden oder solidarisch „die Schere zwischen Arm und Reich“ geschlossen wird. Anders als bei modischen Begriffen wie „Nachhaltigkeit“, „Zukunftsfestigkeit“ und „Generationen-“ sowie „Chancen-“ und „Teilhabegerechtigkeit“ sind hier Interessenbezug und Lesart sozialer Gerechtigkeit immerhin noch gut erkennbar.

Soziale Gerechtigkeit setzt die Möglichkeit ihres Gegenteils voraus: soziale Ungerechtigkeit (siehe hierzu Huster 2005, S. 57). Die Rede von sozialer Gerechtigkeit ergibt keinen Sinn, verliert sich jedes potentielle Beispiel für ihre Verletzung im Relativismus, man könne soziale Gerechtigkeit eben so oder auch anders interpretieren. Nun verfügen wir aber über keine allgemein anerkannte letzte Instanz mehr, die *eine* allein verbindliche Interpretation liefern könnte. Da die Übersetzung sozialer Bedürfnisse und Interessen in anerkannte sozialpolitische Bedarfe und die Beantwortung der Frage, *wer* denn dann für die Befriedigung dieses Bedürfnisses verantwortlich sei, immer Werturteile voraussetzt (Hauser 1994, S. 24), lässt sich auch nicht wissenschaftlich objektiv (in einem rationalen Diskurs) beantworten, was sozial gerecht ist. Man muss also nach Alternativen suchen. Meiner Ansicht nach bieten sich hier zwei Wege an.

- Erstens kann man die Ergebnisse einer bestimmten, praktizierten Sozialpolitik (bzw. die voraussichtlichen Ergebnisse einer vorgeschlagenen sozialpolitischen Maßnahme oder Regelung) an den weithin anerkannten Maßstäben der (vorstaatlich verstandenen) Menschenrechte sowie ihrer staatlichen Positivierung in Grundrechten (siehe das Grundgesetz) prüfen. In manchen Fällen wird man hier zu gut begründbaren Positionen kommen können, wobei auch Kataloge von Grund- und Menschenrechten keine über die Qualität von Übereinkünften hinausreichende Legitimation besitzen. Gleichwohl sind sie besonders gewichtige Übereinkünfte und von besonders vielen Menschen anerkannte. Fachkräfte des Sozialwesens sind hier weder Legislative, noch Rechtsprechung. Sie haben allerdings als Fachkräfte spezifische Einblicke darin, wie tiefgreifend verletzlich menschliche Würde im Einzelfall tatsächlich ist. Eine weitere Restriktion dieser Prüfung anhand der Menschenrechte kommt allerdings hinzu: Sie trägt oft nicht, da viele sozialpolitische Entscheidungen unterhalb dieses Kriteriums strittig sind. Das Ehegattensplitting etwa hat mit Menschenrechten schlicht nichts zu tun, es ist weder Ausdruck von ihnen, noch widerspricht es ihnen.
- Es bleibt eine zweite Möglichkeit, um sich als Fachkräfte und Institutionen des Sozialwesens zur Frage sozialer Gerechtigkeit zu positionieren, indem man die mit subsidiären, solidarischen und leistungsgerechten Lesarten sozialer Gerechtigkeit begründeten Sozialpolitiken an ihren eigenen Ansprüchen misst. Dann lautet die Frage: Welche Anhaltpunkte lassen sich finden, inwiefern die etwa solidarisch motivierte sozialpolitische Maßnahme XY tatsächlich Kriterien sozialer Gerechtigkeit im Sinne solidarischer Gerechtigkeit erfüllt bzw. im Falle ihrer Umsetzung aller Voraussicht nach erfüllen wird? Wo lassen sich hier Risiken und Widersprüche benennen?

Mehr scheint mir nicht möglich. Aber immerhin: In beiden Varianten (weil in den Lesarten sozialer Gerechtigkeit ebenso angelegt, wie in den Grund- und Menschenrechten) lautet die Minimalfrage: Besteht die praktizierte oder geforderte Politik den Test, menschenunwürdige Lebensbedingungen (soziale Exklusion) erfolgreich zu bekämpfen? Führt etwa die bislang auf Eigenverantwortung, Leistungsgerechtigkeit und den Markt setzende Gesundheitspolitik in den USA zu einem Maximum an

Selbstbestimmung und Wahlfreiheit, wenn sie sich als eine Freiheit entpuppt, die für hunderttausende Amerikanerinnen und Amerikaner darin besteht, sich zu einem beliebigen Zeitpunkt selbst oder einmal im Jahr in Turnhallen kollektiv die Zähne ziehen zu lassen? Genügt die deutsche Mindestsicherungspolitik den Ansprüchen einer dem Finalitätsprinzip verpflichteten subsidiären Gerechtigkeit, wenn sie unter 25-Jährigen bei Fehlverhalten mit dem Totalentzug von Leistungen droht (§ 31 Abs. 2 Zweites Buch Sozialgesetzbuch – SGB II) oder ihren Auszug aus der elterlichen Wohnung von einer amtlichen Genehmigung abhängig macht (§ 22 Abs. 5 SGB II)?

Die Zahl der im Bundesverband Deutsche Tafel e. V. organisierten Suppenküchen und Tafeln ist in den letzten zwanzig Jahren explosionsartig gestiegen: 1993 gab es in Berlin die erste Einrichtung, 2011 waren es bereits 891 (Bundesverband Deutsche Tafel o J). Daneben sind etliche weitere Initiativen entstanden, die jenseits dieses Zusammenschlusses agieren (Caritas in NRW 2011). Auf der Angebotsseite der Bereitstellung von Lebensmitteln sind sie Kennzeichen eine Überfluss- und Wegwerfgesellschaft. Auf der Nachfrageseite ihrer Inanspruchnahme zeigen sie, dass in den letzten beiden Dekaden sozialpolitische Standards in einem Maß erodiert sind, dass wir in der Geschichte der Armenfürsorge derzeit an einem neuen Kapitel schreiben. Der Caritas-Gründer Lorenz Werthmann begriff kirchliche Armenspeisungen noch als Vorstufe planmäßigerer Verbandsarbeit und intensivierter Sozialpolitik, an deren Schaffung die Caritas aufgerufen sei, mitzuarbeiten. „Sie [die Caritasfreunde] dringen hinein in die Not, wohin die staatliche Gesetzgebung noch nicht dringen kann, machen auf sittliche und materielle Notstände aufmerksam, schaffen das Material zur wirksamen Bekämpfung derselben; sie ebnen so die Pfade und Wege für neue gesetzgeberische Maßnahmen. (…) Es darf der Herr Pfarrer nicht meinen, dass seine caritative Tätigkeit darauf sich beschränken darf, ein Fünfpfennigstück dem armen Bettler zu reichen oder noch besser ein Stück Brot oder einen Teller Suppe aus seiner Küche zu geben (…).“ (Werthmann 1899, S. 70). Spätestens mit dem Bundessozialhilfegesetz von 1961 durfte angenommen werden, den caritativen Teller Suppe weitgehend überwunden zu haben. Heute muss seine Renaissance zur Kenntnis genommen werden und auch darum die dritte Frage gestellt werden.

5 Welche Bedeutung haben politische Prozesse für soziale Inklusion?

Vom eingangs hervorgehobenen Kriterium der über Einzelfälle hinausgehenden Verbindlichkeit von Entscheidungen über Wert- und Interessenkonflikte als Kern von Politik lässt sich der Einzelfallbezug unterscheiden, der sich als Dreh- und Angelpunkt der Tätigkeit von Professionen (nicht nur des Sozialwesens) begreifen lässt (Benz 2010). Aus dieser Differenz folgt nun aber keineswegs eine apolitische Soziale Arbeit. Anwaltsvereinigungen setzen sich für eine bestimmte Ausgestaltung des Rechts ein, Pfarrerinnen, Religionspädagogen und theologische Laien mühen sich um gesellschaftspolitische Positionierungen ihrer Kirche. Engagieren sich Sozial-, Heil- und Elementarpädagogen, Pflegewissenschaftlerinnen und Sozialarbeiter, ihre Institutionen, Träger und Fachverbände nicht ebenso selbstverständlich für eine sozial inklusive Politik? Wenn nicht, wäre die Frage, warum nicht? Wenn doch, ist zu fragen, wie qualifiziert sie dies tun (und welche Qualifizierungsbedarfe hier relevant werden; siehe hierzu Kuhmann/Huster in diesem Bd.)?

Bereits Lorenz Werthmann (Borgmann 1958, S. 70), Alice Salomon (Kuhlmann 2008, S. 130 ff.) und andere verstanden sozialpolitisches Engagement jedenfalls als integralen Bestandteil Sozialer Arbeit und mit Günter Rieger lässt sich Politik (neben Beratung, Betreuung, Erziehung, Unterstützung usw.) als *eine* Form sozialer Hilfe begreifen (Rieger 2007, S. 89), eine, die besonders intensiv und extensiv auf die soziale Lage (soziale Inklusion) von Menschen Einfluss nehmen kann. Es kann versucht werden, sozialer Exklusion zumindest behelfsweise mittels Kleiderkammern und Armenspeisungen entgegen zu wirken, wo allgemeine politische Maßnahmen und Regelungen nicht hinreichend vor sozialer Ausgrenzung schützen. Hier kann Soziale Arbeit als Hilfe begriffen werden, die allgemeiner Sozialpolitik vor- und nachgeht, und dabei bereits als „Hilfe unter Protest" politisch sein kann. Eine andere (intensivere und extensivere) Qualität hat es, die Mindestsicherung von Bevölkerungsgruppen mittels BAföG, Grundsicherungen, Beschäftigungs- und Lohnpolitik, dem Familienlastenausgleich oder der Minimierung kindbedingter Ausgaben zu beeinflussen und dies als Fachkräfte und Organisationen im Sozialwesen zu befördern.

In den letzten Jahren wurden zur prozessualen Dimension von Politik im deutschen Sprachraum mehrere einschlägige Publikationen vorgelegt (Schneider und Janning 2006; Raschke und Tils 2007; Blum und Schubert 2009; Schubert und Bandelow 2009²b). Eine Verknüpfung der Diskurse in der Wissenschaft Sozialer Arbeit etwa um Empowerment (Herriger 2006³), Community Organizing (Oelschlägel 1999), Anwaltschaft (Rieger 2003) und Mitbestimmung (Rieger 2007) mit denen der Politikwissenschaft etwa um Chancen, Voraussetzungen und Restriktionen der Vertretung schwacher sozialer Interessen (Winter 1997; Willems und Winter 2000) hat indes bislang noch kaum stattgefunden. So ist bekannt, dass sich etwa Wohlfahrtsverbände engagiert anwaltschaftlich, Klienten politisch ermächtigend (empowernd) und mitbestimmend für schwache politische Interessen einsetzen, zum Teil auch in Koalitionen untereinander oder mit Dritten. Zahlreiche Beispiele belegen, dass für die Soziale Arbeit zentrale Organisationen sich vor Ort und überörtlich kräftig und immer wieder (zum Teil mit Erfolg) engagieren. So wurde in

Freiburg bereits vor dem Bildungs- und Teilhabepaket der Bundesregierung auf lokaler Ebene das „1-Euro-Mittagessen“ in Kindergärten und Schulen erstritten. Hunderttausende Bürgerinnen und Bürger haben in Nordrhein-Westfalen 2004 und 2006 in zwei Volksinitiativen den Erhalt der Jugendarbeit gefordert. Wohlfahrtsverbände problematisieren Regelsatzhöhen in Fürsorgesystemen auf der Bundesebene und starten Armutskampagnen auf europäischer Ebene. Wo jedoch in der deutschen Politikwissenschaft insgesamt die Thematisierung der politics-Dimension politischen Handelns gegenüber Programmanalysen (policy) und Diskursen um gute staatliche Ordnungen (polity) noch hinterherhinkt, gilt dies für systematische, handlungswissenschaftliche Analysen anhand von Beispielen aus der Sozialen Arbeit und zum Zwecke ihrer politischen Professionalisierung in besonderer Weise. Wir haben kaum systematisch beschreibendes und analysierendes Wissen darüber, wie, wann, auf welchen Wegen und wie folgenreich dieses Engagement bereits heute geschieht. Hier ist mehr Forschung nötig, gerade weil sich diese Fragen keineswegs leicht beantworten lassen. So entfalten häufig erst viele Impulse gemeinsam eine politische Wirkung, die sich anschließend nicht einfach einem der Impulsgeber zurechnen lässt (Benz 2008, S. 66 f.).

Bei der Analyse der Bedeutung des Prozesscharakters von Politik für Fragen sozialer Inklusion kann unter anderem das Modell des Policy Cycle helfen, Politik in all ihren Stadien wahrzunehmen und darin auch die je nach Phase unterschiedlichen Einflussmöglichkeiten von Organisationen, Fachkräften und Klienten des Sozialwesens. In der Phase der Problemformulierung kommt etwa dem Sozialsektor die Aufgabe und Möglichkeit zu, soziale Missstände zu benennen und für ihre öffentliche und politische Thematisierung Unterstützung zu mobilisieren (Agenda Setting). Während Wohlfahrtsverbände etwa durchaus im Rahmen von Ministeriums- und Ausschussanhörungen in Parlamenten auch in der Phase der Politikformulierung mitreden, bleibt der förmliche Beschluss (die verbindliche Entscheidung) der politischen Klasse im engeren Sinne vorbehalten. Diesen Beschluss allerdings gilt es anschließend zu implementieren, wofür im sozialpolitischen Bereich häufig wieder unter anderem Wohlfahrtsverbände auf kommunaler Ebene gewonnen werden müssen. Schließlich sind immer mehr Sozialgesetze und Programme mit Evaluations- und Berichtsklauseln versehen, über die Politik in ihrem Output und Outcome (etwa bezogen auf in- und exkludierende Wirkungen von Regelungen und Maßnahmen) analysiert werden soll. Selbst wenn dies nicht gefordert ist, kann soziale Fachpraxis in Eigeninitiative Programmerfolge und Missstände evaluativ mit dem Ziel aufdecken, eine soziale Exklusion verursachender oder verstetigende Politik zu beenden (s. „Politikterminierung“) oder neue Politiken zu initiieren (siehe „Problem(re)definition“ und „Agenda Setting“). Diese Absicht verfolgten und verfolgen etwa die frühen regierungsunabhängigen

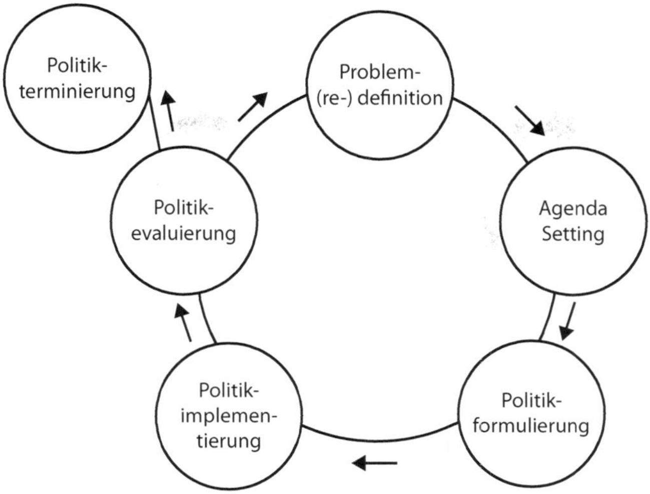

Abb. 1 Politik als Prozess – der Policy Cycle. (Quelle: Jann und Wegrich 2009, S. 86)

Armutsberichte und die Regelsatzstudien des Paritätischen Wohlfahrtsverbandes. Ähnlich verbinden regierungsunabhängige Untersuchungen zur sozialpolitischen Praxis nach dem Asylbewerberleistungsgesetz ihre Analysen mit Forderungen nach einer menschenrechtsgemäßen Überwindung dieses Gesetzes.

Facetten der sozialen Inklusion bzw. Exklusion der „sozialpolitischen Endverbraucher" und ihre Reaktionen auf politische Programmatiken, bestimmen dabei den Erfolg und Misserfolg von Regelungen und Maßnahmen wesentlich mit. In diesem dienstleistungstheoretischen Sinne besitzt nicht nur Soziale Arbeit als personenbezogene Dienstleistung, sondern auch Sozialpolitik mittels Geld- und Sachleistungen koproduktiven Charakter. Natürlich ist eine Inobhutnahme in der Soziale Arbeit ebenso wenig koproduktiv, wie die Festsetzung einer Vorruhestandsgrenze oder die Einführung einer staatlich geförderten privaten Alterssicherung. Doch bereits die Frage, wie es nach einer Inobhutnahme weitergeht, in welchem Ausmaß von wem Vorruhestandsregelungen tatsächlich in Anspruch genommen und Riester-Verträge tatsächlich abgeschlossen werden, bestimmen Herkunftsfamilien respektive die betroffenen Arbeitnehmer wesentlich mit. Hier taucht auch die oben aufgeworfene Frage wieder auf, wie sich der junge (potentielle) Obdachlose bei fehlender Auszugsgenehmigung des Sozialleistungsträgers tatsächlich verhält, a) im Sinne des Gesetzgebers, indem er zuhause wohnen bleibt und die Gründung einer eigenen Bedarfsgemeinschaft unterlässt oder ob er b) widerständig Aus- und Umwege sucht, um den Verhältnissen der Herkunftsfamilie dennoch zu entkommen. Beim Beispiel der über die Riester-Rente teilprivatisierten Alterssicherung wird inzwischen auch empirisch deutlich, dass diese insbesondere von Niedrigeinkommensbeziehern wenig in Anspruch genommen wird und sich damit – entgegen ihrer politischen Legitimation – tatsächlich gerade nicht als Beitrag zur Lebensstandardsicherung und Altersarmutsprävention entpuppt, sondern schlicht als Vermarktlichung von Sozialpolitik im Interesse der Versicherungswirtschaft. Die Adressaten politischer Maßnahmen und Regelungen bestimmen durch ihr tatsächliches Verhalten also Politikergebnisse mit, wie umgekehrt sozialpolitische Regelungen und Maßnahmen auf eben dieses individuelle Verhalten Einfluss ausüben und ausüben sollen.

Die Reaktionen auf politische Maßnahmen und Regelungen lassen sich dabei natürlich nicht auf Fragen der Inanspruchnahme oder des regelungsintendierten Verhaltens reduzieren. Stürzen etwa über als sozial ungerecht empfundene politische Maßnahmen Regierungen (siehe die Arbeitsmarkt- und Mindestsicherungspolitik der letzten rot-grünen Bundesregierung) oder werden aufgrund tangierter Interessen an sozialer Segregation erfolgreich Plebiszite initiiert (wie in Hamburg bei der Schulreform), mobilisieren in- und exklusive Politiken also Wähler oder erhöhen sie (sozial ungleich verteilt) die Zahl der NichtwählerInnen? Entwickeln Montagsdemonstrationen von Betroffenen hinreichend Gewicht (wie bei „Stuttgart 21") oder nicht (wie bei den Protesten gegen „Hartz IV")? Entstehen solche Proteste überhaupt erkennbar (wie bei der Rente mit 62 in Frankreich) oder nicht (wie bei der Rente mit 67 in Deutschland)? Bei all diesen Fragen zum Zusammenhang von politics und sozialer Inklusion spielt eine Rolle, dass verschiedene Formen und Etappen politischer Prozesse jeweils bestimmte Beteiligungsmöglichkeiten bieten und Beteiligungsanforderungen stellen. Beide sind nicht sozial gleich verteilt und beides gilt auch für vermeintlich besonders inklusive Formen politischer Prozesse, etwa der plebiszitären Bürgerbeteiligung oder der zivilgesellschaftlichen Einbindung sozial benachteiligter Menschen und Gruppen in Formen bürgerschaftlichen Engagements (siehe hierzu Munsch 2007).

6 Fazit und Ausblick: Strategien sozialer Inklusion

Politische Institutionen im Sinne von grundrechtlichen Garantien (Recht auf Bildung, Todesstrafeverbot etc.), Beteiligungs- und Entscheidungsregeln (etwa Wahlrecht, Anhörungsrechte) sowie im Sinne von Adressen (Parlament, Gericht usw.) haben für soziale Inklusion (und Exklusion) und auf sie gerichtete Strategien ebenso zentrale Bedeutung, wie politische Programme (etwa Lohnuntergrenzen und soziales Leistungsrecht) und Prozesse (von der öffentlichen Problematisierung sozialer Exklusionsrisiken bis zur Implementation und Evaluation in- und exklusionsfördernder Politiken sowie deren Abschaffung oder Reformulierung). Für die Analyse dieser Bedeutung für inklusive Politiken und für die Entwicklung von Strategien sozialer Inklusion muss „soziale Inklusion" dabei zunächst qualitativ bestimmt werden. Hierfür erscheint weniger eine Abgrenzung sozialer Inklusion von stärker etablierten und ebenso umstrittenen Begriffen und Konzepten (etwa der sozialen Integration und der sozialen Gerechtigkeit) hilfreich, als vielmehr deren Nutzung für eben diese (notwendig umstrittene – politische) qualitative Bestimmung sozialer Inklusion.

Dialektik sozialer Inklusion – Systemveränderung und Systemstabilisierung Dabei kann alle begriffliche und konzeptionelle Schärfung sozialer Inklusion ihren voraussetzungsvollen und widersprüchlichen Charakter nur besser herausarbeiten, nicht aber in Richtung vermeintlicher Eindeutigkeit überwinden. Ähnlich einer politischen Funktionsbestimmung von Sozialpolitik und Sozialer Arbeit, die sich nicht stärker reduzieren lässt, als auf ihre Doppelrolle von Systemveränderung und Systemstabilisierung (vgl. Huster/Bourcarde in diesem Bd.), bedeutet auch soziale Inklusion verlässlicher noch als die Veränderung herrschender Verhältnisse, den stärkeren Einbezug in eben diese. Aus exkludierenden Regeln einer Markt-, Geld- und Erwerbsarbeitsgesellschaft wird dabei (wie oben am Beispiel des Schaufensterauslagen betrachtenden, mittellosen Bürgers zu zeigen versucht wurde) selbst der ausgegrenzte Mensch nicht entlassen. Bezogen auf Strategien sozialer Inklusion gilt es damit u. a. kritisch zu hinterfragen, inwiefern etwa über Inklusionsregeln, -projekte und -prozesse tatsächlich und inwiefern lediglich scheinbar Exklusionsrisiken minimiert und soziale Inklusion ermöglicht, garantiert oder erzwungen wird (siehe hierzu etwa den Beitrag von Balz und Nüsken in diesem Bd.).

Multidimensionalität sozialer Inklusion – partielle soziale Inklusion Intersektionale und multidimensionale Konzepte betonen zu Recht Grenzen von Problemanalysen und Lösungsansätzen, die lediglich eine Dimension sozialer Ausgrenzung in den Blick nehmen, indem etwa wahlweise Bildung oder Arbeit als *der* Schlüssel gegen soziale Exklusion propagiert werden. Umgekehrt bedeutet dies auch, dass ggf. die eine Dimension sozialer Inklusion nicht ohne eine andere zu erreichen ist (etwa Gesundheit ohne Bildung). Multidimensionalität erschwert aber nicht nur ggf. erfolgreiche Strategien sozialer Inklusion, sondern kann auch den Blick freimachen für ein mögliches Nebeneinander von In- und Exklusion sowie für möglicherweise unterschiedliche Wege sozialer Inklusion. So wollen die wenigsten wohnungslosen Menschen dauerhaft auf der Straße oder umherziehend im Bulli leben, aber es gibt sie (s. Janosch 2007). Dann aber kann und muss es hier mindestens um die Eröffnung weiterer Dimensionen sozialer Inklusion (etwa des Zugangs zu gesundheitlicher Versorgung, zu Erwerbseinkommen und Bildung) jenseits eines festen, immobilen, gesicherten Obdachs gehen. Im Rahmen eines multidimensionalen Verständnisses von Armut werden regelmäßig (mindestens) die fünf Dimensionen Einkommen, Arbeit, Wohnen, Bildung und Gesundheit beschrieben (Huster 1996). Teilhabe an oder soziale Inklusion in diesen fünf Bereichen darf für wohnungslose Menschen ebenso wenig allein an Zugang und Inanspruchnahme von gesichertem Wohnraum hängen, wie für erwerbslose Menschen an der Dimension Arbeit. Umgekehrt mag es nicht nur in totalitären Gesellschaften gute Gründe geben, sich widerständig einer umfassenden sozialen Inklusion zu entziehen. So schreibt Hans Wocken im Kontext des heil-, sonder- und schulpädagogischen Diskurses: „Der Assimilationsvorbehalt wird in besonders vehementer Weise von Gehörlosen vorgebracht, die bei einer Integration den Verlust ihrer kulturellen Identität und eine Verpflichtung zur lautsprachlichen Kommunikation befürchten. In radikalisierter Form werden sowohl Integration als auch Inklusion rigoros abgelehnt und eigene Gehörlosenschulen gefordert." (Wocken 2010, S. 214). Soziale Inklusion gehörloser Menschen entscheidet sich jedenfalls nicht allein und vielleicht nicht primär im Bildungsbereich.

Relativität und Relationalität sozialer Inklusion – graduelle soziale Inklusion Dass sich soziale Inklusion nur unzureichend allein als Zustand verstehen lässt, wurde oben ebenfalls versucht, deutlich zu machen. Soziale Inklusion ist (wie Armut) ein relationaler (eine Beziehung beschreibender – bei Armut der zum Reichtum) und damit relativer (oder gradueller, nicht einfach binärer) Begriff. Die schwarz-weiß polarisierten Begriffpaare sozialer Integration versus Desintegration, In- statt Exklusion, Eingliederung gegenüber Ausgrenzung scheinen eindeutiger, als sie sind. Ähnlich der Diskussion um die Tragfähigkeit eines Konzeptes „absoluter Armut" (siehe hierzu Huster 1996, S. 22) oder eines angemessen differenzierten Verständnisses von Ausformungen und Schweregraden der Wohnungsnot (siehe hierzu etwa das vier Hauptkategorien und 13 Subformen umfassende Konzept des Europäischen Observatoriums zur Wohnungslosigkeit; Edgar und Meert 2006, S. 52), geht es bei Infragestellungen und Verletzungen von sozialer Inklusion sowie bei Strategien gegen soziale Ausgrenzung wesentlich um Graustufen. Wie kann Zugang zum Erwerbsarbeitssystem jenseits des ersten Arbeitsmarktes gewährleistet werden? Wie kann Menschen mit Lebensmittelpunkt auf der Straße annehmbarer Zugang zu einem Dach über dem Kopf für die Zeiten ermöglicht werden, in denen sie es (etwa in strengen Winternächten) besonders dringend brauchen?

Wie kann verhindert werden, dass Menschen vollständig Teilhabe und Teilnahme an politischer Meinungsbildung und Entscheidungsfindung verlieren (s. Vereinigungsfreiheit, Petitions- und Klagerechte sowie aktives und passives Wahlrecht für Ausländer)?

Man kann (wie im Stufenmodell von Extinktion, Exklusion, Separation, Integration und Inklusion von Menschen mit Behinderungen; siehe hierzu Wocken 2010, S. 216 f., 220) den Terminus Inklusion für ein Höchstmaß von Gleichstellung und -berechtigung reservieren, womit die Rede von „gradueller sozialer Inklusion" mindestens begrifflich verunglückt wäre. Gleichwohl wurde unter dem Begriff „partieller sozialer Integration" anzusprechen versucht, dass eine vollkommene soziale Inklusion auch als unmöglich, unerwünscht oder ausgrenzend erfahren werden kann, Vorstufen hingegen als Ausgrenzung vermeidend.

Strukturelles Empowerment und Strategien sozialer Inklusion Die hier – nur skizzenhaft – vorgestellten fokussierten Blicke auf die polity-, policy- und politics-Dimension von Politik, auf Widersprüchlichkeiten sowie auf partielle und graduelle Möglichkeiten von sozialer Inklusion sollen Hinweise für die inklusionsbezogene Analyse von Politik und – diese berücksichtigende – sozialprofessionelle Konzeption inklusiver Strategien liefern. Solche Strategien können nicht unpolitisch sein, wollen sie den Standards etwa der Profession Sozialer Arbeit genügen (siehe IFSW und IASSW 2004). Es sollte auf Chancen, Voraussetzungen, Grenzen und Risiken inklusiver Politik daher auch deshalb hingewiesen werden, um jene individualistischen Verkürzungen vermeiden zu helfen, die etwa Silvia Staub-Bernasconi (2011, S. 366 f.) an der Entwicklung von Empowerment-Konzepten und -Diskursen beklagt. Es wurde zu zeigen versucht, dass sozialstaatliche Institutionenordnungen, Garantien, Regelungen, Maßnahmen und Prozesse ebenso sozialer Exklusion (siehe das Asylberberleistungsgesetz) dienlich sein können, wie sozialer Inklusion (siehe frei-gemeinnützige Beratungsmöglichkeiten und deren „Hilfe unter Protest"). Letzteres scheint immer nötiger zu werden. So lässt sich der derzeitige (aus Not und Überfluss gleichermaßen gespeiste) Rückfall in eine mildtätige Armenhilfe mittels Suppenküchen und Tafeln, die in Teilen auch Entsorgungswirtschaft ist, professionell nur dann rechtfertigen, wenn konkrete existenzunterstützende Hilfe verbunden wird mit politischem Engagement zur Überwindung der Umstände, die diese Form der Hilfe offenbar wieder nötig machen. Empowerment kann hier in der Tat nicht nur beim betroffenen Klientel ansetzen. Vielmehr müssen hier Elemente eines „strukturellen Empowerments" (Benz 2011) in den Blick genommen werden, die Leistungsansprüche als Sozialstaatsbürger (policy) ebenso darstellen, wie Institutionen (polity) für und konkretes Engagement (politics) in (auch) anwaltschaftlicher Interessenvertretung.

Literatur

ABS – Aktionsbündnis gegen Studiengebühren (Hrsg) (2010) Massenzeitung Baden-Württemberg, Ausgabe 12/2010. Berlin

Benz B (2004) Nationale Mindestsicherungssysteme und europäische Integration. VS-Verlag, Wiesbaden

Benz B (2008) Politik(wissenschaft) und Soziale Arbeit: Bedeutung für die Frühpädagogik. In: Kasüschke D, Fröhlich-Gildhoff K Frühpädagogik heute. Carl Link, Köln, S 60–68

Benz B (2009) Perspektiven der Mindestsicherung. In: Maier K (Hrsg) Armut als Thema in der Sozialen Arbeit. FEL, Freiburg, S 209–230

Benz B (2010) Sozialpolitik und Soziale Arbeit. In: Benz B, Boeckh J, Mogge-Grotjahn H (Hrsg) Soziale Politik – Soziale Lage – Soziale Arbeit. VS-Verlag, Wiesbaden, S 317–336

Benz B (2011): Wohlfahrtsstaatlichkeit und Soziale Arbeit in machtressourcentheoretischer Perspektive. In: Kraus B, Krieger W (2011²): Macht in der Sozialen Arbeit. Jacobs, Lage, S 217–247

Blum S, Schubert K (2009) Politikfeldanalyse. VS-Verlag, Wiesbaden

Bock T (1993) Professionalisierung. In: Deutscher Verein für öffentliche und private Fürsorge (Hrsg) Fachlexikon der sozialen Arbeit. Eigenverlag, Frankfurt a. M., S 735 f.

Boeckh J, Huster E-U, Benz B (2011³) Sozialpolitik in Deutschland. VS-Verlag, Wiesbaden

Borgmann K (Hrsg) (1958) Lorenz Werthmann. Lambertus, Freiburg

Bundesverband Deutsche Tafel e. V. (o J) Zahlen & Fakten. http://www.tafel.de/die-tafeln/zahlen-fakten.html. Zugegriffen: 27. März 2012

Caritas in NRW (Hrsg) (2011) Brauchen wir Tafeln, Suppenküchen und Kleiderkammern? Lambertus, Freiburg

Edgar B, Meert H (2006) Fifth Review of Statistics on Homelessness in Europe. Brussels. http://www.feantsa.org/files/transnational_reports/2006reports/06RSen.pdf. Zugegriffen: 08. Feb. 2012

Elias N (2000⁹) Was ist Soziologie? Juventa, Weinheim

Esping-Andersen G (1998) Die drei Welten des Wohlfahrtskapitalismus. In: Lessenich S, Ostner I (Hrsg) Welten des Wohlfahrtskapitalismus. Campus, Frankfurt a. M., S 19–56

Greving H, Ondracek P (2009) Heilpädagogisches Denken und Handeln. Kohlhammer, Stuttgart

Hartmann J (1995) Politikwissenschaft. G + B Verlag Fakultas, Chur

Hauser R (1994) Perspektiven und Zukunftsaufgaben des Sozialstaates. In: MAGS – Ministerium für Arbeit, Gesundheit und Soziales des Landes Nordrhein-Westfalen (Hrsg) Zukunft des Sozialstaates, Bd I. MAGS, Düsseldorf, S 23–64

Hauser R (2012) Das Maß der Armut. In: Huster E-U, Boeckh J, Mogge-Grotjahn H (Hrsg) (2012²) Handbuch Armut und Soziale Ausgrenzung. VS-Verlag, Wiesbaden, S 122–146

Hayek FA von (1981) Recht, Gesetz und Freiheit. Bd. 2: Die Illusion der sozialen Gerechtigkeit. Verlag Moderne Industrie, Landsberg

Herriger N (2006³) Empowerment in der Sozialen Arbeit. Kohlhammer, Stuttgart

Hobbes T (1651/1970) Leviathan. Erster und zweiter Teil. Reclam, Stuttgart

Hollstein W (1981⁴) Die Gegengesellschaft. Verlag Neue Gesellschaft, Bonn

Huster E-U (1996) Armut in Europa. Leske & Budrich, Opladen

Huster E-U (2005) Zugangsgerechtigkeit – Befreiung des Menschen aus seiner unwürdigen Objektrolle. Theor Prax Soz Arb 56(2):56–61

Huster E-U, Boeckh J, Mogge-Grotjahn H (Hrsg) (2012²) Handbuch Armut und Soziale Ausgrenzung. VS-Verlag, Wiesbaden
IFSW, IASSW – International Federation of Social Workers, Association of Schools of Social Work (2004) Ethics in Social Work. Statement of Principals. Adelaide (Australien)
Jann W, Wegrich K (2009) Phasenmodelle und Politikprozesse: Der Policy Cycle. In: Schubert K, Bandelow NC (Hrsg) (2009²b) Lehrbuch der Politikfeldanalyse 2.0. Oldenbourg, München, S 75–113
Janosch C (2007) un-gewohnt – Wohnungslose Menschen stellen sich vor. Lambertus, Freiburg
König H (1999) Orientierung Politikwissenschaft. Rowohlt, Reinbek bei Hamburg
Korpi W (1985) Power resources approach vs action and conflict. Sociol Theory 3(2):31–45
Kronauer M (2002) Exklusion. Campus, Frankfurt a. M.
Kuhlmann C (2008) Nicht Wohltun, sondern Gerechtigkeit. ibidem, Stuttgart
Lehmbruch G (1967) Einführung in die Politikwissenschaft. Kohlhammer, Stuttgart
Locke J (1689/1983) Über die Regierung. Reclam, Stuttgart
Marshall TH (1981) Nachgedanken zu Wertprobleme des Wohlfahrtskapitalismus. Die „Bindestrichgesellschaft". In: ders. (1992) Bürgerrechte und soziale Klassen. Campus, Frankfurt a. M., S 131–146
Mau S (1998) Zwischen Moralität und Eigeninteresse. Polit Zeitgesch B 34–35:27–37
Meyer T (2000) Was ist Politik? Leske & Budrich, Opladen
Mogge-Grotjahn H (2011⁴) Soziologie. Lambertus, Freiburg
Mouffe C (2007) Über das Politische. Suhrkamp, Frankfurt a. M.
Munsch C (2007) Bürgerschaftliches Engagement und soziale Ausgrenzung. In: Lallinger M, Rieger G (Hrsg) Repolitisierung Sozialer Arbeit. Akademie der Diözese Rottenburg-Stuttgart, Stuttgart, S 121–131
Oelschlägel D (1999) Bürgerengagement – Gemeinwesenarbeit – Community Organizing. In: Alinsky SD Anleitung zum Mächtigsein. Lamuv, Göttingen, S 175–188
Raschke J, Tils R (2007) Politische Strategie. VS-Verlag, Wiesbaden
Rieger G (2003) Anwaltschaftlichkeit. Soz Arb (dzi) 52(3):96–105
Rieger G (2007) Politisierung als professionelle Herausforderung. In: Lallinger M, Rieger G (Hrsg) Repolitisierung Sozialer Arbeit. Akademie der Diözese Rottenburg-Stuttgart, Stuttgart, S 85–108
Sachße C, Tennstedt F (1998²) Geschichte der Armenfürsorge in Deutschland, Bd. 1: Vom Spätmittelalter bis zum 1. Weltkrieg. Kohlhammer, Stuttgart
Salomon A (1921) Leitfaden der Wohlfahrtspflege. Teubner, Leipzig
Schneider V, Janning F (2006) Politikfeldanalyse. VS-Verlag, Wiesbaden
Schubert K, Bandelow N (2009a): Politikfeldanalyse. In: dies. (Hrsg) (2009²b) Lehrbuch der Politikfeldanalyse 2.0. Oldenbourg, München, S 1–22
Schubert K, Bandelow NC (Hrsg) (2009²b) Lehrbuch der Politikfeldanalyse 2.0. Oldenbourg, München
Staub-Bernasconi S (2011) Macht und (kritische) Soziale Arbeit. In: Kraus B, Krieger W (2011²) Macht in der Sozialen Arbeit. Jacobs, Lage, S 363–391
Theunissen G (2009²) Empowerment und Inklusion behinderter Menschen. Lambertus, Freiburg
Türcke C (1996) Ausgrenzung. In: Frankfurter Rundschau vom 2. November 1996, S ZB 3
Weingardt MA (2010) Religion Macht Frieden. Bundeszentrale für politische Bildung, Bonn

Werthmann L (1899) Rede auf der Generalversammlung der Katholiken Deutschlands, Neiße, 31. August 1899, auszugsweise dokumentiert. In: Borgmann K (Hrsg) (1958) Lorenz Werthmann. Lambertus, Freiburg, S 67–72

Willems U, Winter T von (Hrsg) (2000) Politische Repräsentation schwacher Interessen. Leske & Budrich, Opladen

Winter T von (1997) Sozialpolitische Interessen. Nomos, Baden-Baden

Wocken H (2010) Integration & Inklusion. In: Stein A-D, Krach S, Niediek I (Hrsg) Integration und Inklusion auf dem Weg ins Gemeinwesen. Verlag Julius Klinkhardt, Bad Heilbrunn, S 204–234

Inklusive Bildung als internationale Leitidee und pädagogische Herausforderung

Andrea Platte

1 Einleitung

Der Begriff der Inklusion wurde im Jahr 2011 in der deutschen Bildungsdiskussion inflationär und häufig unbestimmt genutzt. Als internationale bildungspolitische Leitidee fordert Inklusion Bund und Länder, Kommunen und Bildungseinrichtungen zu einer Positionierung auf, die zunehmend polarisierend und auch polemisch geführt wird: So wird die Gestaltung von Bildungseinrichtungen und gesellschaftlichen Prozessen in Orientierung an der Leitidee der Inklusion einerseits international als eine verpflichtende Basis für die Realisierung der Allgemeinen Menschenrechte begründet, andererseits national als von politischen Entscheidungsträgern verordnete Richtungsänderung erlebt. Letzteres vor allem seit der Ratifizierung der UN-Konvention über die Rechte von Menschen mit Behinderungen im Jahr 2009, die den Begriff der Inklusion – international längst als richtungweisend vereinbart – in den nationalen bildungspolitischen Fokus gerückt hat. Die von Unschärfe und Widersprüchlichkeit gekennzeichnete Diskussion um den Inklusionsbegriff lässt seinen qualitativen Anspruch, der tiefgreifende Veränderungen für die Bildungsgestaltung und eine Reformpädagogik für das 21. Jahrhundert impliziert, in den Hintergrund treten. Dem folgenden Beitrag geht es um eine Annäherung an *Inklusive Bildung*, verstanden als pädagogische Vision, internationale Leitidee und bildungspolitischen Orientierungsrahmen.

A. Platte (✉)
Fachhochschule Köln, Köln, Deutschland
E-Mail: andrea.platte@fh-koeln.de

H-J. Balz et al. (Hrsg.), *Soziale Inklusion*, DOI 10.1007/978-3-531-19115-7_8,
© VS Verlag für Sozialwissenschaften | Springer Fachmedien Wiesbaden 2012

2 Inklusive Bildung – Annäherung an einen Begriff

Inklusive Bildung meint Prozesse der Unterstützung einer und eines jeden einzelnen Lernenden – ohne Ausschluss und Ausnahme – und der daraus wachsenden Kraft für ein Ganzes, sei es eine Lern- oder Spielgruppe, eine Klasse, eine Kommune. In einer Immatrikulationsrede aus dem Jahr 1952 umreißt Max Horkheimer den Begriff der Bildung für Studierende im ersten Semester: „Erwarten Sie nicht, dass ich ihn [den Begriff der Bildung] definiere. Es gibt Bereiche, in denen es vor allem auf saubere und eindeutige Definitionen ankommt, und die Rolle von Definitionen in der Erkenntnis soll gewiss nicht unterschätzt werden. Wenn man aber dem Wesentlichen und Substantiellen nachgehen will, das in Begriffen sich anmeldet, so muss man versuchen, des ihnen einwohnenden Lebens, ihrer Spannung und Mehrdeutigkeiten inne zu werden, auf die Gefahr hin, dass man dabei auf Widersprüche stößt, ja, dass man sich selbst der Widersprüche schuldig macht. Definitionen mögen widerspruchslos sein, die Wirklichkeit aber, in der wir leben und die von den Begriffen getroffen werden soll, ist widerspruchsvoll." (Horkheimer 1953, S. 4000 f.). Was Horkheimer hier für den Begriff der Bildung formuliert, einen Zwiespalt zwischen dem verständlichen und immer wieder auch notwendigen Anspruch der Eindeutigkeit und Erkenntnis unterstützenden Definition auf der einen und der Lebendigkeit, Beweglichkeit und Widersprüchlichkeit, die den zu definierenden Begriff in seiner Umsetzung ausmacht, auf der anderen Seite, erscheint gegenwärtig äußerst zutreffend für den Begriff der *Inklusiven Bildung*. Im Unterschied zum noch größer, umfassender und damit auch unbestimmter klingenden Begriff der *Inklusion* wird in diesem Beitrag bewusst die *Inklusive Bildung* fokussiert: Inklusive Bildung meint die Bildungsgestaltung einer Gesellschaft, von den nationalen, innerstaatlichen Rahmenvorgaben bis hin zu regionalen und kommunalen Bedingungen und Organisationsformen und schließlich zu den Strukturen, Vernetzungen und situativen Gestaltungen einzelner Institutionen. Sie schließt dabei formale, non-formale und informelle Bildungsprozesse (vgl. BMFSJ 2005) ein und schärft die Bedeutsamkeit der verschiedenen Systemebenen und Bildungsformen füreinander. Dieser Blick auf Inklusive Bildung macht sich, mit Horkheimer formuliert, mehrfacher Widersprüche schuldig:

Wie kann eine Schule ihre pädagogische Arbeit inklusiv gestalten innerhalb eines Bildungssystems, das nach Homogenisierungsstrategien segregierend organisiert ist?

Wann kann sich ein Kindergarten „inklusiv" nennen: Wenn er von Kindern einer relativen Vielfalt an unterschiedlichen Nationalitäten, Ethnien, Sprachen besucht wird? Wenn er behinderte Kinder aufnimmt? Wenn er jedes Kind wohnortnah willkommen heißt? Wenn er Mehrsprachigkeit unterstützt?

Welche Hochschule, welche Fakultät kann adäquat auf Inklusive Bildung vorbereiten?

In den Fragen meldet sich ein substantieller, ein wesentlicher Kern des Begriffs an: Inklusive Bildung ist eine in die Zukunft gerichtete Vision, eine Leitidee, die eine Orientierung vorgibt, Veränderungsprozesse anregt und die es in Qualitätsentwicklungen gegenwärtig anzubahnen gilt. Dass sie dennoch keine Utopie ist, zeigen viele Einrichtungen im In- und Ausland, die sich an dieser Leitidee orientieren und Umsetzungen vorleben. Das Ziel einer *Schule für alle* scheint flächendeckend hoch gesteckt zu sein; im Einzelnen arbeiten jedoch durchaus Schulen mit diesem Anspruch und realisieren die Qualität inklusiver Bildung auch innerhalb segregierender Strukturen (genannt seien hier als Beispiel die Grundschule Berg Fidel und die Grundschule Harmonie, vgl. Hövel 2011; Stähling 2009). Einfach formuliert könnte „definiert" werden: Inklusive Bildung bedeutet einen Willkommen heißenden Umgang mit Verschiedenheit. So formulieren auch UNESCO-Papiere international den Terminus in einem breiten Verständnis „als eine Reform, die die Vielfalt aller Lernenden unterstützt und willkommen heißt" (DUK 2009, S. 3). Inklusive Bildung wird damit bedeutsam für eine weitere zentrale pädagogische Herausforderung, die gegenwärtig problematisiert wird, aber bereits seit Jahrzehnten und Jahrhunderten Pädagogen und Pädagoginnen in Theorie und Praxis beschäftigt hat: Den Umgang mit Heterogenität, oder mit Herbart (1776–1841) gesagt, die Verschiedenheit der Köpfe (vgl. Hinz und Walthes 2009; Largo 2000). Inklusive Bildung fordert einen positiven Umgang mit dieser und weiß Unterschiedlichkeiten als Lern-, Erkenntnis- und Gestaltungsprozessen zuträglich zu nutzen. Der Umgang mit Heterogenität in einer kontinuierlichen Balance von Gleichheit und Verschiedenheit (vgl. Prengel 1996), von Individualität und Gemeinschaftsbezug ist eine Voraussetzung für die Gestaltung inklusiver Kulturen, Strukturen und Praktiken (vgl. Booth 2000; Boban und Hinz 2003). Annäherungen an so verstandene Inklusive Bildung stehen demnach in einem Wechselbezug bewusster Entscheidungen, Reflexionen und Handlungsstrategien im gegenwärtigen pädagogischen Alltag und der in die Zukunft gerichteten Vision von Bildung im Sinne der Menschenrechte.

3 Zugänge zu Inklusiver Bildung

Die Gestaltung von Bildungsprozessen und -einrichtungen ohne Aussonderung, in denen sich jede/r Lernende willkommen fühlt und ihre/seine Potentiale entfalten kann, wird als zukunftsorientierte Leitidee Inklusiver Bildung zusammengefasst. Um zum einen diese Leitidee zu schärfen und zum anderen den Weg auf sie zu vorstellbar zu machen, werden im Folgenden sechs Charakteristika aufgezeigt, die zugleich als Zugänge zu Inklusiver Bildung gelten:

Inklusive Bildung bedeutet internationale Vernetzung: Education for All (Zugang 1) International wird Inklusive Bildung verstanden als „Transformationsprozess, der zum Ziel hat, dass Schulen und andere Lernzentren alle Kinder aufnehmen – Jungen und Mädchen, Schüler ethnischer und linguistischer Minderheiten, die ländliche Bevölkerung, jene, die von HIV/AIDS betroffen sind, Schüler mit Behinderungen und Lernschwierigkeiten – und auch für alle Jugendlichen und Erwachsenen Lerngelegenheiten zu schaffen. Das Ziel von Inklusiver Bildung ist, Exklusion zu beseitigen." (DUK 2009, S. 3). Während der Begriff der Inklusion im deutschen bildungspolitischen Diskurs erst im Zusammenhang mit der UN-Behindertenrechtskonvention, d. h. seit 2009 öffentliche Beachtung findet (vgl. United Nations 2009), gilt international das Jahr 1994 als Meilenstein für eine internationale Verständigung auf „Inclusive Education". Auf der Salamanca Konferenz wurde im selben Jahr die gleichnamige Salamanca Resolution verabschiedet und von 92 Regierungen und 25 Nichtregierungsorganisationen unterzeichnet. Sie tritt ein für die Verpflichtung zur Bildung für alle und fordert dazu auf, das Prinzip der Erziehung ohne Ausgrenzung auf rechtlicher und politischer Ebene anzuerkennen:

> The guiding principle is (...) that schools should accomodate all children regardless of their physical, intellectual, social emotional, linguistic or other conditions. This should include disabled and gifted children, street and working children, children from remote and nomadic populations, children from linguistic, ethnic or cultural minorities and children from other disadvantaged or marginalized areas or groups (...). These conditions create a range of different challenges to school systems. (...) There should be a continuum of support and services to match the continuum of special needs encountered in every school.... (Salamanca Statement on Principles, Policy and Practise in Special Needs Education 1994, S. 3 ff.)

Zwei Qualitätsmerkmale Inklusiver Bildung werden hier bereits herausgestellt: Zum einen zeigt die Aufzählung, dass Kinder und Jugendliche aus sehr unterschiedlichen Gründen von Benachteiligung betroffen sein können und dass für verschiedene Länder und Regionen unterschiedliche Problematiken zu Bildungsbenachteiligung oder -ausschluss führen mögen (Kriegserfahrungen, nomadische Bevölkerungsgruppen, Kinderarbeit). Zum anderen auferlegt die Resolution den Institutionen die Verantwortung, allen Kindern in ihren unterschiedlichen Ausgangslagen gerecht zu werden. „Das Bildungssystem trägt die volle Verantwortung dafür, das Recht auf Bildung sicherzustellen", so formuliert die Deutsche UNESCO Kommission im Rahmen des weltweiten Programms „Education for All" (DUK 2009, S. 17).

Mit dem Programm „Education for All“ sprach sich im Jahr 2008 die Weltbildungsministerkonferenz in Genf für das anspruchsvolle Ziel aus, bis zum Jahr 2015 weltweit allen Kindern und Jugendlichen Bildung zukommen zu lassen: „Inclusive Education: The Way of the Future“. Weltweit haben heute 75 Mio. Kinder keinen Zugang zu grundlegender Bildung. 150 Mio. Kinder verlassen die Schule vor dem Abschluss der Primarschulzeit, mindestens zwei Drittel davon Mädchen. 776 Mio. Erwachsene sind Analphabeten ohne Bildungserfahrungen (vgl. ebd.). Dies sind nur einige Beispiele, die das Programm veranlasst haben. Darin zeigt sich die weltweit sehr unterschiedlich gelagerte Problematik, für die globale Verantwortung zu übernehmen ist.

Teilnehmende aus mehr als 150 Ländern forderten dort „inklusive Bildungssysteme, in denen Vielfalt als Ressource genutzt wird“ (DUK 2009, S. 5). In den deutschsprachigen „Leitlinien für die Bildungspolitik“ begründet daran anknüpfend die deutsche UNESCO-Kommission (DUK) Inklusive Bildung in dreifacher Hinsicht: Die *pädagogische Begründung* verweist auf die Möglichkeit, in inklusiven Einrichtungen beim Spielen und Lernen auf individuelle Unterschiede einzugehen – zum Vorteil aller Kinder. Als *soziale Begründung* wird die Einstellung zur Vielfalt genannt, die nur im gemeinsamen Lernen und Spielen wachsen kann und die Basis für eine gerechte und diskriminierungsfreie Gesellschaft bildet. Drittens bezeichnet die *ökonomische Begründung* eine Schule für alle als weniger kostenintensiv im Vergleich zu einem komplexen System unterschiedlicher Schultypen (DUK 2009, S. 11). International betrachtet stehen Industrie- und Entwicklungsländer vor der gemeinsamen Herausforderung, hochwertige und gerechte Bildung für alle Lernenden zu gewährleisten. Inklusive Bildung gilt dabei als Schlüsselstrategie zur Erreichung von „Bildung für Alle“ (vgl. a. a. O., S. 10).

Bildung für Alle – Die Ziele

1. Die frühkindliche Bildung soll ausgebaut und verbessert werden, insbesondere für die am stärksten gefährdeten und benachteiligten Kinder.
2. Bis 2015 sollen alle Kinder – insbesondere Mädchen, Kinder in schwierigen Lebensumständen und Kinder, die zu ethnischen Minderheiten gehören – Zugang zu unentgeltlicher, obligatorischer und qualitativ hochwertiger Grundschulbildung erhalten und diese auch abschließen.
3. Die Lernbedürfnisse von Jugendlichen und Erwachsenen sollen durch Zugang zu Lernangeboten und Training von Basisqualifikationen abgesichert werden.
4. Die Alphabetisierungsrate unter Erwachsenen, besonders unter Frauen, soll bis 2015 um 50 % erhöht werden. Der Zugang von Erwachsenen zu Grund- und Weiterbildung soll gesichert werden.

5. Bis 2005 soll das Geschlechtergefälle in der Primar- und Sekundarbildung überwunden werden. Bis 2015 soll Gleichberechtigung der Geschlechter im gesamten Bildungsbereich erreicht werden, wobei ein Schwerpunkt auf der Verbesserung der Lernchancen für Mädchen liegen muss.
6. Die Qualität von Bildung muss verbessert werden. Dabei muss sichergestellt sein, dass alle anerkannte und messbare Lernergebnisse erreichen, insbesondere in den Bereichen Lesen, Schreiben, Rechnen und in essentiellen Basisqualifikationen. (DUK 2009, S. 27)

Inklusive Bildung präsentiert sich hier als international abgestimmte Vision, die selbstverständlich in verschiedenen Ländern und Regionen zum Teil vergleichbare, zum Teil aber auch sehr unterschiedliche Veränderungsprozesse anstoßen wird. Das Wissen um eine weltweit angeregte Transformation – wenn auch widersprüchlich aufgenommen und erlebt – wirkt sich aus meiner Sicht stärkend auf nationale, regionale, kommunale und innerinstitutionelle Diskussionen und Umsetzungsbemühungen aus. Die Übertragung von Erfahrungen auf spezifische Bedingungen und Verhältnisse bedarf der Vernetzung und des Erfahrungsaustausches und spiegelt globale Prozesse in pädagogischen Momenten wieder.

Inklusive Bildung bedeutet Bildung im Sinne der Menschenrechte (Zugang 2) „Mit den Menschenrechten ist es eine komische Sache. Ähnlich wie bei den Zehn Geboten meint jeder zu wissen, was drinsteht. (...) Aber die Menschenrechte sind ein ganz besonderer Text. Sie sind eine Botschaft, die die Menschheit an sich selbst geschrieben hat (...)." (Zeh 2005, S. 7). Die Allgemeine Erklärung der Menschenrechte wurde von den Vereinten Nationen am 10.12.1948 verkündet. Artikel 26 formuliert das Recht auf Bildung als eigenständiges Menschenrecht:

> Jeder hat das Recht auf Bildung. Die Bildung ist unentgeltlich, zum Mindesten der Grundschulunterricht und die grundlegende Bildung. Der Grundschulunterricht ist obligatorisch. Fach- und Berufsschulunterricht müssen allgemein verfügbar gemacht werden, und der Hochschulunterricht muss allen gleichermaßen entsprechend ihren Fähigkeiten offen stehen.

1. Die Bildung muss auf die volle Entfaltung der menschlichen Persönlichkeiten und auf die Stärkung der Achtung vor den Menschenrechten und Grundfreiheiten gerichtet sein. Sie muss zu Verständnis, Toleranz und Freundschaft zwischen allen Nationen und allen rassischen oder religiösen Gruppen beitragen und der Tätigkeit der Vereinten Nationen für die Wahrung des Friedens förderlich sein.
2. Die Eltern haben ein vorrangiges Recht, die Art der Bildung zu wählen, die ihren Kindern zuteilwerden soll.

(Allgemeine Erklärung der Menschenrechte, verkündet von den Vereinten Nationen am 10. Dezember 1948, Art. 26)

Bildung, so der UN-Botschafter Vernor Munoz, bedeutet vor allem die Fähigkeit, Wissen und Erkenntnis zu erwerben, um menschliches Leben würdevoll zu gestalten (vgl. Munoz 2009). Das Recht auf Bildung ist Grundlage für die Organisation von Bildungssystemen und -strukturen „im Großen" und für die Gestaltung von Bildungsprozessen im pädagogischen Alltag „im Kleinen". Es ist ein zentrales Menschenrecht, bildet es doch als Empowerment-Right die Voraussetzung, sich für seine Rechte, solidarisch für die Rechte anderer Menschen und damit zur Umsetzung der Menschenrechte insgesamt zu engagieren. „Auf dem Weg zur Verwirklichung dieses Menschenrechtes sollen die Würde des einzelnen Menschen entfaltet, die Achtung vor den Menschenrechten, Grundfreiheiten und der menschlichen Vielfalt gestärkt werden." (Köpcke-Duttler 2009, S. 3).

Um ihre umfassende Realisierung zu gewährleisten, sind infolge der Allgemeinen Erklärung der Menschenrechte weitere Konventionen von der UNO verabschiedet worden: Im Internationalen Pakt über wirtschaftliche, soziale und kulturelle Rechte vom 19. Dezember 1966 vereinbaren die Vertragsstaaten im Blick auf das Recht auf Bildung:

Artikel 13

(1) Die Vertragsstaaten erkennen das Recht eines jeden auf Bildung an. Sie stimmen überein, dass die Bildung auf die volle Entfaltung der menschlichen Persönlichkeit und des Bewusstseins ihrer Würde gerichtet sein und die Achtung vor den Menschenrechten und Grundfreiheiten stärken muss. Sie stimmen ferner überein, dass die Bildung es jedermann ermöglichen muss, eine nützliche Rolle in einer freien Gesellschaft zu spielen, dass sie Verständnis, Toleranz und Freundschaft unter allen Völkern und allen rassischen, ethnischen und religiösen Gruppen fördern sowie die Tätigkeit der Vereinten Nationen zur Erhaltung des Friedens unterstützen muss. (United Nations 1966, S. 5)

Die UN-Kinderrechtskonvention hat seit ihrer Annahme durch die UN-Generalversammlung im Jahr 1989 – 41 Jahre nach der Allgemeinen Erklärung der Menschenrechte – eine neue Sichtweise auf die Menschenrechte und eine neue Sichtweise auf die von ihr fokussierte Personengruppe eingeleitet. Dabei ging es zum einen um die verstärkte Partizipation von Kindern an gesellschaftlichen Entscheidungen und Prozessen, zum anderen um ihren umfassenden Schutz nicht nur in irregulären Gefahrensituationen. Darüber hinaus wird gefordert, ein schützendes Umfeld zu schaffen und „in den Gemeinschaften soziale Bräuche, Glaube und Praktiken zu erneuern, damit die Kinderrechte im täglichen Leben respektiert und in dieses integriert werden“ (Munoz 2011, S. 8). Das Recht auf Bildung findet sich in der KRK in Art. 28 (Recht auf Bildung; Schule; Berufsausbildung):

(1) *Die Vertragsstaaten erkennen das Recht des Kindes auf Bildung an;*

Um die Verwirklichung dieses Rechts auf der Grundlage der Chancengleichheit fortschreitend zu erreichen, werden sie insbesondere

a. den Besuch der Grundschule für alle zur Pflicht und unentgeltlich machen,
b. die Entwicklung verschiedener Formen der weiterführenden Schulen allgemein bildender und berufsbildender Art zu fördern, sie allen Kindern verfügbar und zugänglich zu machen (…)
c. allen entsprechend ihren Fähigkeiten den Zugang zu den Hochschulen mit allen geeigneten Mitteln ermöglichen,
d. Bildungs- und Berufsberatung allen Kindern verfügbar machen,
e. „Maßnahmen treffen, die den regelmäßigen Schulbesuch fördern und den Anteil derjenigen, welche die Schule vorzeitig verlassen, verringern…“ (Übereinkommen über die Rechte des Kindes. United Nations 1989, S. 21 f.).

Aufbauend auf den Forderungen der Verfügbarkeit von Bildungseinrichtungen werden im Art. 29 Bildungsziele ausgeführt:

> (1) Die Vertragsstaaten stimmen darin überein, dass die Bildung des Kindes darauf ausgerichtet sein muss
>
> a. die Persönlichkeit, die Begabung und die geistigen und körperlichen Fähigkeiten des Kindes voll zur Entfaltung zu bringen,
> b. dem Kind Achtung vor den Menschenrechten und Grundfreiheiten und den in der Charta der Vereinten Nationen verankerten Grundsätzen zu vermitteln,
> c. dem Kind Achtung vor seinen Eltern, seiner kulturellen Identität, seiner Sprache und seinen kulturellen Werten, den nationalen Werten des Landes in dem es lebt und gegebenenfalls des Landes, aus dem es stammt sowie vor anderen Kulturen als der eigenen zu vermitteln,
> d. das Kind auf ein verantwortungsbewusstes Leben in einer freien Gesellschaft im Geist der Verständigung, des Friedens, der Toleranz, der Gleichberechtigung der Geschlechter zwischen allen Völkern und ethnischen, nationalen und religiösen Gruppen sowie Ureinwohnern vorzubereiten;… (ebd.)

Wie die Kinderrechtskonvention (KRK) fordert und spezifiziert die Konvention über die Rechte von Menschen mit Behinderungen (BRK) die Realisierung der Menschenrechte für eine von Benachteiligung bedrohte Personengruppe. Auch sie leitet eine neue Sichtweise auf die vertretenen Menschen ein, indem sie die Abkehr von einer auf Fürsorge ausgerichteten, primär die Defizite von Betroffenen ausgleichenden Behindertenpolitik hin zur Anerkennung von Behinderung als Bestandteil menschlichen Lebens vor dem Hintergrund der menschenrechtlichen Gleichheit und des Prinzips der Nicht-Diskriminierung vertritt (vgl. Bielefeldt 2009, S. 5). Das medizinisch/individuelle Modell von Behinderung wird hier durch ein menschenrechtliches abgelöst (vgl. Degener 2009, S. 272 f.). Behinderung gilt hier als Bestandteil der Normalität menschlichen Lebens und als Ausdruck gesellschaftlicher Vielfalt und kultureller Bereicherung. Die BRK unterstützt einen wertschätzenden, willkommen heißenden Umgang mit Verschiedenheit (s. o.), beschreibt Heterogenität als Quelle achtsamen Zusammenlebens in freundlicher Unterschiedenheit miteinander und wechselseitiger Anerkennung. Damit stärkt sie das Recht auf Bildung aller Menschen (Köpcke-Duttler 2009).

Die staatliche Verpflichtung zur Realisierung des Menschenrechts auf Bildung werden im General Comment No. 13 zum Internationalen Sozialpakt (Implementation of the International Convenant on Economic, Social and Cultural Rights; s. o.) in einem einfachen Schema abgebildet. Vier Strukturelemente, nach ihren ursprünglich englischen Bezeichnungen „4-A-Scheme" genannt, weisen Regierungen darauf hin, Bildung available (verfügbar), accessable (zugänglich), acceptable (annehmbar) und adaptable (anpassungsfähig) zu gestalten (vgl. United Nations 1999, S. 3; Tomasewski 2000; Motakef 2006):

- *Availability* (Verfügbarkeit): Bildung muss verfügbar, erreichbar, kostenfrei sein und von ausreichend ausgebildeten Pädagog/innen (Lehrer/innen) vermittelt werden. Im Einzelfall kann Verfügbarkeit meinen, dass der Transport einer Schülerin gewährleistet wird, die den Schulweg nicht allein bewältigen kann.
- *Accessability* (Zugänglichkeit) meint, dass Bildungseinrichtungen sicher und für jede/n, besonders für die von Marginalisierung bedrohten Mitglieder zugänglich sind – z. B. durch Barrierefreiheit oder Assistenz.
- *Acceptability* (Annehmbarkeit): Bildungsinhalte müssen relevant, nicht diskriminierend, kulturell angemessen und qualitätvoll, Pädagog/innen professionell ausgebildet sein.
- *Adaptability* (Anpassungsfähigkeit): Bildungsinhalte und Bildungseinrichtungen sind verpflichtet, den besonderen Bedürfnissen benachteiligter Gruppierungen und Einzelpersonen zu entsprechen, so z. B. Minderheiten wie von Kinderarbeit, Behinderung, Migration betroffene Kinder adäquat zu unterstützen oder geschlechtsspezifische Benachteiligungen zu verhindern. Bildung muss sich außerdem an lokale Kontexte und sich verändernde Bedingungen anpassen (vgl. http://www.right-to-education.org/node/226; Zugriff am 30.12.2011).

Die beiden ersten Strukturelemente (Availability, Accessability) sind Voraussetzung für die Realisierung des Rechts *auf* Bildung (Right to Education) und beschreiben äußere und strukturelle Bedingungen, während das dritte und vierte Strukturelement (Accessability, Adaptability) Formen und Inhalte und damit auch didaktische Fragen fokussieren (Right in Education) (vgl. Tomasewski 2000). Sie können als Rechte *innerhalb* der Bildungsgestaltung, innerhalb einer Bildungslaufbahn beschrieben werden. Das Diskriminierungsverbot bezieht sich auf alle vier Strukturelemente und ist nicht etwa damit erfüllt, wenn allgemeine Verfügbarkeit und Zugang gewährt sind – so wie es zum Beispiel im bundesdeutschen Schul- und Bildungssystem zu erwarten sein dürfte. Weitaus differenziertere und kritischere Betrachtung verlangen die Forderung nach Annehmbarkeit und Anpassungsfähigkeit: Berücksichtigt das Bildungsangebot vielfältige Fähigkeiten und Perspektiven? Ist es frei von religiöser Indoktrination, von Vorurteilen? Sind Curricula offen gegenüber unterschiedlichen religiösen Glaubenssystemen? Werden die Geschlechter ebenso wie unterschiedliche Lebens- und familiäre Hintergründe gleichwertig behandelt…?

Bei seinem Deutschlandbesuch als Sonderbeauftragter der Vereinten Nationen für das Recht auf Bildung hat Vernor Munoz das deutsche Bildungssystem als „menschenrechtsfeindlich" bezeichnet, da es dazu neige, bestimmte Personengruppen zu benachteiligen. Den Grund dafür sieht er in der international nicht üblichen frühen Segregierung und den darauf vorbereitenden Schullaufbahnempfehlungen nach Klasse 10: „Im Hinblick auf Kinder von Migranten und Kinder mit Behinderungen vertritt der Sonderberichterstatter die Auffassung, dass es notwendig ist, Aktionen einzuleiten, um soziale Ungleichheiten zu überwinden und um gleiche und gerechte Bildungsmöglichkeiten für jedes sicherzustellen, insbesondere für diejenigen, die dem marginalisierten Bereich der Bevölkerung angehören." (Munoz 2007, S. 2).

Seine Kritik zeigt, dass die Gestaltung von Bildung im Sinne der Menschenrechte auch in einem hochdifferenzierten Erziehungs- und Bildungssystem keine Selbstverständlichkeit ist. Vergleichbar liest sich die Kritik der Vereinten Nationen im Blick auf die vollständige Verwirklichung der Kinderrechte in Deutschland:s

- „Ausländische Kinder haben nicht die gleichen Chancen.
- Die Schere zwischen gut situierten, umfassend geförderten Kindern und Kindern, die an der Armutsgrenze leben, geht immer weiter auseinander.
- Es gibt keine umfassende Kinderpolitik.
- Kinder werden noch nicht von Anfang an als ernstzunehmende Bürgerinnen und Bürger akzeptiert…" (Meendermann 2008, S. 57)

Die Bedeutsamkeit der menschenrechtlichen Gestaltung von Bildung ist durch die Forderungen von KRK und BRK nach einem inklusiven Bildungssystem in den Fokus der bildungspolitischen und auch der fachwissenschaftlichen Diskussion gerückt. Inklusive Bildung ist Bildung im Sinne der Menschenrechte. Die Verletzung von Menschenrechten beginnt nicht erst mit irregulären Gefahrensituationen (s. o.), sondern ist durchaus subtiler aufzuspüren.

> Mit Menschenrechtsverletzungen ist es anscheinend wie mit Bildern auf großen Plakatwänden: Man erkennt sie immer nur von der anderen Straßenseite aus. Undenkbar, in Deutschland könnte mit dem Menschenrechtsverständnis (abgesehen vielleicht von klitzekleinen Kleinigkeiten) etwas nicht in Ordnung sein. Jedes Land meint, es habe die Forderungen des UNO-Papiers vortrefflich erfüllt, während anderswo – leider, leider – noch immer erhebliche Defizite bestünden. Behauptet die Türkei oder China, im eigenen Haus stehe es mit der Freiheit, Gleichheit und Würde zum Allerbesten, verziehen wir höhnisch den Mund – um gleich darauf zu verkünden, in Deutschland seien Menschenrechtsverletzungen natürlich völlig unmöglich. Und das kommt uns noch nicht einmal komisch vor. (Zeh 2005, S. 9)

Inklusive Bildung bedeutet Werteorientierung (3. Zugang) Inklusion bedeutet die Wertschätzung von Verschiedenheit. Wettbewerbsorientierung und Leistungsstreben stehen dem entgegen, lassen aber die Potentiale übersehen, die sich nur im Zusammenwirken vielfältiger Perspektiven entfalten können. Die Wahrnehmung und Nutzung von Unterschiedlichkeiten jenseits von möglichen Gruppenzuschreibungen stellt sich als Ressource für die Gemeinschaft heraus. Die Deutsche UNESCO-Kommission fordert als erstes konkretes Handlungsfeld für die Entwicklung inklusiver Bildungssysteme „Einstellungsänderung und politische Entwicklung" (DUK 2009, S. 18).

Der Index für Inklusion (Ainscow und Booth 2000) schlägt zur Qualitätsentwicklung in Richtung Inklusiver Bildung drei Dimensionen vor:

- Inklusive Kulturen schaffen
- Inklusive Strukturen etablieren
- Inklusive Praktiken entwickeln.

Inklusive Kulturen gestalten sich auf der Basis von inklusiven Werten. „Inklusion vertreten bedeutet (…), die Werte deutlich zu machen, auf denen Handlungen, Praktiken und Strukturen basieren, und zu lernen, wie wir unsere Handlungen in ein besseres Verhältnis zu inklusiven Werten setzen" (Booth 2008, S. 58). In der aktuellen, neu überarbeiteten dritten Auflage des Index für Inklusion aus dem Jahr 2011 entwickeln Tony Booth und Mel Ainscow ein Gerüst an Werten (framework of values), die die Grundlage für Inklusive Prozesse bilden. Mit 15 Begriffen geht diese Rahmung über die in der ersten Auflage (2000) zugrunde gelegten Werte hinaus. Inklusion, so die Autoren, gehe es vor allem darum, inklusive Werte in Handlungen umzusetzen. Sie werden beschrieben als Vereinbarungen (committments) zur Überwindung von Exklusion und als zentrale Richtungsweiser für die Gestaltung von Strukturen und Handlungen. (vgl. Booth und Ainscow 2011, S. 21). Im folgenden werden die von Booth und Ainscow ausgewählten Werte in ihren englischen Originalbegriffen vorgestellt und mit wenigen Worten erläutert:

Equality (Gleichwertigkeit) Nicht alle Menschen sind gleich, nicht alle werden gleich behandelt; jedes Leben und jeder Tod sind aber von gleichem Wert. Alle Lernenden werden mit derselben Wertschätzung behandelt. Gleichwertigkeit widerspricht Hierarchien.

Rights (Rechte) Im Sinne der Allgemeinen Erklärung der Menschenrechte und der daran anknüpfenden Dokumente der Vereinten Nationen haben alle Menschen dasselbe Recht auf die Erfüllung von Grundbedürfnissen. Die Rechte sollen die Gleichwertigkeit aller Menschen garantieren.

Participation (Teilhabe/Teilnahme) Partizipation beginnt mit dem „Dabeisein", geht aber darüber hinaus. Partizipation meint Mitarbeit, Beteiligung an Entscheidungen, aktives Engagement in Lernprozessen. Partizipation braucht den Dialog mit anderen und ist die Grundlage einer gemeinschaftlichen Identitätsbildung.

Respect for Diversity (Respekt für Vielfalt) Wertschätzung und Respekt zeigen sich in der Würdigung des unverwechselbaren Beitrags eines jeden Einzelnen zum gemeinsamen Ganzen. Dabei gilt Verschiedenheit als Bereicherung.

Community (Gemeinschaft) Gemeinschaft wird gebildet in Zusammenspiel und Zusammenarbeit, in gemeinschaftlicher Verantwortung, zivilbürgerlichem Engagement, Solidarität und in Anerkennung globaler Abhängigkeiten. Eine inklusive Bildungseinrichtung steht in Verbindung mit der sie umgebenden Kommune und bereitet auf die verantwortungsvolle und aktive Rolle als Weltbürger/in vor. Sie ist offen für neue Mitglieder und anstehende Veränderungen in Systemen.

Sustainability (Nachhaltigkeit) Nachhaltigkeit gilt als wesentliches Ziel von Erziehung, die Kinder und Jugendliche auf die Zukunft in einer lebenswerten Welt vorbereitet – lokal und global. Sie lehrt Verantwortung gegenüber Natur und Kultur sowie Respekt für diese im Sinne einer „ecological literacy".

Non-Violence (Gewaltfreiheit) Voraussetzung für Gewaltfreiheit ist die Fähigkeit, zuzuhören und andere Perspektiven und Argumente wahrzunehmen. Gewalt – auch institutionelle Gewalt – zeigt sich in Machtmissbrauch, Verletzungen und Diskriminierung. Die Entwicklung und Instandhaltung von Gewaltfreiheit kann unterstützt werden durch entsprechend vorgelebte und eingesetzte Methoden im pädagogischen Alltag.

Trust (Vertrauen) Vertrauen unterstützt Partizipationsfähigkeit, Identitätsbildung und Selbstbewusstsein. Das Vertrauen, anerkannt, gehört, wahrgenommen zu werden, ist eine wesentliche Stärke in konstruktiven Auseinandersetzungs- und Entwicklungsprozessen.

Honesty (Ehrlichkeit) Ehrlichkeit meint nicht den kompromisslosen Umgang mit der Wahrheit. Ehrlichkeit in Bildungsprozessen bedeutet Wissen zu teilen, Kompromisse zu finden, den Mut, unbequeme Fragen zu stellen und zu Grenzen stehen zu können.

Courage (Mut) Mut wird zunächst verstanden als Fähigkeit, gegen Autoritäten und Konventionen zu stehen und die eigene Meinung zu vertreten. Mut ist nötig, um Diskriminierung zu erkennen, zu benennen und zu beseitigen.

Joy (Freude) Inklusive Werte meinen die ganzheitliche und damit auch die emotionale Entwicklung einer Person. Spaß am Lernen braucht schöne Lernorte, an denen die Lernenden sich wohl fühlen, ermutigt werden und Humor teilen.

Compassion (Mitgefühl) Dabei geht es um Empathie und die Fähigkeit, mit anderen zu empfinden, sich in andere hineinzuversetzen, mögliche Fehler anzuerkennen und zu verzeihen.

Love (Liebe) Ist verbunden mit Mitgefühl, Fürsorge und der Bereitschaft, bei Bedarf für andere zu sorgen sowie Fürsorge anzunehmen.

Hope/Optimism (Optimismus) Wird bezeichnet als professionelle Eigenschaft, indem z. B. vorgelebt wird, wie Schwierigkeiten überwunden werden können. Es bedeutet nicht, Realitäten zu leugnen, sondern einen positiven Zugang wählen zu können, um zum Beispiel Veränderungen anzuregen.

Beauty (Schönheit) Schönheit als Wert zeigt sich zum Beispiel in der Wertschätzung eines Kunstwerkes oder Musikstückes. Inklusive Schönheit zeigt sich, so die

Autoren, unabhängig von Stereotypen in der Vielfalt der Menschen und der Natur. Die Anerkennung dieser Schönheit könnte als „Motor" für die Entwicklung anderer genannter Werte fungieren.

Im Anschluss an das differenzierte Raster von Werten weisen die Autoren darauf hin, dass nicht jede Pädagogin, nicht jede Einrichtung allen zustimmen mögen. In der Absicht, dass die beschriebenen Werte Handlungen provozieren, sind sie Ausgangspunkt für Reflexionsprozesse in einer immer wieder zu aktualisierenden Verständigung über die Zugänge zu Inklusiver Bildung. Im Index für Inklusion stellen sie die Grundlage für die nachfolgenden Dimensionen dar, die Entwicklung von Strukturen und Praktiken.

Inklusive Bildung bedeutet Veränderungen im System (Zugang 4) Als ein Charakteristikum Inklusiver Bildung wurde oben die Verantwortungsübernahme von Institutionen herausgestellt. Bildungseinrichtungen sind aufgefordert, jeder und jedem einzelnen Lernenden gerecht zu werden. Das erfordert Veränderungen, die durch Qualitätsentwicklung begleitet werden können. Die einzelne Bildungseinrichtung als soziale und lernende Organisation übernimmt nach Peter Senge (2003) Verantwortung für ihre Qualitätsentwicklung im Umfeld sie umgebender Strukturen und Rahmenbedingungen. Als Wegweiser für die Qualitätsentwicklung in Richtung Inklusiver Bildung hat sich der Index für Inklusion international in vielen Einrichtungen bewährt. Er wurde in Zusammenarbeit von Eltern, Kindern und Pädagog/innen in England konzipiert, im Jahr 2000 in seiner ersten Version für Schulen herausgegeben und inzwischen in über 40 Sprachen übersetzt. Nach der Version für Schulentwicklung (Ainscow und Booth 2000) wurde eine weitere Version für Kindertageseinrichtungen geschrieben (Booth et al. 2007). In deutscher Sprache wurde im Jahr 2011 ein Index für Kommunen herausgegeben, der institutionsübergreifend die vielfältigen Vernetzungen innerhalb regionaler und kommunaler Strukturen und Verwaltungsebenen im Sinne der Leitidee der Inklusion anregt (Montag Stiftung Jugend und Gesellschaft 2011). Der „Kommunale Index für Inklusion" wurde in einer zweijährigen Entstehungsphase mit der Beteiligung von Pilotkommunen geschrieben und soll „die Gestaltung inklusiver Lebenswelten für und mit vielen Menschen im Gemeinwesen unterstützen" (ebd., S. 7). Als Praxishandbuch will es viele Menschen für die Beteiligung an Inklusiven Prozessen gewinnen. Dabei stellt es Fragen, die Dialoge und Reflexionen für kommunalpolitisches Arbeiten anregen sollen. Die in unmittelbarer Nachbarschaft beginnenden Aktivitäten zeigen den Zusammenhang von lokalem und globalem Denken, Handeln und Wirken (vgl. Montag Stiftung Jugend und Gesellschaft 2011, S. 27). Neben dem Fragenkatalog liefert das Buch Beispiele aus der kommunalen Praxis. Von Eitorf (NRW) bis Wiener Neudorf (Österreich) stellen Pilotkommunen aus dem deutschsprachigen Raum Projekte und Erfahrungen auf dem Weg zu „inklusiven Bildungslandschaften" vor: Mit unterschiedlichen Methoden, wie z. B. der Zukunftswerkstatt werden Modelle von visionären Wohn- und Lebensräumen entworfen, Vorhaben wie autofreie Sonntage, Dialogrunden, Busverbindungen, ein gemeinsamer Garten, Soziallotsen geplant und ganz konkrete Ziele vereinbart, wie z. B.: Jedes Kind in unserer Kommune soll schwimmen lernen (Eitorf).

Die Notwendigkeit der kommunalen Vernetzung hatte sich im Rahmen vieler Qualitätsentwicklungsprozesse in einzelnen Institutionen während der letzten Jahre gezeigt. Im Raum Köln/Bonn arbeiten um die 30 Schulen mit dem Index für Inklusion; sie werden von ausgebildeten Prozessbegleiter/innen durch die Montag Stiftung Jugend und Gesellschaft begleitet mit dem Ziel, längerfristig die Qualitätsentwicklung selbständig weiter zu führen (vgl. Brokamp und Platte 2010). Zunehmend melden auch Kindertageseinrichtungen und Einrichtungen non-formaler Bildung (z. B. in Jugendmusikschulen) Bedarf an Begleitung an.

Inklusive Bildung als pädagogische Leitidee fordert auch die Hochschulen als Institutionen der akademischen Aus- und Weiterbildung. Diese sollten dabei nicht nur Orte der Vermittlung inhaltlicher und pädagogischer Kompetenzen für die Gestaltung inklusiver Bildungsprozesse sein, sondern hochschuldidaktische Entscheidungen inklusiv umsetzen und damit zu exemplarischen Orten der Gestaltung inklusiver Kulturen, Strukturen und Praktiken werden. Die Qualitätsentwicklung könnte hier begleitet werden z. B. durch ein „Hinterfragen" von Gremien (Fakultätsrat, Institute, Seminare) mit Fragen des Index für Inklusion oder ein Überprüfen von Hochschul- und Fakultätsentwicklungsplänen mit dem o. g. Rahmen des 4-A-Scheme. Die Verantwortung von Hochschulen im Prozess der Realisierung liegt auf der Hand, verstehen wir sie „... nicht als Ort abstrakter Reflexion, sondern als in Bewegung begriffener Ort, der die keimhaften Zukunftsimpulse der Praxis verdichtet und in die Wirklichkeit hineinbringen hilft. Kurz: Universitäten als Geburtsort und ‚Landestation' für das ‚In-die-Welt-Kommen' des Neuen." (Käufer und Scharmer 2000, S. 4). Im Rahmen der Entwicklung in Richtung einer zukunftsorientierten Leitidee liegt die Aufgabe, Zukunftsimpulse „in die Wirklichkeit" zu bringen, vor allem auch bei den Hochschulen (vgl. Lyra und Platte 2009; Platte und Schulz 2011). Das verlangt auch hier die Veränderung hochschulinterner Strukturen, Inhalte und Haltungen. Akademische Einrichtungen als „Geburtsorte" mit Vorreitercharakter müssten z. B. den Nachteilsausgleich für Studierende mit Behinderungen und chronischen Krankheiten garantieren, unterschiedliche Ausgangslagen durch strukturelle Flexibilität berücksichtigen (z. B. Bedingungen an Studierende mit Kind anpassen) und die Partizipation Studierender an der Gestaltung gewählter Studiengänge fordern. Eine Hochschule, die sich diesen Aufgaben konsequent stellt, würde sich nicht nur durch ein hochaktuelles Thema in

Forschung und Lehre profilieren, sondern zudem Multiplikator/innen in diesem ausbilden. Es liegt in der Verantwortung des Systems/der Bildungseinrichtung, durch Veränderung und Anpassung (adaptability) jede/n einzelne/n Lernende/n in ihrer/seiner Bildungslaufbahn bestmöglich zu unterstützen – von der Kinderkrippe bis zur Hochschule.

Inklusive Bildung bedeutet Partizipation (Zugang 5) Die oben geforderte Qualitätsentwicklung gestaltet sich in Partizipation aller Beteiligten. Das sind je nach Einrichtung Kinder, Jugendliche, Eltern, Studierende, pädagogisches, technisches, hauswirtschaftliches und weiteres Personal. „Partizipation ist im Sinne des Index für Inklusion mehr als Teilhabe oder Teilnahme. Es ist aktives gemeinsames Entwickeln, Entscheiden, Gestalten – ein kooperativer, kreativer Prozess. Dazu bedarf es Kommunikationsformen auf Augenhöhe…" (Boban und Hinz 2009, S. 243). In Schulentwicklungsprozessen zeigen sich erfahrungsgemäß Vorbehalte gegenüber der Beteiligung vor allem jüngerer Kinder.

Häufig kann gleichzeitig auf bestehende Strukturen zurückgegriffen werden, so z. B. auf Klassenrat oder Kinderparlament. Werden gemeinsame Arbeitsformen gefunden, so erweist sich vor allem die Perspektive von Kindern als interessant und gewinnbringend. Ein Beispiel: Zum Einstieg in einen Prozesses in der Grundschule waren Schüler/innenvertreter/innen aufgefordert, ihre Schule zu beschreiben und u. a. die Frage zu bearbeiten: „Was glaubst du, wann du besonders gut lernen kannst?" Die spontane Antwort einer Schülerin (Klasse 3) war fast eher einleuchtend als überraschend: „Wenn die Lehrerin nicht so viel redet." Interessant war bei der weiteren Bearbeitung dieser Frage die Deutlichkeit der Perspektiven, in der die scheinbaren Zuständigkeiten der jeweils Beteiligten zum Ausdruck kamen: Die Schüler/innen nannten als lernförderliche Begriffe eine geregelte Lautstärke („wenn es leise ist"), Spaß am Lernen und freundliche Lehrer/innen. Das Lehrer/innenkollegium sammelte Begriffe wie „Methodenvielfalt, Differenzierung, gut ausgestattete Räume, Arbeitsmaterial" aus einer deutlich didaktisch-methodischen Perspektive. Auf den Plakaten der Eltern war zu lesen „ausgeschlafen, satt". So zeigte sich das Zusammenspiel von Ansprüchen, aber auch Zuständigkeiten, für ein erfolgreiches Lernen aus unterschiedlichen Perspektiven.

Partizipation ist auch ein zentrales Anliegen der oben beschriebenen KRK und BRK. Für die Umsetzung der Kinderrechte entwickelte Materialien, Dokumente und Methoden (z. B. Meendermann 2008) können in partizipativen Prozessen eingesetzt werden. Dazu gehört auch der Einsatz leichter Sprache für Menschen mit Lernschwierigkeiten (vgl. u. a. Flieger und Schönweise 2011). Im Nationalen Aktionsplan wird in für Kinder verständlicher Sprache formuliert:

Kinder und Jugendliche sollten die Möglichkeit haben, auf politischer Ebene mitwirken zu können, damit ihre Bedürfnisse stärker berücksichtigt werden. Erwachsene müssen sich auch mit Vorstellungen der Kinder und Jugendlichen auseinandersetzen. Kinder und Jugendliche müssen lernen, ihre eigene Meinung auch zu äußern, die Meinung anderer zu achten, Konflikte zu bewältigen und Kompromisse zu finden. Das alles gelingt nur, wenn Kinder und Jugendliche aus unterschiedlichen sozialen und gesellschaftlichen Schichten einbezogen werden. (National Coalition 2009, S. 95)

Inklusive Bildung bedeutet didaktische Fundierung (Zugang 6) Die Umsetzung inklusiver Werte im pädagogischen Alltag zeigt sich in didaktischen und methodischen Entscheidungen. Diese bedürfen nicht notwendigerweise neuer Konzeptionen, sondern der kritischen Reflexion bestehender Lehr- und Lernstrategien und Curricula mit dem Ziel, Barrieren wahrzunehmen, zu beseitigen und dadurch Exklusion in konkreten Bildungssituationen zu verhindern. Eine solche *didaktische Fundierung* Inklusiver Bildung setzt die unter Zugang drei vorgestellten Werte in Handlungen um und gestaltet Momente exemplarischer Praxis. Inklusive Momente schaffen so Realitäten, indem sie die bisher vor allem als zukunftsorientiert beschriebene Vision Inklusiver Bildung in die Gegenwart holen, und darüber hinaus Vorbilder gelungener Praxis sind. Folgende Orientierungshilfen können dabei unterstützen:

Der Index für Inklusion fokussiert mit seiner dritten Dimension „Inklusive Praktiken entwickeln" Indikatoren für die Organisation inklusiver Lernarrangements und darunter zu stellende Fragen (vgl. Hinz und Boban 2003, S. 81 ff.). Die folgenden Fragen sind der ersten Ausgabe für Schulen entnommen:

- Der Unterricht entwickelt ein positives Verständnis von Unterschieden (C.1.3): Werden die Stärken jeder Person innerhalb der Lerngruppe bekannt gemacht und wirksam? (C.1.3.3)
- Die SchülerInnen sind Subjekte ihres eigenen Lernens (C.1.4): Besteht Vertrauen in die Lernfähigkeit und den Lernwillen aller SchülerInnen? (C.1.4.1) Wird mit den SchülerInnen darüber beraten, welche Unterstützung sie brauchen? (C.1.4.14)
- Die Unterschiedlichkeit der SchülerInnen wird als Chance für das Lernen genutzt (C.2.1): Gibt es Gelegenheiten zu gegenseitiger Unterstützung von Lernenden unterschiedlicher Jahrgänge (C.2.1.4)

In der dritten englischsprachigen Auflage wird der Index für Inklusion um Vorschläge für ein Inklusives Curriculum erweitert. Booth und Ainscow (2011) stellen dem traditionellen Curriculum ein „global Rights-based Curriculum" gegenüber und ergänzen die Dimension C (Evolving Inclusive Practices) um entsprechende Fragen:

> Do children learn about the effects of climate on food growing? (C.1.1, a. a. O.: 123). Do children explore demands for fresh water? (C.1.2, a. a. O.: 127). Do children consider how dialogue depends on equalizing power between speakers and listeners? (C.1.10, a. a. O.: 149)

Auch die Leitlinien für die Bildungspolitik der Deutschen UNESCO Kommission fordern als eines von fünf Handlungsfeldern die Entwicklung inklusiver Curricula: „Ein inklusives Curriculum spricht die kognitive, emotionale, soziale und kreative Entwicklung eines Kindes an. Es basiert auf den vier Säulen der Bildung des 21. Jahrhunderts – Lernen, Wissen zu erwerben, Lernen zu handeln, Lernen, zusammenzuleben und Lernen für das Leben." (DUK 2009, S. 18). Als Leitfragen für inklusive Curricula werden hier u. a. vorgeschlagen:

- Werden Prinzipien wie Anti-Diskriminierung, Wertschätzung von Vielfalt und Toleranz durch das Curriculum gefördert?
- Sind Menschenrechte und Kinderrechte Teil des Curriculums?
- Ist das Curriculum inklusiv für alle Kinder?
- Erlaubt das Curriculum Variationen bei den Arbeitsmethoden? (vgl. ebd.)

In der *Vorurteilsbewussten Erziehung und Bildung*, die im Projekt Kinderwelten (vgl. Wagner 2008) in Kindertageseinrichtungen erprobt wird, geht es darum, Unterschiede auf der Grundlage von Gemeinsamkeiten bewusst und aktiv zu erleben und zum Thema zu machen. Die Erfahrung von Verschiedenheit soll Empathie und Respekt für Vielfalt entwickeln. Dies wird z. B. praktiziert in Gesprächen über Familienformen, im bewussten Einsatz der in einer Einrichtung vertretenen Sprachenvielfalt, im Sichtbarmachen individueller Fähigkeiten („das können wir schon"). Vorurteilsbewusste Arbeit übt die Sensibilisierung für Einseitigkeiten und Diskriminierung und entwickelt Methoden zur Vermeidung von Vor-Vorurteilen bei kleinen Kindern. Die Wahrnehmung der Vielfalt von „Kinderwelten" kann die Entwicklung inklusiver Werte und deren Umsetzung in Bildungseinrichtungen unterstützen.

Orientierungspunkte für eine inklusive Didaktik sind in der Allgemeinen Pädagogik, in der Integrations- und Sonderpädagogik und in der Multikulturellen Pädagogik zu finden (vgl. Prengel 1993; Feuser 1989; Klafki 1985; Seitz 2005). Ein zusätzliches Merkmal inklusiver Didaktik ist das Erkennen der Mehrperspektivität von Inhalten, die durch unterschiedliche Lernstrategien, Wahrnehmungsweisen, Entwicklungsniveaus, sozial-kulturell-sprachliche Zugänge deutlich wird. Die Notwendigkeit, Perspektiven zu erweitern und zu wechseln lässt die Vielseitigkeit des einzelnen (Lern)Gegenstandes erfahren. Die dadurch gezwungenermaßen komplexe Auseinandersetzung mit einem Inhalt kann zu dessen Grundstruktur oder elementarem Kern und damit zum Erkennen eines „Wesentlichen" führen. In einer „didaktischen Auffächerung" wird die einfache, alles zu verbinden scheinende Grundstruktur eines Gegenstandes ebenso deutlich wie seine zugleich vielfachen unterschiedlichen Facetten (vgl. Platte 2005, 2010).

Weitere Impulse zur Gestaltung inklusiver Momente im pädagogischen Alltag gibt ein Forschungsprojekt aus Trondheim, Norwegen: Als Ergebnis aus Beobachtungen und Befragungen von Kolleg/innen in „inklusiven" Einrichtungen stellte Moen (2004) fünf Indikatoren oder Werkzeuge (Tools) zusammen, an denen sich das Gelingen inklusiver Spiel- und Lernsituationen erkennen lässt. Bewusst wurden für das Projekt nur Klassen und/oder Lerngruppen ausgewählt, die für sich inklusives Lernen als gelungen bezeichneten – Beispiele für gute Praxis. Zusammengetragen wurden fünf Begriffe zum Erkennen inklusiver Aktivitäten und Momente in Spiel- und Lernprozessen:

- Membership – Mitgliedschaft, Dazugehörigkeit
- Mastery – Kompetenz, Beteiligung als Experte oder Expertin
- Togetherness – Gemeinschaft, Gemeinsamkeit
- Involvement – Beteiligung, Verbundenheit, Engagement
- Learning – Lernen.

Diese Indikatoren lassen sich auf inklusive Werte an sich beziehen (Gleichwertigkeit, Teilhabe, Gemeinschaft) und zeigen darüber hinaus, wodurch diese umgesetzt werden können: Durch die Möglichkeit von Engagement und Verantwortungsübernahme an gemeinsamen Bildungsprozessen (Involvement), durch Gelegenheiten, sich als Expert/in zu erweisen und durch das Wissen um persönliche Weiterentwicklung, um Lernen. Diese Attribute gehen deutlich über „Dabeisein" hinaus und verdeutlichen die Qualität, die inklusive Bildung verlangt.

Im Bezug zu den vier Strukturelementen menschenrechtsorientierter Bildung (4-A-Scheme) illustrieren sie das dritte und vierte „A", accessability und adaptability und verweisen damit auf Rechte *in* Erziehung und Bildung, die auf dem Recht *auf* Bildung fußen (s. o.). Inklusive Bildung verlangt mehr als den Zugang zu Bildung (-seinrichtungen), mehr als Dabeisein und Gemeinsamkeit. Es geht um die bestmögliche Entwicklung eines, einer jeden Einzelnen an gemeinschaftlichen Bildungs- und Gestaltungsprozessen, um den Wert individueller Beiträge zum Ganzen.

Die sechs vorgestellten Zugänge bewegen sich vom „großen" international-globalen Rahmen und Hintergrund einer Leitidee hin zu deren Umsetzung im „kleinen" konkreten pädagogischen Feld und Alltag. Wichtig ist mir besonders die Verdeutlichung des internationalen Kontextes vor dem globalen Hintergrund der Allgemeinen Erklärung der Menschenrechte. Damit geht es hier um Vereinbarungen der Weltgemeinschaft – nicht etwa um nationalstaatlich verordnete Vorgaben. Vielmehr ist darauf zu achten, dass letztere nicht den hohen Anspruch auf Qualität, der hier angestrebt wird, vermissen lassen. Von den sechs Zugängen mögen die ersten drei als Charakteristika der internationalen Leitidee gelten, der vierte, fünfte und sechste pädagogische Herausforderungen beschreiben, die einen Weg zur Inklusiven Bildung eröffnen.

Literatur

Ainscow M (2009) Das Entwickeln von inklusiven Bildungssystemen: Was sind die Mittel für einen Wandel? In: Heimlich U, Behr I (Hrsg) Inklusion in der frühen Kindheit. Internationale Perspektiven. LIT, Berlin, S 67–84

Bielefeldt H (2009) Zum Innovationspotential der UN-Behindertenrechtskonvention. Deutsches Institut für Menschenrechte, Berlin

Bielefeldt H, Seidensticker F (2006) Vorwort. In: Motakef M (Hrsg) Das Menschenrecht auf Bildung und der Schutz vor Diskriminierung. Deutsches Institut für Menschenrecht, Berlin, S 5

Boban, I, Hinz, A (2003) Der Index für Inkusion. Lernen und Teilhabe in der Schule der Vielfalt entwickeln. Halle: Martin-Luther-Universität Halle-Wittenberg

Booth T (2008) Eine internationale Perspektive auf inklusive Bildung: Werte für alle? In: Hinz A, Körner I, Niehoff U (Hrsg) Von der Integration zur Inklusion: Grundlagen – Perspektiven – Praxis. Lebenshilfe, Marburg, S 53–73

Booth T, Ainscow, M (Hrsg) (2000) Index for inclusion. Developing learning and participation in schools. CSIE, Bristol

Booth T, Ainscow M (2011) Index for inclusion. Developing learning and participation in schools (Third edition and substantially revised and expanded). Centre for Studies on Inclusive Education (CSIE), Bristol

Booth T, Ainscow M, Kingston D (2005) Index für Inklusion (Tageseinrichtungen für Kinder) Spiel, Lernen und Partizipation in der inklusiven Kindertageseinrichtung entwickeln (2. Aufl. Frankfurt a. M. 2007). Peter Lang GmbH, Frankfurt a. M.

Brokamp B, Platte A (2010) Vielfalt gestalten. Eine regionale Bildungsinitiative als Wegweiser für Kindertageseinrichtungen, Schulen und Kommunen in Richtung Inklusion. In: Schneider L (Hrsg) Gelingende Schulen. Schneider Verlag Hohengehren, Baltmannsweiler, S 139–148

Bundesministerium für Familie, Senioren, Frauen und Jugend (2005) Zwölfter Kinder- und Jugendbericht. Bericht über die Lebenssituation junger Menschen und die Leistungen der Kinder- und Jugendhilfe in Deutschland. München. http://www.bmfsfj.de/doku/kjb/data/haupt.html. Zugegriffen: 02. Jan. 2012

Degener T (2009) Die neue UN-Behindertenrechtskonvention aus der Perspektive der Disability Studies. Behindertenpädagogik (48)3, 263–283

Deutsche UNESCO-Kommission (DUK) (2009) Inklusion: Leitlinien für die Bildungspolitik. DUK, Bonn

Feuser G (1989) Allgemeine integrative Pädagogik und Entwicklungslogische Didaktik. Behindertenpädagogik (28)3, 4–48
Flieger P, Schönweise V (Hrsg) (2011) Menschenrechte Integration Inklusion. Klinkhardt, Bad Heilbrunn
Hinz A (2009) Inklusive Pädagogik in der Schule. – veränderter Orientierungsrahmen für die schulische Sonderpädagogik!? Oder doch deren Ende? Z Heilpädag 5:171–179
Hinz R, Walthes R (Hrsg) (2009) Heterogenität in der Grundschule. Beltz, Weinheim
Hinz A, Körner I, Niehoff U (Hrsg) (2010) Auf dem Weg zu einer Schule für alle. Barrieren überwinden – inklusive Pädagogik entwickeln. Lebenshilfe, Marburg
Horkheimer M (1953) Begriff der Bildung. In: Horkheimer M (Hrsg) Gegenwärtige Probleme der Universität. Frankfurter Universitätsreden Heft 8. Vittorio Klostermann, Frankfurt a. M., S 14–23
Hövel W (2011) Eigenverantwortliches Lernen und Inklusion an der Grundschule Harmonie. In: Buchmann U et al (Hrsg) (2011) Internationale Perspektiven der Subjektentwicklungs- und Inklusionsforschung. G.A.F.B, Frankfurt a. M., S 112–130
Käufer K, Scharmer CO (2000) Universität als Schauplatz für den unternehmenden Menschen. Hochschulen als Landestationen für das In-die-Welt-Kommen des Neuen. In: Laske S, Scheytt T, Meister-Scheytt C, Scharmer CO, Hampp R (Hrsg) (2004) Universität im 21. Jahrhundert. Zur Interdependenz von Begriff und Organisation der Wissenschaft. Rainer Hampp, Mering, S 109–134
Klafki W (1985) Studien zur Bildungstheorie und Didaktik. Beltz, Weinheim
Köpcke-Duttler A (2009) Die neue Konvention stärkt das Recht auf Bildung aller Menschen! In: Zeitschrift für Inklusion 2/200. http://www.inklusion-online.net/index.php/inklusion/article/view/33/40. Zugegriffen:31. Dez. 2011
Largo R (2000) Kinderjahre. Piper Verlag GmbH, München (17. Auflage 2009)
Lyra O, Platte A (2009) Der Index für Inklusion und die Theorie U: Landkarten von Aufmerksamkeitsfeldern. In: Jerg J, Merz-Atalik K, Thümmler R, Thiemann H (Hrsg) Perspektiven auf Entgrenzung. Erfahrungen und Entwicklungsprozesse im Kontext von Inklusion und Integration. Klinkhardt, Bad Heilbrunn, S 229–234
Meendermann K (2008) Kinderrechte – Menschenrechte. In: Bundeszentrale für Politische Bildung (bpp) (Hrsg) Demokratie verstehen lernen. bpp, Bonn
Moen T (2004): „Kids need to be seen". A narrative study of a teacher's inclusive education. Norwegian University of Science and Technology, Trondheim
Moen T (2010) Ann's Inclusive Practice. Unveröffentlichter Vortrag an der Universität Trondheim
Montag Stiftung Jugend und Gesellschaft (2011) Inklusion vor Ort. Der Kommunale Index für Inklusion – ein Praxishandbuch. Eigenverlag des Vereins für öffentliche und private Fürsorge e. V., Berlin
Motakef M (2006) Das Menschenrecht auf Bildung und der Schutz vor Diskriminierung. Eine Studie über Exklusionsrisiken und Inklusionschancen im deutschen Bildungssystem. Deutsches Institut für Menschenrechte, Berlin
Munoz V (2007) Bericht des Sonderberichterstatters für das Recht auf Bildung. Deutschlandbesuch 13.–21.06.2006. http://www.netzwerk-bildungsfreiheit.de/pdf/Mission_on_Germany_DE.pdf. Zugegriffen: 31. Dez. 2011
Munoz V (2009) Vortrag zum Recht auf Bildung im Juni 2009 in Oldenburg. http://munoz.uri-text.de/VernorMunoz7teJuni09_OL_deutscheUebersetzung.pdf

Munoz V (2011) Vorwort. In: Geiger G (Hrsg) Kinderrechte sind Menschenrechte! Kinderrechte in Deutschland. Verlag Barbara Budrich, Opladen, S 7–9

National Coalition für die Umsetzung der UN-Kinderrechtskonvention in Deutschland c/o AGJ (2009) Nationaler Aktionsplan 2009

Platte A (2005) Schulische Lebens- und Lernwelten gestalten. Didaktische Fundierung inklusiver Bildungsprozesse. MV Wissenschaft, Münster

Platte A (2008) Inklusive Bildungsprozesse: Teilhabe am Lernen und Lehren in einer Schule für alle. In: Rihm T (Hrsg) Teilhaben an Schule. Zu den Chancen wirksamer Einflussnahme auf Schulentwicklung. VS-Verlag, Wiesbaden, S 39–52

Platte A (2010) Inklusiver Unterricht – eine didaktische Herausforderung. In: Hinz A, Körner I, Niehoff U (Hrsg) Auf dem Weg zu einer Schule für alle. Barrieren überwinden – inklusive Pädagogik entwickeln. Lebenshilfe, Marburg

Platte A, Schulz C (2011) Inklusive Bildung an der Hochschule – Impulse für LehrerInnenbildung und Soziale Arbeit. In: Flieger P, Schönweise V (Hrsg) Menschenrechte Integration Inklusion. Klinkhardt, Bad Heilbrunn, S 245–254

Prengel A (1993) Pädagogik der Vielfalt. Leske & Budrich, Opladen

Seitz S (2005) Zeit für inklusiven Sachunterricht. Schneider Verlag Hohengehren, Baltmannsweiler

Senge PM (2003) Die fünfte Disziplin. Kunst und Praxis der lernenden Organisation, 9. Aufl. Klett-Cotta, Stuttgart

Stähling R (2009) „Du gehörst zu uns" – Inklusive Grundschule. Schneider Verlag Hohengehren, Baltmannsweiler

Tomasewski K (2000) Human rights obligations: Making education available, accessable, acceptable and adaptable. In: Right to Education Primor No. 3. Goteburg: Novum Grafiska AB. http://www.vpod-bildungspolitik.ch/pdf/rte_03.pdf. Zugegriffen: 30. Dez. 2011

UNESCO & Ministery of Education and Science Spain (1994) The Salamanca Statement on Principles, Policy and Practise in Special Needs Education. Paris

United Nation (1966). Internationaler Pakt über wirtschaftliche, soziale und kulturelle Rechte. Abgeschlossen in New York am 16. Dezember 1966

United Nations (1989) Übereinkommen über die Rechte des Kindes. http://www.national-coalition.de/pdf/UN-Kinderrechtskonvention.pdf

United Nations (2006) Convention on the Rights of Persons with Disabilities. http://www2.ohchr.org/english/law/disabilities-convention.htm. Zugegriffen: 06. März 2011

UNITED Nations (2009) Übereinkommen über die Recht von Menschen mit Behinderungen. http://www.institut-fuer-menschenrechte.de/fileadmin/user_upload/PDF-Dateien/Pakte_Konventionen/CRPD_behindertenrechtskonvention/crpd_de.pdf. Zugegriffen: 06. März 2011

Wagner P (Hrsg) (2008) Handbuch Kinderwelten. Herder, Freiburg

Zeh J (2005) Vorwort. In: Büchergilde Gutenberg (Hrsg) Allgemeine Erklärung der Menschenrechte. Büchergilde Gutenberg, Frankfurt a. M.

Inklusion und Exklusion – die Folgen für den Gesundheitszustand

Andreas Mielck

1 Das Thema „Soziale Ungleichheit und Gesundheit"

In letzter Zeit häufen sich in Deutschland nicht nur die Armutsberichte, sondern auch die Berichte über den Zusammenhang zwischen der sozialen Ungleichheit einerseits und dem Gesundheitszustand andererseits. In einer kaum mehr überschaubaren Vielzahl von Arbeiten ist immer wieder gezeigt worden, dass Personen mit niedrigem sozialen Status zumeist einen besonders schlechten Gesundheitszustand aufweisen, dass sie kränker sind und früher sterben als Personen mit höherem sozialen Status (Mielck 2005; Richter und Hurrelmann 2009).

Der Zusammenhang zwischen dem sozialen Status und dem Gesundheitszustand wird im deutschen Sprachraum zumeist als „gesundheitliche Ungleichheit" bezeichnet. Auf Englisch wird zwischen den Begriffen „health inequality" und „health inequity" unterschieden. „Health inequality" ist der allgemeinere Begriff, der alle sozialen Unterschiede im Gesundheitszustand umfasst. Der Begriff „health inequity" hat dagegen eine wertende, normative Komponente; er wird zur Beschreibung der „ungerechten" bzw. „unfairen" Unterschiede verwendet. Mit anderen Worten: Nur die „health inequalities" erzeugen einen (gesundheits-)politischen Handlungsdruck, die als „health inequities" angesehen werden. Eine vergleichbare sprachliche Differenzierung hat sich im deutschen Sprachraum nicht herausgebildet. Die Unterschiede in Mortalität und Morbidität nach Bildung, beruflicher Stellung und Einkommen sind jedoch so groß, dass auch in Deutschland immer mehr zur Verringerung dieser gesundheitlichen Ungleichheit unternommen wird. In diesem Sinne handelt es sich hier also um „health inequities".

A. Mielck (✉)
Helmholtz Zentrum München, Neuherberg, Deutschland
E-Mail: mielck@helmholtz-muenchen.de

H-J. Balz et al. (Hrsg.), *Soziale Inklusion*, DOI 10.1007/978-3-531-19115-7_9,

© VS Verlag für Sozialwissenschaften | Springer Fachmedien Wiesbaden 2012

Im Alltagsverständnis werden unter dem Begriff „soziale Ungleichheit" zumeist Unterschiede nach Bildung, beruflicher Stellung und Einkommen verstanden. Etwas präziser formuliert handelt es sich hierbei um Merkmale der „vertikalen" sozialen Ungleichheit. Der Zusatz „vertikal" soll dabei ausdrücken, dass diese Merkmale eine Unterteilung der Bevölkerung in „Oben und Unten" ermöglichen. Es besteht weitgehend Einigkeit darin, dass sich die vertikale soziale Ungleichheit mit Hilfe der drei oben genannten Merkmale (Bildung, berufliche Stellung, Einkommen) gut erfassen lässt. Ein besonderes Gewicht kommt dabei dem Einkommen zu, weil die (Einkommens-)Armut häufig als der zentrale Indikator für die vertikale soziale Ungleichheit angesehen wird. Die Bevölkerung lässt sich auch mit Hilfe von Merkmalen wie Alter, Geschlecht und Nationalität in Gruppen unterteilen, und auch zwischen diesen Gruppen kann soziale Ungleichheit bestehen. Die Grenzen zwischen diesen Gruppen verlaufen sozusagen quer zu den Grenzen der vertikalen sozialen Ungleichheit. Es wird daher auch von „horizontaler" sozialer Ungleichheit gesprochen. Der Beitrag konzentriert sich jedoch vor allem auf die vertikale soziale Ungleichheit.

Im Folgenden wird zunächst dargestellt, welche Ergebnisse zum Thema „soziale und gesundheitliche Ungleichheit in Deutschland" vorliegen und welcher Handlungsbedarf sich daraus ableiten lässt. Anschließend wird versucht, die Brücke zum Thema soziale Inklusion/Exklusion zu schlagen. Im Mittelpunkt steht hier die Frage, was die Public Health Diskussion über gesundheitliche Ungleichheit und die Diskussion über Inklusion/Exklusion voneinander lernen können. Dieser Brückenschlag wird selten explizit vorgenommen, er kann aber m. E. sehr fruchtbar sein.

1.1 Zentrale Fragestellungen

Im Mittelpunkt stehen hier die folgenden Fragen:

- Wie groß sind die Unterschiede im Gesundheitszustand zwischen den sozialen Statusgruppen (d. h. zwischen den Gruppen, die sich mit Hilfe von Merkmalen wie Bildung, berufliche Stellung und Einkommen unterscheiden lassen)?
- Wie lassen sich diese gesundheitlichen Ungleichheiten erklären?
- Wie können diese gesundheitlichen Ungleichheiten verringert werden?

Bei der Forderung nach Verringerung der gesundheitlichen Ungleichheit stellt sich sofort die Frage, wie das angestrebte Ziel definiert werden kann. Eine Forderung wie „alle Menschen sollen gleich gesund sein und gleich lange leben" ist selbstverständlich wenig sinnvoll. In Anlehnung an die Argumentation des WHO-Regionalbüros für Europa lässt sich das Ziel so formulieren (Mielck 2000, S. 11): „Alle Menschen sollen unabhängig von Ausbildung, beruflichem Status und/oder Einkommen die gleiche Chance erhalten, gesund zu bleiben bzw. zu werden". Diese Zielvorstellung wird oft mit dem Begriff „gesundheitliche Chancengleichheit" umschrieben. Sie wird kaum vollständig zu erreichen sein. Gesucht werden realistische, umsetzbare Vorschläge, die dazu beitragen können, dieses Ziel so weit wie möglich zu erlangen.

1.2 Empirische Ergebnisse zur gesundheitlichen Ungleichheit

Die zahlenmäßige Wiedergabe der Ergebnisse soll einen Eindruck vermitteln von Ausmaß und gesellschaftlicher Bedeutung der Unterschiede. Allgemeine Aussagen wie „die Personen mit niedriger Bildung sterben früher als die Personen mit höherer Bildung" können den Zusammenhang zwar korrekt wiedergeben, sie vermitteln jedoch keinen Eindruck von der Größenordnung des Problems.

1.2.1 Mortalität und Lebenserwartung

In einer Analyse auf Basis von Daten der Gmünder Ersatzkasse (GEK) wurde gezeigt: In einem Beobachtungszeitraum von 5 Jahren ist bei Männern *ohne* berufliche Ausbildung eine ca. doppelt so hohe Mortalität zu sehen wie bei Männern *mit* beruflicher Ausbildung (Lampert et al. 2005, S. 42). Eine Analyse von Daten aus der KORA-Studie in Augsburg geht noch einen Schritt weiter. Hier steht die folgende Frage im Mittelpunkt: Sind die status-spezifischen Unterschiede in der Lebenserwartung bei chronisch Kranken genau so groß wie in der Allgemeinbevölkerung? Einbezogen wurden Patienten mit Diabetes und mit Herzinfarkt. Die Ergebnisse zeigen, dass die status-spezifischen Unterschiede bei ihnen sogar noch etwas größer sind als in der Allgemeinbevölkerung (Perna et al. 2010). Werden die gesundheitlichen Ungleichheiten im Laufe der gesundheitlichen Versorgung chronisch Kranker also eher größer als kleiner? Eine genauere Überprüfung dieser Hypothese steht noch aus.

Das Ausmaß der gesundheitlichen Ungleichheit zeigt sich besonders deutlich bei Analysen zur Lebenserwartung. Zur Beschreibung des sozioökonomischen Status wird dabei zum Beispiel die (Einkommens-)Armut verwendet. Von Lampert et al. (2007) wurden fünf Einkommensgruppen unterschieden (maximal 60 % des durchschnittlichen Einkommens, 61–80 %, 81–100 %, 101–150 %, mehr als 150 %). Die untere Gruppe kann dabei als „arm" und die obere Gruppe als „reich" bezeichnet werden. Die Analysen zeigen, dass die Männer aus der „reichen" Gruppe ca. 10 Jahre länger leben als die Männer aus der „armen" Gruppe. Ein ganz ähnlicher Zusammenhang zeigt sich auch bei Frauen.

1.2.2 Morbidität und Gesundheitszustand

Bundesweit repräsentative und aktuelle Daten zur gesundheitlichen Lage der Erwachsenen in Deutschland liegen aus der Studie „Gesundheit in Deutschland (GEDA)“ vor (RKI 2011). Zwischen Juli 2008 und Juni 2009 wurden ca. 21.000 Männer und Frauen (Alter ab 18 Jahre) telefonisch befragt. Die Analysen zeigen: Die meisten gesundheitlichen Beschwerden treten in der unteren Bildungsgruppe besonders häufig auf. Auf die Frage, wie man den eigenen Gesundheitszustand einschätzt, wird in dieser Gruppe besonders oft mit „schlecht“ geantwortet. Das gleiche Bild zeigt sich bei chronischen Erkrankungen, also zum Beispiel bei Herzkreislaufkrankheiten, Diabetes, Krebs oder chronischen Atemwegserkrankungen: die Prävalenz ist in der unteren Bildungsgruppe zumeist besonders hoch.

Ähnlich ist es auch bei der psychischen Gesundheit. Die Frage, ob man sich in den letzten vier Wochen 14 Tage oder länger seelisch belastet gefühlt hat, wird von den Angehörigen der unteren Bildungsgruppe besonders häufig bejaht. Bei Frauen in der Altersgruppe 30–44 Jahre sind es z. B. 20,1 % in der unteren und 9,1 % in der oberen Bildungsgruppe, bei Männern sind die entsprechenden Unterschiede mit 24,5 versus 4,5 % sogar noch größer (RKI 2011, S. 81). Ein schlechter Gesundheitszustand ist auch und vor allem dann ein Problem, wenn er mit Einschränkungen bei den alltäglichen Aktivitäten verbunden ist. Die Frage, ob man in den letzten sechs Monaten in Folge einer Erkrankung in seinen alltäglichen Aktivitäten „erheblich eingeschränkt“ war, wird von den Erwachsenen mit niedriger Bildung wieder besonders häufig bejaht (RKI 2011, S. 58).

Die Ergebnisse aus der GEDA-Studie werden durch andere Studien vielfach bestätigt. Bei ihrer Auswertung von Daten aus der AOK Mettmann haben Peter und Geyer (1999) die Angaben zur Diagnose „erster Herzinfarkt“ (ICD-9, 410) ausgewertet: Bei den Männern aus der Gruppe „niedrige Ausbildung“ (Haupt- oder Realschule, aber keine abgeschlossene Berufsausbildung) ist das Herzinfarkt-Risiko demnach fast viermal so hoch wie bei den Männern aus der Gruppe „hohe Ausbildung“ (Abitur und/oder Hochschulabschluss). Bei Frauen zeigt sich ein ähnlicher, aber deutlich schwächerer Zusammenhang.

Umfangreiche Daten zur gesundheitlichen Ungleichheit bei Kindern und Jugendlichen lassen sich vor allem den Analysen der KiGGS-Studie entnehmen. An dieser Studie haben bundesweit ca. 17.600 Kinder und Jugendliche im Alter zwischen 0 und 17 Jahren teilgenommen. Die im Bundesgesundheitsblatt publizierte „Basispublikation“ beinhaltet eine Vielzahl von Auswertungen (http://www.kiggs.de; letzter Zugriff am 20.12.2011). Der soziale Status wurde dabei mit Hilfe von Angaben der Eltern zu ihrer schulischen und beruflichen Ausbildung, zu ihrer beruflichen Stellung und zu ihrem Haushaltsnettoeinkommen bestimmt. Die Analysen zeigen zum Beispiel, dass psychische Auffälligkeiten bei den Kindern aus statusniedrigen Familien ca. doppelt so häufig auftreten wie bei den Kindern aus statushohen Familien (Ravens-Sieberer et al. 2007).

1.3 Erklärungsansätze

Der Zusammenhang zwischen Sozialstatus und Gesundheitszustand ist nicht so einfach zu erklären, wie dies zunächst erscheinen mag. Bei großer materieller Armut oder bei Obdachlosigkeit sind die gesundheitlichen Risiken offensichtlich. Aber warum steigt auch bei den Menschen, die nicht hungern oder frieren müssen, das gesundheitliche Risiko mit abnehmendem Einkommen? Der sozio-ökonomische Status wird nicht nur durch das Einkommen, sondern auch durch die Ausbildung und die berufliche Stellung definiert. Wie wirken sich diese Faktoren auf den Gesundheitszustand aus? Welche Rolle spielt dabei unser Gesundheitssystem, d. h. können die sozialen Unterschiede bei den gesundheitlichen Risiken durch unser Gesundheitssystem zumindest teilweise wieder ausgeglichen werden?

Hier wird schon erkennbar, wie komplex die Frage nach den Ursachen der gesundheitlichen Ungleichheit ist. Die Merkmale der vertikalen sozialen Ungleichheit (Bildung, berufliche Stellung, Einkommen) beeinflussen den Gesundheitszustand nicht direkt (wie z. B. das Rauchen). Der Einfluss ist indirekt und wird über weitere Faktoren vermittelt. Über die mit dem Sozialstatus verbundenen Lebensbedingungen und Verhaltensweisen kann es so vielfältige Einflüsse auf den Gesundheitszustand geben, dass es kaum möglich sein wird, alle detailliert zu untersuchen. Die Liste der gesundheitsrelevanten Lebensbedingungen und Verhaltensweisen ist nahezu unendlich lang, zumal sie auch die Belastungen und Ressourcen aus der Vergangenheit erfassen sollte. Die meisten Krankheiten weisen eine lange Entstehungsgeschichte auf, und die Sozialisation übt einen prägenden Einfluss auf das Gesundheitsverhalten aus. Die früheren Lebensbedingungen können daher nicht außer Acht gelassen werden. Da sich Lebensbedingungen und Verhaltensweisen zudem in vielfältiger Weise gegenseitig beeinflussen, wird das „Knäuel" der möglichen Ursachen nahezu unentwirrbar.

Eine vollständige Erklärung der status-spezifischen Unterschiede bei Morbidität und Mortalität ist daher kaum möglich, und vermutlich ist sie auch gar nicht notwendig. Wichtig ist hier nicht die lückenlose wissenschaftliche Aufklärung komplexer Zusammenhänge, sondern die Beantwortung von zwei eher pragmatischen Fragen: Soll die gesundheitliche Ungleichheit verringert werden? Und wenn ja: Wie kann sie verringert werden? Die erste Frage lässt sich schnell beantworten, sowohl Public Health Wissenschaftler als auch viele (gesundheits-)politischen Akteure fordern immer wieder die Verringerung der gesundheitlichen Ungleichheit.

Die Frage nach dem „Wie“ wird dagegen sehr unterschiedlich beantwortet, auch weil das Wissen über die Ursachen der gesundheitlichen Ungleichheit noch immer sehr lückenhaft ist.

1.3.1 Zentrale Hypothesen

Die Diskussion dreht sich hier um die beiden folgenden zentralen Hypothesen:

- Der sozio-ökonomische Status beeinflusst den Gesundheitszustand (plakativ formuliert: „Armut macht krank“).
- Der Gesundheitszustand beeinflusst den sozio-ökonomischen Status (plakativ formuliert: „Krankheit macht arm“).

Dabei konzentriert sich die Diskussion in Deutschland zumeist auf die erste Hypothese. Selbstverständlich kann auch in Deutschland eine Erkrankung zu Einkommensverlusten, Arbeitslosigkeit und hohen Ausgaben für die gesundheitliche Versorgung führen. Bisher werden diese Zusammenhänge jedoch kaum untersucht.

Entsprechend der ersten Hypothese wird versucht, mit einer Vielzahl von Variablen den Einfluss des sozio-ökonomischen Status auf den Gesundheitszustand zu erklären. Dabei lassen sich die folgenden Ansätze unterscheiden:

- gesundheitsgefährdendes Verhalten (Rauchen, Mangel an sportlicher Betätigung, ungesunde Ernährung, hoher Alkoholkonsum etc.)
- durch das Gesundheitsverhalten beeinflussbare Risikofaktoren (Übergewicht, Bluthochdruck, Hypercholesterinämie etc.)
- physische und psychische Arbeitsbelastungen (körperlich schwere Arbeit, Lärm, Eintönigkeit, geringe Möglichkeit des Mitentscheidens etc.)
- belastende Wohnbedingungen (Größe und Ausstattung der Wohnung, Umweltbelastungen wie Lärm und Luftverschmutzung etc.)
- soziale Unterstützung
- Vorsorge-Verhalten (Teilnahme an Vorsorge- und Früherkennungsuntersuchungen)
- gesundheitliche Versorgung (gesundheitliche Aufklärung, Facharzt-Besuche, medikamentöse Kontrolle des hohen Blutdrucks etc.)

Es gibt somit ein breites Spektrum unterschiedlicher Erklärungsansätze (Mielck 2000, 2005), und die komplexen wechselseitigen Beziehungen zwischen diesen Ansätzen sind bisher erst ansatzweise erfasst worden. Noch fehlt die Integration dieser Ansätze in ein gemeinsames theoretisches Modell. Es ist aber schon wiederholt versucht worden, die Grundzüge eines derartigen Modells zu entwickeln. In der

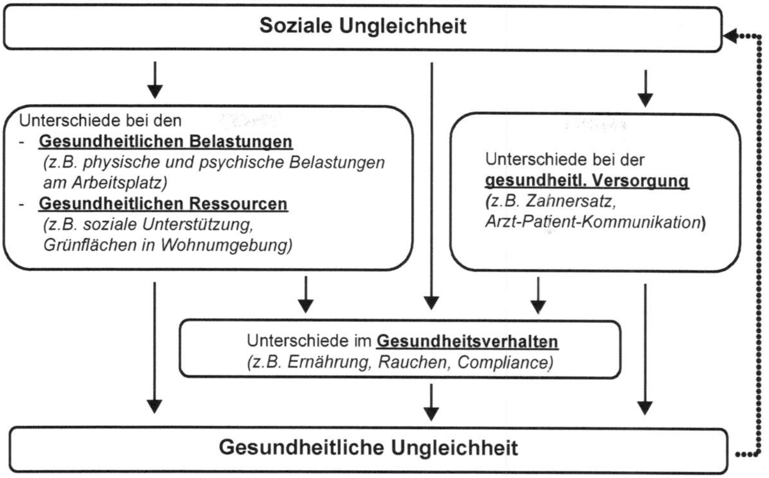

Abb. 1 Modell zur Erklärung der gesundheitlichen Ungleichheit. (Quelle: Mielck 2005)

Diskussion ist auch deutlich geworden, dass es nicht nur um die objektiven Belastungen eines Menschen geht, sondern auch um seine Möglichkeiten, mit diesen Belastungen umzugehen. Auffallend ist ebenfalls, dass dem individuellen Gesundheitsverhalten eine zwar wichtige, aber keine dominierende Rolle zuerkannt wird (vor allem durch Betonung der Abhängigkeit des Gesundheitsverhaltens von den Lebensbedingungen). Offenbar besteht auch weitgehend Einigkeit darüber, dass bei der gesundheitlichen Versorgung status-spezifische Unterschiede vorhanden sein können.

Mit verschiedenen graphischen Modellen wird versucht, die Diskussion übersichtlicher zu gestalten, zu bündeln und einige zentrale Aussagen zu betonen. In diesem Sinne ist vom Verfasser vor einigen Jahren ein einfaches Modell vorgestellt worden, welches seitdem häufig verwendet wird (Abb. 1). Es soll vor allem folgende Aussagen hervorheben: a) Das Gesundheitsverhalten (z. B. Rauchen) wird maßgeblich geprägt durch die Lebensverhältnisse, durch das Zusammenwirken von Belastungen und Ressourcen. b) Die Lebensverhältnisse beeinflussen den Gesundheitszustand direkt und über das Gesundheitsverhalten auch indirekt. Maßnahmen zur Verringerung der gesundheitlichen Ungleichheit sind daher vor allem dann erfolgversprechend, wenn sie bei den Lebensverhältnissen ansetzen. c) Berücksichtigt werden müssen auch die Unterschiede in der gesundheitlichen Versorgung. Sie können vorhanden sein beim Versorgungsangebot (z. B. durch Unterschiede zwischen der gesetzlichen und der privaten Krankenversicherung), bei der Inanspruchnahme (z. B. durch finanzielle Barrieren in Form von Zuzahlungen) und bei der Qualität (z. B. durch Art und Dauer des Arzt-Patienten-Gespräches). d) Die kausale Richtung „Armut macht krank“ (vgl. die nach unten gerichteten Pfeile) ist für die Erklärung der gesundheitlichen Ungleichheit wichtiger als die umgekehrte kausale Richtung „Krankheit macht arm“ (vgl. den nach oben gerichteten gepunkteten Pfeil).

1.3.2 Empirische Ergebnisse zu Risikofaktoren und Ressourcen

Einige der in diesem Modell postulierten Zusammenhänge konnten empirisch bereits gut belegt werden (Mielck 2005; Richter und Hurrelmann 2009). Die meisten Ergebnisse über soziale Unterschiede bei gesundheitlichen Risiken liegen zu den folgenden Themen vor: Rauchen, Übergewicht, Bluthochdruck, Hypercholesterinämie, Mangel an sportlicher Betätigung. Die Betonung dieser fünf Themen basiert vor allem auf ihrer Bedeutung für die Entwicklung kardiovaskulärer Erkrankungen. Gemeinsam ist ihnen auch die enge Verbindung zum individuellen Gesundheitsverhalten. Die oben zu Beginn des Kapitels „Morbidität und Gesundheitszustand“ bereits erwähnte Studie „Gesundheit in Deutschland (GEDA) “ konnte das schon vorher häufig festgestellte Ergebnis erneut bestätigen: Die gesundheitlichen Belastungen durch Rauchen, Adipositas und wenig sportliche Aktivität sind in der unteren Statusgruppe zumeist besonders groß (RKI 2011).

Gesundheitliche Ressourcen wurden vergleichsweise selten untersucht. Die vorhandenen Arbeiten konzentrieren sich zumeist auf das Thema „soziale Unterstützung“. Diese Unterstützung ist eine wichtige Ressource zur Aufrechterhaltung der Gesundheit auch in Zeiten hoher Belastung (Berkman und Glass 2000). In der GEDA-Studie wurde zum Beispiel danach gefragt, ob man sich bei persönlichen Problemen auf die Hilfe anderer Menschen verlassen kann und ob sich andere Menschen dafür interessieren, wie es einem geht. Die Antworten zeigen wieder ein klares Bild: Von geringer Unterstützung berichten vor allem die Personen aus der unteren Statusgruppe, sowohl bei Frauen als auch bei Männern.

Ganz ähnliche Zusammenhänge lassen sich auch bei Kindern und Jugendlichen beobachten. Eine relativ komplexe Analyse wurde z. B. von der Kieler Adipositas-Präventionsstudie (KOPS) vorgelegt. Sie zeigt, dass eine niedrige Schulbildung der Eltern mit einem erhöhten Adipositas-Risiko bei den Kindern einhergeht, auch innerhalb der Gruppe von Eltern mit nicht-deutscher Staatsangehörigkeit (Lange et al. 2010). Zudem wurden in dieser Studie auch Merkmale der kindlichen Wohnumwelt erhoben (z. B. Angaben zur Verkehrsdichte). Die Analysen zeigen, dass der Anteil übergewichtiger oder adipöser Kinder in den Stadtgebieten mit hoher Verkehrdichte besonders hoch ist, und zwar unabhängig vom sozialen Status der Eltern. Derartige Analysen sind sehr wichtig. Sie geben einen ersten Hinweis darauf, dass nicht nur das individuelle Gesundheitsverhalten eine wichtige Rolle spielt, sondern auch die Wohnumgebung.

Die Lebensverhältnisse können den Gesundheitszustand direkt beeinflussen, zum Beispiel durch das Wohnen an einer lauten Straße. Über das Gesundheitsverhalten sind auch indirekte Einflüsse möglich: Fehlende Grünflächen in der Wohnumgebung erschweren zum Beispiel die sportliche Aktivität. Empirisch belegt sind diese Zusammenhänge jedoch erst ansatzweise. Beim Thema „gesundheitliche Ungleichheit" ist die einseitige Betonung des Gesundheitsverhaltens besonders brisant. Zum einen wird hier oft unterstellt, dass individuelles Gesundheitsverhalten weitgehend frei gewählt werden kann. Es spricht jedoch vieles dafür, dass eine bessere Bildung, ein höherer beruflicher Status und ein höheres Einkommen objektiv und subjektiv mit größeren Handlungsspielräumen verbunden sind. Es wäre demnach „unfair", bei den Personen aus der unteren Statusgruppe die gleiche Flexibilität im Verhalten vorauszusetzen wie bei den Personen aus höheren Statusgruppen. Zum anderen besteht die Gefahr, dass durch die Fokussierung auf das individuelle Verhalten „das Opfer zum Schuldigen" gemacht wird. Eine derartige Schuldzuweisung kann schnell zu einer zusätzlichen Diskriminierung und damit zu einer zusätzlichen gesundheitlichen Belastung führen.

Ähnlich ist es bei der gesundheitlichen Versorgung, auch hier können sich „die Verhältnisse" in vielfältiger Weise auf das gesundheitsrelevante Verhalten und auf den Gesundheitszustand auswirken. Es wird oft betont, dass sich die Ärzte bei der Versorgung ihrer Patienten nicht nach dem sozialen Status der Patienten richten, sondern nur nach den gesundheitlichen Problemen. Diese Grundlage des ärztlichen Handelns soll hier nicht in Frage gestellt werden. In Deutschland verfügen wir zudem über ein System der gesundheitlichen Versorgung, welches fast allen Menschen eine hohe Versorgungsqualität bietet. Das Solidaritätsprinzip der Gesetzlichen Krankenversicherung (GKV) gewährleistet ein vom Einkommen weitgehend unabhängiges Angebot der gesundheitlichen Versorgung. Gleiches Angebot ist jedoch nicht gleichbedeutend mit gleicher Inanspruchnahme. Es muss daher gefragt werden, ob es statusspezifische Unterschiede in der Inanspruchnahme der gesundheitlichen Versorgung gibt, wie groß sie sind und welchen Einfluss sie auf die gesundheitliche Ungleichheit ausüben können.

Zur Frage nach sozialer Ungleichheit in der gesundheitlichen Versorgung liegen aus Deutschland bisher nur relativ wenige empirische Studien vor (Mielck 2008); die vorhandenen sprechen jedoch eine klare Sprache. Um nur einige Beispiele zu nennen: Die U1- bis U9-Untersuchungen werden allen GKV-Versicherten kostenlos (d. h. ohne Zuzahlung) angeboten. Kinder aus den unteren Statusgruppen werden trotzdem besonders selten untersucht. Die Erwachsenen aus den unteren Statusgruppen nehmen die Maßnahmen der Gesundheitsförderung und Prävention besonders selten wahr. Auch wenn man die Analyse auf bestimmte Krankheitsgruppen einschränkt: Patienten aus den unteren Statusgruppen gehen besonders selten zu einem Facharzt. Die Versorgung erkrankter Zähne ist in den unteren Statusgruppen besonders schlecht. Vor allem in den unteren Einkommensgruppen wird darüber geklagt, dass die finanziellen Belastungen durch die Zuzahlungen zu hoch sind. Verglichen mit den Versicherten in der Privaten Krankenversicherung (PKV) müssen die GKV-Versicherten länger auf eine ärztliche Behandlung warten, sie haben kürzere Gespräche mit dem Arzt und sie fühlen sich schlechter von ihren Ärzten über die Erkrankung und die Behandlungsmöglichkeiten informiert. Bezogen auf Typ-2-Diabetiker wurden z. B. die folgenden Zusammenhänge gefunden: Sowohl die Blutzucker-Einstellung (gemessen über den HbA1c-Wert) als auch das Wissen über Diabetes sind in den unteren Bildungsgruppen besonders schlecht. Die Diabetiker mit geringer Bildung nehmen besonders selten an einer Schulung teil (Mielck et al. 2006; Reisig et al. 2007).

1.4 Ansätze zur Verringerung der gesundheitlichen Ungleichheit

Die politischen Forderungen, die sich aus den empirischen Studien zur gesundheitlichen Ungleichheit ergeben, werden besonders deutlich in einem aktuellen Dokument aus England beschrieben (Marmot 2010). Das englische Beispiel ist hier von großer Bedeutung. In keinem anderen europäischen Land ist schon seit Jahren so viel politischer Wille zur Verringerung der gesundheitlichen Ungleichheit zu erkennen. Es mangelt hier auch nicht an großangelegten staatlichen Interventionen zur Erreichung dieses Ziels. Die umfangreichen Erfahrungen können so zusammengefasst werden (Whitehead und Popay 2010): a) Die Forderung nach mehr gesundheitlicher Chancengleichheit lässt sich unmittelbar aus der ethischen Forderung nach Fairness und sozialer Gerechtigkeit ableiten. b) Die gesundheitlichen Ungleichheiten lassen sich auf soziale Ungleichheiten zurückführen, die ihrerseits auf politischen Entscheidungen basieren. c) Maßnahmen zur Verringerung der gesundheitlichen Ungleichheit müssen auch und vor allem bei den sozialen Ursachen ansetzen (d. h. nicht nur beim individuellen Gesundheitsverhalten und nicht nur bei der medizinischen Versorgung von kranken Menschen).

Das Interesse am Thema „soziale Ungleichheit und Gesundheit" ist auch bei uns in den letzten Jahren ständig gewachsen. Früher war es zum Beispiel kaum möglich, einen Überblick über die bereits vorhandenen Maßnahmen der Gesundheitsförderung und Prävention zu erhalten, die sich vor allem an die sozial Benachteiligten richten. In einem großen – von der Bundeszentrale für gesundheitliche Aufklärung (BZgA) geleiteten – Projekt wird jetzt seit einigen Jahren versucht, diese Informationslücke so weit wie möglich zu schließen (BZgA 2010). Die hier aufgebaute Internet-Plattform „Gesundheitsförderung bei sozial Benachteiligten" (http://www.gesundheitliche-chancengleichheit.de; letzter Zugriff: 20.12.2011) ist frei zugänglich und beinhaltet Informationen von ca. 2.000 Projekten in Deutschland. Zur besseren Vernetzung „vor Ort" sind in den Bundesländern 16 „regionale Knoten" eingerichtet worden. Inzwischen gehören 53 Partner dem Kooperationsverbund an (verschiedene Krankenkassen, Wohlfahrtsverbände, Landesvereinigungen/Landeszentralen für Gesundheit, Bundesärztekammer etc.). In der gemeinsamen Erklärung vom 10. November 2006 steht zum Beispiel: „Mit der vorliegenden Erklärung dokumentieren die Partner ihre Bereitschaft, gemeinsam an der Stärkung der gesundheitlichen Chancengleichheit in Deutschland zu arbeiten und laden weitere Akteure dazu ein, sich aktiv in die Arbeit einzubringen." Wichtig zu erwähnen ist auch, dass im Rahmen dieses Projektes 12 Kriterien zur Ermittlung von „Models of Good Practice" entwickelt wurden. Damit ist diese Plattform zu einem Sammelpunkt der praxisbezogenen Projekte geworden, die sich dem Ziel „Verringerung der gesundheitlichen Ungleichheit" verpflichtet fühlen (siehe oben angegebene Internet-Adresse).

2 Integration der Themen „gesundheitliche Ungleichheit" und „soziale Inklusion/Exklusion"

Die oben skizzierte Diskussion über Ausmaß und Ursachen der gesundheitlichen Ungleichheit weist große inhaltliche Überschneidungen mit dem Thema „soziale Inklusion/Exklusion" auf. Offenbar wurde bisher aber nur selten explizit darüber nachgedacht, wie sich die beiden Diskussionsstränge „gesundheitliche Ungleichheit" einerseits und „soziale Inklusion/Exklusion" andererseits gegenseitig befruchten können. Im Folgenden sollen einige Anregungen für diesen ohne Frage sehr wichtigen Austausch gegeben geben.

2.1 Diskussion über soziale Inklusion/Exklusion in der Public Health Forschung

In der englischsprachigen Public Health Forschung liegen zum Thema „soziale *Exklusion* (social exclusion) und Gesundheitszustand" schon einige Publikationen vor. Dabei werden ganz unterschiedliche Themen angesprochen wie zum Beispiel: Häufigkeit der Erfahrung von sozialer Exklusion in der Allgemeinbevölkerung

(Lindsay and McPherson 2012), soziale Exklusion durch langanhaltende krankheitsbedingte Abwesenheit vom Arbeitsplatz (Bryngelson 2009), unzureichende Versorgungsangebote für ältere Personen mit geringem Einkommen (Grenier and Guberman 2009), Verringerung von sozialer Exklusion durch bessere Gestaltung der Wohnumgebung (Burns et al. 2012), Exklusion von sportlichen Aktivitäten (Collins 2004), psychische Belastung durch soziale Exklusion (Stillman et al. 2009), neurologische Reaktionen bei sozialer Exklusion (Masten et al. 2010). Zudem sind Art und Ausmaß von sozialer Exklusion bei bestimmten Bevölkerungsgruppen untersucht worden wie zum Beispiel bei alten Menschen (Palley 2005), bei Personen mit psychischen Störungen (Morgan et al. 2007), bei schizophrenen Personen (Perry et al. 2011), und bei obdachlosen Drogenabhängigen (Neale 2008). Zum Thema „soziale *Inklusion* (social inclusion) und Gesundheitszustand" liegen etwas weniger Arbeiten vor, und sie haben oft den Charakter einer positiv formulierten (gesundheits-)politischen Aufforderung (Thornicroft 2011; Baum et al. 2010; Davies et al. 2008). In all diesen Arbeiten wird die m. E. naheliegende Verbindung zum Thema „gesundheitliche Ungleichheit" (health inequalities/inequities) jedoch nur selten explizit hergestellt (Ausnahmen sind z. B. Rankin et al. 2009; Baum et al. 2010; Davidson et al. 2006; de Snyder et al. 2011).

In der deutschsprachigen Public Health Forschung sieht es nicht viel anders aus. Begriffe wie soziale Inklusion und Exklusion werden selbstverständlich aufgegriffen. Trojan (2010) verwendet sie zum Beispiel in seinem Beitrag über „Solidaritäten im Wandel von Gesellschaft und Gesundheitswesen", um auf das Problem des „Ausgeschlossenseins" hinzuweisen. Andere Autoren fordern eine stärkere soziale Inklusion der psychisch Kranken (Riedel-Heller und Richter 2008; Richter et al. 2006) und der Drogenabhängigen (Vogt 2009). In den Arbeiten zur gesundheitlichen Ungleichheit wird der Begriff „Exklusion" aber nur selten erwähnt (eine Ausnahme ist z. B. Lampert et al. 2005, S. 7). Von einer systematischen Integration der beiden Themen „gesundheitliche Ungleichheit" einerseits und „soziale Inklusion/Exklusion" kann auch hier keine Rede sein. Offenbar gibt es auch hier zwei parallele Diskussionstränge, die inhaltlich zwar vieles gemeinsam haben, in der Diskussion aber nur selten ausdrücklich miteinander verbunden werden.

2.2 Diskussion zwischen Public Health Forschung und Sozialer Arbeit

Der Diskussionbedarf lässt sich durch die beiden folgenden Fragen veranschaulichen: Was kann die Diskussion über soziale Inklusion/Exklusion von der Public Health Forschung zum Thema „gesundheitliche Ungleichheit" lernen? Und was kann umgekehrt die Public Health Forschung zum Thema „gesundheitliche Ungleichheit“ von der Diskussion über soziale Inklusion/Exklusion lernen?

Die erste Frage sollte von den Professionen des Sozialwesens aus beantwortet werden. Aus Sicht eines Public Health Wissenschaftlers lassen sich hier zwei allgemeine Empfehlungen geben: a) Die Folgen von sozialer Exklusion sollten empirisch gemessen werden, vor allem durch Erfassung der Auswirkungen auf den Gesundheitszustand. b) Die zeitlichen Trends im Ausmaß der sozialen Exklusion sollten empirisch beschrieben werden. Als Begründung können hier die Erfahrungen beim Thema „Armut und Gesundheit“ angeführt werden: Armut per se wurde von vielen politischen Akteuren weitgehend akzeptiert, zumal extreme Armut in Deutschland sehr selten ist. Als jedoch gezeigt werden konnte, dass Personen mit niedrigem Einkommen erheblich kränker sind und sogar etliche Jahre früher sterben als Personen mit hohem Einkommen, da wurde Armut als soziales Problem ernst genommen. Ähnlich ist es bei den zeitlichen Trends: Wenn empirische Studien eine Zunahme der Armut anzeigen (Grabka und Frick 2008), und wenn erste Hinweise auf eine Zunahme der gesundheitlichen Ungleichheit vorliegen (http://www.scienceblogs 2011), dann wird hiermit sofort politischer Druck erzeugt. Beim Thema „soziale Inklusion/Exklusion“ wird es nicht anders sein, d. h. es werden Methoden und Daten benötigt zur Erfassung der zeitlichen Trends und der gesundheitlichen Folgen.

Die zweite Frage lautet: Was kann umgekehrt die Public Health Forschung zum Thema „gesundheitliche Ungleichheit“ von der Diskussion über soziale Inklusion/Exklusion lernen? Ein Public Health Wissenschaftler orientiert sich zumeist an den üblichen akademischen Maßstäben, d. h. er (bzw. sie) will in renommierten wissenschaftlichen Zeitschriften publizieren, Forschungsgelder aquirieren und auf der wissenschaftlichen Karriereleiter vorankommen. Bei einer derart akademischen Ausrichtung kann es schnell dazu kommen, dass sich die eigene Tätigkeit nicht mehr auf die dringendsten sozialen Problemen „vor Ort“ richtet, sondern auf die lukrativsten Forschungsfelder. Wichtig ist daher ein intensiver Kontakt mit den Akteuren, die einen direkten Zugang zu den wichtigsten sozialen Problemen haben, und dazu gehören ohne Frage die Professionen des Sozialwesens. Das Thema „soziale Exklusion“ bietet eine hervorragende Grundlage für diese Kooperation zwischen Public Health Wissenschaftlern und Experten der Sozialen Arbeit, da es ein zentrales soziales Problems ganz direkt thematisiert. In der Public Health Forschung wird oft ein rein beschreibender Begriff wie „soziale Ungleichheit“ verwendet. Um die sozialen und psychischen Belastungen auszudrücken, die mit sozialer Ungleichheit verbunden sein können, ist ein Begriff wie „soziale Exklusion“ viel besser geeignet. Schon an diesen Begriffen zeigt sich somit, dass die relativ große Distanz der Public Health Forschung zu den sozialen Problemen „vor Ort“ durch einen Begriff wie „soziale Exklusion“ verringert werden könnte. Die Zielsetzung „Verbesserung der soziale Inklusion“ könnte bei den politischen Akteuren zudem auf mehr Zustimmung stoßen als die allgemeinere Zielsetzung „Verringerung der sozialen Ungleichheit“.

Wichtig ist noch ein weiterer Punkt: Im Vordergrund der Public Health Forschung stehen empirische Studien, in denen die Zusammenhänge zwischen verschiedenen Variablen so genau wie möglich erfasst und analysiert werden. Dabei kommt die Entwicklung von theoretischen Modellen zur Erklärung der Zusammenhänge oft zu kurz, und häufig mangelt es auch an einer klaren Ableitung gesundheitspolitischer Ziele und Strategien. Eine ausgearbeitete Theorie der sozialen Inklusion bzw. Exklusion könnte einen wichtigen Beitrag leisten zur Verringerung dieses Theoriedefizits.

3 Ausblick

Erforderlich ist ein intensiver Austausch zwischen den beiden Diskussionssträngen, die mit den Begriffen „soziale Inklusion/Exklusion“ einerseits und „gesundheitliche Ungleichheit“ andererseits verbunden sind. Bei beiden steht die Frage im Mittelpunkt: Welche Ursachen hat die soziale Ungleicheit, und welche Folgen sind damit verbunden? Dieser Austausch steht offenbar erst am Anfang. Dabei müssen z. B. die folgenden Fragen geklärt werden: Welchen Beitrag können vergleichbare Konzepte der Public Health Forschung wie Partizipation und Empowerment (http://www.bzga.de/leitbegriffe; letzter Zugriff: 20.12.2011) zu dieser Diskussion leisten? Welchen Beitrag kann die Diskussion über soziale Inklusion/Exklusion zur Erklärung der gesundheitlichen Ungleichheit leisten? Wie lassen sich die gesundheitlichen Folgen von sozialer Exklusion erfassen? Welche Probleme der sozialen Exklusion gibt es bei der gesundheitlichen Versorgung, und welche sozialen und gesundheitlichen Folgen sind damit verbunden?

Abschließend soll vor allem auf die letzte Frage eingegangen werden, auch weil sie von besonderer Aktualität ist. Die ständigen Meldungen darüber, dass die Ausgaben der Gesetzlichen Krankenversicherung (GKV) verringert werden müssen, lassen eine weitere Verlagerung der Kosten auf die Versicherten befürchten. Dies kann (wie schon in den letzten Jahren praktiziert) durch eine ganze Reihe von Instrumenten geschehen, z. B. durch die Erhöhung von Zuzahlungen und die Streichung von Leistungen aus dem GKV-Leistungskatalog. Alle Instrumente haben letztlich zur Folge, dass Barrieren aufgebaut werden, die den Zugang zur gesundheitlichen Versorgung erschweren. Diese Art von Barrieren sind in Deutschland bisher kaum systematisch untersucht worden (von dem Knesebeck et al. 2009). Sie sind jedoch ein besonders deutliches Beispiel für soziale Exklusion, da diese Barrieren gerade für die sozial benachteiligten Personen nur schwer zu überwinden sind, und da die gesundheitliche Versorgung ein Grundbedürfnis für alle Menschen ist. Die Studien zur gesundheitlichen Ungleichheit zeigen, dass die unteren Statusgruppen einen besonders großen Bedarf an guter gesundheitlicher Versorgung haben. Eine Strategie der sozialen Inklusion im Gesundheitswesen würde daher bedeuten, dass sie auch eine besonders gute Versorgung erhalten. Es ließe sich z. B. die folgende etwas konkretere Zielsetzung ableiten: Die gesundheitliche Versorgung in einem benachteiligten Stadtgebiet sollte besser (!) sein als in einem privilegierten. In der Praxis sind wir davon jedoch weit entfernt.

In der GKV gibt es eine wichtige gesetzliche Bestimmung, die Angebote vor allem für die sozial Benachteiligten vorschreibt, sie ist in § 20 SGB V zu finden: „Leistungen zur Primärprävention sollen den allgemeinen Gesundheitszustand verbessern und insbesondere einen Beitrag zur Verminderung sozial bedingter Ungleichheit von Gesundheitschancen erbringen". Über die Leistungen gemäß § 20 SGB V wird einmal pro Jahr berichtet. Im aktuellen „Präventionsbericht 2010" sind einige Versuche zu erkennen, diese Bestimmung auch praktisch umzusetzen (https://www.gkv-spitzenverband.de; letzter Zugriff: 20.12.2011). Man sucht jedoch vergebens nach klaren Angaben dazu, wie viele der erreichten Personen auch tatsächlich sozial benachteiligt sind. Offenbar bedarf es stärkerer Anreize von Seiten des Gesetzgebers zur praktischen Umsetzung der Bestimmungen von § 20 SGB V.

Bei aller Kritik darf jedoch nicht vergessen werden, dass in den letzten Jahren immer lauter gefordert wird, die gesundheitliche Ungleichheit zu verringern, auch von Seiten der (gesundheits-)politischen Akteure. Die zunehmende Wahrnehmung des großen Handlungsbedarfs wird nicht nur an der oben erwähnten Internet-Plattform „Gesundheitsförderung bei sozial Benachteiligten" deutlich (siehe Kapitel „Ansätze zur Verringerung der gesundheitlichen Ungleichheit"). Es lassen sich zahlreiche Dokumente mit dieser Forderung finden. In der Antwort der Bundesregierung auf die Große Anfrage zum Thema „Gesundheitliche Ungleichheit im europäischen Jahr gegen Armut und soziale Ausgrenzung" (Deutscher Bundestag 2010) heißt es: „Die Verringerung sozial bedingter Gesundheitsunterschiede nimmt in der Gesundheitspolitik der Bundesregierung einen hohen Stellenwert ein" (S. 40). Zur Umsetzung wird z. B. gesagt: „Präventionskonzepte und Gesundheitsförderungsprogramme sind dann für Menschen mit niedrigem sozialen Status geeignet, wenn sie im Alltag der Menschen ansetzen und die Zielgruppen aktiv einbeziehen. Dies ist auch dadurch begründet, dass rein verhaltensorientierte individuelle Programmangebote von Menschen in schwieriger sozialer Lage weniger in Anspruch genommen werden. Die Konzepte und Programme müssen darauf ausgerichtet sein, in den Zielgruppen die Fähigkeit zu stärken, das eigene Leben und auch die Lebenswelt gesundheitsförderlich zu gestalten" (ebenda, S. 47).

Der Sachverständigenrat zur Begutachtung der Entwicklung im Gesundheitswesen hat ebenfalls wiederholt und deutlich auf die Probleme der gesundheitlichen Ungleichheit hingewiesen. So werden z. B. im Gutachten aus dem Jahr 2007 fünf zentrale Gesundheitsziele hervorgehoben (siehe S. 54), und eines davon lautet „Verminderung von sozialen Unterschieden in Mortalität und Morbidität" (http://www.svr-gesundheit.de; letzter Zugriff 20.12.2011). Diese wenigen Zitate mögen verdeutlichen, dass die „Botschaft" bei den (gesundheits)-politischen Akteuren durchaus angekommen ist. Jetzt geht es um die Entwicklung und Erprobung von Maßnahmen zur praktischen Umsetzung dieser zahlreichen Absichtserklärungen.

Literatur

Baum F, Newman L, Biedrzycki K, Patterson J (2010) Can a regional government's social inclusion initiative contribute to the quest for health equity? Health Promot Int 25(4):474–482

Berkman LF, Glass T (2000) Social integration, social networks, social support, and health. In: Berman LF, Kawachi I (Hrsg) Social epidemiology. University Press, Oxford, S 137–173

Bryngelson A (2009) Long-term sickness absence and social exclusion. Scand J Public Health 37(8):839–845

Burns VF, Lavoie JP, Rose D (2012) Revisiting the role of neighbourhood change in social exclusion and inclusion of older people. J Aging Res Article ID 148287

BZgA (Bundeszentrale für gesundheitliche Aufklärung) (Hrsg) (2010) Kriterien guter Praxis in der Gesundheitsförderung bei sozial Benachteiligten. Ansatz – Beispiele – Weiterführende Informationen. Gesundheitsförderung konkret, Bd. 5. Köln

Collins M (2004) Sport, physical activity and social exclusion. J Sports Sci 22(8):727–740

Davidson R, Kitzinger J, Hunt K (2006) The wealthy get healthy, the poor get poorly? Lay perceptions of health inequalities. Soc Sci Med 62(9):2171–2182

Davies B, Davis E, Cook K, Waters E (2008) Getting the complete picture: combining parental and child data to identify the barriers to social inclusion for children living in low socio-economic areas. Child Care Health Dev 34(2):214–222

Deutscher Bundestag (Hrsg) (2010) Antwort der Bundesregierung auf die Große Anfrage zum Thema „Gesundheitliche Ungleichheit im europäischen Jahr gegen Armut und soziale Ausgrenzung". Deutscher Bundestag Drucksache 17/4332 vom 20.12.2010

Grabka MM, Frick JR (2008) Schrumpfende Mittelschicht – Anzeichen einer dauerhaften Polarisierung der verfügbaren Einkommen? Wochenbericht des DIW Berlin, 10/2008, S 101–108

Grenier AM, Guberman N (2009) Creating and sustaining disadvantage: the relevance of a social exclusion framework. Health Soc Care Community 17(2):16–124

http://www.scienceblogs.de/gesundheits-check/2011/12/sozialpolitische-hiobsbotschaft-oder-presseente-sinkt-die-lebenserwartung-der-armen.php. Zugegriffen: 20. Dez 2011

Knesebeck O von dem, Bauer U, Geyer S, Mielck A (2009) Soziale Ungleichheit in der gesundheitlichen Versorgung – Ein Plädoyer für systematische Forschung. Gesundheitswesen 71:59–62

Lampert T, Saß AC, Häfelinger M, Ziese T (2005) Armut, soziale Ungleichheit und Gesundheit. Beiträge zur Gesundheitsberichterstattung des Bundes. Expertise des Robert Koch-Instituts zum 2. Armuts- und Reichtumsbericht der Bundesregierung. Robert Koch-Institut, Berlin

Lampert T, Kroll LE, Dunkelberg A (2007) Soziale Ungleichheit der Lebenserwartung in Deutschland. Polit Zeitgeschich (APuZ) 42:11–18

Lange D, Plachta-Danielzik S, Landsberg B, Müller MJ (2010) Soziale Ungleichheit, Migrationshintergrund, Lebenswelten und Übergewicht bei Kindern und Jugendlichen. Ergebnisse der Kieler Adipositas-Präventionsstudie (KOPS). Bundesgesundheitsblatt 53:707–715

Lindsay S, McPherson AC (2012) Experiences of social exclusion and bullying at school among children and youth with cerebral palsy. Disabil Rehabil 34(2):101–109

Marmot M (2010) Fair society, healthy lives. In The Marmot review: Strategic review of health inequalities in England post-2010. The Marmot Review, London

Masten CL, Eisenberger NI, Pfeifer JH, Dapretto M (2010) Witnessing peer rejection during early adolescence: neural correlates of empathy for experiences of social exclusion. Soc Neurosci 5:496–507

Mielck A (2000) Soziale Ungleichheit und Gesundheit: Empirische Ergebnisse, Erklärungsansätze, Interventionsmöglichkeiten. Verlag Hans Huber, Bern

Mielck A (2005) Soziale Ungleichheit und Gesundheit. Einführung in die aktuelle Diskussion. Verlag Hans Huber, Bern

Mielck A (2008) Zum Zusammenhang zwischen sozialer Ungleichheit und gesundheitlicher Versorgung. In: Tiesmeyer K, Brause M, Lierse M, Lukas-Nülle M, Hehlmann T (Hrsg) Der blinde Fleck. Ungleichheit in der Gesundheitsversorgung. Verlag Hans Huber, Bern, S 21–38

Mielck A, Reitmeir P, Rathmann W (2006) Knowledge about diabetes and participation in diabetes training courses: the need for improving health care for diabetes patients with low SES. Exp Clin Endocrinol Diabetes 114:240–248

Morgan C, Burns T, Fitzpatrick R, Pinfold V, Priebe S (2007) Social exclusion and mental health: conceptual and methodological review. Br J Psychiatry 191:477–483

Neale J (2008) Homelessness, drug use and hepatitis C: a complex problem explored within the context of social exclusion. Int J Drug Policy 19(6):429–435

Palley HA (2005) Social care and social exclusion: a comparative study of older people's care in Europe. Organisation for economic co-operation and development. Care for older people: policy issues in the twenty-first century. J Health Polit Policy Law 30(4):751–764

Perna L, Thien-Seitz U, Ladwig KH, Meisinger C, Mielck A (2010) Socio-economic differences in life expectancy among persons with diabetes mellitus or myocardial infarction: results from the German MONICA/KORA study. BMC Public Health 10:135

Perry Y, Henry JD, Sethi N, Grisham JR (2011) The pain persists: how social exclusion affects individuals with schizophrenia. Br J Clin Psychol 50(4):339–349

Peter R, Geyer S (1999) Schul- und Berufsausbildung, Berufsstatus und Herzinfarkt – eine Studie mit Daten einer gesetzlichen Krankenversicherung. Gesundheitswesen 61:20–26

Rankin D, Backett-Milburn K, Platt S (2009) Practitioner perspectives on tackling health inequalities: findings from an evaluation of healthy living centres in Scotland. Soc Sci Med 68(5):925–932

Ravens-Sieberer U, Wille N, Bettge S, Erhart M (2007) Psychische Gesundheit von Kindern und Jugendlichen in Deutschland. Ergebnisse aus der BELLA-Studie im Kinder- und Jugendgesundheitssurvey (KiGGS). Bundesgesundheitsblatt 50:871–878

Reisig V, Reitmeir P, Döring A, Rathmann W, Mielck A and the KORA Study Group (2007) Social inequalities and outcomes in type 2 diabetes in the German region of Augsburg. A cross-sectional survey. Int J Public Health 52:158–165

Richter D, Eikelmann B, Reker T (2006) Arbeit, Einkommen, Partnerschaft: Die soziale Exklusion psychisch kranker Menschen. Gesundheitswesen 68:704–707

Richter M, Hurrelmann K (Hrsg) (2009) Gesundheitliche Ungleichheit. Grundlage, Probleme, Perspektiven. Verlag für Sozialwissenschaften, Wiesbaden

Riedel-Heller S, Richter D (2008) Psychosoziale Interventionen & Soziale Inklusion Näher an die Lebenswelt der Betroffenen rücken. Psychiatr Prax 35:213–215

RKI (Robert Koch-Institut) (Hrsg) (2011) Daten und Fakten: Ergebnisse der Studie „Gesundheit in Deutschland aktuell 2009“ Beitrage zur Gesundheitsberichterstattung des Bundes. RKI, Berlin

Snyder VN de, Friel S, Fotso JC, Khadr Z, Meresman S, Monge P, Patil-Deshmukh A (2011) Social conditions and urban health inequities: realities, challenges and opportunities to transform the urban landscape through research and action. J Urban Health 88(6):1183–1193

Stillman TF, Baumeister RF, Lambert NM, Crescioni AW, Dewall CN, Fincham FD (2009) Alone and without purpose: life loses meaning following social exclusion. J Exp Soc Psychol 45(4):86–694

Thornicroft G (2011) European mental health policy: the key issue is social inclusion. Eur J Public Health 21(5):548–549

Trojan A (2010) Solidaritäten im Wandel von Gesellschaft und Gesundheitswesen. Gesundheitswesen 72:129–134

Vogt I (2009) Lebenslagen und Gesundheit älterer Drogenabhängiger: Ein Literaturbericht. Suchttherapie 10(1):17–24

Whitehead M, Popay J (2010) Swimming upstream? Taking action on the social determinants of health inequalities. Soc Sci Med 71(7):1234–1236

Das Übergangssystem in der beruflichen Bildung – Inklusions- oder Exklusionsinstrument?

Hans-Jürgen Balz und Dirk Nüsken

1 Einleitung

In den 1990er Jahren fand in Deutschland ein qualitativer und quantitativer Ausbau von Maßnahmen im Übergang Schule-Beruf statt, sodass man ab diesem Zeitraum von einem beruflichen Übergangssystem spricht (Konsortium Bildungsberichterstattung 2006). Dieser Auf- und Ausbau galt insbesondere dem Ziel Jugendliche besser in ihrer Berufsvorbereitung zu unterstützen und den Mangel an betrieblicher Berufsausbildung zu kompensieren. Im Jahr 2011 wurden über 300.000 Jugendliche und junge Erwachsene im Rahmen solcher Maßnahmen gefördert.[1]

Zwischenzeitlich werden jedoch Zweifel an der Leistungsfähigkeit dieses Übergangssystems formuliert (Berufsbildungsbericht 2010). Kritisch wird gefragt, inwiefern das Durchlaufen derartiger Maßnahmen zur Verbesserung der Chancen zum Einstieg in ein Ausbildungsverhältnis beitragen und ob sie die weitere Berufslaufbahn befördern (Bojanowski 2008; Galuske 2003; Heisler 2010).

Ist in einem auf Effektivität, Effizenz und internationalen Wettbewerb orientierten kapitalistischen Ausbildungs- und Beschäftigungssystem der Anspruch von sozialer Inklusion realisierbar? Kann das Übergangssystem zwischen Schule und Arbeits- bzw. Ausbildungsstellenmarkt hier einen Beitrag zur Inklusion liefern?

[1] Im Rechtskreis des SGB III gem. Bundesagentur für Arbeit (Arbeitsmarkt in Zahlen Förderstatistik Juni 2011; gerundete Daten ohne Rehabilitationsleistungen).

H.-J. Balz (✉) · D. Nüsken
Evangelische Fachhochschule RWL, Bochum, Deutschland
E-Mail: balz@efh-bochum.de

D. Nüsken
E-Mail: nuesken@efh-bochum.de

H-J. Balz et al. (Hrsg.), *Soziale Inklusion*, DOI 10.1007/978-3-531-19115-7_10,

© VS Verlag für Sozialwissenschaften | Springer Fachmedien Wiesbaden 2012

Der *Index für Inklusion* (Booth und Ainscow 2002, dt. Boban und Hinz 2003) wurde für die allgemeinbildenden Schulen formuliert. Der vorliegende Beitrag will hier auch der Frage nachgehen, inwiefern ein Übertragen der Struktur-, Werte- und Prozessmerkmale des Index für Inklusion für Institutionen der Berufsbildung sinnvoll und möglich ist.

2 Ausgangssituation

In der sehr heterogenen Literatur zu Fragen der Berufswahl Jugendlicher finden sich zwei sehr gegensätzliche Bilder: Es wird einerseits ein rational entscheidender Berufswähler[2] beschrieben, der aktiv nach Informationen und Erfahrungen sucht, um zu einer tragfähigen beruflichen Entscheidung (für einen Ausbildungsberuf, ein Studium, einen Arbeitsplatz usw.) zu gelangen. Der Berufswahlprozess zeichnet sich in diesem Szenarium durch eine hohe Eigenständigkeit und Selbstverantwortung in der Informationssuche, -auswertung und der Berufs- bzw. Studienentscheidung aus. Begleitet wird die Berufssuche durch familiäre Vorbilder und soziale Unterstützung.

Dem gegenüber steht eine gänzlich andere soziale Perspektive, die der Jugendlichen, die sich in diesem Prozess des Übergangs von der Schule in die Arbeitswelt mit grundlegenden Zugangsproblemen zum Arbeitsmarkt konfrontiert sehen. Hier dominiert der Mangel an wählbaren Optionen, personalen und sozialen Ressourcen, oft auch an Informationen und Kompetenzen zur Vorbereitung und Umsetzung der Berufssuche (s. z. B. Bojanowski 2008; Spies und Tredop 2006). Die strukturellen Bedingungen und die gemeinschaftlich geteilten Erwartungshaltungen („Mit Hauptschulabschluss hast Du ja doch kaum eine Chance") demotivieren und lassen für viele Jugendliche die Suche zu einem Bewältigungsparcours von Kompromissen und Übergangslösungen (in Bildungs- und Trainingsmaßnahmen) werden (Braun 2005; Krewerth und Ulrich 2006; Heinz 2010).

Ein weiteres Problem liegt in der sozialen Integration in den Ausbildungsbetrieb. Bereits langjährig existiert eine vergleichsweise konstante Quote an Ausbildungsabbrüchen von ca. 20 %. In handwerklichen Berufen lag dieser Prozentsatz 2008 bei 26,6 %, eine vergleichsweise geringe Abbruchquote von 6,0 % findet sich demgegenüber im Öffentlichen Dienst (Autorengruppe Bildungsberichterstattung 2010, S. 109 f.). Diese hohen Abbruchquoten existieren bereits seit über zehn Jah-

[2] Aus Gründen der leichteren Lesbarkeit wird in dem Beitrag die männliche Form gebraucht, es sind selbstverständlich sowohl die männlich wie die weibliche Form (Schüler und Schülerinnen usw.) gemeint.

ren, eine Intensivierung berufsorientierender Maßnahmen in den Schulen und der Ausbau des (berufsvorbereitenden) Übergangssystems zwischen Schule und Ausbildungs- bzw. Arbeitsmarkt habe daran nichts grundlegend geändert.

Durch den Aufbau des beruflichen Übergangssystems in den 1990er Jahren hat sich das deutsche Berufsbildungssystem deutlich ausdifferenziert. Unterhalb des Hochschulbereiches lassen sich nunmehr drei große Sektoren ausmachen, die sich in Zielsetzung, institutioneller Struktur und Teilnehmerkreis unterscheiden (vgl. Autorengruppe Bildungsberichterstattung 2010, S. 95 f.):

- das duale System der Berufsausbildung mit betrieblichen und schulischen Ausbildungselementen (558.501 Personen in 2008=47,8 %)
- das Schulberufssystem, in dem in vollzeitschulischer Form vor allem auf Berufe des Gesundheits- und Dienstleistungssektors hin ausgebildet wird (210.552 Personen in 2008=18,1 %)
- das Übergangssystem, das im Gegensatz zu den beiden anderen Sektoren keinen vollqualifizierenden Abschluss, sondern berufsvorbereitende Kompetenzen und schulisches Wissen zur Aufnahme einer Ausbildung vermitteln soll (397.277 Personen in 2008=34,1 %)

Auch wenn sich demografisch bedingt durchaus Verschiebungen innerhalb der Sektoren zeigen, – so sank der Anteil des Übergangssystems 2007 erstmals seit 2000 wieder erkennbar unter 40 % – zeigt sich nach wie vor die Bedeutung dieses Systems. Das Übergangssystem ist längst zu einer der „Regelkomponenten" an der ersten Schwelle (Schule/Ausbildung) in die Arbeitswelt geworden. Für Jugendliche ohne Schulabschluss und auch für junge Menschen mit Hauptschulabschluss stellt es mit 77,4 bzw. 50,2 % sogar das bedeutendste System dar. Zu Recht wird im Berufsbildungsbericht 2010 darauf verwiesen, dass hinsichtlich des Übergangssystems aufgrund seiner institutionellen Heterogenität und der oft fehlenden Koordinierung zwischen den Maßnahmetypen eher von einem Sektor, denn von einem System gesprochen werden kann.

Unabhängig von den jeweiligen Erscheinungsformen weist Stomporowski (2009) der Berufsvorbereitung die Funktion als „pädagogischer Zwischenraum" und damit die eines Bindegliedes zwischen Berufsausbildung und Allgemeinbildung zu, das deren strukturelle Schwächen kompensiert. Etwa 5,6 Mrd. € fließen dabei in das Übergangssystem (Stand 2006; Bertelsmann Stiftung 2008, S. 314).

Trotz oder vielleicht gerade aufgrund der hier skizzierten Größenordnungen und fortbestehender struktureller Probleme (soziale Benachteiligung von Haupt- und Förderschülern, Langzeit-Maßnahme-Karrieren, fehlende Anschlussfähigkeit an betriebliche Beschäftigung u. a.) werden Zweifel an der Leistungsfähigkeit des Übergangssystems formuliert. Mit Blick auf qualifikatorische Gesichtspunkte spricht Greinert (2007, S. 3) gar von einem „weitgehend nutzlosen Übergangssystem" und einer „ganz offensichtlich beschönigende[n] Verlegenheitsbezeichnung für den sozialpolitisch skandalösen Dschungel von ‚Warteschleifen' [...] in dem die überschüssige Nachfrage nach betrieblichen Ausbildungsplätzen von der offiziellen Berufsbildungspolitik seit Jahren geparkt wird".

Die beschriebene Ausgangssituation der Zugangsprobleme für benachteiligte Jugendliche führt auf der strukturellen Ebene zu der Frage, ob in einem kapitalistischen – wenngleich sozial-marktwirtschaftlich konnotierten – selektiven Arbeitsmarktsystem der Anspruch von sozialer Inklusion realisierbar ist. Für die prozedurale Ebene ist darüber hinaus zu fragen, worin die besonderen Anforderungen im Übergang liegen und worin der Beitrag des Übergangssystems zwischen Schule und Arbeits- bzw. Ausbildungsstellenmarkt zur Inklusion liegen kann.

Dazu gilt es nachfolgend zunächst Aspekte des gesellschaftlichen Wandels in ihrer Relevanz für Berufsentscheidungen und die Laufbahngestaltung von Jugendlichen zu skizzieren. Anschließend werden die spezifischen Anforderungen im beruflichen Übergangsprozess beschrieben und die Benachteiligtenförderung in der Berufsbildung kritisch reflektiert. Abschließend skizzieren wir die sich aus dem Inklusionskonzept und dem Index für Inklusion für Schulen ergebenden Strukturfragen im Transfer auf das Übergangssystem Schule-Beruf. Der vorliegende Artikel konzentriert sich auf das Übergangssystem und die Implikationen und Leistungen für benachteiligte junge Menschen ohne dabei explizit auf den Bereich der Ausbildungsvorbereitung und der Ausbildung für junge Menschen mit Behinderungen innerhalb des Reha-Systems einzugehen. Zwar lassen sich auch hier Integrations,- bzw. Inklusionsaspekte aufzeigen die unterschiedlichen Förderlogiken, die differierenden Sozialsysteme und Institutionen und nicht zuletzt der Regelcharakter dieser Leistungen für die entsprechenden Zielgruppen erfordern jedoch eine eigenständige Betrachtung.

3 Struktureller Wandel der Arbeitswelt – Berufsbiographische Konsequenzen

Der strukturelle und technologische Wandel der Arbeitswelt hat zu einer grundlegenden Veränderung des Berufsspektrums geführt, inhaltlich markiert durch den Begriff der Wissens- bzw. Dienstleistungsgesellschaft (zum Begriff der Dienstleistung s. Nerdinger 2005; zur Wissensgesellschaft s. Willke 1999). Die Veränderung der Arbeitsmarktstruktur ist zu beschreiben als ein Rückgang der Beschäftigtenzahlen im primären Sektor (rohstofferzeugender Bereich, z. B. Land- und Forstwirtschaft, Bergbau) und im sekundären Sektor (verarbeitendes Gewerbe, z. B. industrielle Güterproduktion, Handwerk). Im tertiären Sektor (Dienstleistungsbereich, z. B. kaufmännische und EDV-Berufe) entstanden und entstehen demgegenüber zahlreiche neue Berufsfelder (s. Giarini et al. 1998; Jansen 2002).

Diese Umstrukturierungs- und die Automatisierungsprozesse betrafen und betreffen insbesondere Arbeitnehmer mit vergleichsweise geringem Qualifikationsniveau in der traditionellen Produktion und Gebrauchsgüterindustrie. Das sind Bereiche, in denen insbesondere männliche Jugendliche mit und ohne Hauptschulabschluss eine Ausbildung absolviert bzw. Arbeitsstelle angenommen haben (Autorengruppe Bildungsberichterstattung 2010, S. 112; Georg und Sattel 2006). Deutliche Zuwächse verzeichnen demgegenüber qualifizierte Berufe im Dienstleistungsbereich, insbesondere gilt dies für personenbezogene Dienstleistungen (z. B. Verkaufs- und Verwaltungsberufe). 2008 arbeiteten im Bereich der Dienstleistungsberufe 70 % aller Erwerbstätigen (Autorengruppe Bildungsberichterstattung 2010, S. 22).

Hohner (2006, S. 19 ff.) zeigt als zentrale biographische Veränderungen im Spannungsfeld von gesellschaftlicher Entwicklungen und Veränderung der Arbeitswelt u. a. auf:

- Notwendigkeit lebenslangen Lernens und ein gestiegenes Niveau der Formalqualifikation (zum Begriff des lebenslangen Lernen s. Cortina 2006, S. 516 ff.).
- Veränderung der Arbeitsbeziehungen. Voß und Pongratz (1998) prägten in diesem Zusammenhang den Begriff des „Arbeitskraftunternehmers" und beschreiben damit die zunehmende Erfordernis des Selbstmanagements in der eigenen beruflichen Karriereentwicklung.
- Zunahme von Teilzeitbeschäftigungen, zeitlich befristeten und nicht sozialversicherungspflichtigen Beschäftigungen, sogenannten 400-Euro-Jobs, Leiharbeit und „Ein-Euro-Jobs" in den letzen 15 Jahren (s. Bellmann et al. 2006).

„Als Normalarbeitsverhältnis gilt ein Beschäftigungsverhältnis dann, wenn es auf einem auf Dauer angelegten Arbeitsvertrag, einem festen, an Vollzeitbeschäftigung orientierten Arbeitszeitmuster, einem tariflich normierten Lohn und Gehalt, der Sozialversicherungspflicht sowie der persönlichen Abhängigkeit und Weisungsgebundenheit des Arbeitnehmers vom Arbeitgeber basiert." (Bellmann et al. 2006, S. 26). Die Normalbiographie von Jugendlichen ließ sich ursprünglich in einem „Zwei-Schwellen-Modell" (Mertens und Parmentier 1982) abbilden. Dabei bildet die erste Schwelle den Übergang von der Schule in eine berufliche Qualifizierung (in Betrieb, Fachschule oder Hochschule) und die zweite Schwelle den Übergang nach der Ausbildung/dem Studium in ein Beschäftigungsverhältnis.

Nicht nur die Lebensformen, auch die Ausbildungs-, Erwerbs- und Einkommensstrukturen von jungen Menschen haben sich jedoch in den letzten drei Jahrzehnten erheblich verändert. Diese Veränderungen stellen das Bild eines vergleichsweise statischen Schwellenmodells in Frage. Die Vorstellung normalbiografischer, linearer Übergänge von der Schule über die Ausbildung bzw. ein Studium in ein existenzsicherndes Erwerbsverhältnis entspricht immer weniger der sozialen Wirklichkeit (vgl. Dietrich et al. 2009). Funktion und Umfang des hier thematisierten Übergangssystems, die zuweilen sogenannte „Generation Praktikum" und die hohe ökonomische Abhängigkeit junger Erwachsener von ihren Herkunftsfamilien (vgl. Vascovics 1996) geben entsprechende Hinweise. Die Phase der Einmündung in das Erwerbsleben wird damit zunehmend entstandardisiert – sie ist komplexer und widersprüchlicher geworden. Nicht zuletzt notwendige Neuorientierungen im Kontext von hohen Abbruchquoten im dualen System (22,1 % in 2009), im Übergangssystem (je nach Maßnahmetyp 12–27 % in 2006), wie auch in Bachelorstudiengängen (25 % in 2008; vgl. Autorengruppe Bildungsberichterstattung Bildung in Deutschland 2010, S. 297) und die verstärkte Aufnahme von Zweit- und Drittausbildungen (vgl. Schumann 2007) belegen dies.

Junge Menschen durchlaufen *mehrere Übergänge* in verschiedenen arbeitsmarktrelevanten Bereichen (formale Bildung, Erwerbstätigkeit, ökonomische Selbstständigkeit) die zuweilen unterschiedlichen Rhythmen und Logiken folgen, aber im Rahmen der individuellen Biografie *ineinander verschränkt* sind. Übergänge in die Erwerbsarbeit sind zudem *umkehrbar* – sowohl durch eigene Wahl als auch erzwungenermaßen aufgrund von Arbeitslosigkeit o. ä.. Aus Sicht der Jugendforschung beschreiben Stauber und Walther (2002) hier eine „Yoyoisierung" der Übergänge zwischen Jugend und Erwachsen-Sein, d. h. dass Schritte zum Erwachsenwerden keinen endgültigen Charakter haben, sondern umkehrbar sind.

Um die für die berufliche Inklusion relevanten Prozesse für den Einzelnen differenziert zu beschreiben soll im Folgenden näher auf die spezifischen Anforderungen im beruflichen Einstiegsprozess eingegangen werden.

4 Der Übergang Schule-Beruf

4.1 Bedeutung von Arbeit und Beruf im Jugendalter

In Anlehnung an das Konzept der Entwicklungsaufgaben von Havighurst (1948) und übertragen auf unsere Zeit formulieren Krampen und Reichle (2008, S. 333) für Jugendliche und junge Erwachsene drei zentrale Entwicklungsbereiche:

a. das Privatleben und das Freizeitverhalten,
b. die Beteiligung in sozialen und gesellschaftlichen Gruppen sowie
c. den Ausbildungs- bzw. Studienweg mit dem anschließenden Berufseintritt.

Für den Prozess der Ablösung von der Herkunftsfamilie spielt die Erwerbsarbeit durch die hierdurch zu erreichende finanzielle Unabhängigkeit von der Herkunftsfamilie eine zentrale Rolle. Auch ist die Identitätsentwicklung – psychologisches Kernstück der Jugendphase – in Industrieländern sehr eng mit der sozialen Stellung innerhalb von Lern- und Arbeitsprozessen verbunden (Heinz 2010; Tippelt 2006). Für Jugendliche stellt sich die Entwicklungsaufgabe berufsbezogene Interessen, Fähigkeiten und Werte zu konkretisieren und *Verantwortung* für berufliche Entscheidungen zu übernehmen. Damit verstärkt sich die *Zukunftsorientierung* in dieser Lebensphase (Seiffge-Krenke und Gelhaar 2006; Shell Deutschland Holding 2010). Dies ist jedoch weniger mit der bloßen Aufnahme einer Arbeitstätigkeit möglich, die berufsförmige Struktur des deutschen Beschäftigungssystems setzt für eine dauerhaft stabile Berufslaufbahn einen Berufsabschluss voraus.

Für Jugendliche hat die biographische Entwicklungsperspektive, die sich mit der Erwerbsarbeit verbindet, eine besondere Bedeutung. In diesem Sinne hebt Bieker (2005) das Bedürfnis nach Planbarkeit des Lebens durch das ökonomisch und psychosozial gegebene Sicherheitsgefühl hervor. Bedeutsam sind darüber hinaus jedoch auch die mit der berufsbezogenen Anforderung verbundene (Lern-)Herausforderung und die Sinnvermittlung eigener Anstrengungen (in der zurückliegenden Schulzeit und für die persönliche Zukunft).

Die Shell-Studie von 2006 spricht bereits im Titel „Eine pragmatische Generation unter Druck" zwei Eckpunkte im beruflichen Suchverhalten vieler Jugendlicher an. Jugendliche haben ein Bewusstsein für die anhaltenden Probleme im Wettbewerb um Ausbildung und Beruf. Gleichzeitig wird von ihnen die Bedeutung und der Wert der Arbeit beibehalten, allerdings unter Inkaufnahme von pragmatischen Lösungen, d. h. Kompromissen und Umwegen auf dem Weg ins Arbeitsleben (Jugendwerk der Deutschen Shell 2006, s. auch Arnold 2002, S. 228 ff.). Die Shell-Jugendstudie 2010 beschreibt bei Jugendlichen eine Verstärkung der Bildungsorientierung und der persönlichen Bereitschaft für ihre Berufsperspektive einen verlängerten Bildungsweg in Kauf zu nehmen (Shell Deutschland Holding 2010, S. 38). Heinz (2010, S. 674) resümiert in diesem Sinne, dass sich über die seit 1960 bis heute laufenden Shell-Jugendstudien keine Anhaltpunkte für eine Erosion der Arbeitsorientierung bei den 15–25 Jährigen finden lassen (s. auch Bergmann 2004, S. 346 ff.; v. Rosenstiel 2006, S. 26). Ungeachtet der realen Chancen, steht die Integration in die Arbeitsgesellschaft damit nach wie vor im Zentrum der Lebensplanung von jungen Menschen und ist so wesentlicher Maßstab für das Gelingen der eigenen Biographie. Die Feststellungen und Ausführungen des 11. Kinder- und Jugendberichtes (2002, S. 165 ff.) verdeutlichen zudem den Stellenwert von Arbeit und Ausbildung auch im Leben von benachteiligten jungen Menschen.

Neben den angesprochenen vielfältigen Veränderungen des Arbeitslebens gibt es jedoch eine interessante Konstante. Betrachtet man die von Jugendlichen gewählten Ausbildungsberufe, so kommt Seibert (2007) zu der Einschätzung, dass sich zwischen 1984 und 2004 in Westdeutschland das Ausbildungsspektrum kaum verändert hat. Bei deutlichen geschlechtsspezifischen Unterschieden ist bei Männern der Bankkaufmann zu den zehn wichtigsten Ausbildungsberufen (neben den sonst dominierenden handwerklichen Berufen) hinzugekommen. Bei Frauen lässt sich ein Trend hin zu Gesundheitsberufen (Zunahme der Ausbildungen von medizinischen Fachangestellten, MFA) konstatieren. Neu unter den „Top 10" ist hier die Apothekenhelferin.

Zwischenresüme

Strukturelle Gegebenheiten und Trends im Bereich der beruflichen Bildung sind zusammenfassend:

a. ein insbesondere zwischen 1990 und 2005 erkennbarer erheblicher Mangel an betrieblichen Ausbildungsplätzen, der erst in den letzten Jahren mit dem demographischen Wandel zurückgeht,
b. eine quantitative und qualitative Ausweitung des beruflichen Übergangssystems,
c. die Entstehung weiterer Schwellen zwischen Schule und dauerhafter beruflicher Platzierung (z. B. Praktika, Trainee-Programme, Forderung von Zusatzqualifikationen),
d. die Erhöhung der theoretischen Anforderungen in zahlreichen Ausbildungsberufen,
e. die Akademisierung einiger Berufsbereiche (z. B. in der Pflege und der Elementarpädagogik),
f. die Modularisierung der Berufsausbildung für verschiedene betriebliche Anforderungen und Leistungsniveaus der Auszubildenden.
(s. Autorengruppe Bildungsberichterstattung 2010, S. 95 ff.)

Auf der Ebene des Einzelnen ist dies zu beschreiben als:

a. Verlängerung der Ausbildungs- bzw. Studienzeit bis zur dauerhaften beruflichen Eingliederung,
b. Erhöhung der Unsicherheit und Reduktion der Planbarkeit von Berufs- und Karrierewegen,

c. Verlängerung der ökonomischen Abhängigkeit von der Herkunftsfamilie,
d. Entwertung des Erfahrungswissens und der Leitbilder der Elterngeneration zur Berufs- und Laufbahngestaltung (insbesondere bei Familien mit Migrationshintergrund und Familien aus der DDR),
e. Zunahme der Selbstmanagementanforderungen (insbesondere bei der Bewältigung beruflicher Übergänge).
(s. Arnold 2002; Braun 2005; Heinz 2010)

Die hier skizzierten Diagnosen einer Entstandardisierung von Übergängen, einer nachlassenden integrativen Wirkung beruflicher Bildung und eines lange Zeit strukturell unausgeglichenen Ausbildungsmarktes sowie der Auflösung von Normalarbeitsverhältnissen als Zielkategorie pädagogischen Handelns im Übergang (vgl. Schmidt 2011, S. 64) geben bereits deutliche Hinweise zu den Herausforderungen des Übergangssystems. Dies wird im Folgenden näher betrachtet. Dabei ist u. a. auch danach zu fragen, woran ein gelungener Übergang zwischen Schule und Beruf zu erkennen und wie dieser Prozess zu begleiten ist.

4.2 Übergang Schule-Beruf

Der Übergang Schule-Beruf ist eingebettet in institutionelle Strukturen im schulischen und betrieblichen Kontext, sowie die Institutionen, die diesen Übergang begleiten (Agentur für Arbeit, Bildungsträger u. a.). Darüber hinaus existiert ein zeitlicher Rahmen, in dem Jugendliche Bewerbungsbemühungen starten und die Betriebe, sowie die Berufsschulen und Bildungsträger (bei überbetrieblichen Maßnahmen) ihre Auswahlverfahren durchführen.

Lang-von Wins und Triebel (2006, S. 7) charakterisieren das Gemeinsame der vielgestaltigen beruflichen Brüche in Erwerbsbiographien: Danach „… sind berufliche Brüche mehr oder weniger gut vorhersagbare Hindernisse auf dem Weg zu Zielen […] Sie stellen die davon betroffenen Personen vor die Aufgabe, ihre Ziele auf neuen Wegen zu erreichen oder neu zu definieren." Diese Begriffsbestimmung hebt die Bewältigungsanforderungen, die zur Zielerreichung notwendig sind hervor. Die sich stellenden Anforderungen (neue Wege zur Zielerreichung, neue Zielbestimmung) prägen die Situation der handelnden Person im Übergang.

Eine funktionalistische Perspektive zielt auf eine prozess- und ergebnisorientierte Betrachtung des Übergangs. Danach stellt ein Berufsübergang eine Intensivierung und Beschleunigung von Lernprozessen in Abhängigkeit vom Ausmaß der Veränderungsanforderungen dar (IST-SOLL-Differenz). Schein (1971) beschreibt den Berufsübergang als Modifikation von Arbeitsinhalten, der Stellung innerhalb der Hierarchie und der Veränderung der Einbeziehung einer Person in die Organisation (s. auch Frese 1984). Neben der Übernahme der Berufsaufgabe (Anpassung) sieht Schein als Gestaltungsmöglichkeit der Person-Umwelt-Beziehung Innovationen im Bereich der Arbeitsumgebung und der Arbeitsausführung (Schein 1971, S. 571 ff.). Innovative Perspektiven ordnet der Autor insbesondere akademischen Berufen und Personen mit Führungsaufgaben zu. Für jugendliche Berufseinsteiger ist die Anpassung an bestehende betriebliche Strukturen beim Beginn einer betrieblichen Ausbildung vorrangig. Auf dem Hintergrund der gewachsenen Bedürfnisse nach Selbstverwirklichung und interessenorientierter Berufswahl (v. Rosenstiel 2006, S. 28 ff.) ist die Frage nach den Gestaltungsmöglichkeiten der konkreten Ausbildungssituation jedoch auf beiden Seiten (bei Ausbildern und Auszubildenden) zu stellen.

Berufliche Übergänge unterscheiden sich:[3]

a. im Lern-/Veränderungstempo und dem -umfang,
b. in den Anforderungsbereichen (soziale Kompetenzen, fachliches Wissen und Fertigkeiten, Werte und Normen u. a.),
c. in der Veränderungsrichtung (Anpassung vs. Innovation),
d. in den Ursachen/Motiven (selbstmotiviert vs. fremdverursacht),
e. im zeitlichen Verlauf (altersgruppenentsprechend normativ vs. nicht altersentsprechend) und
f. in den Übergangspfaden (Grad der Vorhersagbarkeit, Mittel der Zielerreichung).

Betrachtet man den Übergang Schule-Beruf, so lassen sich in diesem Prozess folgende Teilanforderungen an die Jugendlichen unterscheiden:

1. *Orientierung* hinsichtlich der Anforderungen und Rahmenbedingungen der Mitarbeiterrolle im spezifischen Betrieb, der Berufsschule bzw. in der schulischen Berufsausbildung, dem Lehrgang oder Studium,
2. *Selbstexploration* eigener Fähigkeiten, Interessen, Kenntnissen, Fertigkeiten im Hinblick auf den konkreten Ausbildungsbetrieb bzw. Bildungsgang,
3. *Entscheidung* über die Aufnahme der Ausbildung bzw. den Bildungsgang,
4. bei Umorientierung (bzw. Misserfolg): *Alternativwegplanung* im Bildungsweg und/oder Berufsziel,

[3] Diese Systematik lässt sich insbesondere auf die zweite Schwelle (Ausbildung/Arbeit) in die Arbeitswelt anwenden.

5. *soziale Integration* in den betrieblichen Kontext und Harmonisierung mit der persönlichen Alltags- und Zukunftsplanung im familiären Kontext,
6. *Harmonisierung* von Lebenswelten (familiärer und Freizeitbereich mit der Arbeitswelt) hinsichtlich bestehender Wertemuster, Regeln, Anforderungen und Zeitstrukturen,
7. bewältigen der theoretischen und berufspraktischen Anforderungen während der Berufsausbildung bzw. des Studiums.
(s. Balz 2005)

Übergänge sind in ihrer psychosozialen Wirkung durch das Ausmaß der Destabilisierung zu unterscheiden. Neben dem problemlosen Übergang in eine neue Berufsaufgabe (z. B. gleiche Aufgabe und hierarchische Position in einer anderen Abteilung des gleichen Betriebs) kann es zu einer grundlegenden Destabilisierung kommen (z. B. bei vollständiger Aufgabe der Schülerrolle). Dies hängt von der Vorhersagbarkeit des Übergangsverlaufs und der Vorbereitung darauf ab, von der individuellen und gesellschaftlichen Bewertung des Ereignisses, dem Ausmaß der Änderungsanforderungen und den Fähigkeiten, Kompetenzen sowie dem (Vor-) Wissen der Person.

5 Benachteiligte Jugendliche an der „ersten Schwelle"

5.1 Der Begriff der Benachteiligung in der Berufsbildung und Berufsvorbereitung

In der Berufsförderung bildet das Konzept der Benachteiligung eine wichtige Begründung für die besondere Unterstützung im Übergangsprozess. Es findet sich auch im schulpädagogischen Kontext wieder. Hier wird Benachteiligung über die besuchte Schulform bzw. den fehlenden Schulabschluss definiert. In einem weiter gefassten Benachteiligtenbegriff gehören dazu alle Jugendlichen aus Sonder- und Hauptschulen, in einem engeren Begriffsverständnis sind dies Schüler, die aus den verschiedenen Schulformen ohne Abschluss entlassen werden (Kiper 2006, S. 71 ff.).

In der beruflichen Förderung Jugendlicher wird der Begriff der Benachteiligung angewendet, wenn im Übergang Schule-Beruf längerfristige Integrationsprobleme auftreten (Spies und Tredop 2006). Referenzpunkte sind dabei biographische Normalitätsvorstellungen über den Verlauf der Berufseinstiegsphase, dem von Jugendlichen in dieser Zeit erwarteten Verhalten in Schule und Betrieb und die Zielperspektive einer betrieblichen Berufsausbildung. Bei der Entstehung von Benachteiligung wirkt eine enge Verflechtung individueller, sozialer und struktureller Bedingungen (Braun 2005). Im Einzelnen sind dies:

- individuelle Aspekte wie Lern- und Leistungsprobleme, mangelnde Berufswahlkompetenz, Verhaltensauffälligkeiten und weitere psychische und physische Beeinträchtigungen,
- soziale Faktoren wie soziale Schichtzugehörigkeit, Religion, Nationalität und Herkunft,
- strukturelle Faktoren, wie die (ungünstige) konjunkturelle Lage, regionale Arbeitsmarktbedingungen und ein Mangel an (bestimmten) Ausbildungsangeboten.

In der Berufsförderung wird zwischen *sozialer Benachteiligung* und *Marktbenachteiligung* unterschieden (Bundesministerium für Bildung und Forschung 2010, S. 32). Grundlage dafür ist die Einschätzung, ob die Hinderungsgründe für eine berufliche Integration eher in der Person, ihrem sozialen Umfeld oder in marktbedingten Zugangsschwierigkeiten auf dem Ausbildungs- und Arbeitsmarkt liegen.

Auch der Blick in die relevanten Sozialleistungssysteme zeigt die z. T. unterschiedlichen Blickwinkel hinsichtlich von Benachteiligung. Das SGB III (Drittes Buch Sozialgesetzbuch – Arbeitsförderung) definiert z. B. in § 245 (1) förderungsbedürftige junge Menschen als lernbeeinträchtigte und sozial benachteiligte Jugendliche, die wegen der in ihrer Person liegenden Gründe ohne die Förderung eine Berufsausbildungsvorbereitung nach dem Berufsbildungsgesetz, eine Einstiegsqualifizierung oder eine Berufsausbildung nicht beginnen, fortsetzen oder erfolgreich beenden können.

Das Fachkonzept für berufsvorbereitende Bildungsmaßnahmen gem. §§ 61,61a SGB III beschreibt als Zielgruppe berufsvorbereitender Bildungsmaßnahmen der Bundesanstalt für Arbeit (BA) junge Menschen, die noch nicht über die erforderliche Ausbildungsreife oder Berufseignung verfügen oder denen die Aufnahme einer Ausbildung wegen fehlender Übereinstimmung zwischen den Anforderungen des Ausbildungsmarktes und dem persönlichen Bewerberprofil nicht gelungen ist und deren Ausbildungs- und Arbeitsmarktchancen durch die weitere Förderung ihrer beruflichen Handlungsfähigkeit erhöht werden sollen. Darunter fallen auch junge Menschen mit komplexem Förderbedarf, bei denen persönliche Rahmenbedingungen und die familiäre Situation verstärkt berücksichtigt werden müssen. Eine Förderung im Rahmen berufsvorbereitender Bildungsmaßnahmen kommt hier jedoch für diejenigen jungen Menschen (noch) nicht in Betracht, die aufgrund vielfältiger und schwerwiegender Hemmnisse insbesondere in den Bereichen der Motivation/Einstellungen, der Schlüsselqualifikationen und sozialen Kompetenzen eine vorgelagerte Stabilisierungsmaßnahme benötigen (vgl. Fachkonzept für berufsvorbereitende Bildungsmaßnahmen nach §§ 61, 61a SGB III 2009, S. 2). Für diese jungen Menschen sind niedrigschwellige Aktivierungshilfen nach § 46 Abs. 1 SGB III vorgesehen. Diese richten sich an Jugendliche mit eben jenen vielfältigen und schwerwiegenden Hemmnissen, die auf andere Weise nicht erreicht werden können, um sie für eine berufliche Qualifizierung zu motivieren und schrittweise an diese heranzuführen.

Ähnliche Aspekte von Benachteiligung nimmt auch § 13 des SGB VIII (Sozialgesetzbuch – Achtes Buch – Kinder- und Jugendhilfe) in den Blick. Leistungen gelten hier nach Abs. 1 jungen Menschen, die zum Ausgleich sozialer Benachteiligungen oder zur Überwindung individueller Beeinträchtigungen in erhöhtem Maße auf Unterstützung angewiesen sind. Diesen sollen im Rahmen der Jugendhilfe sozialpädagogische Hilfen angeboten werden, die ihre schulische und berufliche Ausbildung, Eingliederung in die Arbeitswelt und ihre soziale Integration fördern. In diesem Rahmen können nach Abs. 2 sozialpädagogisch begleitete Ausbildungs- und Beschäftigungsmaßnahmen angeboten werden. Leistungen an Arbeitgeber (wie im Rahmen der Einstiegsqualifizierung gem. § 235b SGB III oder des Ausbildungsbonus gem. § 241r SGB III) gelten deutlicher marktbenachteiligten jungen Menschen.

Wie diese kurze Skizze zeigt, unterscheiden die hier aufgeführten Sozialleistungen bzw. Sozialleistungssysteme nicht nur zwischen sozial- und marktbedingten Benachteiligungen sondern sie nutzen unterschiedliche (zugleich rechtlich unbestimmte) Grade von Lernbeeinträchtigungen und von individuellen und sozialen Benachteiligungen um jeweilige Zielgruppen zu bestimmen. Deutlich wird zudem die Ausbildungs- und Erwerbszentrierung der Leistungen des SGB III und das umfassendere Integrationsverständnis des SGB VIII.

Die Vermengung von Prozessfaktoren (z. B. Defizite im Lern- und Berufswahlverhalten) und Ergebnis- oder Outcome-Faktoren (z. B. Misserfolg in der Ausbildungsplatzsuche) stellt dabei jedoch ein grundlegendes Problem des Benachteiligungsbegriffs dar (Kreher 2007). Galuske (2003, S. 164) verweist darauf, dass die vorrangig betriebene individuelle Förderung das auf dem Ausbildungsmarkt bestehende strukturelle Problem nicht lösen kann. Im Erfolgsfall trägt die Benachteiligtenförderung zur Verbesserung der Wettbewerbsposition Einzelner bei. Im Misserfolgsfall besteht jedoch die Gefahr der Demotivierung und der Individualisierung der Ursachen von Arbeitslosigkeit.

Zugang in das System der Benachteiligtenförderung erhalten Jugendliche in der Regel über den Kontakt zur Berufsberatung oder das Jugendamt bzw. einen Jugendhilfeträger. Daneben werden im Kontext von Sozial-, Beschäftigungs- und Wirtschaftsförderung des Bundes, der Länder und der Kommunen Sonderprogramme aufgelegt (z. B. für NRW 2007–2010 „Teilhabe für alle"; Bundesprogramm „Schule-Wirtschaft/Arbeitsleben" von 2001–2007). Das 1980 gestartete Modellprogramm „Benachteiligtenförderung“ fand 1988 Eingang in das Arbeitsförderungsgesetz (Braun 2005). Zum Kern der Maßnahmen der Benachteiligtenförderung des SGB III gehören:

- Berufsvorbereitende Bildungsmaßnahmen gem. § 61 SGB III (BvB zur Ausbildungsvorbereitung oder beruflichen Eingliederung),
- außerbetriebliche Berufsausbildungen gem. § 242 SGB III (BaE; überbetrieblich oder in Kooperation mit Betrieben durchgeführte Berufsausbildungen),
- ausbildungsbegleitende Hilfen gem. § 241 SGB III (abH; schulische Förderung in Ergänzung zur Berufsschule),
- Übergangshilfen z. B. gem. §§ 241, 242 SGB III (nach Abbruch einer Ausbildung, bei Erwerbslosigkeit nach Ausbildung),
- Aktivierungshilfen gem. § 46 SGB III (zur beruflichen Orientierung und Motivationsförderung),
- Sozialpädagogische Begleitung gem. § 243 SGB III (Sozialpädagogische Begleitung zur Herstellung eines positiven Lern- und Arbeitsverhaltens sowie bei Problemlagen im sozialen Umfeld und im Betrieb)
  (s. z. B. Biermann 2008, S. 97 ff.; Kreher 2007, S. 43 ff.)

Neben diesen Leistungen sind jedoch auch Leistungen der Jugendsozialarbeit (§ 13 SGB VIII) z. B. Jugendwerkstätten, Einstiegsqualifizierungen in Betrieben gem. § 235b SGB III und Leistungen für junge Menschen mit Behinderungen gem. §§ 97 ff. und § 243 SGB VIII (Leistungen zur Teilhabe und Ausbildungszuschüsse) in den Blick zu nehmen.

Welche Personen haben im Übergang Schule-Beruf besondere Zugangsschwierigkeiten und sind deshalb zur Gruppe der (Markt-)Benachteiligten zu rechnen? Friedrich et al. (2008) fassen die vorliegenden Ergebnisse empirischer Analysen zusammen. Die Studien belegen die besonderen Schwierigkeiten:

- von Jugendlichen ohne Schulabschluss, aber auch von Jugendlichen mit Hauptschulabschluss und schlechten Zensuren,
- von ausländischen Jugendlichen und Migranten[4],

[4] Die Ausbildungsplatzsituation von jungen Menschen mit Migrationshintergrund ist zwar insbesondere aufgrund der statistisch gesehen niedrigeren schulischen Qualifikationen nach wie vor schwierig, jedoch sind Jugendliche mit Migrationshintergrund eine sehr heterogene Gruppe. Geografische und ethnische Herkunft wie auch die Migrationsgründe, die Aufenthaltsdauer und nicht zuletzt Zuschreibungsprozesse im Rahmen der betrieblichen Auswahl von Auszubildenden unterscheiden sich teilweise erheblich. So münden nach der BA/BIBB Bewerberbefragung 2010 40,6 % der Bewerber des Jahrgangs 2009/2010 mit osteuropäischer

- von Jugendlichen, die bereits länger nach einer Ausbildung suchen (sogenannte „Altbewerber") und z. T. auch jungen Frauen.

(vgl. auch die Ergebnisse des Übergangspanels des Deutschen Jugendinstituts, Gaupp et al. 2008).

5.2 Die Benachteiligtenförderung – ein gesellschaftliches Exklusionsinstrument?

Die Benachteiligtenförderung will für ein spezifisches Klientel Unterstützungsangebote im Übergang Schule-Beruf zur Verfügung stellen. Unzweifelhaft profitiert ein Teil der Jugendlichen von diesen Angeboten. Es gilt jedoch auch die Implikationen dieser Maßnahmen im Kontext des Arbeits- und Berufssystems unserer Gesellschaft zu identifizieren und Entwicklungsanforderungen zu formulieren.

So zeigt Kreher (2007) als Paradoxien im Instrumentarium der Benachteiligtenförderung auf, dass

- individuelle Förderung die (bisherige) „Schieflage" auf dem Ausbildungsmarkt nicht beseitigen kann (Strukturproblem in Zeiten des Bewerber-Überhangs),
- berufliche Förderung und Optimierung der Berufssuche im Erfolgsfall nur die Wettbewerbssituation Einzelner und nicht die der Gesamtgruppe der Jugendlichen verbessern (s. dazu auch Galuske 2003, S. 164),
- bei Misserfolg nach Abschluss einer Maßnahme dies zur Demotivierung und Individualisierung der Ursachen der Erwerbslosigkeit beiträgt.

Kritisch resümieren Gaupp et al. (2008), dass die berufsvorbereitenden Maßnahmen im Übergangssystem nur z. T. ihre kompensatorische Funktion erfüllen (Erhalt einer Berufsausbildung und perspektivisch einer qualifikationsgemäßen Beschäftigung). Im Durchschnitt verlängerte sich der Zeitraum bis zur beruflichen Integration. Ein in der Befragungszeit größer werdender Teil der Jugendlichen (20 %) beginnt ihre Berufslaufbahn als ungelernte Arbeitskräfte. Sie stehen in der Gefahr keine dauerhaft stabile Berufslaufbahn zu nehmen. Gefordert wird von den Autoren insbesondere ein regionales Übergangsmanagement, um den verschiedenen Teilgruppen der Hauptschüler, die mit sehr heterogenen Voraussetzungen in

Herkunft in eine betriebliche/außerbetriebliche Ausbildung ein. Bei jungen Menschen mit südeuropäischer Herkunft sind es 40,5 % bei türkischer bzw. arabischer Herkunft nur 24,5 % (vgl. Beicht und Eberhard 2011).

die Berufsfindung starten, in Abhängigkeit von ihren individuellen Voraussetzungen und den regionalen Ausbildungs- und Arbeitsmärkten passgenaue Angebote zu unterbreiten (zum Übergangsmanagement s. Kammerer und Gref 2008).

Eine systeminterne Kritik findet sich implizit auch in den Leitlinien des Hauptausschusses des Bundesinstituts für Berufsbildung (BIBB) zur Verbesserung des Übergangs Schule-Beruf (BIBB 2011). So werden hier insbesondere gefordert:

- eine stärkere betriebliche Anbindung und Systematisierung der Angebotsstrukturen,
- die Vernetzung der regionalen Akteure der beruflichen Bildung,
- der Abbau von Ersatzmaßnahmen, die keinen Anschluss an berufsqualifizierende Maßnahmen bieten (berufsbiographische „Warteschleifen"),
- frühzeitige, adressatenorientierte und stärker individualisierte Unterstützungsangebote die deutlichere betriebliche Anbindung der Maßnahmen bzw. ihre Abstimmung auf die dortigen Anforderungen.

Resümierend lässt sich festhalten, dass der Benachteiligungsbegriff Förderrechte und begrenzte Teilhaberechte (im Übergangssystem) sichert. Er dient aber gleichzeitig auch zur Legitimierung der Mangelverwaltung im Ausbildungsstellenmarkt (bei Unterdeckung der Ausbildungsplatznachfrage durch die Betriebe), da von einem Mangel an Berufswahl- und Sozialkompetenz (sogenannten „Arbeitstugenden"), schulischem Grundwissen und Fertigkeiten bei den „nichtversorgten" Jugendlichen ausgegangen wird. Dieses Grundverständnis über die Ursachen der Übergangsschwierigkeiten führt bei einem individualisierten Förderansatz im Falle des Misserfolgs des Einzelnen im beruflichen Bildungswettlauf eben auch dazu, dass dieser individualisiert wird.

6 Der Inklusionsbegriff im Erwerbssystem und in der Berufsbildung

Im Kontext der Erwerbslosigkeitsforschung der 1980er und 1990er Jahre wurden die psychosozialen Auswirkungen der Exklusion aus dem Beschäftigungssystem untersucht. Exklusion wurde hier definiert als formaler Ausschluss aus dem Beschäftigungssystem der Begriff Exklusion wurde damals noch nicht verwandt. Geht man von einem erweiterten Arbeitsbegriff aus und schließt ehrenamtliche, sozialpolitische und Hausarbeit als Formen von Arbeit ein, so wird die Differenzbildung Exklusion vs. Inklusion unscharf. Für das Individuum kann eine selbstgewählte Tätigkeit außerhalb des Erwerbssystems eine Sinnerfüllung bieten, die möglicherweise von zahlreichen Erwerbsarbeitsplätzen nicht zu erwarten ist. Insofern ist Exklusion (und auch Inklusion) strukturell und auf individueller Ebene (in lebensbiographischer Perspektive) zu bestimmen. Reduziert man Inklusion auf ihre formale Seite, so könnte das Inklusionskonzept auf Erwerbsarbeit angewendet in eine sozialpolitische Forderung umgemünzt eine formalisierte Arbeitspflicht nahelegen.

Wie lässt sich nun Inklusion und Exklusion aus strukturellen Differenzen ableiten? Stichweh (1998, S. 540 f.) greift die auf Nadel (1957) zurückgehende Unterscheidung von Leistungsrollen und komplementären Publikumsrollen auf. In diesem Sinne findet Inklusion statt, wenn Personen an themenspezifischer Kommunikation beteiligt werden. So sind in modernen Gesellschaften funktionale Teilsysteme vorhanden, die sich aus Akteursrollen und Publikumsrollen zusammensetzen. Im Wirtschaftssystem wären dies der Produzent (als Leistungsrolle) und der Konsument als (unverzichtbare) Publikumsrolle. Stichweh differenziert bei den Inklusionsmechanismen in den verschiedenen gesellschaftlichen Teilsystemen zwischen 1) verschiedenen Inklusionsformen, 2) den Graden der Freiwilligkeit und 3) der zeitlichen Dauer bei der Inklusion.

Zu 1) Im Wirtschaftssystem existiert der Teilhabe-/Ausschlussmechanismus („Exit/Voice-Option"), d. h. hier gibt es (wie auch im Bereich der Politik) wenige Leistungsrollen und ein großes Publikum, welches teilweise auch verzichtbar ist. Bei den Handlungen zur Inklusion in das Teilsystem spielen Kommunikationsmedien eine besondere Rolle.

Zu 2) der Grad der Freiwilligkeit bei der Inklusion differiert in verschiedenen Teilsystemen erheblich. So weist das Schulsystem die Schulpflicht bis zum 18. Lebensjahr auf. Demgegenüber herrscht im Politiksystem ein großer Freiraum bei der Teilhabe z. B. als Wähler. Einigen strukturellen Aspekten von Gesellschaft (z. B. das Zahlen von Steuern, Pflichtversicherung u. a.) kann sich der Einzelne demgegenüber nicht (bzw. nur bei Strafe) entziehen.

Zu 3) Hinsichtlich der zeitlichen Dauer der Inklusion ergeben sich zwei Fragen. Zum einen ist zu fragen, welche zeitliche Perspektive ein soziales (Teil-)System aufweist und zum zweiten ist die Frage, über welche Zeit eine Person diesem System angehört. Bedeutsam ist dies, da nur bei einer relevanten zeitlichen Erstreckung eine Teilhabestruktur etabliert werden kann. Auch ist zu fragen, welche Investition in die Teilhabe erfolgt (z. B. bei Gaststudierenden). Hier sind Nutzerinteressen möglicherweise nur eingeschränkt und soziale Ingroups (beispielsweise der koreanischen Studierenden) der für den Einzelnen „heimatliche" Ort. Eine Inklusion in die deutsche Gesellschaft wird hier u. U. gar nicht gewünscht.

Zu den strukturellen Aspekten von Inklusion gehören der Beschäftigungsstatus, der Stellenumfang und die Zeitperspektive (z. B. Befristung) als objektivierbare Merkmale.

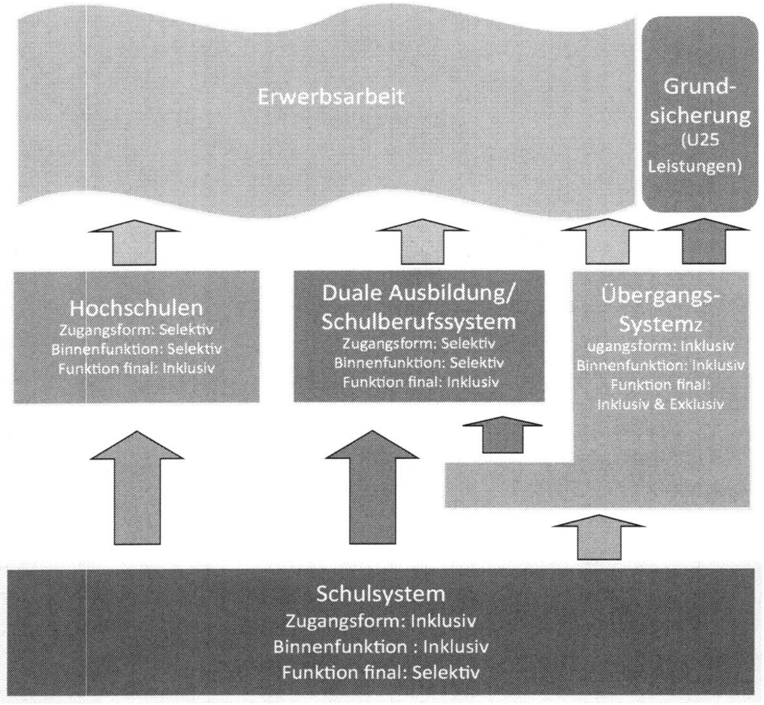

Abb. 1 Systeme und ihre Funktionen im Übergang Schule/Beruf. (Quelle: eigene Darstellung)

Individuell werden eine qualitative Bewertung des Arbeitsplatzes durch den Einzelnen bzw. aus dessen Perspektive (z. B. Ausmaß der Belastung, subjektive Anforderungswahrnehmung) und deren subjektive Beschreibung durch den Arbeitsplatzinhaber notwendig (z. B. Arbeitszufriedenheit, Identifikation mit dem Arbeitsplatz).

Wenn wir nun kritisch auf die Inklusionsförderung im Kontext der Berufsbildung schauen, so können wir dies vom Zugang wie vom Resultat, also der späteren erfolgreichen bzw. erfolglosen Teilhabe an Erwerbsarbeit, oder aber von der Art der Teilhabe während des Berufsbildungsprozesses aus beschreiben. Systematisch lassen sich die (formale) Inklusionsförderung wie auch gleichzeitige Selektions- oder Exklusionsprozesse (zumindest hinsichtlich der Erwerbsarbeit) anhand der folgenden Abbildung zu den Übergängen Schule/Beruf aufzeigen.

Wie Abb. 1 zeigt, ist das Schulsystem (auf der Makroebene) zunächst inklusiv ausgerichtet, da es sich nicht nur an alle Kinder- und Jugendlichen richtet, sondern durch die allgemeine Schulpflicht auch einen Rechtsanspruch auf formale Bildung sichert. Auch innerhalb des (gesamten) Schulsystems überwiegt ein inklusiver Anspruch, da zumeist kein Herausfallen aus dem System (wohl aber aus einzelnen Schultypen) möglich ist. Die gesellschaftliche Funktion des Schulsystems ist neben der Förderung jedoch auch Selektion, d. h. durch die Vergabe von Abschlüssen werden gesellschaftliche Positionen zugewiesen (vgl. Fend 1981). Diese Berechtigungsvergabe ist zunächst weder unmittelbar inklusiv oder exklusiv, die tatsächlichen Berechtigungen jedoch, die mit einem Hauptschulabschluss einhergehen sind allerdings recht gering geworden.

Auf Grundlage dieser finalen Funktion der Schule wählen Hochschulen und Ausbildungssysteme ihre Absolventen aus, im Prozess der Ausbildungen und des Studiums folgen weitere Selektionen durch entsprechende Zertifikate am Ende dieser Schwelle. Alle anderen jungen Menschen, denen der Zugang zu Studium und Berufsausbildung (zunächst) verwehrt bleibt, erhalten bei Vorliegen der formalen Voraussetzungen Zugang zu den Leistungen des Übergangssystems. Diese sind im Zugang wie im Prozess der Leistungserbringung als System der Benachteiligtenförderung prinzipiell inklusiv ausgerichtet. Final aber erfüllt das Übergangssystem inklusive wie exklusive Funktionen. Junge Menschen die aus dem Übergangssystem in eine Berufsausbildung oder Erwerbsarbeit übergehen (33–37 % vgl. Dietrich 2008, S. 79), erfahren die inklusive Funktion, in dem sie (zumindest prinzipiell) Zugang zum Ausbildungs- und Arbeitsmarkt erhalten. Jugendliche und junge Erwachsene, denen dieser Zugang verwehrt bleibt (37 % vgl. Dietrich 2008, S. 85) geraten anschließend nicht nur in die sozialstaatliche Alimentierung der SGB II-Leistungen (und hier insbesondere in das Förder- und Forderparadigma der Regelungen für unter-25-jährige Hilfebezieher), sondern sie bekommen gewissermaßen ein „Exklusionszertifikat", da sie trotz zusätzlicher Unterstützung und Förderung offensichtlich nicht in der Lage waren, einen Zugang zum Ausbildungs- und Arbeitsmarkt zu erlangen. Nebenwirkung dieses „Doppelgesichtes" des Übergangssystems ist somit nicht nur ein Fortschreiben von Selektion, sondern auch eine Subjektivierung des Scheiterns.

Es stellt sich auch hier die Frage der Freiwilligkeit der Teilhabe und der Wahlfreiheit hinsichtlich der Inhalte und des Ziels der Berufsbildungsmaßnahmen. Insbesondere mit dem Inklusionskonzept ist ein Recht zur Teilhabe impliziert. Hier den schmalen Grad zur Verpflichtung zu bestimmen, ist sowohl gesetzgeberisch wie auch in der konkreten Praxis den hier tätigen Institutionen übertragen. Mit der Prämisse vom „Fördern und Fordern" wurde versucht, hier keinen Antagonismus entstehen zu lassen – bzw. diesen zu verdecken. In der unmittelbaren

Verwaltungspraxis (beispielsweise der ARGen, regionale Arbeitsgemeinschaften/ Jobcenter der Arbeitsagenturen und Kommunen) etwa ist der Grad der Mitwirkungspflicht aus einer qualitativen Bewertung der Bildungs- und Beschäftigungsangebote abzuleiten.

7 Zur inklusiven Gestaltung des Übergangssystems

7.1 Index für Inklusion im Kontext der Schule

Nachdem zuvor Inklusions-, Selektions- und damit auch potentielle Exklusionsfunktionen der Institutionen im Übergang von Schule und Beruf und damit quasi die Makroebene arbeitsmarktsoziologisch betrachtet wurde, sollen an dieser Stelle Aspekte der inklusiven konzeptionellen und pädagogischen Gestaltung innerhalb des Übergangssystems beleuchtet werden. Die Folie der folgenden Überlegungen bildet dabei der Inklusionsindex Schule[5] (s. hierzu auch den Beitrag von Platte in diesem Bd.).

Der Index für Inklusion will Anregungen und Hilfsmittel für einen Prozess zur Entwicklung einer inklusiven Schule bieten. Dabei wird ein Qualitätsentwicklungsprozess in den Blick gerückt ohne ein festgelegtes Schema vorzugeben.

Dazu gliedern die Autoren den Index in vier Elemente (vgl. Hinz und Boban 2003, S. 4):

1. *Schlüsselkonzepte*, die in die Reflexion über inklusive Schulentwicklung einführen,
2. *Rahmen für die Analyse*: Dimensionen und Bereiche, die den Zugang zur Evaluation und Entwicklung der Schule strukturieren helfen,
3. *Materialien für die Analyse*: Indikatoren und Fragen, die eine detaillierte Betrachtung aller Aspekte einer Schule ermöglichen und dabei helfen, Prioritäten für nächste Entwicklungsschritte herauszufinden und einzuleiten,
4. einen *Index-Prozess*, der sichern soll, dass der Prozess der Bestandsaufnahme und Planung von Veränderungen und ihrer Umsetzung in der Praxis selbst inklusive Qualität hat.

[5] Der Index für Inklusion wurde 2003 von Tony Booth und Mel Ainscow (Manchester) entwickelt. Andreas Hinz und Ines Boban (Luther-Universität Halle-Wittenberg) haben diesen für deutsche Verhältnisse übersetzt und adaptiert. Der (deutsche) Index für Inklusion kann unter http://www.eenet.org.uk/resources/docs/Index%20German.pdf als Volltext heruntergeladen werden.

Während die Elemente drei und vier eher der Operationalisierung und der Prozessgestaltung dienen, bilden die hier genannten Schlüsselkonzepte und Rahmen für die Analyse den theoretischen Zugang zur Entwicklung und Gestaltung einer inklusiven Praxis und sollen deshalb näher beleuchtet werden.

Schlüsselkonzepte des *Index für Inklusion* sind:

- der Abbau von Barrieren für Lernen und Teilhabe,
- Ressourcen für die Unterstützung von Lernen und Teilhabe und
- die Unterstützung von Vielfalt.

Diese Konzepte sollen einen Begriffsrahmen bieten für die Diskussion und Entwicklung von Inklusion in Bildung und Erziehung (vgl. ebd., S. 9). Teilhabe bedeutet in diesem Zusammenhang mit anderen gemeinsam zu lernen und mit ihnen bei gemeinsamen Lernprozessen zusammenzuarbeiten. Die Entwicklung von Inklusion bedeutet zudem die bewusste Reduzierung von Aussonderungsdruck (vgl. ebd., S. 10 f.). Inklusion beginnt in diesem Zusammenhang mit der Wahrnehmung von Unterschieden zwischen Schülerinnen und Schülern und führt auf dieser Grundlage zu Veränderungen im Unterricht genauso wie bei allen anderen Aspekten der Schulgestaltung (vgl. ebd., S. 11).

Bedeutsam erscheint im *Index* auch der Begriff „Hindernisse für Lernen und Teilhabe“ anstelle des Konzeptes des „sonderpädagogischen Förderbedarfs“. Die Autoren weisen in diesem Zusammenhang auf die Beschränkungen dieses Ansatzes hin, pädagogische Schwierigkeiten darauf zurückführen zu können, dass einige Kinder einen „sonderpädagogischen Förderbedarf“ haben. Das Konzept des sonderpädagogischen Förderbedarfs „verleiht bestimmten Personen ein Etikett, das zu abgesenkten Erwartungen führen kann. Der Ansatz von ‚Hindernissen für Lernen und Teilhabe‘ kann dazu genutzt werden, die Aufmerksamkeit darauf zu lenken, was für die Verbesserung von Erziehung und Bildung für alle Kinder getan werden muss“ (ebd., S. 12).

Der Rahmen für die Analyse: Dimensionen und Bereiche

Den Rahmen für die Bestandsaufnahme und die Entwicklung von Zielperspektiven einer inklusiven Schule bilden drei miteinander verbundene Dimensionen: Es gilt demnach, inklusive Kulturen zu schaffen, inklusive Strukturen zu etablieren und inklusive Praktiken zu entwickeln (vgl. ebd., S. 15; s. Abb. 2).

Alle drei Dimensionen werden im Index als notwendig beschrieben, um Inklusion in einer Schule zu entwickeln: „Die Dimension ‚inklusive Kulturen schaffen‘ ist bewusst als Fundament des Dreiecks platziert. Denn in der Vergangenheit wurde zu wenig Aufmerksamkeit auf das Potential von Schulkulturen gelenkt, Entwick-

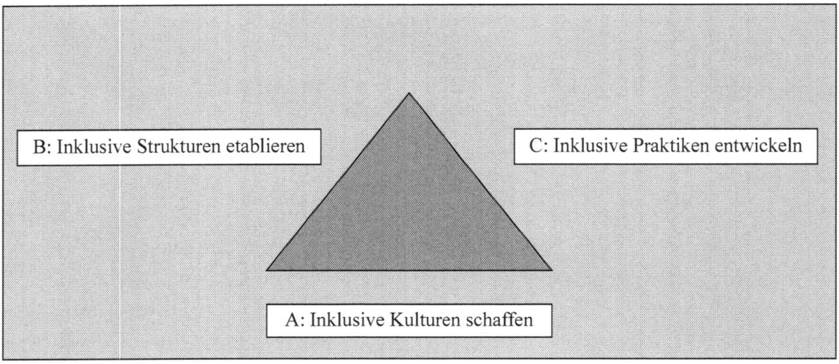

Abb. 2 Die drei Dimensionen des *Index*. (Quelle: *Index für Inklusion* – Lernen und Teilhabe in Schulen der Vielfalt entwickeln 2003, S. 15)

lungen im Lehren und Lernen zu unterstützen – oder zu behindern. (…) Die Entwicklung gemeinsamer inklusiver Werte und kooperativer Beziehungen können bereits Veränderungen in den anderen Dimensionen einleiten. Es sind inklusive Schulkulturen, die Strukturen und Praktiken verändern und so nachhaltig wirken, dass sie auch durch neue MitarbeiterInnen, SchülerInnen und Eltern weitergetragen werden" (S. 14 f.). Jede der drei Dimension des Index wird in zwei Bereiche geteilt und zu jedem Bereich finden sich zwischen fünf und elf Indikatoren (vgl. S. 50–52). Die Indikatoren dienen dabei als Bezeichnungen von Zielsetzungen, die im Analyse- und Entwicklungsprozess mit der bestehenden Praxis verglichen werden sollen, um daraus Prioritäten für die weiteren Entwicklungsschritte abzuleiten (vgl. S. 16).

Die beiden Bereiche der Dimension „inklusive Kulturen schaffen" lauten beispielsweise „Gemeinschaft bilden" und „Inklusive Werte verankern". Einer der sechs Indikatoren zur Verankerung inklusiver Werte ist dabei, dass die MitarbeiterInnen versuchen, Hindernisse für das Lernen und die Teilhabe in allen Bereichen der Schule zu beseitigen. Zehn Fragen (vgl. S. 64) sollen als Anregung dienen diesen Indikator überprüfbar zu machen, so z. B. „Ist den MitarbeiterInnen bewusst, dass sie selbst Hindernisse für das Lernen und die Teilhabe der SchülerInnen verändern können?" oder „Haben MitarbeiterInnen und SchülerInnen das Verständnis, dass Strukturen und Praktiken einer Schule der Vielfalt ihrer SchülerInnen entsprechen müssen?". Die Indexverwendung in einer Schule ist prozessual ausgerichtet – auf eine Entwicklung des gemeinsamen Lernens und der Teilhabe in der Schule der Vielfalt (s. hierzu den Beitrag von Platte in diesem Bd.).

Die Frage, ob sich ein solcher Index auf das Übergangssystem übertragen lässt, soll im Mittelpunkt der abschließenden Erörterungen stehen.

7.2 Index für Inklusion im Kontext des Übergangssystems

Auf den ersten Blick erscheint der Index aufgrund seines prozesshaften Charakters und seines Verzichtes auf das Normieren von Lösungen wie auch der nachvollziehbaren Schlüsselkonzepte und des Analyserahmens durchaus geeignet zu sein für eine Übertragung auf das Übergangssystem. Die dem Inklusionsverständnis des Indexes zugrunde liegenden Dimensionen von Heterogenität und die daraus abgeleiteten Entwicklungsansprüche gelten sicher genauso für die Organisationen und Zielgruppen des Übergangssystems.

- inklusive **Kulturen schaffen** → Gemeinschaften bilden, die Vielfalt anerkennen, inklusive Werte verankern,
- inklusive **Strukturen etablieren** → Unterstützung für Vielfalt so organisieren, dass Lernen und Unterricht nicht diskriminierend, sondern inklusiv wirksam werden,
- inklusive **Praktiken entwickeln** → Lernarrangements organisieren, Ressourcen mobilisieren.

Damit geraten weibliche und männliche Jugendliche unterschiedlicher kultureller, sprachlicher und ethnischer Herkunft und unterschiedlicher Bildungs- und Lernvorerfahrungen in den Blick, die so in Schulen wie auch im Übergangssystem anzutreffen sind.

Nicht außeracht gelassen werden dürfen jedoch einige grundlegende Unterschiede zwischen den beiden hier angesprochenen Systemen: Zum einen wäre darauf hinzuweisen, dass es sich bei der Schule um ein Normal- bzw. Regelsystem handelt, welches sich (bei starker Binnendifferenzierung) an alle Kinder- und Jugendlichen im schulpflichtigen Alter richtet. Zum anderen ist das Schulsystem gesellschaftlich auch als Sozialisationsinstanz und Bildungsmoratorium anerkannt und verfügt nicht zuletzt über eigene zeitliche Dimensionen und eine erkennbare Systemstruktur in zuallermeist staatlicher Verantwortung und Realisierung. Darüber hinaus stellt sich die Frage nach der arbeitsmarktrelevanten Verwertbarkeit der Leistungen von Schule nicht so unmittelbar wie im Übergangssystem. Beim Übergangssystem handelt es sich um ein „Ausweichsystem" für bestimmte (zunächst) nicht in den Ausbildungsmarkt integrierte junge Menschen, welches eher als Sektor, denn als System bezeichnet werden kann. Die zeitlichen Dimensionen

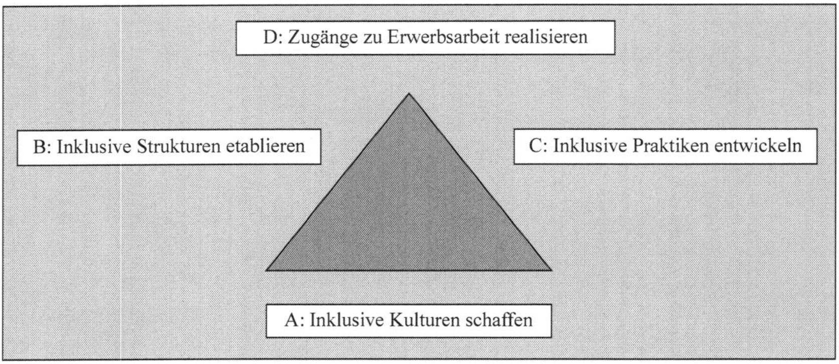

Abb. 3 Inklusionsindex für das Übergangssystem. (Quelle: Eigene Erweiterung des *Index für Inklusion* – Lernen und Teilhabe in Schulen der Vielfalt entwickeln 2003, S. 15)

sind viel knapper als die der Schule und der finale Charakter (Aufnahme bzw. Abschluss einer Ausbildung) bestimmt die Leistungen von im Wettbewerb miteinander stehenden freien oder privatgewerblichen Trägern deutlich.

So erstaunt es nicht, dass die Frage nach der Qualität von Inklusion mit Blick auf die Schule durch den Index stark prozessual, d. h. auf Inklusionsdimensionen am Ort der Schule ausgerichtet sind, Fragen der Inklusion in die Gesellschaft und die Erwerbsarbeit aber kaum Beachtung finden. Die für die Schule geltende Sozialisationsfunktion (u. a. durch Aufnahme in den gesellschaftlich alternativlos bestimmten Ort Schule für – minderjährige – junge Menschen) lässt eine solche Vorgehensweise durchaus zu.

Ein Inklusionsindex für das Übergangssystem kann sich auf eine solche „Binneninklusion" jedoch nicht beschränken. Er müsste mindestens um eine vierte Dimension, die der Arbeitsmarktintegration[6] ergänzt werden. Die gesellschaftliche Funktion des Übergangssystems besteht an dieser Stelle schließlich weniger in einer solchen „Binneninklusion", sondern in einer finalen mit Blick auf den Arbeitsmarkt, welche die verschiedenen Formen von Erwerbsarbeit einschließt (Abb. 3).

Konsequenterweise müsste man für das Übergangssystem dann von einem Inklusions- und Exklusionsindex sprechen (vgl. zur finalen Funktion Abb. 1), nicht zuletzt um das Negieren der Logiken eines marktwirtschaftlich organisierten Arbeitsmarktes und der gesellschaftlich zugewiesenen Funktionen zu vermeiden. Erforderlich erscheint dies auch, da Hoffnungen auf einen verstärkten Einsatz von

[6] Der Begriff der Arbeitsmarktintegration erscheint hier angebrachter als der der Inklusion, da der Arbeitsmarkt auf dem Prinzip der Selektion und nicht der Inklusion beruht.

Strategien des Diversity Managements anstelle von rein ökonomischer Betriebslogik (vgl. Hinz 2006, S. 10) derzeit nur für wenige Unternehmen relevant erscheinen.

8 Fazit

Die eingangs aufgeworfene Frage, ob das Übergangssystem in der beruflichen Bildung Inklusions- oder Exklusionsinstrument sei, lässt sich nunmehr dahingehend beantworten, dass es beide Funktionen erfüllt bzw. erfüllen kann. Es konnte gezeigt werden, dass Inklusion und Exklusion hier nicht zwingend binäre Alternativen sind. So wirkt das Übergangssystem zum einen in einer Binnenperspektive inkludierend. Hierfür können Ansätze wie die des Indexes für Inklusion an Schulen wertvolle Impulse zur Weiterentwicklung liefern (beispielsweise der Lern- und Arbeitskulturen). Zur Steigerung der Inklusionsfunktion in der Binnenperspektive gerät neben strukturellen Aspekten dabei insbesondere das pädagogisch-konzeptionelle Handeln in den Blick. Insbesondere gilt dies für die Wahl bzw. Schaffung einer passgenauen Maßnahme, die an den je individuellen Voraussetzungen und den Wünschen der Jugendlichen anknüpft. Wirksame Förderung muss an dem Einzelnen, seinen personalen und sozialen Ressourcen ansetzen und eine aktive Partizipation in diesem Such- und Entscheidungsprozess bieten (Hinz 2006). Die Wertschätzung von Unterschieden, die Steigerung von Teilhabe und Lernen und der Abbau von Barrieren aller Art sind hier deutliche Kennzeichen der im Index aufgeführten Praktiken und Kulturen.

Final gesehen erfüllt das Übergangssystem wie bereits in Abschnitt 5.2 gezeigt aber auch eine selektive Funktion, d. h. es trägt zwar einerseits zur Inklusion i. S. v. Integration in den Arbeitsmarkt bei, andererseits individualisiert es mögliche Exklusion durch eine „Zertifizierung der Nichtintegration(-sfähigkeit)" bei Misserfolg nach dem Maßnahmeabschluss oder -abbruch. Diese ist – zumal hier reduziert auf Erwerbsarbeit – aber weder zwingend abschließend noch dauerhaft zu verstehen eher im Sinn einer weiteren Selektion, die im Fall der Nichtintegration in den Arbeitsmarkt in die Leistungsstrukturen des SGB II führt und damit – zumindest der Semantik nach – in weitere Instrumente mit einem Integrationsanspruch (Inklusion der Exkludierten, vgl. hierzu den Beitrag von Benz in diesem Bd.).

Hier zeigt sich, was Stichweh mit Bezug auf Goffman und Focault bemerkt: „Für das Gesellschaftssystem der Moderne leuchtet ein, daß dieses die Exklusionen, die es einerseits unablässig vollzieht, andererseits vielfach in die Form von Inklusionen bringt. […] Zudem unterliegt diesen Exklusionsinstanzen der Moderne eine Ideologie der Resozialisation und Reintegration. Den von ihnen vollzogenen Ausschluß beschreiben sie prinzipiell als temporär; sie wollen Wiedereingliederung erreichen" (Stichweh 2005, S. 62).

Quellenverzeichnis

Literatur

Arnold H (2002) Ausbildung, Arbeit und Beschäftigung. In: Schröer W, Struck N, Wolf M (Hrsg) Handbuch Kinder- und Jugendhilfe. Juventa, Weinheim, S 211–241

Autorengruppe Bildungsberichterstattung (2010) Bildung in Deutschland 2010. Bundesministerium für Bildung und Forschung, Bonn

Balz H-J (2005) Berufs- und Laufbahnberatung – Beitrag einer systemischen Perspektive. Z Berufs Wirtschaftspädagogik 101(3):379–395

Balz H-J (2010) In: Huber GL von (Hrsg) Berufswahl, Übergang Schule – Beruf, benachteiligte Jugendliche Aus: Enzyklopädie Erziehungswissenschaft Online Fachgebiet: Pädagogische Psychologie, Beratung, Prävention und Intervention in Problemsituationen. Juventa, Weinheim. doi:10.3262/EEO21100146

Beicht U, Eberhard V (2011) Ergebnisse der BA/BIBB-Bewerberbefragung 2010. In: Bundesinstitut für Berufsbildung (Hrsg) Datenreport zum Berufsbildungsbericht 2011. Informationen und Analysen zur Entwicklung der beruflichen Bildung, Kapitel A3.2. Bonn, S 94–105

Bellmann L, Bielenski H, Bilger F, Dahms V, Fischer G, Frei M, Wahse J (2006) Personalbewegungen und Fachkräfterekrutierung. Ergebnisse des IAB-Betriebspanels 2005, IAB-Forschungsbericht. 11/2006. Institut für Arbeitsmarkt- und Berufsforschung, Nürnberg

Bergmann C (2004) Berufswahl. In: Schuler H (Hrsg) Enzyklopädie der Psychologie: Organisationspsychologie – Grundlagen und Personalpsychologie, Bd 3. Hogrefe, Göttingen, S 345–387

Bertelsmann Stiftung (2008) Volkswirtschaftliche Potenziale am Übergang von der Schule in die Arbeitswelt. Eine Studie zu den direkten und indirekten Kosten des Übergangsgeschehens sowie Einspar- und Wertschöpfungspotenzialen bildungspolitischer Reformen. Gütersloh

Bieker R (2005) Individuelle Funktionen und Potentiale der Arbeitsintegration. In: Bieker R (Hrsg) Teilhabe am Arbeitsleben. Wege der beruflichen Integration von Menschen mit Behinderung. Kohlhammer, Stuttgart, S 12–24

Biermann H (2008) Pädagogik der beruflichen Rehabilitation. Eine Einführung.: Kohlhammer, Stuttgart

Boban I, Hinz A (2003) Index für Inklusion – Lernen und Teilhabe in der Schule der Vielfalt entwickeln. Martin-Luther-Universität, Halle (Saale)

Bojanowski A (2008) Benachteiligte Jugendliche – Strukturelle Übergangsprobleme und soziale Exklusion. In: Bojanowski A, Mutschall M, Meshoul A (Hrsg) Produktionsschule. Waxmann, Münster, S 33–46

Booth T, Ainscow M (2002) Index for inclusion. Developing learning and participation in school. CSIE Ltd., Bristol

Braun F (2005) Jugendarbeitslosigkeit und Benachteiligtenförderung. In: Tippelt R (Hrsg) Handbuch Bildungsforschung, 2. Aufl. VS-Verlag, Wiesbaden, S 760–774

Bundesministerium für Bildung und Forschung (Hrsg) (2010) Berufsbildungsbericht 2010. Eigendruck, Bonn

Cortina KS (2006) Psychologie der Lernumwelt. In: Krapp A, Weidenmann B (Hrsg) Pädagogische Psychologie. Ein Lehrbuch, 5. Aufl. Beltz, Weinheim, S 477–524
Cottrell LS (1942) The adjustment of the individual to his age and sex roles. Am Sociol Rev 7:617–620
Dietrich H (2008) Theoretische Überlegungen und empirische Befunde zu berufsvorbereitenden Bildungsangeboten der BA. In: Münk D, Rützel J, Schmidt C (Hrsg) Übergangssystem. Forschungserträge und Entwicklungsperspektiven der Benachteiligtenförderung zwischen Schule, Ausbildung, Arbeit und Beruf. Pahl-Rugenstein, Bonn, S 68–92
Dietrich H, Dressel K, Janik F, Ludwig-Mayerhofer W (2009) Ausbildung im dualen System und Maßnahmen der Berufsvorbereitung. In: Möller J, Walwei U (Hrsg) Handbuch Arbeitsmarkt 2009. IAB-Bibliothek 314. Bertelsmann, Bielefeld, S 318–357
Fend H (1981) Theorie der Schule, 2. Aufl. Urban & Schwarzenberg, München
Frese M (1984) Transition in jobs, occupational socialization and strain. In: Allen VL, Vliert V van de (Hrsg) Role transition: exploration and explanations. Plenum, London, S 239–252
Friedrich M, Eberhard V, Ulrich J (2008) Übergänge der Jugendlichen von der Schule in die Berufsausbildung: theoretische Bezüge und Ergebnisse bisheriger Studien. In: Beicht U, Friedrich M, Ulrich JG (Hrsg) Ausbildungschancen und Verbleib von Schulabsolventen. Bundesinstitut für Berufsbildung, Bonn, S 59–78
Galuske M (2003) Jugendberufshilfe in der flexiblen Arbeitsgesellschaft? In: Linder W, Thole W, Weber J (Hrsg) Kinder- und Jugendarbeit als Bildungsprojekt. Leske & Budrich, Opladen, S 153–170
Gaupp N, Lex T, Reißig B, Braun F (2008) Von der Hauptschule in Ausbildung und Erwerbsarbeit: Ergebnisse des DJI-Übergangspanel. Bundesministerium für Bildung und Forschung, Bonn
Georg W, Sattel U (2006) Berufliche Bildung, Arbeitsmarkt und Beschäftigung. In: Arnold R, Lipsmeier A (Hrsg) Handbuch der Berufsbildung, 2. Aufl. VS-Verlag, Wiesbaden, S 125–152
Giarini O, Liedtke PM, Fritz K (1998) Wie wir arbeiten werden. Der neue Bericht an den Club of Rome. Hoffmann und Campe, Hamburg
Greinert W-D (2007) Kernschmelze – der drohende Gau unseres Berufsbildungssystems. Technische Universität Berlin, Berlin
Grob A, Jaschinski U (2003) Erwachsen werden. Entwicklungspsychologie des Jugendalters. BeltzPVU, Weinheim
Havighurst RJ (1948) Development tasks and education. Longmanns, Green & Co., New York
Heinz WR (2010) Jugend, Ausbildung und Beruf. In: Krüger H-H, Grunert C (Hrsg) Handbuch Kindheits- und Jugendforschung, 2. Aufl. VS-Verlag, Wiesbaden, S 661–681
Heisler D (2010) Berufliche Integrationsförderung zwischen Regelangeboten, Regionalisierung und Projektförderung. Berufsbildung 112:13–14
Hinz A (2006) Inklusion und Arbeit – wie kann das gehen? Impulse 39:3–14
Hohner H-U (2006) Laufbahnberatung. Huber, Bern
Jansen R (2002) Der strukturelle Wandel der Arbeitswelt und seine Auswirkungen auf die Beschäftigten. In: Jansen R (Hrsg) Die Arbeitswelt im Wandel. Bundesinstitut für Berufsbildung, Bonn, S 7–31
Jugendwerk der Deutschen Shell AG (Hrsg) (2006) Jugend 2006: Eine pragmatische Generation unter Druck. Fischer, Frankfurt a. M.

Kammerer B, Gref K (Hrsg) (2008) Übergangsmanagement – Wege zur beruflichen und sozialen Integration junger Menschen. Emwe-Verlag, Nürnberg
Kiper H (2006) Identitätsbildung und Kompetenzerwerb – Lernangebote und Hilfen für benachteiligte Jugendliche in der Hauptschule. In: Spies A, Tredop D (Hrsg) „Risikobiographien" Benachteiligte Jugendliche zwischen Ausgrenzung und Förderprojekten. VS-Verlag, Wiesbaden, S 69–83
Konsortium Bildungsberichterstattung (Hrsg) (2006) Bildung in Deutschland. Ein indikatorengestützter Bericht mit einer Analyse zu Bildung und Migration. Bertelsmann, Bielefeld
Krampen G, Reichle B (2008) Entwicklungsaufgaben im frühen Erwachsenenalter. In: Oerter R, Montada L (Hrsg) Entwicklungspsychologie, 6. Aufl. Beltz, Weinheim, S 333–365
Kreher T (2007) „Heutzutage muss man kämpfen" Bewältigungsformen junger Männer angesichts entgrenzter Übergänge in Arbeit. Juventa, Weinheim
Krewerth A, Ulrich JG (2006) Wege und Schleifen zwischen dem Verlassen der Schule und dem Eintritt in die Berufsausbildung. In: Eberhard V, Krewerth A, Ulrich JG (Hrsg) Mangelware Lehrstelle. Zur aktuellen Lage der Ausbildungsplatzbewerber in Deutschland. Bundesinstitut für Berufsbildung, Bonn, S 69–82
Lang-von Wins T, Triebel C (2006) Kompetenzorientierte Laufbahnberatung. Springer, Heidelberg
Mertens D, Parmentier K (1982) Zwei Schwellen – acht Problembereiche. In: Mertens D (Hrsg) Konzepte der Arbeitsmarkt- und Berufsforschung. Eine Forschungsinventur des IAB. Beiträge zur Arbeitsmarkt- und Berufsforschung Nr. 70. Institut für Arbeitsmarkt- und Berufsforschung, Nürnberg, S 357–396
Nadel SF (1957) The Theorie of Social Structure. Cohen & West, London
Nerdinger FW (2005) Dienstleistung. In: Frey D, Rosenstiel L v., Hoyos CG (Hrsg) Wirtschaftspsychologie. Beltz, Weinheim, S 41–49
Rebmann K, Tredop D (2006) Fehlende „Ausbildungsreife" – Hemmnis für den Übergang von der Schule in das Berufsleben? In: Spies A, Tredop D (Hrsg) „Risikobiographien" Benachteiligte Jugendliche zwischen Ausgrenzung und Förderprojekten. VS-Verlag, Wiesbaden, S 85–100
Rosenstiel L v. (2006) Die Bedeutung der Arbeit. In: Schuler H (Hrsg) Lehrbuch Personalpsychologie, 2. Aufl. Hogrefe, Göttingen, S 15–43
Schein EH (1971) The individium, the organization and the career: a conceptual scheme. J Appl Behav Sci 7:401–426
Schmidt C (2011) Krisensymptom Übergangssystem. Die nachlassende soziale Inklusionsfähigkeit beruflicher Bildung. Bertelsmann, Bielefeld
Schumann S (2007) Impulsvortrag. In: Friedrich-Ebert-Stiftung (Hrsg) Fällt die Gesellschaft auseinander? Herausforderungen für die Politik. Berlin, S 45–52
Seibert H (2007) Berufswechsel in Deutschland. IAB Kurzbericht 1.2007. Institut für Arbeitsmarkt- und Berufsforschung der Bundesagentur für Arbeit, Nürnberg
Seiffge-Krenke I, Gelhaar T (2006) Entwicklungsregulation im jungen Erwachsenenalter. Z Entwicklungspsychol Pädagog Psychol 38(1):18–31
Shell Deutschland Holding (Hrsg) (2010) Jugend 2010. Fischer, Frankfurt a. M.
Spies A, Tredop D (Hrsg) (2006) „Risikobiographien" Benachteiligte Jugendliche zwischen Ausgrenzung und Förderprojekten. VS-Verlag, Wiesbaden
Stauber B, Walther A (2002) Junge Erwachsene. In: Schröer W, Struck N, Wolff M (Hrsg) Handbuch Kinder- und Jugendhilfe. Juventa, Weinheim, S 113–147

Stichweh R (2005) Inklusion und Exklusion. Studien zur Gesellschaftstheorie. transcript, Bielefeld
Stichweh R (1998) Zur Theorie der politischen Inklusion. Berl J Soziol 8:539–547
Stomporowski S (2009) Quo vadis Berufsvorbereitung? Historische Wurzeln, aktuelle Problemfelder und Herausforderungen. Z Berufs Wirtschaftspädagogik 105(4):622–632
Tippelt R (2006) Beruf und Lebenslauf. In Arnold R, Lipsmeier A (Hrsg) Handbuch der Berufsbildung. 2. Aufl. VS Verlag Wiesbaden, S. 95–11.
Vascovics L (1996) Innerfamiliäre Transferbeziehungen zwischen den Generationen. In: Silbereisen R/ Vaskovics L/ Zinnecker J (Hrsg) Jungsein in Deutschland – Jugendliche und junge Erwachsene 1991 und 1996. S. 317–320. Leske + Budrich, Opladen
Voß G, Pongratz HG (1998) Der Arbeitskraftunternehmer. Eine neue Grundform der „Ware Arbeitskraft". Kölner Z Soziol Sozialpsychol 50:131–158
Willke H (1999) Wissensgesellschaft. Institut für Soziologie, Wien

Internetquellen

Bundesagentur für Arbeit: Förderung der Berufsausbildung (2012) http://www.arbeitsagentur.de/nn_26178/zentraler-Content/A05-Berufl-Qualifizierung/A051-Jugendliche/Allgemein/Foerderung-Berufsausbildung-AN.html Abrufdatum 16.02.2012
Bundesagentur für Arbeit (2009) Fachkonzept für berufsvorbereitende Bildungsmaßnahmen nach §§ 61, 61a SGB III (November 2009)
http://www.arbeitsagentur.de/zentraler-Content/HEGA-Internet/A05-Berufl-Qualifizierung/Publikation/HEGA-11-2009-VA-Erg-BvB-Fachkonzept-Anlage-2.pdf

Dimensionen der Inklusion in der Behindertenhilfe und der Sozialpsychiatrie

Jens J. Clausen

1 Einleitung

Kein Impuls der letzten vierzig Jahre hat je für so viel Zündstoff und Betriebsamkeit innerhalb der Behindertenhilfe und der Sozialpsychiatrie gesorgt wie die Behindertenrechtskonvention der Vereinten Nationen (UN-BRK). Seit ihrer Verabschiedung in der UN-Generalversammlung am 13. Dezember 2006, spätestens seit ihrer rechtsverbindlichen Inkraftsetzung in Deutschland im März 2009 wird in unseren Ministerien, Verbänden, Selbstvertretungsorganisationen und Angehörigenvereinen, in Schulen und anderen Einrichtungen der Bildung sowie in Wohn- und Werkstätten mit einer Leidenschaft über Inklusion und Partizipation, Autonomie und Selbstbestimmung, Bürgerrecht und Barrierefreiheit debattiert, wie dies in den – fast möchte man sagen: „lauen" – Zeiten der Normalisierungs- und Integrationsbemühungen kaum für möglich gehalten worden ist. Denn die einzelnen Artikel der Konvention konkretisieren ja nicht nur die allgemeinen Menschenrechte endlich auch für Bürgerinnen und Bürger mit Handicap, indem sie ihnen explizite Anerkennung und institutionelle Rückendeckung geben (Bielefeld 2011), sondern sie zielen ab auf eine etwas andere Gesellschaft, die *„gelingendes Leben ermöglicht, Gemeinschaft verwirklicht und menschliche Vielfalt als gemeinsame Bereicherung erlebt"* (Bundesverband evangelische Behindertenhilfe 2010, S. 1). Mittel- bis langfristig erwarten nicht wenige von der UN-BRK einen entscheidenden Impuls zur Humanisierung der Gesellschaft insgesamt (Bielefeld 2006, S. 15; Graumann 2011, S. 33; Markowetz 2011, S. 49, Eurich und Lob-Hüdepohl 2011; BMAS 2011).

J. J. Clausen (✉)
Katholische Hochschule Freiburg, Freiburg, Deutschland
E-Mail: jens.clausen@kh-freiburg.de

H-J. Balz et al. (Hrsg.), *Soziale Inklusion*, DOI 10.1007/978-3-531-19115-7_11,
© VS Verlag für Sozialwissenschaften | Springer Fachmedien Wiesbaden 2012

Diese visionäre Kraft durchzieht fast alle Publikationen, die sich heute innerhalb der vielfältigen und heterogenen Landschaft der Behindertenhilfe und der Sozialpsychiatrie der Behindertenkonvention und dem Inklusionsbegriff widmen. Es scheint nicht schwer zu sein, sich für den Gedanken der Inklusion zu begeistern, wenn man darunter die unbedingte Einbeziehung aller Menschen von Anfang an versteht und alle Formen der Aussonderung für historisch überholt und verwerflich hält. Es scheint leicht zu fallen, den Grundsatz zu unterschreiben, dass die Menschenrechte natürlich für alle Menschen – mit und ohne Beeinträchtigung – und überall zu gelten haben, und zwar nicht nur die Freiheitsrechte, sondern auch die Schutz- und Anspruchsrechte (wobei von einigen Anspruchsrechten in den Aktionsplänen des Bundes und der Länder dann doch nicht mehr so intensiv die Rede ist). Es scheint zunehmend legitim und selbstverständlich zu sein, für die Entscheidungsautonomie eines jeden Menschen mit und ohne Handicap einzutreten, auch wenn manche Angehörige oder Fachkräfte der Behindertenhilfe vom Begriff der Selbstbestimmung noch ein recht eingegrenztes Verständnis haben.

Insgesamt jedenfalls weht seit Beginn der Inklusionsdebatte ein deutlich intensiverer Wind durch die Flure der Verbände und Einrichtungsträger. Viele Konzepte, Strukturen und Institutionsformen stehen nun auf den Prüfstand und werden im Lichte der Konvention und in stärkerer Verantwortung der Kommunen neu zu gestalten sein (Clausen 2011). Dies gilt nicht nur für die Schulen, die gegenwärtig mit dem Recht auf inklusive Formen der Bildung (Art. 24 der UN-BRK) in der Fachöffentlichkeit und der Sozialpolitik für reichen Gesprächsstoff sorgen, sondern beispielsweise auch mit dem Art. 19, der das Recht auf unabhängige Lebensführung und Einbeziehung in die Gesellschaft verankert. Hier findet sich die Aufforderung an die Großeinrichtungen und Heime, ihre jahrzehntelange Tendenz zur „Geiselnahme", wie es der Sozialpsychiater Klaus Dörner einst formulierte (Dörner 2001), aufzugeben und Menschen mit Behinderungen frei entscheiden zu lassen, wo und mit wem sie leben wollen. Denn kein Mensch kann dazu verpflichtet werden, so sagt es die UN-BRK, in besonderen (d. h. tendenziell aussondernden) Wohnformen zu leben.

Mit dem Recht auf persönliche Mobilität (Art. 20) wird allen Menschen größtmögliche Autonomie und Unterstützung durch geeignete Hilfen, Geräte und Technologien zugesichert, so dass sie wirklich Zugang zum Leben in der Gemeinschaft erhalten. Dies gilt auch für den Zugang zu Informationen (Art. 21), was bedeutet, dass auf vielen Ebenen geeignete Kommunikationsformen angeboten und ermöglicht werden müssen und vielfältige Aspekte der unterstützten Kommunikation und der „Einfachen Sprache" ab sofort zu berücksichtigen sind. Mit dem konkret formulierten Recht auf Achtung der Privatsphäre (Art. 22) wird sich die Alltagspraxis in vielen Familien und auch in Einrichtungen des betreuten Wohnens ändern müssen, denn nun ist es verbriefter Rechtsgrundsatz, dass es Angehörigen und Fachpersonal nicht zusteht, Eingriffe in das Privatleben oder den Schriftverkehr von Menschen mit Handicaps vorzunehmen, solange sie nicht dezidiert damit beauftragt sind (Dederich und Jantzen 2009).

Noch spielen diese zuletzt genannten Artikel der UN-Behindertenrechtskonvention, da sie auf den ersten Blick keine sofortigen legislativen Aktivitäten in Bezug auf die Umsetzung der Konvention in bundesdeutsches Recht zu erfordern scheinen, im fachlichen und sozialpolitischen Diskurs oft nur eine marginale Rolle (Aichele 2010). Dies gilt auch für den Art. 23, der das Recht auf Achtung der Wohnung und der Privatsphäre weiter ausführt und sich den Fragen der Ehe, der Familie, der Elternschaft und Partnerschaft widmet. Schaut man genauer in den „Nationalen Aktionsplan der Bundesregierung zur Umsetzung der UN-Behindertenrechtskonvention" (BfAS, Berlin 2011), dann findet man keine konstruktiven, zukunftsweisenden Ideen und keine sozialpolitischen Impulse zu dieser Thematik. So sind behinderte Schwangere und werdende behinderte Väter *„nach wie vor mit dem Vorurteil konfrontiert, sie sollten besser keine Kinder bekommen, weil sie keine guten Eltern sein könnten. Wenn sie sich mit ihrem Kinderwunsch durchsetzen können, fehlen häufig an ihre Bedürfnisse angepasste Hilfs- und Unterstützungsformen."* (Graumann 2011, S. 59). Bestehende Initiativen zur „Begleiteten Elternschaft" haben dauernd den Balanceakt zwischen Jugendhilfe und Eingliederungshilfe zu absolvieren und müssen ihre Konzeptionen und Finanzierungen immer wieder neu auf das SGB VIII und/oder das SGB XII ausrichten.

Das Bundesministerium für Arbeit und Soziales, das hier federführend wirkt, scheint diesen Komplex Ehe-Partnerschaft-Sexualität mit recht spitzen Fingern angefasst zu haben: Zahlreiche Fragen und Hindernisse, die sich bereits heute im Alltag der Behindertenhilfe in diesem Bereich auftun, bleiben in den ministeriellen Publikationen weitgehend unbeantwortet bzw. rücken gar nicht in den Blick. Zum Recht auf Sexualität und Partnerschaft nimmt der Aktionsplan keine Stellung, sondern belässt es bei der Erwähnung der Aussagen der UN-BRK. Beim Thema Ehe wird lediglich auf die alte deutsche BGB-Einschränkung dieses Rechts im Falle der Geschäftsunfähigkeit verwiesen – zweifellos zu wenig, um Menschen mit Handicaps in die Lage zu versetzen, ihre menschenrechtlich gesicherten Pläne und Wünsche tatsächlich zu verwirklichen.

An einigen der genannten Aspekte wird deutlich, dass zwischen wohlklingenden Pauschalaussagen und spezifischen Konkretisierungen tiefe Klüfte bestehen – und das nicht nur von Seiten der Politik. Auch in der Behindertenhilfe selbst, in den Verlautbarungen der Einrichtungsträger und Verbände, wird die Inklusionsdebatte auf so unterschiedlichen Ebenen geführt, dass man eigentlich bei jedem Statement nachfragen müsste, welche Ebene der Inklusion denn gerade gemeint sein könnte:

die Dimension der Menschenrechte? Die Dimension der Institutionsentwicklung? Die Dimension der Sozialpolitik und Sozialverwaltung? Die Dimension der Sozialwissenschaften? Die Dimension der inklusiven Bildung und unterrichtlichen Praxis? Von allen diesen Dimensionen gleichzeitig zu sprechen, das wäre fahrlässig und undifferenziert.

2 Die Dimension der Menschenrechte

Bezüglich der Dimension der Menschenrechte kann gar nicht genug darauf hingewiesen werden, dass die UN-Bindertenrechtskonvention die Inklusion nicht nur begrifflich zum Grundpfeiler aktueller und zukünftiger Sozial- und Gesellschaftspolitik erklärt, sondern konkret den Wandel vom Prinzip traditioneller Fürsorge zum Prinzip der Selbstbestimmung einleitet und forciert: „*Menschen mit Behinderungen nicht länger als Objekte zu sehen, die des Mitleids und der Fürsorge bedürfen, sondern als Subjekte, die selbstbestimmt alle Menschenrechte barrierefrei und – wo notwendig mit Unterstützung – selbst verwirklichen sollen, ist die Kernaussage der Konvention.*" (Schulze 2011, S. 15). Durch die juristische Verankerung und Ratifizierung der differenziert ausformulierten Grundrechte wird endlich der Schritt zur verbindlichen Anerkennung der vollen Rechte behinderter Menschen vollzogen. Damit eröffnet die Konvention die Chance, dass Menschen mit physischen, psychischen oder kognitiven Handicaps in vielfältiger Hinsicht ihre uneingeschränkte Zugehörigkeit zur Gemeinschaft aller Bürgerinnen und Bürger einfordern können. Gleichzeitig macht die Konvention deutlich, dass Barrieren der Teilhabe nicht den betroffenen Menschen und ihrer jeweiligen Behinderung geschuldet sind, sondern als gesellschaftliche Hindernisse die Entwicklung einer wirklich humanen und gerechten Gesellschaft blockieren. Doch zu einseitig wird zweifellos auch heute noch die persönliche Schädigung des Individuums in den Vordergrund gestellt und die soziale Lage des betreffenden Menschen allein auf sein individuelles Handicap zurückgeführt: „*Behinderte Personen als Menschenrechtssubjekte zu sehen, hilft, den Blick auf die Umwelt und die Gesellschaft mit ihren exkludierenden Strukturen und verletzenden Verhaltensweisen zu lenken*" (Degener 2008, S. 4).

3 Die Dimension der Institutionsentwicklung

Blickt man auf die Entwicklung der Behindertenhilfe und der (Sozial-) Psychiatrie innerhalb der letzten fünf Jahrzehnte, dann fällt auf, dass Deutschland auf dem Gebiet der Großeinrichtungen und alten Anstalten keinen wirklichen Prozess der

De-Institutionalisierung durchlaufen und gestaltet hat. Anders als in den skandinavischen Ländern, in Großbritannien oder in den USA und anderswo beließ man es hier weitgehend bei einer vorsichtigen De-Zentralisierung, während die traditionellen Strukturen des 19. und frühen 20. Jahrhunderts konzeptionell beibehalten, tatsächliche Schließungen und konsequente Auflösungen von Langzeit-Einrichtungen weitgehend vermieden wurden. Stattdessen sollte eine Humanisierung der Lebensbedingungen innerhalb der bestehenden Einrichtungen durch Renovierung, Modernisierung, Verkleinerung der Gruppengrößen und neue Ausgestaltung umgesetzt werden (vgl. Theunissen 2009), so dass man sich gewissermaßen an vielen Orten in den alten Einrichtungen lediglich neu einrichte.

Der vorsichtigen Modernisierung alter Großeinrichtungen standen in den späten 1970er sowie in den 80er und 90er Jahren vielfältige Initiativen und Reformprojekte gegenüber, initiiert durch bürgerliche, studentische und kirchliche Kreise, psychiatriekritische Gruppierungen und engagierte Elternvereinigungen. Ihr Bestreben war es, neue Wohn- und Arbeitsangebote sowie Tages- und Begegnungsstätten für ein Leben „so normal wie möglich" zu entwickeln. Doch auch sie schufen mit ihrem neuen Netz an Institutionen, trotz sozialraumorientierter Vorsätze, letztlich wieder Lebensformen der Fremdbestimmung; manche sprechen auch von: Parallelwelten. Gerade Menschen mit chronisch seelischen Erkrankungen oder Behinderungen stellen fest: Man bleibt im Grunde unter sich, lebt mit anderen Menschen mit Handicaps zusammen, die man sich nicht gesucht hat, und wird ständig von Fachkräften der so genannten Eingliederungshilfe angeleitet, beaufsichtigt und kontrolliert (vgl. Schablon 2009; Theunissen 2011).

Vor allem aber: Die meisten Institutionen der Behindertenhilfe blieben – trotz all der mannigfaltigen Initiativen der Dezentralisierung – im Kern zu groß. Und: an ihrer „exklusiven" Lage in abgelegenen Gegenden konnten viele Häuser nichts ändern. Vergleicht man in dieser Hinsicht die bundesdeutsche Entwicklung mit den konsequenten Reformschritten in anderen Ländern, so fällt auf, dass wir im Grunde die Herrschaft der Heime nie überwunden haben. So lebten in den USA beispielsweise im Jahre 2006 weniger als 20 % aller Menschen mit geistiger Behinderung in einer Einrichtung mit mehr als 16 Plätzen; in Deutschland waren zum gleichen Zeitpunkt mehr als 70 % dieser Menschen in einem Heim mit mehr als 40 Plätzen untergebracht (vgl. Rohrmann und Schädler 2006). So können selbst die modernen Wohnstätten, Werkstätten und Tagesstätten für behinderte Menschen kaum die Teilhabe an der Gesellschaft und die Selbstbestimmung der eigentlichen Akteure ermöglichen. Sie streben durchaus an, individuelle, gemeindenahe Lebensformen zu bieten und betonen in den Wohnstätten bisweilen den „familienähnlichen" Charakter. Doch darunter verstehen manche Angehörige dann, den intensiven Kontakt und bisweilen die direkte Entscheidungsgewalt über ihre „Kinder“ und deren Alltagsgestaltung auch in den Einrichtungen zu behalten.

In anderen reformorientierten Einrichtungen des Wohnens, des Arbeitens, der Freizeitgestaltung, findet man die Begriffe Selbstbestimmung und Empowerment in den Konzeptionen nicht erst seit Inkrafttreten der UN-BRK. Doch die Entscheidungsorgane der Einrichtungen sind in der Regel auf die Interessen der Träger oder die Belange der Angehörigen ausgerichtet; die Menschen mit Handicaps bleiben nicht selten auch hier Objekte der „fürsorglichen Belagerung“. Erst mit der Erstarkung der Organisationen der Menschen mit Beeinträchtigungen (zunächst aus dem Bereich der Körper- und Sinnesbeeinträchtigten, inzwischen auch aus der „People-First“-Bewegung) kam der Aspekt der Selbstbestimmung in die Diskussion. Heute ist (in einigen Bereichen zumindest) das Autonomie-Modell allmählich stärker vertreten, das behinderte Menschen als „Experten in eigener Sache“ versteht, die selbst entscheiden können und wollen, was für sie gut und hilfreich ist und was nicht. Befragt man sie nach ihren Veränderungswünschen, so erfährt man, dass sie das Leben in einer eigenen Wohnung mit der individuelle notwendigen Assistenz favorisieren, möglichst in einem sozialen Umfeld, das eine gute Infrastruktur bietet und nicht durch soziale Konflikte zu stark belastet ist (vgl. Seifert 2010). Wichtig ist ihnen aber vor allem, dass sie überhabt gefragt werden – was ja bislang nicht der Fall war: *„Der Einzelne muss selbst entscheiden können, wie er wohnen möchte: selbstständig mit Unterstützung in einer eigenen Wohnung, in einer Wohngruppe oder in einer größeren Wohneinrichtung. An dieser Stelle muss sich viel verändern und geschaut werden, was der Einzelne will. Denn jeder Mensch hat unterschiedlich Lebensvorstellungen und braucht dafür ganz unterschiedliche Unterstützung“* (Aussage von People First, zit. n. Schirbort 2007, S. 380). Die Möglichkeiten des Trägerübergreifenden Persönlichen Budgets (TPB) zur Finanzierung der wohnbezogenen Unterstützung werden von Menschen mit Lernschwierigkeiten noch sehr wenig wahrgenommen, etwa 80 % der Befragten einer Berliner Studie hatten davon noch gar nichts gehört (Seifert 2010, S.18).

4 Die Dimension der Sozialpolitik und Sozialverwaltung

Vielleicht noch widersprüchlicher als in der Bildungs- bzw. der Schulpolitik erscheinen die weit auseinander klaffenden Inklusionsaspekte gegenwärtig im Bereich der Sozialpolitik und den sehr eigenständig operierenden Sozialverwaltungen zu liegen. Blättert man in den Verlautbarungen und Handlungsempfehlungen der Länder und Gemeinden, dann werden durchaus die gesellschaftlichen Hürden angesprochen, die gegenwärtig noch verhindern, dass Menschen mit Handicap die volle Teilhabe und Selbstbestimmung zugesprochen wird. Dies zeige sich, so führt es beispielsweise die „Arbeitsgruppe UN-Behindertenrechtskonvention" der Beiräte und Beauftragten für Menschen mit Behinderungen des Landes Niedersachsen aus, in einem fundamentalen Perspektivwechsel:

- „vom Konzept der Integration zum Konzept der Inklusion
- von der Wohlfahrt und Fürsorge zur Selbstbestimmung
- vom Objektstatus zum Subjektstatus
- von PatientInnen zu BürgerInnen
- von Problemfällen zu TrägerInnen von Rechten" (Gobat et al. 2011, S. 4)

Konkret bedeutet dies, dass die Kommunen nun auf den unterschiedlichsten Ebenen die Umsetzung der UN-BRK zu gewährleisten haben, z. B. im Bereich der Barrierefreiheit aller öffentlichen Gebäude, im Bereich des Öffentlichen Personen-Nahverkehrs, der Bereitstellung angemessenen Wohnraums, um selbstbestimmtes Wohnen zu ermöglichen, und der Bereitstellung entsprechender Assistenz sowohl bezüglich des Wohnens als auch im Bereich der Schul- und Integrationsassistenz, der Eltern- Assistenz, der Kommunikationsassistenz, der Frühförderung und der Schulentwicklungsplanung, der kulturellen Teilhabe, der veränderten Teilhabemöglichkeiten auf dem allgemeinen Arbeitsmarkt, der gleichberechtigten und barrierefreien Nutzung der Einrichtungen der Gesundheitsversorgung… um nur einige Bereiche zu nennen. All diese Umsetzungspostulate sind, um es deutlich zu sagen, keine „Wunschlisten", sondern kommunale Notwendigkeiten, die sich aus der Ratifizierung der Konvention und ihrer Einfügung in geltendes deutsches Recht ergeben (vgl. Lachwitz 2010).

Was die Behindertenbeauftragten der Kommunen – wie gesagt, mit gutem Recht – einfordern, wird bei den Kämmerern und Sozialdezernenten kaum auf positive Resonanz stoßen. Denn mit dem deutlichen Anstieg der Kosten der Eingliederungshilfe in den Städten und Gemeinden in den letzten 15 Jahren ist nicht absehbar, wie die Kommunen einen höheren Unterstützungsbedarf der Menschen mit Behinderungen in Zukunft finanzieren sollen. Und der Bund scheint – abgesehen von einigen Modellprojekten ohne längerfristige Finanzierung – nichts dafür zu tun, die Kommunen dauerhaft mit entsprechenden Finanzen auszustatten. Und einzelne Modernisierungskonzepte der letzten Jahre haben ebenfalls nicht dazu geführt, den Gedanken der UN-BRK aufzugreifen und in die richtige Richtung zu lenken, im Gegenteil: Die Differenzierung in Hilfebedarfsgruppen der Menschen mit Behinderungen hat die Segregation, also die Einteilung in unterschiedliche Schwere- und Betreuungsgrade nur noch verstärkt. Die Abrechnung der Hilfen nach Fachleistungsstunden hat ebenfalls die Trennung der leichteren von den schweren und schwerstmehrfach behinderten Menschen zugespitzt.

Zugleich bleibt der überwiegende Teil der Menschen mit körperlichen, geistigen oder seelischen Behinderungen auf Grundsicherung und Sozialhilfeleistungen angewiesen (Conty 2010, S. 199 f.). Neue Perspektiven können die Betroffenen in dieser Hinsicht – entgegen aller Bekundungen in den vielen Sonntagsreden zur Inklusion – nicht erkennen. Und das Konzept des Trägerübergreifenden Persönlichen Budgets (TPB) darf weitgehend als gescheitert gelten, wenn sich in den Sozialverwaltungen nicht bald Entscheidendes ändert: Gedacht als Alternative zu den bisherigen Sach- und Dienstleistungen, sollte das TPB mehr Selbstständigkeit und Selbstbestimmung von Menschen mit Handicaps ermöglichen – unabhängig von der Art und Schwere der Behinderung bzw. vom Umfang der benötigten Leistungen. Doch trotz massiver Förderprogramme und Beratungsaktivitäten ist die Verwaltungspraxis an dieser Stelle offenbar viel zu zäh im Bereich der Antragstellung, zu in transparent in der Antragsbearbeitung und zu restriktiv in der Bedarfsanerkennung.

Wirklich trägerübergreifend – und dies war und ist ja der eigentliche Kerngedanke des Konzeptes – wird das Trägerübergreifende Persönliche Budget nur höchst selten in Anspruch genommen (Metzler et al. 2007; Clausen 2008; Roos-Pfeiffer 2010). Und dies ist keineswegs den Mitarbeiterinnen und Mitarbeitern der Sozialverwaltungen anzulasten, denn: Unsere gewachsenen und differenzierten Systeme der Sozialen Sicherung sind von ihrer Anlage her nicht auf Inklusion, sondern auf immer wieder neu zu prüfende Exklusion ausgerichtet. Klassifikation, Segregation, Gewährung oder (möglichst) Ausschluss von Leistungen sind die grundlegenden Prinzipien, die Verweisung an die Zuständigkeit anderer Leistungsträger ihre alltägliche Praxis, undurchschaubare Grade von „Schwerbehinderung" ihre Ausdrucksform, die einst auf die „Kriegsbeschädigten" der Jahre 1918 oder 1945 zugeschnitten waren, in der heutigen menschenrechtsgeprägten Dimension in dieser Weise aber eigentlich keinen Bestand mehr haben können.

5 Die Dimension der Sozialwissenschaften

Ein weiterer Aspekt ist zu erwähnen, der in den Debatten um die Inklusion und ihre Wirkung auf die Gestaltung der Gesellschaft nur wenig angesprochen wird: die Dimension der Sozialwissenschaften. Wer sich mit Inklusion auf einer theoretischen Ebene beschäftigt, der kommt um die neuere Systemtheorie nicht herum, auch wenn (oder gerade weil) aktuell intensive wissenschaftliche Diskurse darüber geführt werden, inwieweit Prozesse der Inklusion nicht immer auch solche der Exklusion beinhalten. Überhaupt ist es bemerkenswert, wie unbeeindruckt von allen theoretischen Erörterungen und auch gesellschaftlichen Entwicklungen die Behindertenhilfe die Rezeption der Exklusionsdebatte der letzten 20 Jahre verweigert. Denn Exklusion ist in diesem Kontext ja kein exklusives Merkmal behinderter Menschen: In modernen Gesellschaften lauern unendliche viele Exklusionsrisiken, und so wie Inklusion sich im Grunde nicht gesellschaftseinheitlich regeln lassen wird, weil wir eigentlich nur in Bezug auf einzelne Funktionssysteme mit ihren jeweiligen Bedingungen von Inklusion sprechen können, so ist Exklusion heute weitgehend kein Phänomen eines Kompaktausschlusses aus der Gesamtgesellschaft mehr, sondern vollzieht sich bisweilen sehr subtil und differenziert (Stichweh 2005; Farzin 2006).

Insofern ist zu fragen, ob diese Entweder/Oder-Polarisierung, die dem Inklusionsbegriff anhaftet (bin ich drinnen, bin ich draußen? Gehöre ich dazu oder werde ich ausgeschlossen?), wirklich angemessen die vielfältigen und fortlaufenden Ausgrenzungen und Marginalisierungen im Kontext sozialer und wirtschaftlicher Dynamiken in unserer Gesellschaft abbildet. Zur theoretischen Durchdringung sozialer Prozesse kann das Begriffspaar Inklusion/Exklusion nur dort kurzfristig sinnvoll sein, wo es um Phänomene des umfassenden Ausschlusses aus der Gesellschaft geht und Teilhabechancen gänzlich verwehrt werden. Das war, historisch gesehen, in Bezug auf Menschen mit Behinderungen sehr lange und sehr oft tatsächlich der Fall. Heute finden sich allerdings auf breiter Ebene sehr viele unterschiedliche Menschen in so prekären Lagen der Mittellosigkeit und Machtlosigkeit wieder, dass ihnen Gefühle des Ausgeschlossenseins mehr als vertraut sind. Soziale Teilhabe ist, wie Freiheit und Gleichheit, ein Menschenrecht, dass nicht ohne soziale Konflikte zu erkämpfen, zu erlangen sein wird.

6 Die Dimension der inklusiven Bildung und unterrichtlichen Praxis

Schließlich stehen im Kontext der aktuellen Inklusionsdebatten die Bildungseinrichtungen vor enormen Herausforderungen und Veränderungen. In erster Linie betrifft dies die Schullandschaft mit ihren unterschiedlichen, dem jeweiligen Landesrecht verpflichteten Strukturen und Konzepten. Aber auch in der elementaren Bildung, in der beruflichen Bildung und in der akademischen Bildung liegen noch wenig Erfahrungen zur neuen Leitkategorie der „Heterogenität" und der tatsächlichen Ausrichtung der unterrichtlichen Praxis auch auf Menschen mit Handicaps vor. Völlig nachvollziehbar ist es daher, dass die Lehrkräfte an Regelschulen und Förderschulen mit viel Stirnrunzeln und offenen Fragen den aktuellen Herausforderungen gegenüberstehen, waren doch die letzten 250 Jahre (seit den ersten Unterrichtsversuchen mit hörgeschädigten Kindern des Dorfschullehrers Samuel Heinicke) in Deutschland geprägt von einem stetigen Ausbau der Selektion und Differenzierung der Schülerinnen und Schüler. Denn spätestens in den Dorf- und Stadtschulen des frühen 19. Jahrhunderts hatte sich gezeigt, dass überfüllte Klassen mit schlecht ausgebildetem Personal für gehörlose oder blinde Kinder sowie für diejenigen mit Lernschwierigkeiten nicht der richtige Ort sein konnten, um auch ihnen eine angemessene Bildung zu gewährleisten (Ellger-Rüttgardt 2008). So erschien die Differenzierung der Schulformen und die Etablierung von Sonder- und Hilfsschulen im Wilhelminischen Kaiserreich – mit Vorbildern aus Skandinavien, Frankreich und England – zum damaligen Zeitpunkt die *„optimale, zukunftsorientierte Lösung“* (ebd., S. 333) zu sein.

In diesem nun schon so lange bestehenden System agierten Generationen von Verantwortlichen der Schuleingangsuntersuchungen, Schulverwaltungen und Schulleitungen mit einer immer präziser ausgearbeiteten Klassifizierung und Sortierung, um ihrem Zuweisungsauftrag an die jeweils geeignete Schulform gerecht zu werden. Die sonderpädagogischen Ausbildungen spezialisierten sich auf die unterschiedlichen Behinderungsformen und entwickelten dazu eigenständige Unterricht- und Fördermethoden, so differenziert und eigenständig, dass man sehr abgegrenzt von der Blinden- und Sehbehindertenpädagogik, Sprachheilpädagogik, Gehörlosenpädagogik, Geistigbehindertenpädagogik, Körperbehindertenpädagogik, Lernbehindertenpädagogik und der Pädagogik der Verhaltensstörungen sprach, die kaum noch Verbindungen untereinander besaßen. Jetzt aber, mit den Begriffen der „Inklusion“ und „Heterogenität“ als neuen Leitkategorien und mit dem Art. 24 der UN-BRK und der Forderung nach einem „inclusiv educational system at all levels“, werden wir unser bislang sehr differenziertes, aber eben auch hochselektives Schulsystem möglichst zügig umzubauen haben, damit gemeinsames Lernen auf allen Ebenen und mit den dafür notwendigen Veränderungen gelingen kann.

Dazu wird die Anerkennung der Vielfalt eben nicht nur als ethische Grundposition, sondern auch als didaktische Ausgangsbasis den Schulalltag und seine Methoden und Zielvorstellungen grundsätzlich verwandeln. Frühe Integrationskonzepte und Ideen zu gemeinsamen Lernsituationen (Wocken 1998; Feuser 1998) werden nicht ausreichen, um den neuen Herausforderungen gerecht zu werden. Zu konsequent individualisiertem Unterricht liegen jedoch kaum Erfahrungen und Forschungsergebnisse vor (Korff und Scheidt 2011), so dass sich viele Lehrkräfte noch nicht wirklich vorstellen können, wie sie ihren Unterricht, der nun nicht mehr in relativ homogenen Lerngruppen stattfindet, umzugestalten haben. Und die Schulleitungen fragen in diesen Tagen zu Recht, welche Unterstützung aus der Wissenschaft und der Schulverwaltung und welche konkrete Assistenz in der unterrichtlichen Praxis ihnen dabei zur Verfügung stehen werden. Soviel steht jedenfalls fest: Ein Schulsystem, das 250 Jahre auf Selektion und Homogenität in der jeweiligen Schulform, auf Differenzierung und sonderpädagogischer Didaktiken ausgerichtet war, wird mehr als ein paar Jahre brauchen, um dem Anspruch auf Inklusion und Anerkennung der Vielfalt gerecht zu werden. Auch engagierte Inklusionsentwickler konstatieren: „*Inklusive Schulentwicklung stürzt Schulen unmittelbar in Widersprüche*" (Boban und Hinz 2011, S. 223), auf die bislang weder in der Bildungspolitik noch in den begleitenden Wissenschaften erhellende oder gar zufriedenstellende Antworten gefunden wurden.

So stünde es gegenwärtig und in Zukunft allen Beteiligten der Inklusionsdebatte gut an, die Dimension ihres Inklusionsverständnisses präziser zu erläutern und bei der praktischen Gestaltung des Alltags der Selbstbestimmung und Teilhabe, der Konzept- und Methodenbildung sowie der Forschung die offenen Fragen und Widersprüche des Inklusionsparadigmas nicht zu übergehen.

Literatur

Aichele V (2010) Die unabhängige Monitoring-Stelle zur UN-Behindertenrechtskonvention in Deutschland: Hintergrund, Ausrichtung, Wirkungszusammenhang. In: Zeitschrift für Inklusion Nr 2/2010

Bielefeld H (2006) Zum Innovationspotenzial der UN-Behindertenrechtskonvention. Deutsches Institut für Menschenrechte, Berlin

Bielefeld H (2011) Inklusion als Menschenrechtsprinzip: Perspektiven der UN-Behindertenrechtskonvention. In: Eurich J, Lob-Hüdepohl A (Hrsg) Inklusive Kirche. Kohlhammer, Stuttgart, S 64–79

Boban I, Hinz A (2011) Arbeit auf der Basis des Index für Inklusion mit Schulen im Land Sachsen-Anhalt. In: Flieger P, Schönwiese V (Hrsg) Menschenrechte – Integration – Inklusion. Aktuelle Perspektiven aus der Forschung. Klinkhardt, Bad Heilbrunn, S 219–225

Bundesministerium für Arbeit und Soziales (BMAS) (2011) Unser Weg in eine inklusive Gesellschaft. Der Nationale Aktionsplan der Bundesregierung zur Umsetzung der UN-Behindertenrechtskonvention. Berlin

Bundesverband evangelische Behindertenhilfe (2010) Freiheit mit Unterstützung. Berlin

Clausen J (2008) Community Care und Community Living. Kritische Anmerkungen zu einer Diskussion in der Behindertenhilfe. Blätter Wohlfahrtspfl :230–232

Clausen J (2011) „Communty Care" oder „Enabling Community"? Der steinige Weg der Behindertenhilfe in die Kommune. In: Dahme H-J, Wohlfahrt N (Hrsg) Handbuch Kommunale Sozialpolitik. VS Verlag für Sozialwissenschaften, Wiesbaden, S 254–266

Conty M (2010) Unabhängige Lebensführung und Teilhabe an der Gesellschaft. In: Conty M, Sauer M (Hrsg) Behindertenhilfe entwickeln. Fachliche Perspektiven und unternehmerische Herausforderungen. Bethel-Verlag, Bielefeld, S 197–219

Dahme H-J, Wohlfahrt N (Hrsg) (2011) Handbuch Kommunale Sozialpolitik. VS Verlag für Sozialwissenschaften, Wiesbaden
Dederich M, J W (Hrsg) (2009) Behinderung und Anerkennung. Kohlhammer, Stuttgart
Degener T (2008) Menschenwürde und Behinderung. Vortrag auf der Konferenz „Menschenwürde" anlässlich des 60. Jahrestages der Allgemeinen Erklärung der Menschenrechte. Manuskript, Berlin
Dörner K (2001) „Heimträger sind Geiselnehmer". In: Caritas NRW 5/2001
Ellger-Rüttgardt S (2008) Geschichte der Sonderpädagogik. Reinhardt, München
Eurich J, Lob-Hüdepohl A (Hrsg) (2011) Inklusive Kirche. Beiträge zu diakonisch-caritativen Disability Studies. Kohlhammer, Stuttgart
Farzin S (2006) Inklusion – Exklusion. Entwicklungen und Probleme einer systemtheoretischen Unterscheidung. transcript, Bielefeld
Feuser G (1998) Gemeinsames Lernen am gemeinsamen Gegenstand. In: Hildeschmidt A, Schnell I (Hrsg) Integrationspädagogik. Juventa, Weinheim, S 19–35
Gobat D, Grebe-Deppe S, Nölting M (Hrsg) (2011) „Es ist normal, verschieden zu sein." Handlungsvorschläge zur Umsetzung der UN-Behindertenrechtskonvention in den Kommunen in Niedersachsen. Manuskript Hannover
Graumann S (2011) Assistierte Freiheit. Von einer Behindertenpolitik der Wohltätigkeit zu einer Politik der Menschenrechte. Campus, Frankfurt a. M.
Korff N, Scheidt K (2011) Inklusive (Fach-)Didaktik und LehrerInnen-Expertise: Ergebnisse zweier Pilotstudien. In: Flieger P, Schönwiese V (Hrsg) Menschenrechte – Integration – Inklusion. Aktuelle Perspektiven aus der Forschung. Klinkhardt, Bad Heilbrunn, S 91–97
Lachwitz K (2010) Impulse und Vorgaben der UN-Behindertenrechtskonvention. Arch Wiss Prax Soz Arb 3:64–70
Markowetz R (2011) Lebenslagen von Menschen mit Behinderungen – Soziologische Zugänge. In: Eurich J, Lob-Hüdepohl A (Hrsg) Inklusive Kirche. Beiträge zu diakonisch-caritativen Disability Studies. Kohlhammer, Stuttgart, S 23–49
Metzler H et al (2007) Begleitung und Auswertung der Erprobung trägerübergreifender Persönlicher Budgets – Abschlussbericht. http://www.vdek.com/vertragspartner/vorsorge-rehabilitation/SGB_IX/sgb_1/zusammenfassung_endbericht_tpb.pdf
Rohrmann A, Schädler J (2006) Individuelle Hilfeplanung und Unterstützungsmanagement. In: Theunissen G, Schirbort K (Hrsg) Inklusion von Menschen mit geistiger Behinderung. Kohlhammer, Stuttgart, S 230–247
Roos-Pfeiffer W (2010) Persönliches Budget – das bleibt spannend. In: Conty M, Sauer M (Hrsg) Behindertenhilfe entwickeln. Fachliche Perspektiven und unternehmerische Herausforderungen. Bethel-Verlag, Bielefeld, S 249–262
Schablon K-U (2009) Community Care: Professionell unterstützte Gemeinweseneinbindung erwachsener geistig behinderter Menschen. Lebenshilfe-Verlag, Marburg
Schirbort K (2007) Wohnen, Wohnformen. In: Theunissen G et al (Hrsg) Handlexikon Geistige Behinderung. Kohlhammer, Stuttgart, S 379/380
Schulze M (2011) Menschenrechte für alle: Die Konvention über die Rechte von Menschen mit Behinderungen. In: Flieger P, Schönwiese V (Hrsg) Menschenrechte – Integration – Inklusion. Aktuelle Perspektiven aus der Forschung. Klinkhardt, Bad Heilbrunn, S 11–25
Seifert M (2010) Kundenstudie: Bedarf an Dienstleistungen des Wohnens von Menschen mit Behinderung. Abschlussbericht, http://www.khsb-berlin.de
Stichweh R (2005) Inklusion und Exklusion. Studien zur Gesellschaftstheorie. transcript, Bielefeld

Theunissen G (2009) Empowerment und Inklusion behinderter Menschen. Eine Einführung in Heilpädagogik und Soziale Arbeit, 2. Aufl. Lambertus, Freiburg

Theunissen G (2011) Von der „Asylierung" zur „Inklusion" – zeitgenössische Paradigmen der Behindertenhilfe. In: Eurich J, Lob-Hüdepohl A (Hrsg) Inklusive Kirche. Beiträge zu diakonisch-caritativen Disability Studies. Kohlhammer, Stuttgart, S 51–63

Wocken H (1998) Gemeinsame Lernsituationen. In: Hildeschmidt A, Schnell I (Hrsg) Integrationspädagogik. Juventa, Weinheim, S 37–53

Teil III

Good Practice: Regionale Projekte

Zur Bedeutung kommunaler Sozialberichterstattung und Sozialplanung für Inklusionsprozesse

Sophie Graebsch-Wagener

1 Einleitung

Wie erfahren Sozialverwaltungen sozialraum- und personen- oder haushaltsbezogen von sozialen Exklusionsrisiken und -prozessen? Worauf können politische EntscheidungsträgerInnen ihre Wahl zwischen Alternativen für eine inklusive Politik gründen? Sozialberichterstattung und Sozialplanung können hier als Steuerungsinstrumente für eine Gebietskörperschaft (z. B. eine Kommune), die öffentliche Planungsverantwortung trägt, Voraussetzung zur Initiierung erfolgreicher Inklusionsprozesse sein. Dies setzt allerdings voraus, dass die Verantwortlichen dazu bereit sind, sich mittels Sozialberichterstattung ein genaues und differenziertes Bild ihrer Stadt zu machen, die Veränderungen in der Stadt zu verfolgen und darauf aufbauend Sozialplanung ernsthaft zu betreiben, Zuständigkeiten zu klären und Schnittstellen zwischen unterschiedlichen Zuständigkeiten zu beschreiben und zu begleiten. Es geht also um die Frage, ob „ihre" Stadt für sie eine „Black-Box" bleiben soll, von der sie nur Teile verstehen oder ob sie soziale Strukturen und Prozesse differenziert erkennen und verstehen wollen, um dann im Interesse der Förderung von Inklusionsprozessen in diese einzugreifen.

Nach meiner Einschätzung als Stadträtin a. D., wird der sozialpolitische Alltag hingegen immer noch häufig bestimmt von Auseinandersetzungen um Zuständigkeiten, manchmal auch von fast gleichen Projekten, die kaum etwas von einander wissen, und von nicht geklärter Planungsverantwortung. So deutet die öffentliche Hand und deuten freie Träger bestimmte Strukturen, mit häufig sehr unterschiedlichen Schlussfolgerungen. Dabei sind die Rollen eigentlich klar verteilt: die öf-

S. Graebsch-Wagener (✉)
Stadrätin a. D., Bochum, Deutschland
E-Mail: s.graebsch-wagener@dokom.net

H-J. Balz et al. (Hrsg.), *Soziale Inklusion*, DOI 10.1007/978-3-531-19115-7_12,

© VS Verlag für Sozialwissenschaften | Springer Fachmedien Wiesbaden 2012

fentliche Hand erstellt unter Beteiligung der Träger die Berichterstattung und die Politik (präziser: der Rat) deutet die Ergebnisse und bestimmt die Planung, die dann andere umsetzen. Vielfach könnte man Inklusionsprozesse sinnvoller initiieren und umsetzen, leider sieht die Praxis oft anders aus. Deshalb möchte ich mich im Folgenden der Praxis widmen, sowohl mit gelungenen, als auch mit verbesserungswürdigen Beispielen und Hinweisen.

2 Zur Entstehung von Projekten in der kommunalen Praxis

Ein neues Projekt entsteht in der kommunalen Praxis aus unterschiedlichen Gründen. Entweder aus dem Engagement der Beschäftigten in dem jeweiligen Arbeitsfeld und dem Wunsch etwas besser oder gezielter für den bestehenden Bedarf anbieten zu können oder weil es für einen Arbeitsbereich, der ohnehin so ähnlich konzipiert ist, neue Zuschüsse unter einem bestimmten Titel gibt. Es existieren natürlich weitere Varianten, wie z. B. der Wunsch eines Trägers, bestimmte Fachkräfte aus einem abgelaufenen Projekt weiter zu beschäftigen und dafür ein neues Projekt aufzulegen oder das Interesse der Politik an einem bestimmten Projekt in einem bestimmten Raum.

Allen diesen Gründen ist gemeinsam, dass solche Projekte in der Regel eher zufällig entstehen und nicht einer Systematik von Zielen folgen. So wie sie zufällig entstehen, folgt auch die Argumentation über die Notwendigkeit des Projektes und die Begründung des Bedarfes eher den zufälligen Erfahrungen der jeweils Handelnden und nicht den tatsächlichen Erfordernissen im Gemeinwesen oder in der Zielgruppe. Damit will ich die entstehenden Projekte und die sie begründenden Bedarfe nicht diskreditieren. Aus der jeweiligen subjektiven Sicht sind sie erforderlich und im Themenfeld nachvollziehbar, aber sie sind nicht abgeglichen mit anderen Bedarfen in der Kommune, dem Sozialraum oder für die gleiche Zielgruppe, sodass keine Prioritätensetzung in der Entstehung oder der Zielgruppe bzw. der Örtlichkeit entsteht. So wird bisweilen eine Kindertageseinrichtung nicht dahin gebaut, wo sie am nötigsten ist oder werden Angebote für Jugendliche gegen rechtes Gedankengut dort gemacht, wo nur wenige dieser Jugendlichen leben oder Zahnprophylaxe für Kinder zuerst in Stadtteilen mit gut situierten Familien angeboten.

Sozialberichterstattung als Steuerungsinstrument zur Begründung von Projekten Gibt es in der Kommune eine kontinuierliche Sozialberichterstattung, so stellt diese Aussagen zur Sozialstruktur innerhalb der Kommune und ihrer Stadtteile oder sogar eines Viertels zur Verfügung. Es kann dann nachvollzogen werden, wie Segregationsprozesse verlaufen, wo Familien in Armut wohnen, wo die meisten

Menschen mit Migrationshintergrund leben, wie unterschiedlich die Schulübergänge in den jeweiligen Stadtteilen sind und auch wie sich solche Prozesse weiterentwickeln. Folgerichtig können bei einer solchen Sozialberichterstattung auch Aussagen zu dem Bedarf an Inklusionsprojekten gemacht werden.

Sozialverwaltung und Politik können (erst) dann erkennen, wo der Bedarf für eine Kindertageseinrichtung besonders groß ist, weil die sprachliche Förderung der Kinder in den Familien unzureichend ist, oder die Betreuung der Kinder außerhalb der Familien ergänzend für ihre Bildung sinnvoll erscheint. Erst dann wird auch sichtbar, wo die benachteiligten Jugendlichen wohnen, wo die Wahlbeteiligung gering ist und es von daher geboten erscheint, Angebote für die Jugendlichen in Beschäftigung und politischer Bildung zu machen. Erst dann kann auch sozialplanerischen Zielen entsprochen werden, etwa dem, dass Sozialräume mit geringer Inanspruchnahme von U-Untersuchungen für Kinder diejenigen sein müssen, in denen Präventionsangebote zuerst angeboten werden. Voraussetzung für all dies ist eine integrierte Sozialberichterstattung, in der die Daten der verschiedenen Fachgebiete miteinander verknüpft werden.

3 Integrierte Sozialberichterstattung – Was bedeutet das?

Jeder Fachbereich in der kommunalen Verwaltung stellt für den eigenen Bereich Daten zusammen und deutet die Entwicklung des Fachbereiches in Statistiken. In der Regel wird daraufhin dann eine Planung vorgenommen, die auf der Datengrundlage die Entwicklungen im Fachbereich prognostizieren soll. In der Jugendhilfe etwa ist eine solche Planung rechtlich vorgeschrieben. So heißt es im Achten Sozialgesetzbuch (SGB VIII; zit. nach Stascheit 2011[9]) in § 80: „Die Träger der öffentlichen Jugendhilfe haben im Rahmen ihrer Planungsverantwortung 1) den Bestand an Einrichtungen und Diensten festzustellen, 2) den Bedarf unter Berücksichtigung der Wünsche, Bedürfnisse und Interessen der jungen Menschen und der Personensorgeberechtigten für einen mittelfristigen Zeitraum zu ermitteln und 3) die zur Befriedigung des Bedarfs notwendigen Vorhaben rechtzeitig und ausreichend zu planen; dabei ist Vorsorge zu treffen, dass auch ein unvorhergesehener Bedarf befriedigt werden kann."

Wie aber wird der Bedarf ermittelt? Ich kenne keine für einzelne Kommunen umfassende Befragung von Kindern und Jugendlichen im Rahmen der Jugendhilfe. Lediglich bei der Einrichtung von Betreuungsplätzen für unter 3-jährige Kinder sind viele Jugendämter den Weg einer repräsentativen Befragung gegangen. Überörtliche Daten und Aussagen (wie in den World-Vision-Kinderstudien, den

Shell-Jugendstudien oder den Kinder- und Jugendberichten des Bundes) helfen hier nicht weiter. Also kann der Bedarf doch nur durch Kenntnis der Sozialstruktur in einem Sozialraum ermittelt werden und diese Kenntnis wird erst durch die Verknüpfung der Daten aus verschiedenen Fachbereichen miteinander erlangt!

Für die Betrachtung der Sozialstruktur werden meines Erachtens benötigt:

1. Daten zur Zusammensetzung der Bevölkerung, zur Haushaltsgröße, zum Alter und Geschlecht sowie zur Staatsangehörigkeit. Diese Daten (sowie eventuell noch Angaben zur Zuwanderungsgeschichte) erfasst das Einwohnermeldeamt.
2. Die Angaben zur finanziellen Ausstattung der Privathaushalte. Das sind Angaben aus der Sozialhilfe, die seit der Einführung des SGB II („Hartz IV") im Jahr 2005 nicht mehr kommunal erhoben werden. Das Herunterbrechen der Anzahl von SGB II-Beziehern, deren Alter, Geschlecht und Haushaltsgröße in einem speziellen Sozialraum ist dadurch ungleich schwieriger geworden. Lediglich die Angaben zu den Beziehern und Bezieherinnen des SGB XII stehen kommunal noch verlässlich zur Verfügung.
3. Erkenntnisse über die Bildungsbeteiligung bzw. Bildungsbenachteiligung, etwa die Quoten der Übergänge an weiterführende Schulen, die Art des Schulabschlusses sowie die Anzahl der Schulabbrecher in der Stadt oder den Sozialräumen. Diese Daten erhebt das Schulverwaltungsamt in Kooperation mit Landesbehörden insbesondere für die Planung der Schulkapazitäten.
4. Für die Konzeption von Inklusionsprojekten im Bereich der Gesundheitsförderung ist der gesundheitliche Status einer Zielgruppe entscheidend. Die Anzahl der Besuche von Vorsorgeuntersuchungen der Kinder, die Ergebnisse der Schuleingangsuntersuchungen sowie die Anzahl von bestimmten Erkrankungen und die Ergebnisse der Zahnprophylaxe werden im Gesundheitsamt festgehalten und zur weiteren Auswertung an das Landesinstitut für Gesundheit und Arbeit gesendet. Dort werden die Ergebnisse ausgewertet. So lässt sich auch die gesundheitliche Situation der Bevölkerung verschiedener Städte miteinander vergleichen.
5. Auch die eigenen Daten der Jugendhilfe sind heranzuziehen, wie z. B. die Verteilung der Fälle der Hilfen zur Erziehung oder der Jugendgerichtshilfe.
6. Zur Ergänzung des Bildes zur Situation von Menschen und Familien in einem spezifischen Sozialraum ist es sinnvoll, Daten zur Ausstattung des Wohnraums, Aussagen über die Gestaltung von Verkehrsflächen und zu Freiflächen/Spielflächen hinzu zu fügen. Über solche Kenntnisse verfügt das Planungsamt einer Stadt.

In der Regel zeigt sich dann, dass finanziell benachteiligte Personengruppen auch in der Bildung benachteiligt sind, über einen schlechteren gesundheitlichen Status verfügen sowie in besonders billigem und schlechtem Wohnraum in lärmbelasteten Gegenden wohnen. Nur die Verknüpfung der verschiedenen Daten – also die integrierte Sozialberichterstattung – ergibt hier ein hinreichend komplexes Bild der Lebenswirklichkeit der Menschen in einem Sozialraum.

Kontinuierliche Fortschreibung der Sozialberichterstattung Die Verknüpfung von Daten ist zielführend, um ein sehr differenziertes Bild von der Sozialstruktur einer Gemeinde, einer Stadt oder eines Sozialraumes zu erhalten. Jede Gesellschaft lebt allerdings von Veränderungen. Erst wenn diese über längere Zeitreihen von verknüpften Daten erhoben werden, lassen sich einigermaßen plausible Prognosen über die weitere Entwicklungen erstellen.

Ein Beispiel: Ein Ergebnis des Sozialberichtes der Stadt Bochum von 2005 war, dass nicht der Stadtteil Querenburg mit seiner komplexen und geplanten Bauweise und seiner sehr inhomogenen Bevölkerung deutliche Benachteiligungsstrukturen aufwies, sondern das Gebiet Gleisdreieck, die unmittelbare Innenstadt (Stadt Bochum 2005; vgl. auch Stadt Bochum 2008). Damit hatten nur wenige gerechnet, „gefühlt“ war immer Querenburg das Problemgebiet, für das Projekte zur Inklusion entwickelt wurden. Wir im Rathaus haben uns danach immer die Frage gestellt, ob Querenburg so relativ unproblematisch erscheint, eben weil der Sozialbereich richtige Angebote gemacht hat, haben diese Frage aber nicht beantworten können, da keine älteren Zahlen vorlagen.

Gleichzeitig haben wir für das Gleisdreieck die Erkenntnis gewonnen, dass dort jedes Jahr ein Drittel der Bevölkerung wechselt, häufig durch Umzug in andere Stadtteile (ebd.). Eine längere Zeitreihe hätte uns die Frage beantworten können, welches Szenario von Umzügen es in der ganzen Stadt gibt. Diese Erkenntnis wäre hilfreich gewesen bei der Unterstützung von problembeladenen Familien und der Sicherstellung von Kontinuität in sozialen Hilfen. Es hat zwar aus der Praxis Hinweise gegeben, dass finanzschwache Familien zuerst in Bochum in das Gleisdreieck ziehen, dann nach Wattenscheid und danach nach Langendreer, diese Hinweise bezogen sich aber auf Einzelfälle und ihr Wegziehen und wieder Auftauchen im sozialen Hilfesystem.

Kontinuierliche integrierte Sozialberichterstattung in einer Kommune kann also als eine zentrale Planungshilfe für Projekte und Projektarrangements in der Sozialen Arbeit angesehen werden, nicht zuletzt für Inklusionsprojekte, die sich auf die Intersektionalität sozialer Ausgrenzung beziehen (siehe hierzu Eppenstein/Kiesel sowie Degener/Mogge-Grotjahn in diesem Bd.). Entscheidend allerdings ist der Umgang der verantwortlich Handelnden in der Kommune mit den Daten. Dies gilt für ihre Deutung ebenso, wie für die Frage, ob aus den Ergebnissen auch eine Sozialplanung entsteht, die sich der entdeckten Probleme annimmt.

4 Konzeption und Begründung der Ziele von Inklusionsprojekten durch Sozialplanung

In vielen Kommunen wird inzwischen offensiv auch mit sozialen Problemen und Problemgebieten umgegangen. Das Programm „Soziale Stadt“ und sein Vorläufer aus NRW „Stadtteile mit besonderem Erneuerungsbedarf“ ist von vielen Kommunen genutzt worden, um zusätzliche Fördermittel für Projekte zur Verbesserung der Situation in benachteiligten Gebieten einzuwerben. Es gab Mittel für Stadterneuerung (z. B. zur Platzgestaltung), aber auch Mittel für soziale Inklusionsprojekte (z. B. zur Betreuung und Vorbereitung auf die Schule für Kinder aus Sinti- und Roma-Familien).

Voraussetzung für die Förderung eines solchen Projektes ist eine Problemanalyse (in der Regel über die Sozialberichterstattung, die der Rat beschlossen hat) und eine daraus abgeleitete Sozialplanung. Eine Stadt sollte die eigenen Problemzonen identifizieren und für die verschiedenen Fachbereiche eine Verbesserungsstrategie für die Problembereiche entwickeln, um weiteren Segregationsprozessen oder auch Verelendungsprozessen entgegen zu wirken. Der Stadtteil Duisburg-Marxloh ist zu einem prominenten Beispiel für eine solche Planung und einen integrierten Handlungsansatz geworden. Allerdings sind nicht alle Städte bereit, einen solchen Weg zu gehen. Bei vielen politisch Verantwortlichen herrschte und herrscht Angst davor, „ihre“ Stadt oder Teile davon schlecht zu reden und damit Nachteile im Wettbewerb der Städte untereinander zu generieren.

Es hat auch in Bochum lange gedauert, bis Verwaltung und Politik bereit waren, einen kritischen und öffentlichen Blick auf „ihre“ Stadt zu werfen. Dabei waren die Ergebnisse insgesamt für eine Stadt des Ruhrgebietes durchschnittlich und von daher nicht zu fürchten.

Auf der anderen Seite erzeugt integrierte Sozialplanung natürlich über Daten zu Benachteiligungen auch Handlungsdruck in Bereichen, die manchmal nicht die politisch prominent vertretenen sind oder bei denen die Wahlbeteiligung (oder ihre Bedeutung) gering ist. Prof. Dr. Strohmeyer vom Institut für interdisziplinäre Regionalforschung (ZEFIR) der Ruhruniversität Bochum betont etwa, dass das Merkmal der Wahlbeteiligung einen ersten Hinweis auf benachteiligte Bereiche gibt, da Menschen, denen es schlecht geht signifikant seltener zur Wahl gehen und sich mit der Zeit immer mehr aus der Gesellschaft zurückziehen.[1] Eine kontinuierliche Sozialplanung legt damit ggf. eine veränderte Priorisierung der Handlungserforder-

[1] Insgesamt sind die Veröffentlichungen des ZEFIR sehr empfehlenswert; auf der Homepage des Instituts (http://www.ruhr-uni-bochum.de/zefir/) findet sich eine eigene Abteilung zu Sozialberichten.

nisse nahe und nimmt der Entstehung von Projekten ihre Zufälligkeit. Das heißt aber auch, dass bei einer veröffentlichten Sozialplanung (und jede Ratsvorlage ist öffentlich), die Möglichkeit der Politik oder auch einzelner Interessensvertreter zur Einflussnahme auf einzelne Projekte geringer wird.

Eine solche kontinuierliche Sozialplanung, die auf regelmäßig erhobenen Daten fußt und damit auch Entwicklungen prognostizieren und überprüfen kann, kann eine hervorragende Grundlage zur Konzeption auch von Inklusionsprojekten sein, da die Begründung für das Projekt mit ihr bereits vorliegt und nur noch spezifiziert werden muss. Auch die Wirkungen eines Projektes sollten zumindest teilweise (siehe die Diskussionen um „evidenzbasierte Soziale Arbeit") durch Veränderungen in den Daten der Sozialberichterstattung überprüfbar sein, je nach dem für welche Zielgruppe oder in welchem städtischen Raum man ein solches Projekt entwickelt hat. Das setzt selbstverständlich voraus, dass sich die Entwicklung der Konzeption für ein Projekt an der bestehenden Sozialplanung orientiert und nicht – salopp formuliert – in Projekten immer wieder neue „Betroffenengruppen des Monats" kreiert werden, nur weil das (aus welchen – politischen, träger- oder mitarbeiterbezogenen usw. – Gründen auch immer), besser zu passen scheint.

Auch hierzu ein positives Beispiel: Der Schulbesuch fast aller Kinder von Sinti und Roma hatte sich nach Durchlauf des oben angesprochenen (über „Stadtteile mit besonderem Erneuerungsbedarf" geförderten) Kinderbetreuungsprojektes messbar (s. Fehlzeiten) verbessert, ebenso auch deren erste Schulabschlüsse Jahre später (zuvor hatte es aus der Zielgruppe nur Schulabbrecher gegeben).

Zielsetzung bei der Konzeption von Inklusionsprojekten Bei der Konzeption eines Projektes geht es immer auch um Werbung für das Projekt. Entweder sollen finanzielle Fördermittel eingeworben werden, in der Regel in Konkurrenz mit anderen Trägern, oder es handelt sich um ein Projekt, das für den Träger mit Prestige verbunden ist, weil es z. B. im Kreise der anderen Träger und meist auch Kooperationspartner bedeutsam ist. Weil das so ist, liest sich der Text über die Ziele, die das Projekt erreichen soll, manchmal wie eine „Heilsbotschaft". Spätere Enttäuschung und in der Konsequenz auch die Diskreditierung der vorher genannten Ziele ist dann unvermeidlich.

Ein Beispiel für diese viel zu hoch gesteckten Ziele ist für mich das Konzept der Landesregierung zu den Familienzentren. Es ist richtig, dass fast alle Kinder inzwischen eine Kindertageseinrichtung besuchen und dass dadurch die Kinder und ihre Familien an diesem Ort fast täglich zu erreichen sind. Also ist es in der Folge auch sinnvoll, dass Beratungsangebote für Eltern und Kinder ebenfalls an diesem Ort gemacht werden. Mit einer standardisierten Beobachtung der Kinder in den Einrichtungen kombiniert, kann dann auch ganz gezielt beraten werden und können die Kinder individuell gefördert werden. So gesehen sind die Familienzentren wegweisende Inklusionsangebote, da sie etwa früh Bildungsbenachteiligungen erkennen können und durch Heranziehung von Fachpersonal aus anderen Bereichen (z. B. den Erziehungsberatungsstellen) können auch Schwierigkeiten in den Familien früh erkannt werden und kann dann wirksam beraten sowie eventuell therapiert werden. Die Kindertageseinrichtungen haben von je her den Auftrag zu betreuen, zu bilden und zu erziehen. Dafür stehen ihnen pro Gruppe zwei Personen zur Verfügung, von denen eine fachlich ausgebildet sein muss.

Von diesen beiden Kräften wird nun aber in einer Gruppe von 20 oder mehr Kindern eine fachliche Beobachtung jeden einzelnen Kindes und werden Gespräche bis hin zur Beratung mit den Eltern erwartet. Außerdem sollen sie die Fachkollegen aus dem Jugendamt, von anderen Trägern und den Beratungsstellen einladen, um mit ihnen zusammen Veranstaltungen zu Erziehungsproblemen durchzuführen usw. Gefördert wird diese zusätzliche Arbeit mit 6.000 € bzw. inzwischen 12.000 €/Jahr. Die anderen Beteiligten, wie z. B. die Erziehungsberatungsstellen, die ohnehin schon Wartelisten führen, um die Ratsuchenden nach Dringlichkeit beraten zu können, erhalten keine Ergänzung, sodass die Warteliste einfach länger wird und andere Ratsuchende ohne adäquate Hilfe bleiben. Ohne eine angemessene und auskömmliche finanzielle und personelle Ausstattung ist dieses eigentlich sinnvolle Inklusionsprojekt zum Scheitern verurteilt!

Die Zielsetzung von Projekten sollte aus meiner Sicht also realistisch benannt werden und möglichst überprüfbar sein, um dann auch für die Zukunft solide Ergebnisse zu erreichen. Einer Weiterführung steht dann hoffentlich nichts mehr im Wege, auch wenn es Beispiele dafür gibt, dass selbst erfolgreiche Projekte mit guten Ergebnissen nicht weitergeführt werden.

5 Durchführung und Evaluation von Inklusionsprojekten auf der Grundlage einer integrierten Sozialberichterstattung

Entscheidend für die Konzeption, Durchführung und die Auswertung eines Projektes ist die Präzision der Fragestellung von Anfang an und die Klärung der Interessen der jeweils Beteiligten. Deshalb sollten in der Projektstruktur Gremien oder Auswertungsrunden vorgesehen werden, um immer wieder kritisch zu fragen: „Haben wir uns das so vorgestellt oder gibt es Veränderungsbedarf?“ Immer wieder muss die Frage erörtert werden, ob die Ziele noch erreichbar sind und falls das fragwürdig ist, ob Änderungen an dem Projekt vorgenommen werden müssen. Schon in der Konzeption müssen die Ziel- und Auswertungskriterien und das Intervall, in dem die Auswertungen stattfinden, festgelegt werden.

Bei der Entwicklung des Projektes „Frühe Hilfen" in Bochum (Stadt Bochum o J) sind wir (die Fachsteuerungsgruppe) zunächst von einer zusätzlichen Stelle ausgegangen, die alle Informationen zur Gefährdung des Kindeswohls aus dem Jugendamt, dem Gesundheitsamt und den Trägern sowie von beunruhigten Bürgern sammeln soll und dann die Handelnden in Gang setzt. Bei der Überprüfung der Praxis bis hin zur strafrechtlichen Relevanz des richtigen oder falschen Handelns ist uns klar geworden, dass es nicht eine Stelle sein kann, sondern die verantwortlichen Mitarbeitenden im Jugendamt in dem für den einzelnen Sozialraum zuständigen Team sein müssen. Allerdings sollte es eine Überprüfung des zügigen und adäquaten Handelns durch eine Person außerhalb der Hierarchie geben und diese sollte regelmäßig berichten. Wir haben also im Verlauf der Entwicklung die Konzeption verändert, weil uns klar wurde, dass wir nur so das Ziel des besseren Schutzes von Kindern erreichen können. Dauerhaft sinnvoll bleibt das Projekt aber nur dann, wenn es in der Konsequenz in der Praxis auch konzeptionsgemäß durchgeführt wird, z. B. mit regelmäßigen Berichten und mit regelmäßiger Überprüfung.

Noch deutlicher wird der Handlungsbedarf, wenn man die fachliche Verantwortung für ein Projekt mit der finanziellen Verantwortung verknüpft und diese anhand der Sozialberichterstattung überprüft. Dann sieht man schnell die Fehler in der Zuweisung der Daten oder in dem Zuschnitt des Budgets. Wir haben das im Jugendamt der Stadt Bochum erlebt, als wir die Teams des Sozialdienstes im Jugendamt sozialräumlich zugeordnet und auch verortet haben. Zum Beispiel ist für die Ausstattung eines Sozialraums mit Hilfen zur Erziehung nicht nur die Anzahl der Kinder entscheidend oder ihr Alter oder die finanzielle Situation der Familien, sondern allein der Hilfebedarf! Es kann nur Annäherungswerte geben, um ausreichende Budgets zur Verfügung zu stellen. Der Alltag krempelt manchmal innerhalb kürzester Zeit alle Planung wieder um, z. B. wenn eine belastete Familie mit mehreren Kindern in den Sozialraum zieht und akuter Hilfebedarf entsteht. Geändert hat sich aber bei Vorhandensein einer sozialplanerischen Grundlage, dass man nun die Tatsache der Budgetüberschreitung erklären muss und sich mit den Ursachen und Wirkungen des eigenen Handelns besser auseinandersetzen kann und muss. Das allein ist schon ein Gewinn.

Die erfolgreiche Evaluation, oder: Gibt es ein Umdenken? Manchmal sind die Ergebnisse eines Projektes auch bei aller Sorgfalt in der Planung und Umsetzung nicht zufriedenstellend, weil es nicht gelungen ist, zum Kern der Problematik vorzudringen und die Zahlen belegen, dass die gewünschte Veränderung bei der Zielgruppe nicht eingetreten ist. Dafür gibt es verschiedene Gründe, z. B. die falsche Fragestellung zu Beginn oder eine zu hohe Erwartung. Man kann beispielsweise aufgrund ihres rechtlichen Status keine langfristigen Inklusionsprojekte mit Asylbewerberfamilien durchführen. Belastbare Aussagen zur Verbesserung der gesundheitlichen Situation einer Zielgruppe wiederum kann man nur dann treffen, wenn die Diagnose am Anfang verlässlich war und damit die Veränderung dokumentiert werden kann.

Aber man kann versuchen, das Projekt nach sorgfältiger Evaluation so zu verändern, dass es der ursprünglichen Zielsetzung gerecht wird. Deshalb ein Beispiel der Hoffnung zum Schluss mit der Aufforderung verbunden auch aus den eigenen Fehlern bei Projekten zu lernen. Im Kinder- und Jugendhilfegesetz begründet der § 35 a eine Eingliederungshilfe für seelisch belastete Kinder und Jugendliche, wenn ihr seelischer Zustand für längere Zeit von dem in der Altersgruppe typischen abweicht. Es gibt viele Beratungsstellen und Therapieeinrichtungen, die das den Eltern bescheinigen, um sich dann den Auftrag zur Therapie zu sichern. In der Vergangenheit hatten deshalb viele Jugendämter mit dem Problem zu tun, dass die Kosten für diesen Eingliederungsbereich in kurzer Zeit exorbitant stiegen. Es gab dann hilflose Ansätze, jede finanziell höhere Bewilligung erneut zu überprüfen oder günstigere Anbieter auszuwählen, aber der Kern der Frage wurde nicht beantwortet: Wie kann man einem Kind die Hilfe zukommen lassen, die es braucht, ohne gleichzeitig für viele andere nicht notwendige Hilfen zu genehmigen? Die Zahlen stiegen weiter und es gab auch einige Entscheidungen vor den Gerichten, weil Eltern die Hilfe einklagen wollten.

Schließlich wurde uns deutlich, dass der öffentliche Träger und nicht ein anderer, der unter Umständen ein wirtschaftliches Interesse an der Durchführung hat, die Diagnose stellen muss. Dazu wird allerdings qualifiziertes Personal benötigt, um die Entscheidungen der Diagnose und der Bewilligung rechtlich überprüfbar zu gestalten, denn auch der öffentliche Träger hat in dem Zusammenhang ein finanzielles Interesse, das des Sparens. So wurden fortan differenziertere Diagnosen und Hilfepläne entwickelt, es wurde mit Beratungsstellen kooperiert und die Ausgaben gingen zurück, ohne eine Klagewelle zu provozieren. Der Kern des Problems war erreicht. Jedem Kind wurde entsprechend seinem individuellen Hilfebedarf Hilfe gewährt. Die nächste Sozialberichterstattung wird zeigen, ob das stimmt oder ob es Veränderungsbedarf gibt.

Literatur

Stadt Bochum, Dezernat für Soziales, Jugend und Gesundheit, Stabsstelle Sozialplanung (Hrsg) (2005) Sozialbericht Bochum 2005. Bochum. http://www.bochum.de/C12571A3001D56CE/vwContentByKey/N26QZVEH226HGILDE/$FILE/sozialbericht2005.pdf. Zugegriffen: 17. Jan 2012

Stadt Bochum, Dezernat für Soziales, Jugend und Gesundheit, Stabsstelle Sozialplanung (Hrsg) (2008) Basisgesundheitsbericht Bochum 2008. Bochum. http://www.bochum.de/C12571A3001D56CE/vwContentByKey/W27CVCPH078BOLDDE/$FILE/basisgesundheitsbericht_2008.pdf. Zugegriffen: 17. Jan 2012

Stadt Bochum (Hrsg) (o J) Frühe Hilfen für Bochumer Familien mit Kindern im Alter von 0–3 Jahren. Bochum

Stascheit U (Hrsg) (2011[9]) Gesetze für Sozialberufe. Fachhochschulverlag, Frankfurt a. M.

Opstapje – Schritt für Schritt: Inklusion möglichst früh

Rainer Rudl

1 Einleitung

Opstapje – Schritt für Schritt ist ein in den Niederlanden entwickeltes präventives Frühförder- und Bildungsprogramm besonders für Kinder ab dem 18. Lebensmonat aus sozial- und bildungsbenachteiligten Familien und Familien mit Migrationshintergrund.

Sowohl in den Niederlanden als auch in Deutschland ist festzustellen und wird durch Untersuchungen immer wieder neu bestätigt, dass vielfach leider doch die Herkunft der Kinder ihre Zukunft bestimmt, dass Kinder aus prekären Familiensituationen und Familienkontexten schlechtere Startchancen ins Leben, schlechtere Bildungschancen und schlechtere Zukunftsperspektiven haben.

In sozial- und bildungsbenachteiligten Familien und in Familien mit Migrationshintergrund sind die notwendigen persönlichen Ressourcen der Eltern weniger vorhanden, ihre Kinder frühzeitig adäquat zu fördern. Diese Familien nutzen darüber hinaus die instituionellen Bildungs- und Betreuungsangebote für die Förderung und Erziehung ihrer Kinder weniger bzw. kaum.

Dabei haben diese Familien mit geringen persönlichen Ressourcen und mit belastenden Lebensumständen wie Arbeitslosigkeit, Armut, Alleinerziehend oder schwieriger gesellschaftlicher Integration einen besonderen Unterstützungsbedarf – besonders auch in der Förderung der Kinder, und das möglichst früh.

Genau hier setzt Opstapje – Schritt für Schritt an, frühzeitig einen wichtigen spezifischen Beitrag zu leisten mit dem Ziel: „Die Herkunft der Kinder darf nicht ihre Zukunft bestimmen". Die Eltern werden durch aktives Mitmachen beim Pro-

R. Rudl (✉)
Büro Ambulante Hilfen Wesel, Neukirchener Erziehungsverein,
Wesel, Deutschland
E-Mail: rainer.rudl@neukirchener.de

H-J. Balz et al. (Hrsg.), *Soziale Inklusion*, DOI 10.1007/978-3-531-19115-7_13,

© VS Verlag für Sozialwissenschaften | Springer Fachmedien Wiesbaden 2012

gramm „Opstapje – Schritt für Schritt“ befähigt, ihre Kinder frühzeitig zu fördern und damit gute Voraussetzungen zu schaffen, dass diese bessere Bildungsmöglichkeiten und bessere Teilhabebedingungen am gesellschaftlichen Leben haben. Wie dies konkret geschieht, ist Thema dieses Beitrags.

2 Umsetzung von Opstapje – Schritt für Schritt in Deutschland

Opstapje ist in den Niederlanden entwickelt und zuerst umgesetzt worden. Zur Umsetzung von Opstapje auf die Situation in Deutschland gab es von 2001–2004 das „Modellprojekt – Opstapje – Schritt für Schritt“, das an 2 Standorten in Nürnberg und Bremen durchgeführt und vom Deutschen Jugendinstitut e. V. (DJI) wissenschaftlich begleitet wurde. Das Ziel der wissenschaftlichen Begleitung und Evaluation des Modellprojekts war es zum einen, Aussagen zur Wirksamkeit von Opstapje – Schritt für Schritt machen zu können und zum anderen, die Implementierung des Programms in Deutschland zu unterstützen und zu dokumentieren (Sann und Thrum 2005).

Aktuell wird Opstapje – Schritt für Schritt bundesweit in ca. 60 Kommunen und Kreisen, umgesetzt.

Im April 2005 haben sich Träger und aktive Förderer von Opstapje – Schritt für Schritt zu einem gemeinnützigen Verein „Ostapje Deutschland e. V.“ zusammengeschlossen, um den weiteren Einsatz und Ausbau des Programms in Deutschland zu ermöglichen und zu fördern.

Künftige AnwenderInnen von Opstapje – Schritt für Schritt haben die Möglichkeit, über den Verein alle notwendigen Informationen und Materialien für den Einsatz in der Praxis zu beziehen, sich individuell beraten und MitarbeiterInnen für die Programmkoordination schulen zu lassen. Der Verein schafft durch die Lizenzvergabe auch die rechtlichen Voraussetzungen für den Programmeinsatz in Deutschland.

3 Umsetzung von Opsapje – Schritt für Schritt im Neukirchener Erziehungsverein

Der Neukirchener Erziehungsverein mit seinem Geschäftsbereich „Verbund Ambulanter Hilfen“ hat neben den aufsuchenden, ambulanten „Hilfen zur Erziehung“ zahlreiche Projekte und Angebote im präventiven Bereich aufgebaut.

Bereits 2005 hat der Neukirchener Erziehungsverein in Kooperation mit dem Jugendamt der Stadt Wesel Opstapje – Schritt für Schritt in Wesel am Niederrhein umgesetzt. Wesel war damit eine der ersten Kommunen bundesweit und die erste Kommune in NRW, die Opstapje – Schritt für Schritt nach der oben beschriebenen Modellphase umgesetzt hat.

Aufgrund der Qualität des Programms und der positiven Erfahrungen und Wirkungen in Wesel führt der Neukirchener Erziehungsverein Opstapje-Schritt für Schritt mittlerweile an 5 Standorten durch: Wesel, Duisburg-Bruckhausen, Moers-Repelen, Moers-Meerbeck und Geldern. Insgesamt nehmen aktuell 150 Kinder daran teil.

Der Neukirchener Erziehungsverein ist Gründungsmitglied von „Opstapje – Deutschland e. V." und der Geschäftsbereichleiter des „Verbundes Ambulanter Hilfen" arbeitet im Vorstand mit.

4 Das Grundkonzept von Opstapje: Hausbesuche und Gruppentreffen

Die Familien mit ihren Kindern werden 18 Monate gefördert – und zwar durch 2 Bausteine: den wöchentlichen Hausbesuch und das 14tägige Eltern-Gruppentreffen.

Opstapje – Schritt für Schritt kommt den Familien entgegen, macht sich auf den Weg in die Familien, kommt zu den Familien ins Haus, in ihre unmittelbare Nachbarschaft, in ihren nächsten Sozialraum, ihren Stadtteil, ihr Quartier.

4.1 Die Hausbesuche

Jeder Familie wird einmal in der Woche von einer Mitarbeiterin des Programms, der „Hausbesucherin" für ca. eine Stunde besucht. Die Hausbesucherin beschäftigt sich modellhaft mit dem Kind – sie spielt mit dem Kind, sie bastelt mit dem Kind, sie liest dem Kind ein Bilderbuch vor bzw. sie entdeckt mit dem Kind das Bilderbuch. Die Mutter (meistens, manchmal auch ein Vater) schaut aufmerksam dabei zu. Die Hausbesucherin bespricht anschließend mit der Mutter, warum sie die entsprechende Spiel- und Lerneinheit mit dem Kind durchgeführt hat und was das Kind dadurch lernt und welche Bedeutung das für die Mutter-Kind-Interaktion hat. Sie motiviert die Mutter, das bis zum nächsten Hausbesuch in der nächsten Woche täglich zu wiederholen. Unterstützend dazu gibt es ein die Aktivität erklärendes Arbeitsblatt, das in der Familie bleibt – genau wie das verwendete Spiel- und Bastelmaterial bzw. das Buch.

4.2 Die Gruppentreffen

Das Gruppentreffen für die Eltern, an dem überwiegend Mütter teilnehmen, findet 14tägig statt – möglichst nah an den Wohnungen der Familien im gleichen Stadtteil.

Wichtige Aspekte der Gruppentreffen sind der Aufbau sozialer Kontakte zwischen den Familien/Müttern, die Vermittlung von Informationen zur Entwicklung und Erziehung von Kindern, Informationen über weitere hilfreiche Angebote im Stadtteil und in der Kommune und die Vertiefung der Erklärung von Spielaktivitäten.

Durch diese Gruppentreffen erleben die Mütter, die oft sehr isoliert ihren Familienalltag bewältigen müssen, oft zum ersten Mal das Entstehen eines sozialen Netzwerkes und einen hilfreichen Erfahrungsaustausch mit Müttern in ähnlichen Lebenssituationen.

Es gibt parallel eine Kinderbetreuung, die den Kindern viel Spaß beim gemeinsamen Spiel bereitet, ihre soziale Kompetenz durch das Miteinander fördert, was eine sehr gute Vorbereitung auf die spätere Zeit in der Kindertagesstätte ist. Zusätzlich ermöglicht das Kinderprogamm natürlich den Müttern eine entlastende ungestörte Zeit miteinander.

5 Die Arbeitsprinzipien – Niederschwelligkeit, Lebensweltorienierung, Professionalität

Um das Angebot möglichst niederschwellig zu gestalten wurde für Opstapje – Schritt für Schritt zum einen – wie bereits beschrieben – die aufsuchende Form der Hausbesuche (Geh-Struktur) gewählt. Zum anderen werden diese Hausbesuche von semiprofessionellen Kräften (Hausbesucherinnen) als zentralen Vermittlerinnen der Programminhalte durchgeführt. Dies sind Frauen ohne pädagogische Ausbildung, aber mit hoher sozialer Kompetenz und eigenen Erfahrungen in der Erziehung von Kindern, die aus dem soziokulturellen Umfeld der Zielgruppe stammen. Die semiprofessionelle Kraft (Hausbesucherin) soll so ein für die Familien/für die Mütter akzeptables Modell darstellen, vor allem was Erziehung und Förderung der Kinder anbelangt.

Die Hausbesucherinnen werden durch eine sozialpädagogische Fachkraft, die Koordinatorin, in das Programm eingewiesen und für ihren Aufgabenbereich geschult. Eine detaillierte Arbeitsmappe mit Instruktionen für jeden einzelnen Hausbesuch ist die schriftliche Arbeitsgrundlage für die Hausbesucherin. Die Koordinatorin trifft sich jede Woche mit den Hausbesucherinnen zum Anleitungstreffen, in denen die durchgeführten Hausbesuche reflektiert und die nächsten Hausbesuche vorbereitet werden.

Die Koordinatorin selbst wird durch 2 mehrtägige Schulungen auf ihre Aufgabe vorbereitet, die durch den Dachverband „Opstapje Deutschland e. V." durchgeführt wird.

Die Anleitung und Unterstützung der Hausbesucherinnen ist eine sehr wichtige Aufgabe der Koordinatorin. Darüber hinaus organisiert sie das gesamte Programm mit Aufnahme der Familien in das Programm, mit Vorbereitung der Gruppentreffen, mit Öffentlichkeitsarbeit und mit Vernetzung des Programms mit anderen sozialen Instituitionen und Organisationen im Stadtteil, in der Kommune, im Kreis.

Im Fall erkennbarer zusätzlicher Problemlagen in einzelnen Familien ist diese Vernetzung in der Praxis von großer Bedeutung, damit auf diese Weise eine spezielle fachliche und frühzeitige, zeitnahe Hilfestellung besser gewährleistet ist.

6 Die besonderen Stärken von Opstapje – Schritt für Schritt

6.1 Opstapje – Schritt für Schritt ist ein Frühförderprogamm

Opstapje beginnt sehr frühzeitig. Opstapje setzt ein bei Kindern, die ungefähr 1 ½ Jahre jung sind. Kinder sind sehr unterschiedlich in ihrer Entwicklung. Bei den Kontaktgesprächen wird genau hingesehen, ob und wann das Kind bei Opstapje einsteigen kann.

Im Folgenden stelle ich einige konkrete Beispiele vor, wie neben der bereits beschriebenen Kernaufgabe von Opstapje, sehr früh Familien unterstützt, gefördert und durchaus auch herausgefordert werden:

- Wir motivieren die Eltern, alle U-Untersuchungen für die Kinder durchführen zu lassen,
- Wir motivieren die Eltern, dass die Zahnpflege der Kinder ernst genommen wird (überhaupt Gesundheitspflege, Versorgung der Kinder),
- Wir suchen frühzeitig mit den Eltern einen passenden Kindergartenplatz für die Kinder,
- Wir zeigen den Eltern konkret, wo sie welche Unterstützung für ihre Erziehungsaufgabe bekommen (z. B. Besuch in der Stadtbibliothek, Besuch in der Erziehungsberatungsstelle, Besuch im Familienbüro),
- Und natürlich erkennen wir auch frühzeitig Signale, Entwicklungen, Tendenzen von Kindeswohlgefährdungen, können ggf. entsprechend frühzeitig mit dem Jugendamt Kontakt aufnehmen und gemeinsam beraten, welches die nächsten Schritte in der Familie sein können.

6.2 Opstapje – Schritt für Schritt ist ein Langzeitprogramm

Die Kinder und ihre Familien werden über einen langen Zeitraum von 1 ½ Jahren Woche für Woche sehr intensive begleitet, unterstützt und gefördert. Das sind ca. 70 Besuche, 70 Spiel- und Lerneinheiten – in denen viel Neues entdeckt, gelernt und stabilisiert wird.

Hinzu kommen die 14tägigen Elterntreffen mit den parallel stattfindenden Spielrunden für die Kinder. Das sind insgesamt ca. 25 Veranstaltungen, bei denen die Eltern viele und vielfältige Tipps und Anregungen für die Förderung und die Erziehung ihrer Kinder bekommen.

Die Erfahrungen zeigen, dass kaum Eltern das Programm vorzeitig vor Programm-Ende abbrechen, weil sie erleben, wie gut das für ihre Kinder und für sie selbst ist. Wenn eine Familie aus dem Programm ausscheidet, hat das meistens mit Umzug oder einem ähnlich nachzuvollziehbarem Grund zu tun.

6.3 Opstapje – Schritt für Schritt ist ein aufsuchendes Hausbesuchsprogramm

Die Förderung der Kinder findet in ihrem vertrauten häuslichen Umfeld statt – und die Eltern – in der weitaus überwiegenden Zahl die Mütter – bekommen die Förderung ihrer Kinder hautnah mit und – das ist auch das Besondere – werden gleichzeitig selbst gefördert in ihrem Erziehungsverhalten und in ihrer Interaktion mit ihrem Kind. D. h. anders ausgedrückt, dass positive Veränderungsprozesse bei den Kindern nicht von außen in die Familie hineingetragen werden, sondern sich innerhalb der Familie ereignen – und die Mütter sind daran aktiv beteiligt.

Es gibt 2 Phasen bei den Hausbesuchen in den 18 Monaten. In den ersten 9 Monaten ist die Hausbesucherin aktiver im Umgang mit dem Kind und die Mutter lernt durch Zuschauen, durch Nachmachen und durch das anschließende gemeinsame Gespräch. In der zweiten Phase des Programms ist die Mutter aktiver im Umgang mit dem Kind und die Hausbesucherin hält sich zurück und gibt anschließend positive Rückmeldungen und hilfreiche Anregungen.

Die Hausbesuche sind eine sehr zentrale Hilfe für die Eltern. Unsere Erfahrungen in den letzten Jahren zeigen, dass die Eltern die Termine in der Regel sehr verbindlich einhalten. Es gibt kaum Ausfälle, außer bei Krankheiten und ähnlichen verständlichen Gründen.

Bei den Elterntreffen, zu denen man sich auf den Weg machen muss, teilweise auch mit mehreren Kindern, machen wir auch negativere Erfahrungen mit Familien. Dahinter steckt meistens kein ablehnender Wille gegenüber den Elterntreffen sondern der größere Aufwand, das zu organisieren und sich selbst auf den Weg zu machen.

6.4 Opstapje – Schritt für Schritt ist ein Bildungsprogramm

Über eine extrem hohe Kinderarmut wird mittlerweile sehr offen in unserem Land gesprochen. Und auch darüber, dass die Bildungschancen in unserem Land sehr unterschiedlich sind. Und Bildung ist und bleibt eine wichtige Voraussetzung für eine gleichberechtigte Teilnahme am gesellschaftlichen Leben. Die Zielgruppe von Opstapje – Schritt für Schritt gehört zum Personenkreis der bildungsbenachteiligten Menschen.

Ein entscheidender Faktor für bessere Bildungschancen ist eine frühzeitige positive sprachliche Entwicklung von Kindern. Und da gibt es große Defizite und zwar bei Familien mit Migrationshintergrund wie auch bei den deutschen Familien, die zum Personenkreis der sozialbenachteiligten und bildungsbenachteiligten Menschen gehören. In kaum einer Familie treffen wir z. B. zu Beginn ein Bilderbuch an und entsprechend auch nicht das so wichtige Element des Vorlesens von Bilderbüchern und des gemeinsamen Entdeckens von Bilderbüchern durch Mutter und Kind, was eine sehr intensive gemeinsame Interaktion ist.

6.5 Opstapje – Schritt für Schritt ist ein Integrationsprogramm

Im Nationalen Integrationsplan der Bundesregierung „Neue Wege – Neue Chancen“ aus dem Jahr 2008 wird Opstapje – Schritt für Schritt ausdrücklich erwähnt – und zwar im Themenfeld 2 „Von Anfang an deutsche Sprache fördern“ unter Punkt 1.1. Selbstverpflichtung der Bundesregierung.

> ESF-Programm für sozial benachteiligte Familien mit und ohne Migrationshintergrund zur Förderung und Integration benachteiligter Kinder:
>
> Als Beispiel für entsprechende Programme kann „Opstapje“ stehen.
>
> „Opstapje“ ist ein Hausbesuchsprogramm und zielt auf die frühe Förderung von Kindern aus sozial benachteiligten Familien – auch Migrantenfamilien – durch die Stärkung von Elternkompetenzen.
>
> Der niederschwellige und aufsuchende Charakter des Programms sind die Schlüsselfaktoren für die Erreichbarkeit der Familien und die Kontinuität der Programmteilnahme. Im Rahmen des Programms soll die Elternkompetenz zur Wahrnehmung und Förderung des Entwicklungspotentials ihrer Kinder gestärkt, auf die Bedeutung einer guten Sprachentwicklung hingewiesen und für den Besuch von Kindertageseinrichtungen geworben werden. (Bundesregierung 2008, S. 49)

7 Schlusswort – Opstapje – Schritt für Schritt wird angenommen und wirkt

In Wesel am Niederrhein führen wir mittlerweile Opstapje – Schritt für Schritt seit 7 Jahren durch. Nur zu Beginn hatten wir in den ersten Monaten Schwierigkeiten, die ersten Familien für das Programm zu gewinnen. Wir haben im Herbst 2005 mit knapp 15 Familien begonnen. Die beschriebenen positiven Effekte und Wirkungen von Opstapje haben sich sehr schnell in Nachbarschaften, Bekanntenkreisen, Kindertageseinrichtungen der beteiligten Familien herumgesprochen, so dass wir bereits im Januar 2006 insgesamt 45 Kinder im Programm. Diese Entwicklung hat bis heute – 2012 – angehalten. Es gibt lange Wartelisten – und ohne neue große Öffentlichkeitsarbeit haben wir in jedem neuen Programmdurchlauf sehr schnell 45 Kinder und Familien, die gerne und aktiv mitmachen. Opstapje – Schritt für Schritt ist in der Jugendhilfelandschaft in Wesel zu einem Markenzeichen geworden, das jeder kennt: der Jugendhilfeausschuss, das Jugendamt, der Integrationsrat, alle freien Träger der Jugendhilfe, Kinderärzte, Frühförderstelle, Sozialpsychiatrische Zentrum usw.

Schließen möchte ich mit einem Bild: Für jede Familien haben wir 2 große farbige Spielkisten. Zu Beginn des Programms bekommen die Familien eine leere Spielkiste. Die volle Spielkiste mit Bilderbüchern und den Spiel- und Bastelmaterialien stehen in unseren Einrichtung. Im Laufe des 1 ½ jährigen Programms füllt sich die Spielkiste in den Familien mit den Materialien mehr und mehr. Und so wie sich die Spielkiste mehr und mehr füllt, so erwerben sowohl die Kinder als auch die Mütter/ die Eltern Schritt für Schritt mehr Kompetenzen, die einen wichtigen Grundstock dafür legen, dass die Eltern mehr Freude an ihrer Erziehungsaufgabe finden und dass die Kinder bessere Chancen für ihre Zukunft und bessere Chancen für die nachfolgende Zeit in der Kindertagesstätte und in der Schule haben.

Nach meinen mehrjährigen Erfahrungen mit dem Programm „Opstapje – Schritt für Schritt" in Wesel bin ich der festen Überzeugung, dass Opstapje ein wichtiger und wirkungsvoller Beitrag in der aktuellen gesellschaftlichen Diskussion über Inklusion und in der dynamischen gesellschaftlichen Entwicklung hin zur Inklusion ist. Opstapje hat den Anspruch, die Herausforderungen der Inklusion anzunehmen und durch frühzeitiges pädagogisches Handeln den Familien gerecht zu werden.

Literatur

Bundesregierung Deutschland (2008) Der Nationale Integrationsplan/Neue Wege – Neue Chancen, Berlin: Bundesdruckerei. http://www.bundesregierung.de/nn_774/Content/DE/Publikation/IB/nationaler-integrationsplan.html. Zugegriffen: 15. März 2012

Sann A, Thrum K (Hrsg) (2005) Opstapje-Schritt für Schritt. Ein präventives Spiel- und Lernprogramm für Kleinkinder aus sozial benachteiligten Familien und deren Eltern. Praxisleitfaden. Deutsches Jugendinstitut, München

Förderung von Gesundheit und Bildung im Vorschulalter – Gesundheitskonzept des Kindergartens und Familienzentrums St. Barbara in Bochum-Wattenscheid

Chritiane Schlott

1 „Welt erleben – Sinn begreifen" – Familien begleiten

Die Bildungslandschaft in Nordrhein-Westfalen verändert sich zunehmend zugunsten einer integrativen bzw. inklusiven Betreuung, Erziehung und Bildungsarbeit. Für den Elementarbereich begründet das Kinderbildungsgesetz des Landes (KiBiz oJ) in den Paragraphen 7 und 8 diese Inklusionsorientierung. So darf die Aufnahme eines Kindes in eine Kindertageseinrichtung nach § 7 „nicht aus Gründen seiner Rasse oder ethnischen Herkunft, seiner Nationalität, seines Geschlechtes, seiner Behinderung, seiner Religion oder seiner Weltanschauung verweigert werden."

Der Katholische Kindergarten St. Barbara, der gleichzeitig Familienzentrum ist, betreut unter der Trägerschaft des Sozialdienstes Katholischer Frauen und Männer Wattenscheid e. V. 107 Kinder im Alter von 0–6 Jahren in fünf Gruppen. Die Einrichtung liegt im Stadtgebiet Bochum-Wattenscheid-Leithe, unmittelbar an der Stadtgrenze zu Gelsenkirchen-Ückendorf. Das Leitbild des Kindergartens und Familienzentrums lautet „Welt erleben – Sinn begreifen". Jedes Kind soll, so wie es ist, den Mittelpunkt der pädagogischen Arbeit bilden. Durch die ganzheitliche Förderung des Kindes im Spiel und durch lebensnahes Lernen sollen Autonomie, Solidarität und Kompetenzen gestärkt werden. Das Ziel ist, dass die Kinder durch lebensnahe und ganzheitliche Erziehung und Bildung zu lebensbejahenden, lernfreudigen, gemeinschaftsfähigen und starken Persönlichkeiten heranwachsen, die

C. Schlott (✉)
Kath. Kindergarten und Familienzentrum St. Barbara des SKFM Wattenscheid e.V., Bochum, Deutschland
E-Mail: Christiane.Schlott@kita-st-barbara.de

H-J. Balz et al. (Hrsg.), *Soziale Inklusion*, DOI 10.1007/978-3-531-19115-7_14,
© VS Verlag für Sozialwissenschaften | Springer Fachmedien Wiesbaden 2012

ihre jetzige und zukünftige Lebenssituation bewältigen können. In der Einrichtung leben und lernen behinderte und nicht behinderte Kinder unterschiedlicher Herkunft, Religion und kultureller Zugehörigkeit miteinander. Sie erfahren damit ganz konkret „Vielfalt“ und „Inklusion“, statt „Andersartigkeit“ von „Normalität“. Im Miteinander werden Toleranz und Achtung gelebt.

Ein wichtiger Baustein dieser pädagogischen Arbeit ist die Gesundheitserziehung. Eine gesundheitsorientierte Ernährung sowie Bewegung gehören zum Alltag der Einrichtung. Sie sind Voraussetzungen für das Wohlbefinden des Kindes, die Entfaltung und Stärkung seiner Entwicklung.

2 Unser Anspruch

Das Familienzentrum St. Barbara ist ein Begegnungs- und Kommunikationsort für alle Menschen im Sozialraum Wattenscheid-Leithe, unabhängig von Nationalität, Religion, Geschlecht, gesellschaftlichem Ansehen, Einkommen und Alter, der gegenseitige Toleranz im Miteinander ermöglicht und fördert. Das Team fühlt sich einer präventiven und niederschwelligen Angebotsgestaltung verpflichtet.

Im Familienzentrum werden Kinder betreut, individuell gefördert und deren Eltern sowie andere externe Familien aus dem Sozialraum frühestmöglich umfassend beraten und unterstützt. Für alle soll hier unter Aspekten der körperlichen und seelischen Gesundheit, der Persönlichkeitsentwicklung, der Erziehungskompetenz und der Bildung ein Ort geschaffen werden, der Inklusion und Chancengerechtigkeit möglich macht. Dies soll exemplarisch mit Hilfe des Gesundheitskonzepts der Einrichtung erläutert werden.

Ein wesentliches Merkmal des Kindergartens und Familienzentrums ist unbürokratische Hilfe, die sich durch Vertraulichkeit auszeichnet. Durch das niederschwellige Angebot, z. B. offene Sprechstunden der örtlichen Erziehungsberatungsstelle, werden auch Personen erreicht, denen die Hürde einer Kontaktaufnahme zu Behörden ggf. zu hoch erscheint.

3 Gesundheitskonzept

Wie einleitend erwähnt, spielt die Gesundheitserziehung in der Bildungsarbeit der Einrichtung eine wesentliche Rolle, daher werden im Folgenden die verschiedenen Elemente des Gesundheitskonzeptes vorgestellt.

3.1 Gesunde Ernährung

Ein Schwerpunkt in der pädagogischen Arbeit des Gesundheitskonzeptes liegt in der Ernährungserziehung (Braun 2006, S. 22). Nahrung und Ernährung spielen eine bedeutende Rolle für Gesundheit und Leistungsfähigkeit des Menschen und insbesondere der Kinder. Die Ausprägung der Ernährung ist von größter Bedeutung bei der Verhütung und Behandlung von Krankheiten. Ernährungserziehung heißt für Kinder, die Vielfalt der Lebensmittel und deren Zubereitung kennen zu lernen und gesundheitsfördernde Ernährungsmuster zu erwerben. Daher bietet die Einrichtung den Kindern seit etwa 12 Jahren täglich ein reichhaltiges Frühstücksbuffet mit verschiedenen Brotsorten und Brotbelägen, Obst, Gemüse, Müsli und Milchprodukten sowie einer Getränkeauswahl. Die Eltern finanzieren dies durch eine Umlage; das Mitbringen eines eigenen Frühstücks entfällt.

Im Vordergrund stehen neben der gesunden Ernährung sowie der Ess- und Tischkultur auch der familiäre, gemeinschaftliche Rahmen des Essens in Tischgemeinschaft. Der letzte Aspekt ist auch für die religiöse Erziehung in der Einrichtung von Bedeutung. Durch das Angebot trauen sich die Kinder auch an unbekannte Lebensmittel heran und differenzieren gesunde von nicht förderlichen Lebensmitteln (etwa mitgebrachten Schokoriegeln).

Das ausgewogene und auf die kindlichen Bedürfnisse abgestimmte Mittagessen wird täglich frisch von einer Köchin zubereitet, die auch die pädagogische Arbeit in diesem Bereich unterstützt. Neben zahlreichen Obstbäumen hat jede Gruppe ein Gemüsehochbeet im Außengelände zum exemplarischen Anbau von Obst und Gemüse. Die Kinder werden in die Ernte und Verarbeitung mit einbezogen. Kooperationen mit einer Bäckerei und einem Markthändler unterstützen dieses Projekt. Ein eigenes Kochbuch mit Rezepten der Gerichte, die in unserer Einrichtung angeboten werden, kann zur Bereicherung der häuslichen Speisepläne kostengünstig erworben werden.

Die Einrichtung arbeitet mit dem bundesweiten Programm TigerKids zusammen.[1] Es beinhaltet die Komponenten Ernährung, Bewegung und Entspannung. Elternveranstaltungen zum Thema Ernährung finden in regelmäßigen Abständen statt. Ziel ist, dass Eltern etwa verinnerlichen, dass das Essverhalten im Kindesalter das weitere Leben prägt.

3.2 Zahnprophylaxe

Nach den Mahlzeiten wird mit den Kindern das regelmäßige Zähneputzen eingeübt. Hierbei werden die Erzieherinnen durch Expertinnen unterstützt: Eine Pro-

[1] Einen Überblick über das Programm gibt http://www.tigerkids.de.

phylaxehelferin vermittelt spielerisch Zahnputztechniken, eine niedergelassene Zahnärztin hilft durch ihren Besuch im Kindergarten und Einladungen in ihre Praxis beim Angstabbau. Ebenso bietet sie Elternveranstaltungen zur Zahnprophylaxe an. Zusätzlich kommt die Amtszahnärztin zur jährlichen Kontrolle in die Einrichtung. Durch die Mitarbeit im Arbeitskreis „Zahngesundheit“ werden Arbeits- und Lernhilfen bereitgestellt.

3.3 Bewegung

Ernährung und Bewegung gehören zusammen und sollten in einem ausgewogenen Verhältnis zueinander stehen. Bewegung ist auch bei der motorischen Entwicklung der Kinder notwendig. Sie ist für die einen Kinder selbstverständlich, die anderen neigen gegebenenfalls auch durch tägliches Erleben zu Bequemlichkeit und Bewegungsvermeidung. Der Weg zum Kindergarten lässt sich zu Fuß, aber auch im Kinderwagen oder Autositz bestens erledigen.

Die Einrichtung St. Barbara ist ein „anerkannter Bewegungskindergarten NRW“.[2] Alle pädagogischen Mitarbeiterinnen haben die Qualifikation „Bewegungserziehung im Kleinkind- und Vorschulalter“ erworben. Neben bewegungsanregenden Gruppenräumen mit verschiedenen Ebenen und Bewegungsmaterialien sind die Kinder mindestens eine Stunde am Tag in der Turnhalle oder im nahegelegenen Stadion, in Bewegungsbaustellen, im Außengelände oder bei Spaziergängen unterwegs. Die Kooperation mit dem TV Wattenscheid 01 Leichtathletik bietet neben der fachlichen Beratung die Möglichkeit zur Nutzung der Räumlichkeiten, etwa der Gymnastikhalle. Das Außengelände der Einrichtung ist nach sportpädagogischen Gesichtspunkten errichtet und in verschiedene Bereiche eingeteilt: Fahrzeugfläche, Kletterburg mit Hügellandschaft und Schleichpfaden, Sandbereich und eine große Wiese für Gemeinschaftsaktionen, wie z. B. Fußballspielen.

Die pädagogischen Mitarbeiterinnen können aufgrund der Zusatzqualifikation Familien zum Thema „Bewegung“ adäquat beraten. Außerdem verfügt die Einrichtung über Informationsmaterial zu Sport- und Freizeitaktivitäten in der Umgebung. Eine Motopädin bietet einmal wöchentlich Motopädiekurse in der Turnhalle an. Am Ende einer Kurseinheit findet ein Elterngespräch statt.

In Kooperation mit einem Kinder- und Jugendfreizeitheim in der Nachbarschaft bietet eine Mitarbeiterin mit der Qualifikation „Zirkuspädagogin“ ein dauerhaftes

[2] Nähere Hinweise zu Bewegungskindergärten finden sich im Internet unter http://sportjugend-nrw.de/sportjugend/bewegung-spiel-und-sport/bewegungskindergarten.

Zirkusprojekt an. Dieses wird von etwa fünfzig Kindern von vier bis zwölf Jahren genutzt. In dieses Projekt bringen sich auch Eltern in unterschiedliche Weise ein.

Schließlich werden Eltern im Familienzentrum von Kooperationspartnern Entspannungs- und Sportkurse angeboten.

3.4 Entwicklungs- und Bildungsdokumentation

Im nordrhein-westfälischen Kinderbildungsgesetz ist die Erstellung einer Bildungsdokumentation für jedes Kind festgeschrieben. Durch die gezielte Beobachtung und Dokumentation werden Stärken, Vorlieben und Schwächen der Kinder frühzeitig erkannt. Grundlage der Bildungsdokumentation ist der Gelsenkirchener Entwicklungsbogen (Beyer et al. 2004) und die Entwicklungstabelle nach Kuno Beller (Beller und Beller 2010[9]). Bei Auffälligkeiten wird mit Einverständnis der Eltern der Entwicklungstest ET 6-6 von Petermann et al. (2006) durchgeführt. Die Eltern werden in regelmäßigen Elterngesprächen über den Entwicklungsstand ihres Kindes informiert. Zu diesen Terminen bringen sie das Kinder-Untersuchungsheft mit. Im Austausch mit den Eltern kann abgeglichen werden, ob der Kinderarzt möglicherweise ähnliche Beobachtungen wie die Erzieherinnen gemacht hat. Im Gespräch werden gegebenenfalls Empfehlungen zu einer medizinischen Überprüfung gegeben. Mit den Eltern wird kindbezogen über die weitere pädagogische Planung beraten. Sie erhalten Hilfen, wie sie ihr Kind zu Hause fördern können, nicht nur zur Regulierung von Defiziten, sondern auch zur Unterstützung von Stärken des Kindes.

Bei Erziehungsschwierigkeiten bietet die Einrichtung in Kooperation mit der Erziehungsberatungsstelle (EB) der Stadt eine offene Sprechstunde an. Hier erhalten Eltern zeitnah, niederschwellig und unbürokratisch Hilfe. Aus einer solchen Beratung kann eine weitere Zusammenarbeit und Begleitung der Familie durch die EB entstehen. Die Eltern nehmen dieses Angebot gut an. Mindestens viermal jährlich finden Elternveranstaltungen zu pädagogisch herausfordernden Themen statt, z. B. zum Umgang mit Sterben und Tod, Geschwisterrivalitäten und Kommunikation in der Familie.

Wie viele öffentliche Einrichtungen, Geschäfte und Arztpraxen sind auch Kindergärten Anlaufstellen für Kinder, die sich in Notsituationen befinden. So ist auch „St. Barbara" Notinsel für Kinder. Darin erschöpft sich aber nicht die Arbeit der Einrichtung zum Kinderschutz. Die Mitarbeiterinnen sind durch Schulungen sensibilisiert, über Verfahrenswege informiert (siehe ISA 2007) und kooperieren mit dem Allgemeinen Sozialen Dienst des Jugendamtes.

3.5 Übergang Kindergarten/Grundschule

Wie schon bei der Sprachdiagnose und -förderung in der Mitte der Betreuungszeit im Kindergarten, findet insbesondere beim Übergang der Kinder vom Elementar- in den Primarbereich eine intensive Kooperation mit den Grundschulen statt (siehe § 14 KiBiz). Neben einer Informationsveranstaltung für die Eltern der Vierjährigen zu vorschulischen Fördermöglichkeiten wird ein Elterninformationsnachmittag zum Schulfähigkeitsprofil für die Eltern der zukünftigen Schulanfänger in Kooperation mit der Schulleitung angeboten. Zudem besuchen die Kindergartenkinder im Rahmen des Projekts „Lesebrücke" einmal im Monat die Grundschulkinder der 3. Klasse, die bei der Einschulung die Patenschaften übernehmen. Auch dies sorgt für einen frühzeitigen Kontakt zwischen Kindern, deren Eltern und der Grundschule. Eine gemeinsame Einschulungskonferenz und Hospitationsbesuche der Lehrer finden ebenfalls statt. Bei Festen und Veranstaltungen informieren sich die Institutionen gegenseitig und nehmen Angebote wahr. So besuchen die Kindergartenkinder etwa die Zirkusgala im Rahmen der Projektwoche der Grundschüler.

3.6 Sprache

Die Sprache begleitet das tägliche Tun und dient der gegenseitigen Verständigung. Die Kinder lernen Sprache als Grundlage der Sozialfähigkeit und Persönlichkeitsentwicklung kennen und nutzen, um damit eine Voraussetzung für die Schulfähigkeit zu erwerben. Sprache kann als eine der Grundlagen für soziale und ökonomische Chancengleichheit gelten. Zur Diagnostik der Sprachfähigkeit werden die Sprachstandsfeststellungsverfahren Seldak (Ulich und Mayr 2006) und Sismik (dies. 2003) sowie Delfin 4 (MSW NRW o J) in Kooperation mit einer Grundschule durchgeführt. Die gesetzliche Grundlage bildet auch hier das KiBiz (§ 13 (6), § 14).

Sprachförderung findet eingebunden in den Kindergartenalltag und in Kleingruppen durch eine qualifizierte Erzieherin der Einrichtung statt. Dabei wird Sprechfreude bei den Kindern entwickelt, z. B. durch Imitation, Wortspiele, Gedichte, Verse, Reime und Lieder. Sprache wird etwa in Rollenspielen, psychomotorischen Spielen und rhythmischem Zeichnen erlebbar gemacht. Sprach- und Sprechpflege geschehen bei Bilderbuchbetrachtungen, beim Memory spielen oder beim Einsatz von Handpuppen und auch gezielt durch mundmotorische Übungen oder den Einsatz sprachtherapeutischer Spiele. Kommunikation, auch nonverbale, wird durch Spiele zur Mimik und Gestik sowie in Kinderkonferenzen gefördert. Wöchentlich besucht eine ehrenamtliche Lesepatin die Einrichtung und liest in Kleingruppen Bilderbücher vor. Einmal im Monat durchstöbern die Kinder die Stadtbücherei Wattenscheid und schauen sich dort ein Bilderbuchkino an. So werden sie mit den Räumlichkeiten und der Institution vertraut und der Kontakt zu den Mitarbeitern wird aufgebaut. Außerdem gehören Eltern-Kind-Veranstaltungen in der Stadtbücherei mit einer Führung zum Jahresprogramm.

Die Eltern bekommen Anregungen und Anleitungen, die Sprachförderung zu Hause zu ergänzen. Spezielle Sprachkurse zur Unterstützung der Eltern können vermittelt bzw. angeboten werden. Für Kinder mit einem logopädischen Förderbedarf besteht die Möglichkeit, an Therapien durch Logopäden in der Einrichtung teilzunehmen. Dabei sind der Austausch mit den Eltern und deren Mitarbeit gefordert und erwünscht. Schließlich erhalten über die Regionale Arbeitsstelle zur Förderung von Kindern und Jugendlichen aus Zuwandererfamilien (RAA) sowohl die Einrichtung, als auch die Familien mit Migrationshintergrund, fachliche Unterstützung bei der Vermittlung und beim Erwerb deutscher Sprachkenntnisse.[3]

3.7 Gemeinsame Erziehung behinderter und nichtbehinderter Kinder

Im Kindergarten und Familienzentrum St. Barbara wird dem oben angesprochenen Inklusionsanspruch des KiBiz nicht zuletzt durch die Erziehung, Bildung und Betreuung von zurzeit drei behinderten Kindern zwischen 0 und 6 Jahren entsprochen. Die Einrichtung will damit deren Bildungs- und Fürsorgerechte verwirklichen helfen und die betroffenen Familien bei der „Normalisierung" aber auch bei der Entlastung ihres Alltags unterstützen. Die Kinder erhalten Hilfen bei der Bewältigung der psychosozialen Folgen ihrer Behinderung. Ihre Neigungen werden erkannt und gestärkt. Auf Seiten der Einrichtung arbeiten eine spezielle Fachkraft und die Erzieherinnen mit den Eltern, Therapeuten, Ärzten, der Frühförderstelle, dem Sozialpsychiatrischen Kinder- und Jugenddienst der Stadt Bochum sowie den Förderschulen zusammen. Für jedes behinderte Kind wird ein individuelles Förderkonzept erstellt.

4 Fazit

Das Gesundheitskonzept der Einrichtung ist ein Schwerpunkt ihrer auf Inklusion zielenden, pädagogischen Bildungsarbeit. Das Konzept richtet sich an alle Familien. Diese Aufgaben als Familienzentrum zu leisten, ermöglicht durch den damit verbundenen größeren finanziellen Spielraum, Kinder und Familien früh zu er-

[3] Nähere Informationen zur RAA liefert etwa http://www.bochum.de/C125708500379A31/CurrentBaseLink/W276XHJ2248BOLDDE, eine Beschreibung des Bochumer RAA-Projekt zur Sprachförderung http://www.raa.de/index.php?id=42&local=3&option=projectsview&value=1469.

reichen, zu begleiten und gegebenenfalls zu unterstützen, unabhängig von der sozialen Situation jeder Familie. Es werden jedoch nur diejenigen erreicht, die einen Platz in den Kindertageseinrichtungen bekommen können bzw. wollen.

Die Verpflichtungen zur Bildungsdokumentation (die in ihrer Art und Weise leider nicht vereinheitlicht ist) und zur Sprachstandserhebung nach Delfin 4 erleichtern ebenso wie die Einschulungsdiagnostik die Umsetzung eines Bildungs- und Gesundheitskonzeptes. Das „Bildungs- und Teilhabepaket" unterstützt die Familien, die sich unter Umständen die Kosten für das Mittagessen, die Teilnahme an Freizeitaktivitäten, Ausflügen etc. sonst nicht leisten könnten und dadurch nicht in den Genuss des Bildungs- und Gesundheitskonzeptes kämen.

Um wirklich flächendeckend auch sozial benachteiligte Kinder zu erreichen, müsste es ähnlich der Schulpflicht eine Kindergartenpflicht geben, zumindest aber beitragsfreie Kindergartenplätze in ausreichender Menge und zwar in Einrichtungen, in denen Inklusion eine allgemein anerkannte Norm darstellt.

Die zeitlichen und fachlichen Anforderungen an das pädagogische Personal wachsen dabei stetig. Die zeitlichen und personellen Ressourcen für Vor- und Nachbereitungszeiten, Teambesprechungen und Reflexion sind hingegen eng bemessen. Beobachtung, Dokumentation sowie individuelle Förderung erfordern adäquat qualifiziertes Personal und einen ausreichenden Personalschlüssel. Hier ist die Politik gefordert, den angemessenen Rahmen zu schaffen, um die Qualitätsstandards ausbauen, zumindest aber halten zu können.

Literatur

Beller EK, Beller S (2010[9]) Kuno Bellers Entwicklungstabelle. Modifizierte Fassung vom Juli 2000. Selbstverlag, Berlin

Beyer A et al (2004) Gelsenkirchener Entwicklungsbegleiter. dgvt-Verlag, Tübingen

Braun U (2006) Gesundheit und Ernährung in den städtischen Kindertageseinrichtungen in Recklinghausen – Qualitätsentwicklung und Qualitätssicherung praktisch. KiTa aktuell spezial 15(2):21 ff

ISA – Institut für soziale Arbeit e. V. (Hrsg) (2007) Soziale Frühwarnsysteme in Nordrhein-Westfalen. Die Herner Materialien zum Umgang mit Verhaltensauffälligkeiten in Kindertageseinrichtungen. Münster. http://soziales-fruehwarnsystem.de/material/herner_materialien_2008.pdf (Stand 12/2011)

KiBiz – Kinderbildungsgesetz NRW (o J). http://www.mfkjks.nrw.de/kinder-und-jugend/kibiz-aenderungsgesetz/ (Stand 12/2011)

MSW NRW – Ministerium für Schule und Weiterbildung des Landes Nordrhein-Westfalen (o J) Sprachstand. http://www.schulministerium.nrw.de/BP/Schulsystem/Schulformen/Grundschule/Sprachstand/ (Stand 12/2011)

Petermann F, Stein I, Macha T (2006[3]) ET 6-6. Entwicklungstest 6 Monate bis 6 Jahre. Pearson, Frankfurt a. M.

Ulich M, Mayr T (2003) Sismik. Sprachverhalten und Interesse an Sprache bei Migrantenkindern in Kindertageseinrichtungen (Beobachtungsbogen und Begleitheft). Herder, Freiburg
Ulich M, Mayr T (2006) Seldak. Sprachentwicklung und Literacy bei deutschsprachig aufwachsenden Kindern (Beobachtungsbogen und Begleitheft). Herder, Freiburg

Früherkennung und Förderung von schulischen Vorläuferfähigkeiten zur Verbesserung der schulischen Partizipation von Kindern aus armen und bildungsfernen Familien: Zur Bedeutung der auditiven Wahrnehmung

Fritz Haverkamp

1 Einleitung

Trotz fehlender allgemein anerkannter Definition von sozialer Inklusion lässt sich dieser Begriff durch die Modi der gesellschaftlichen Zugehörigkeit nämlich Interdependenz und Partizipation beschreiben (Schütte 2012). Diese Begrifflichkeiten finden in der traditionellen Humanmedizin noch keine Berücksichtigung. Diagnostisch werden z. B. die im Kindesalter vorkommenden psychomotorischen, emotionalen und psychosozialen Entwicklungsstörungen ausschließlich auf der Basis der ICD („International Classification of Diseases") erfasst, im Gegensatz zur revidierten ICF (Internal Classification of functions, health and impairment) der Weltgesundheitsorganisation (WHO), die bei der Klassifikationen von Behinderungen eine umfassende ressourcen- und partizipationsorientierte diagnostische Sichtweise vertritt. Inzwischen erscheinen die ersten Publikationen, die sich für eine Anwendung dieser partizipations- und ressourcenorientierten ICF auf chronische Erkrankungen bzw. psychomotorische Entwicklungsstörungen aussprechen (Kraus de Camargo 2011; Haverkamp 2012b).

Eine direkte Folge von Armut und niedriger elterlicher Bildung ist das erhöhte Risiko einer bildungsreduzierten Erziehung sowie das vermehrte Vorkommen

F. Haverkamp (✉)
Evangelische Fachhochschule RWL, Bochum, Deutschland
E-Mail: f.haverkamp@efh-bochum.de

H-J. Balz et al. (Hrsg.), *Soziale Inklusion*, DOI 10.1007/978-3-531-19115-7_15,
© VS Verlag für Sozialwissenschaften | Springer Fachmedien Wiesbaden 2012

von spezifischen Entwicklungsstörungen im Vorschulalter vor allem im Bereich der Sprache als auch bei der Affektregulation. Diese gehen mit einem erhöhten Entwicklungsrisiko für schulische Teilleistungsstörungen (z. B. Lese-Rechtschreibschwäche) bzw. für psychosoziale Störungen (z. B. im Kontext einer hyperkinetischen Störung des Sozialverhaltens) einher (Silva et al. 1987). Die bislang übliche ICD Klassifikation, die erst bei Manifestation von Krankheit oder Entwicklungsstörung greift, verhindert nun bei Kindern mit ungünstigen ökologischen, sozialen und bildungsabhängigen Einfluss- bzw. Risikofaktoren eine frühe Identifizierung von Krankheits- und Entwicklungsrisiken, um ggf. mit geeigneten Präventionsmaßnahmen Gesundheit und Entwicklung wirksam zu fördern, bevor sich Krankheiten bzw. Entwicklungsstörungen manifestieren (Haverkamp 2012a). In diesem Kontext von rechtzeitiger Förderung schulischer Vorläuferfähigkeiten im Vorschulalter ist auch der Beitrag von Schlott in diesem Band zu sehen. Sprachstörungen stellen dabei die Gruppe der am häufigsten vorkommenden Entwicklungsstörungen im Kleinkindalter dar (De Koning et al. 2004).

Neben Defiziten bei der Sprachentwicklung sind weitere Einschränkungen bei der Informationsverarbeitung als auch beim Gedächtnis zu finden (Krajeswki et al. 2008). Dies hat nicht unerhebliche ungünstige Folgen für die langfristige Bildungs- und damit auch für die berufliche Karriere der betroffenen Kinder. Dies gilt insbesondere für Kinder, die im Einschulungsjahr noch Logopädie wegen einer Sprachstörung bzw. wegen Einschränkungen in der phonologischen Verarbeitung bzw. Bewusstheit (nicht Artikulationsstörung wie lispeln!) erhalten (Daseking et al. 2011). Diese Störungen gehen mit einem erhöhten Risiko für eine Lese-Rechtschreibschwäche (LRS) einher. Sekundäre Stigmatisierungs- und Ausgrenzungserfahrungen resultieren oftmals in sozio-emotionale Entwicklungs- und Verhaltensprobleme (Conti-Ramsden and Botting 2004).

Die Früherkennung von Entwicklungsrisiken und entsprechender Ressourcen stellt eine wichtige Voraussetzung dar, schulischen Teilleistungsstörungen und der oftmals assoziierten Entwicklung komorbider psychischer Störungen vorzubeugen. In einer amerikanischen Studie konnte gezeigt werden, dass frühes Screening und rechtzeitige Behandlung von Sprech- und Sprachentwicklungsstörungen zu einer ca. 30-prozentigen Reduktion von Förderschulbesuch und 30-prozentigen Reduktion der Fälle von Kindern mit Sprechproblemen führte (Van Agt et al. 2007). Zu beachten ist in diesem Zusammenhang, dass Störungen der Sprech- und Sprachentwicklung auch zu Dyskalkulie (Rechenschwäche) führen können (Donlan et al. 2007). Vor diesem Hintergrund kommt der Lernanfängeruntersuchung im letzten Vorschuljahr eine erhöhte Bedeutung zu, da dort eventuelle Defizite entdeckt und entsprechende Therapie- und Fördermaßnahmen eingeleitetet werden sollten, um möglichst zum Zeitpunkt der Einschulung keine Probleme mehr zu haben.

2 Fragestellung

Im Rahmen eines studentischen Praxisforschungsprojektes im Masterstudiengang „Soziale Inklusion, Gesundheit und Bildung" an der Evangelischen Fachhochschule Rheinland-Westfalen-Lippe (EFH R-W-L) in 2008 (Pischek 2010), welches auch im Zusammenhang mit den Gesundheits- und Entwicklungsfördermaßnahmen der Kita St Barbara stand (siehe Beitrag Schlott in diesem Bd.), sind wir vor dem Hintergrund des sozialen Gradienten hinsichtlich Bildung der Frage nachgegangen, ob sich auch bei Kindern, die

a. problemlos die Schuleingangsuntersuchung bestanden haben und
b. insbesondere bei den sprachfreien, logisches Denken erfordernden Aufgaben des Screenings des Entwicklungsstandes (S-ENS) sehr gut abschnitten haben und daher über eine gut ausgeprägte (sprachfreie) Grundintelligenz verfügen,

trotzdem der soziale elterliche Bildungshintergrund auf die Intelligenz- und Sprachtestergebnisse auswirkt. Insbesondere ging es dabei um die Frage, inwieweit sich bei Kindern von Eltern mit niedriger Bildung trotz gut bestandener Lernanfängeruntersuchung relative Defizite vor allem bei der phonologischen Diskriminierung und auditiven Wahrnehmung finden lassen. Diese stellt bekanntermaßen eine zentrale Voraussetzung für die spätere Rechtschreibung dar.

3 Stichprobe und Methodik

An der freiwilligen Untersuchung in 2008 nahmen insgesamt 22 Kinder teil, die an einer zuvor durchgeführten Lernanfängeruntersuchung erfolgreich teilgenommen hatten. Die Eltern wurden zuvor über die Studie, Fragestellung und Methoden aufgeklärt und um deren Zustimmung zur Teilnahme ihrer Kinder gebeten. In Korrespondenz zur Untersuchungsintention wurden nur diejenigen Eltern angesprochen, deren Kinder a) die Lernanfängeruntersuchung insgesamt problemlos bestanden hatten und b) die gleichzeitig mit ihren Leistungen bei Entwicklungstestaufgaben des in der medizinisch durchgeführten Lernanfängeruntersuchung verwendeten S-ENS (Döpfner et al. 2005), also bei den Testaufgaben zur „Visuellen Wahrnehmung und Informationsverarbeitung" an die „Testdecke" kamen. Damit durfte erwartet werden, das alle Kinder über eine mindestens durchschnittliche bis überdurchschnittliche (sprachfreie) Grundintelligenz verfügen. Epidemiologisch betrachtet handelt es sich bei dieser Subgruppe hinsichtlich ihres Leistungsniveaus um das oberste Fünftel aller Lernanfänger.

Tab. 1 Kindlicher Intelligenzquotient und elterlicher Bildungseinfluss

IQ Standwerte-bereiche/Elterliche Bildungsabschlüsse **Anteil in %** Skala „Intellektuelle Fähigkeiten"	Hauptschule/ Förderschule „Lernen"	Beide Eltern Hauptschule	Beide Eltern mindestes Realschule	Migrationshin-tergrund
80–89	20%	28%		
90–109	60%	42%	21%	60%
110–119	20%	30%	28%	40%
>120			49%	

Das S-ENS ist ein standardisiertes Verfahren zur Erfassung von Entwicklungsstörungen und wird im Rahmen der Schuleingangsuntersuchungen unter dem speziellen Blickwinkel der Schulfähigkeit und eines eventuellen individuellen Förderbedarfs eingesetzt. S-ENS besteht aus acht Untertests u. a. zur Überprüfung der visuellen Wahrnehmung und Informationsverarbeitung bzw. der auditiven Wahrnehmung sowie Artikulation (wie z. B. durch das Nachsprechen von Pseudowörtern, Wörter ergänzen und Sätze nachsprechen). Psychometrisch wurden zur Erfassung der allgemeinen Intelligenz die Kaufmann Assessement Battery for Children (K-ABC) und zur Erhebung der sprachlichen Entwicklung der Entwicklungstest Sprache für Kinder von vier bis acht Jahren (ETS4-8) durchgeführt. Die K-ABC ist ein Intelligenztest für Kinder von 2,5 bis 12,5 Jahren. Die deutschsprachige Fassung stammt von P. Melchers und U. Preuß (Melchers und Preuß 2009). Die Beurteilung erfolgt über fünf Skalen: I) einzelheitliche Informationsverarbeitung, II) ganzheitliche Informationsverarbeitung, III) intellektuelle Fähigkeiten (entspricht Gesamt-IQ,) IV) sprachfreie Intelligenz, V) bildungsabhängige kulturell-schulische Fertigkeiten). Der ETS 4-8 von (Angermaier 2007) wird als Screeningverfahren zur Beurteilung der Sprachentwicklung eingesetzt. Dieser erlaubt die Feststellung verschiedener Aspekte der Sprachentwicklung (z. B. die Einschätzung der auditiven Wahrnehmungsverarbeitung respektive der phonologischen Diskriminierung).

4 Ergebnisse

Zunächst interessierte die Frage, inwieweit auch in dieser Gruppe begabter Kinder sich der elterliche Bildungseinfluss zeigt. Siehe Tab. 1.

In Entsprechung zur Literatur (vgl. Hanscombe et al. 2012) findet sich auch in dieser Gruppe die Tendenz, dass mit zunehmendem elterlichen Bildungsgrad der Gesamt-IQ der Kinder ansteigt. Im Sprachtest ergaben sich keine unterdurchschnittlichen, jedoch drei grenzwertige und keine überdurchschnittlichen Testleistungen. Eine Sprech- oder Sprachstörung im medizinischen Sinne lag bei keinem der Kinder vor. Darüber hinaus fanden sich hochsignifikante Zusammenhänge zwischen der auditiven Wahrnehmungsleistung im S-ENS (Nachsprechen von Pseudowörtern) sowohl mit dem Grammatik-Untertest im ETS4-8 als auch mit den Leistungen der sog. Fertigkeitenskala der K-ABC, die ihrerseits präschulische Fertigkeiten prognostiziert. Der nonverbale IQ unterschied sich nicht zwischen Kindern mit und ohne Migration.

5 Zusammenfassung und Schlussfolgerungen

Auch bei sehr gut abschneidenden Lernanfängern reproduziert sich der elterliche Bildungshintergrund auf den Gesamt-IQ. Es zeigt sich in dieser ausgelesenen, „unproblematischen" Gruppe von Lernanfängern der bekannte Trend, dass mit elterlicher Bildung der IQ der Nachkommen ansteigt. Der Migrationshintergrund je nach elterlichem Bildungsgrad bildet sich entsprechend unterschiedlich ab. Darüber hinaus findet sich auch in dieser Gruppe der positive Zusammenhang zwischen auditiver Wahrnehmung und der Grammatikentwicklung bzw. mit den kulturellen/ vorschulischen Fertigkeiten der Kinder. Das Fehlen überdurchschnittlicher Leistungen bzw. das Ergebnis dreier grenzwertiger Leistungen im Sprachtest lassen vermuten, dass die Schuleingangsuntersuchung relative und/oder zusätzlich spezifische sprachbezogene Bildungsbedarfe oberhalb der klinischen Schwelle „Sprachentwicklungsstörung" bei Kindern aus bildungsfernen Schichten nicht erfasst. Im Vorschulalter vorhandene moderate auditive Defizite treten erst bei steigendem sprachlichem Niveau der schulischen Aufgaben deutlicher zutage und werden daher, wenn überhaupt erst im späteren Verlauf der Grundschule entdeckt. Die späte Diagnose einer oftmals assoziierten moderaten Lese-Rechtschreibschwäche oder Dyskalkulie beeinträchtigt den Behandlungserfolg und die Chance auf einen ansonsten möglichen höheren Schulbesuch respektive –abschluss (Daseking et al. 2011).

Hinsichtlich der Inklusionsdebatte um vermehrte Bildungs- und Präventionsmaßnahmen für Kinder aus bildungsfernen Schichten stehen vor allem Kinder im Fokus, die aufgrund ihrer Sprachenwicklungsdefizite möglichst früh gefördert werden sollen. Diese Ergebnisse machen jedoch deutlich, dass allgemein eine möglichst frühe und zugleich differenzierte Diagnostik (z. B. Sprachdiagnostik im 2. Lebensjahr) durchgeführt werden sollte, um auch jene Kinder rechtzeitig in den Focus der pädagogischen sprachlich-auditiven Förderung zu bekommen, die bei herkömmlichen Entwicklungsscreenings als altersentsprechend entwickelt angesehen werden, jedoch mit einem entsprechenden für die Schule spezifischen Entwicklungsrisiko behaftet sind. Dies bedeutet für die inkludierende Förderungspraxis in Kitas (siehe auch Beitrag Schlott), die Notwendigkeit eine enge und frühe Kooperation mit entsprechenden Entwicklungsspezialisten aus Medizin und Psychologie in Kooperation mit kommunalen sozial orientierten Helfereinrichtungen anzustreben.

Literatur

Angermaier M JW (2007) ETS 4-8 – Entwicklungstest Sprache für Kinder von vier bis acht Jahren, 1. Aufl. Pearson Assessment, Frankfurt a. M.

Conti-Ramsden G, Botting N (2004) Social difficulties and victimization in children with SLI at 11 years of age. J Speech Lang Hear Res 47:145–161

Daseking M, Petermann F, Simon K, Waldmann HC (2011) Vorhersage von schulischen Lernstörungen durch SOPESS. Gesundheitswesen 73:650–659

De Koning HJ, De Ruiter-Slidder J, Van Agt HME et al (2004) A cluster randomized trial of screening for language disorders in toddlers. J Med Screen 11:109–116

Donlan C, Cowan R, Newton EJ, Llloyd D (2007) The role of language in mathematic development: Evidence from children with specific language impairments. Cognition 103:23–33

Döpfner MI, Mersmann H, Simon K, Trost-Brinkhues G (2005) S-ENS Screening des Entwicklungsstandes bei Einschulungsuntersuchungen. Hogrefe, Göttingen

Hanscombe KB, Trzaskowski M, Haworth CMA, Davis OSP, Dale PS, Plomin R (2012) Socioeconomic Status (SES) and Children's Intelligence (IQ): In a UK-Representative Sample SES Moderates the Environmental, Not Genetic, Effect on IQ. PLoS One 7:1–20

Haverkamp F (2012a) Gesundheit und Lebenslage: Herausforderung für eine inklusive Gesundheitsversorgung. In: Huster E-U, Boeckh J, Mogge-Grotjahn H (Hrsg) Handbuch Armut und soziale Ausgrenzung. VS Verlag für Sozialwissenschaften (im Druck)

Haverkamp F (2012b) Biopsychosocial, inclusive health care for children born small for gestational age. In: Zabranky S (Hrsg) SGA-Syndrome. Springer, Berlin (im Druck)

Krajeswki K, Schneider W, Nieding C (2008) Zur Bedeutung von Arbeitsgedächtnis, Intelligenz und phonologischer Bewusstheit und früher Mengenzahlen-Kompetenz beim Übergang von Kindergarten in die Grundschule. Psychol Erzieh Unterr 55:100–113

Kraus de Camargo O (2011) Systems of care: transition from the bio-psycho-social perspective of the International Classification of Functioning, Disability and Health. Child Care Health Dev 37:792–799

Melchers P, Preuß U (2009) Kaufman Assessment Battery for Children (deutsche Version), 8. unveränd. Aufl. Pearson Assessment, Frankfurt a. M.

Pischek L (2010) Vorkommen überdurchschnittlicher Intelligenz im Vorschulalter bei Kindern in sozialen Problemvierteln. Diplomarbeit an der Evangelischen Fachhochschule Bochum Rheinland-Westfalen-Lippe

Schütte JD (2012) Soziale Inklusion und Exklusion: Norm, Zustandsbeschreibung und Handlungsoptionen. In: Huster E-U, Boeckh J, Mogge-Grotjahn H (Hrsg) Handbuch Armut und soziale Ausgrenzung. VS Verlag für Sozialwissenschaften (im Druck)

Silva PA, Williams SM, McGee R (1987) A longitudinal study of children with developmental language delay at age three: later intelligence, reading and behaviour problems. Dev Med Child Neurol 29:630–640

Van Agt HME, Van der Stege HA, De Ruiter-Sluiter JG, Verhoeven LTW, De Koning HJ (2007) A cluster randomized trial of screening for language delay in toddlers: effects on school performance and language development at age 8. Pediatrics 120:1317–1325

Heilpädagogische Entwicklungsbegleitung an der Vels-Heide-Schule – ein Bochumer Modellprojekt zur schulischen Inklusion

Christiane Große-Bley

1 Einleitung

Das Bochumer Projekt „Heilpädagogische Entwicklungsbegleitung an der Vels-Heide-Schule" zeigt beispielhaft, welchen Beitrag HeilpädagogInnen zur individuellen Begleitung von SchülerInnnen in Offenen Ganztagsgrundschulen leisten können, die sich auf dem Weg zur Inklusion befinden. Zu Beginn des Schuljahres 2006/2007 wurde dieses Projekt mit der AWO Ruhr-Mitte ins Leben gerufen und seither in besonderem Maße durch den Schul- und Jugendhilfeträger der Stadt Bochum unterstützt.

Es stellt insofern einen außergewöhnlichen Ansatz dar, als dass Dipl.-HeilpädagogInnen in Nordrhein-Westfalen, aber auch in den meisten anderen Bundesländern, nur selten in den schulischen Alltag sowie in die Entwicklung und Durchführung inklusiver Konzepte eingebunden sein dürften. Eine weitere Besonderheit ergibt sich durch die Vielzahl der Kooperationspartner und das umfangreiche Netzwerk, das sich im Verlauf von mehr als fünf Jahren gebildet hat und dieses Konzept durch unterschiedlichste fachliche Qualifikationen bereichert.

Der vorliegende Beitrag befasst sich im ersten Schritt mit Kerngedanken des „Index für Inklusion", der wichtige Anregungen für die Entwicklung einer inklusiven Schulkultur gibt und sich somit auch als hilfreich in Bezug auf das eigene Projekt erweist. Im Anschluss erfolgt die Beschreibung der heilpädagogischen Arbeit an der Bochumer Vels-Heide-Schule. Dabei wird verdeutlicht, in welcher Form Dipl.-HeilpädagogInnen einen Beitrag zur schulischen Inklusion leisten können. Abschließend werden wichtige Gelingensfaktoren herausgearbeitet, die für nachhaltige Schritte auf dem Weg zur Inklusion notwendig erscheinen, indem solche Projekte langfristig gesichert werden.

C. Große-Bley (✉)
Dipl.-Heilpädagogin, Bochum, Deutschland
E-Mail: chr_grosse_bley@web.de

H-J. Balz et al. (Hrsg.), *Soziale Inklusion*, DOI 10.1007/978-3-531-19115-7_16,
© VS Verlag für Sozialwissenschaften | Springer Fachmedien Wiesbaden 2012

2 Der Index für Inklusion

Der „Index für Inklusion" (Boban und Hinz 2003) bietet Schulen praxisorientierte Hilfestellungen zur Förderung einer inklusiven Schulentwicklung. Unter Inklusion verstehen die Autoren, „alle Barrieren in Bildung und Erziehung für alle SchülerInnen auf ein Minimum zu reduzieren" (Boban und Hinz 2003, S. 11). Dabei geht es im Grundsatz darum, alle SchülerInnen in ihrer Individualität zu akzeptieren und wertzuschätzen. Diese Idee, die auch den wichtigen Aspekt beinhaltet, Kinder in ihrer gesamten Persönlichkeit wahrzunehmen, entspricht wesentlichen Grundlagen heilpädagogischen Handelns. Insofern schien es folgerichtig, sich in der täglichen Arbeit auf Inhalte dieses Ansatzes zu beziehen.

Im Index wird das ursprüngliche Konzept des sonderpädagogischen Förderbedarfs ersetzt durch den Begriff „Hindernisse für Lernen und Teilhabe" (Boban und Hinz 2003, S. 12). Damit geht der Blick weg von den „Defiziten" eines Kindes hin zur Verantwortung der Schule. Gefragt wird, was die Schule konkret für eine gelingende Lernentwicklung eines jeden Schülers tun kann.

Für die Legitimation heilpädagogischen Arbeitens an Schulen stellt dieser Perspektivenwechsel eine wichtige Basis dar. Er greift auf, dass sich an allen Grundschulen immer schon Kinder fanden und finden werden, deren Lernen und Entwicklung aus unterschiedlichen Ursachen heraus teils vorübergehend, teils (länger) andauernd unter erschwerten Bedingungen verläuft, ohne diese Schwierigkeiten mit dem Begriff des sonderpädagogischen Förderbedarfs zu belegen.

Genau darum geht es aus dem heilpädagogischen Blickwinkel heraus: Menschen in erschwerten Lebens- und Lernbedingungen unter Einbeziehung ihres individuellen Systems ganzheitlich zu begleiten. Bezogen auf die innerschulische heilpädagogische Tätigkeit in einem multiprofessionellen pädagogischen Team könnte das bedeuten, Kindern mit besonderen Bedürfnissen bessere Lebens- und Lernchancen durch geeignete Fördermaßnahmen zu ermöglichen. „Die individuell gegebenen Lernbedingungen und -hindernisse sind Teil der Identität eines jeden Kindes, der beachtet, eigens gesehen und behandelt werden muss" (Speck 2010, S. 81).

3 Das heilpädagogische Konzept der Vels-Heide-Schule

3.1 Allgemeine Projektdaten

Das Projekt „Heilpädagogische Entwicklungsbegleitung an der Vels-Heide-Schule" orientiert sich an dem Konzept, das die Autorin im Rahmen ihrer Diplomarbeit am Fachbereich Heilpädagogik der Evangelischen Fachhochschule Rheinland-Westfalen-Lippe in Bochum erarbeitet hat (Große-Bley 2006). Ziel war es zu zeigen, wie Dipl.-HeilpädagogInnen Kinder mit besonderen Bedürfnissen in der Offenen Ganztagsgrundschule ganzheitlich in ihrer individuellen Entwicklung begleiten können. Anders als SonderpädagogInnen erteilen HeilpädagogInnen in diesem Zusammenhang ausdrücklich keinen Unterricht.

Das Projekt wird seit Beginn des Schuljahres 2006/2007 an der Bochumer Vels-Heide-Schule durchgeführt. Ursprünglich für die Schuleingangsphase entwickelt, da es aufgrund seines präventiven Charakters bewusst am Übergang von der Kindertageseinrichtung in die Grundschule ansetzt, wurde es im Laufe der Jahre aufgrund vielfältiger Bedarfe auf alle vier Jahrgänge ausgeweitet.

Bei der Vels-Heide-Schule handelt es sich um eine Regelgrundschule im Stadtteil Altenbochum, einem mittelständisch geprägten Sozialraum. Eine Reihe von Kindern scheint den Beobachtungen der Schule zufolge trotz dieser zunächst unauffälligen sozialräumlichen Struktur zunehmend mit schwierigeren Lebens- und Lernbedingungen konfrontiert zu sein. Neben der erforderlichen Differenzierung im Lernprozess zeigt sich seit einigen Jahren beispielsweise in den Bereichen von Motorik und Wahrnehmung, aber auch bezüglich der emotionalen und sozialen Kompetenz zunehmender Förderbedarf.

3.2 Projektinhalte

Das Projekt beinhaltet vier typische heilpädagogische Handlungsfelder: Heilpädagogische Diagnostik, individuelle Förderung, Elternbegleitung sowie Netzwerkarbeit im Sozialraum und darüber hinaus. Einen weiteren elementaren Bestandteil stellt die enge Zusammenarbeit mit dem Offenen Ganztag der Schule dar. Wichtige Ziele sind hierbei, den Vormittags- und Nachmittagsbereich konzeptionell noch stärker miteinander zu verknüpfen sowie einen ganzheitlichen Blick auf die Kinder, ihre Stärken und individuellen Förderbedarfe gewährleisten zu können. Das Gesamtkonzept wird von Jahr zu Jahr in Abstimmung mit der Schulleitung und der Leitung des Ganztagsteams auf seine Inhalte hin überprüft, Wirksames wird fortgeführt sowie neue als wichtig erachtete Inhalte aufgenommen.

Diagnostische Screenings und standardisierte Verfahren kommen überwiegend im Rahmen der Schuleingangsdiagnostik der Vels-Heide-Schule zur Anwendung. Im Verlauf des Schuljahres oder in höheren Jahrgängen werden in Einzelfällen und in Abstimmung mit den Eltern weitere diagnostische Hilfsmittel und Testverfahren eingesetzt. Die Kinder aufgrund dieser Beobachtungen während der Schuleingangsdiagnostik unverzüglich individuell fördern und damit ggfs. größere Lernbarrieren verhindern zu können, wird als wirksames Element des übergeordneten schulischen Förderkonzeptes der Vels-Heide-Schule betrachtet.

Diese individuelle Förderung der Kinder ist vielfältig gestaltbar und inhaltlich eng an die Kompetenzbereiche des Schulfähigkeitsprofils des Landes NRW angelehnt. Die Berücksichtigung individueller Stärken und Schwierigkeiten der Kinder kann durch die Einbindung des Konzeptes in den Ganztag auch im Nachmittagsbereich (bspw. im Rahmen der Hausaufgabenbetreuung bzw. der Durchführung von AG's oder spezieller Angebote) sowie in den Schulferien fortgesetzt werden.

Es hat sich im Verlauf gezeigt, dass gerade die Zusammenarbeit mit und die Beratung von Eltern einen wichtigen Gelingensfaktor des heilpädagogischen Konzeptes der Vels-Heide-Schule darstellt. Die Elternarbeit stößt sowohl im Kollegium als auch bei den Eltern selbst auf großes Interesse und eine hohe Akzeptanz. Die Kontaktaufnahme beginnt bereits vorschulisch im Rahmen verschiedener gemeinsamer Angebote und Veranstaltungen zwischen den Kindertageseinrichtungen des Sozialraums Altenbochum und der Schule. Die Gestaltung der Elternarbeit basiert auf einem systemischen Ansatz, der sich durch seine Ressourcenorientierung und die Würdigung des Expertentums der Eltern für ihre Kinder als außerordentlich wirksam erweist.

3.3 Außerschulische Kooperationspartner

Im schulischen Alltag der Vels-Heide-Schule ist die Netzwerkarbeit als weiteres Standbein eng mit der Elternarbeit verknüpft. Wenn die Möglichkeiten der schulischen Fördermaßnahmen von allen Beteiligten als nicht ausreichend erachtet werden, stehen in Bochum und den angrenzenden Städten eine Vielzahl außerschulischer Fachkräfte und Einrichtungen zur Verfügung, unter anderem Kliniken, Fachärzte, Heilpädagogische Praxen, Psychologen, Therapeuten unterschiedlichster Fachrichtungen, Beratungsstellen für pädagogische und psychologische Fragestellungen sowie selbstverständlich die verschiedenen Abteilungen in Jugend-, Gesundheits- und Schulverwaltungsamt. Somit können gemeinsam mit den Familien individuell hilfreiche Maßnahmen überlegt und in die Wege geleitet werden.

Der Fachbereich Heilpädagogik der im Stadtteil gelegenen Evangelischen Fachhochschule war von Beginn an vor allem über die fachbereichseigene heilpädagogische Ambulanz Kooperationspartner des Projektes der Vels-Heide-Schule. Im Mittelpunkt stehen dabei – wenn notwendig – weiterführende Diagnostik, individuelle Förderangebote sowie die Möglichkeit für die Schule, Test- und Fördermaterialien ausleihen zu können. Die Kooperation mit dem Fachbereich Heilpädagogik bezieht sich darüber hinaus auf einen Lehrauftrag mit dem Titel „Heilpädagogisches Arbeitsfeld Grundschule“, den die Autorin seit mehreren Semestern in den Räumen der Vels-Heide-Schule durchführt.

Die jüngste Kooperation besteht mit den Koordinatoren und Durchführenden des „SuS-Projekt" (StudentInnen unterstützen SchülerInnen), das im Herbst 2010 im benachbarten Sozialraum Wiemelhausen angelaufen ist. Dieses Projekt wird vom Zentrum für Lehrerbildung der Ruhr-Universität Bochum, der Evangelischen Fachhochschule, der Freien Schule Bochum sowie dem Träger und den Einrichtungen der Bochumer Jugendhilfe koordiniert und durchgeführt. Das Ziel ist die individuelle Förderung von Kindern und Jugendlichen in ihren schulischen Zusammenhängen.

Die Fördermaßnahmen erfolgen unter fachlicher Anleitung durch sogenannte „Tandems" aus Studierenden des Lehramts und der Heilpädagogik im Vormittagsbereich bzw. Offenen Ganztag verschiedener beteiligter Schulen sowie in Einrichtungen der Jugendhilfe. Nach und nach soll sich dieses Projekt auf weitere Bochumer Sozialräume erstrecken, da der Förderbedarf zu steigen scheint und daher möglichst viele SchülerInnen in Bochum mit diesem Projekt erreicht werden sollen.

3.4 Fazit

Im Laufe der mehr als fünfjährigen Durchführung des Projektes hat sich gezeigt, dass es wichtig war, mit einer genügend hohen Stundenzahl *sämtliche* heilpädagogischen Handlungsfelder, so wie sie oben beschrieben wurden, an der Schule zu implementieren. Abgestimmt auf das Schulprogramm und eingebettet in ein solch ganzheitliches Konzept haben die heilpädagogischen Maßnahmen dazu beigetragen, mehr gemeinsames Lernen zu ermöglichen und der Individualität der SchülerInnen in ihrer schulischen und persönlichen Entwicklung angemessen Rechnung zu tragen.

Die Herstellung von Vertrauen und Beziehung als grundlegende Voraussetzung jeglicher heilpädagogischen Förderung wurden in dem Projekt maßgeblich auch dadurch erreicht, dass die Heilpädagogin Teil des schulischen Kollegiums war – und der Schule nicht stundenweise sozusagen „von außen" zugeordnet wurde.

Über den gesamten Zeitraum hinweg haben sich aufgrund der positiven Erfahrungen mit diesem Projekt alle Kooperationspartner für dessen Erhaltung stark gemacht und sich darum bemüht, die Heilpädagogik an Bochumer Schulen zu implementieren.

In regelmäßigen Sitzungen, an denen VertreterInnen des Fachbereichs Heilpädagogik der Evangelischen Fachhochschule, des Ausschusses für Schule und Wissenschaften, des Schulamtes, des Schulverwaltungsamtes, des Jugendamtes und der AWO Ruhr-Mitte beteiligt waren, ging es immer auch um die zentrale Frage der Finanzierung. Da Dipl.-HeilpädagogInnen an Schulen in NRW derzeit in der Regel keine Landesbediensteten sind, erfolgte die Finanzierung des Projektes von Jahr zu Jahr überwiegend durch die Zurverfügungstellung kommunaler Mittel.

4 Ausblick

> Schulische Integration erfordert *mehr* und *differenzierter qualifiziertes Personal*. Diese Notwendigkeit ergibt sich zum einen aus der Vermehrung der Klassen, in denen behinderte Kinder unterrichtet werden, und zum anderen aus der Vielfalt besonderer und individueller Förderungsbedürfnisse. (Speck 2010, S. 50)

Dass Dipl.-HeilpädagogInnen an Schulen dazu beitragen können, diese Vielfalt wertzuschätzen und SchülerInnen individuell in der Entwicklung ihrer gesamten Persönlichkeit zu unterstützen, zeigt das hier beschriebene Projekt. Sie gewährleisten dies in enger Abstimmung mit der Schulleitung und im Rahmen gegenseitiger kollegialer Beratung als Teil des schulischen Teams und übernehmen wichtige Funktionen innerhalb der dringend erforderlichen Netzwerkarbeit mit außerschulischen Partnern.

So können Dipl.-HeilpädagogInnen gemeinsam mit anderen pädagogischen Berufsgruppen Konzepte entwickeln helfen, die mehr gemeinsames Lernen an Schulen ermöglichen. Erfolgreich können die vielen Schritte zur Inklusion in Schulen allerdings nur gegangen werden, wenn neben der Vielzahl anderer zu berücksichtigender Aspekte die Finanzierung verschiedener pädagogischer Berufsgruppen an Schulen gesichert ist. Davon scheint die schulische Realität derzeit noch weit entfernt. In Bochum sollte es uns allerdings gelingen, diesbezüglich verlässliche Strukturen auch im Hinblick auf den Bund und das Land aufzubauen.

Literatur

Boban I, Hinz A (2003) Index für Inklusion. Martin-Luther-Universität Halle-Wittenberg, Halle-Wittenberg

Große-Bley C (2006) Konzeptionelle Überlegungen zur Implementierung heilpädagogischer Handlungsfelder in der Schuleingangsphase der offenen Ganztagsgrundschule in NRW, unveröffentlichte Diplomarbeit im Fachbereich Heilpädagogik der Evangelischen Fachhochschule R-W-L, Bochum

Speck O (2010) Schulische Inklusion aus heilpädagogischer Sicht. Reinhardt, München

„Wald statt Ritalin?“: Ein nichtmedikamentöser Förderansatz für Kinder mit ADHS zur Teilhabe am Unterricht in der Offenen Ganztagsschule

Ursula Henke und Michael Wendler

> … the „greener“ a child's play area, the less severe are his or her attention deficit symptoms. (Taylor et al. 2001, S. 54)

1 ADHS – eine Einführung

Schätzungen gehen davon aus, dass z. Z. 4,9 % aller Kinder und Jugendlichen in der Bundesrepublik Deutschland ein diagnostiziertes Hyperaktivitätsproblem haben (Schlack et al. 2007). Die Prävalenzrate ist insbesondere bei Kindern mit einem niedrigen sozioökonomischen Status und dann wiederum bei Jungen erhöht (Schlack et al. 2007, S. 788; Döpfner et al. 2008). Nur selten erreicht ein Kind mit ADHS den gleichen schulischen Abschluss wie ein vergleichbar intelligentes gesundes Kind und häufig wird gar kein Schulabschluss erreicht (Harpin 2005). Insbesondere mit Eintritt in die Schule fallen die Unfähigkeit zur selektiven und kontinuierlichen Aufmerksamkeit und eine große Ablenkbarkeit auf (Barkley 1998). Circa 60 % der betroffenen Kinder weisen eine Lese-Rechtschreibschwäche und/oder isolierte Dyskalkulie auf (Thapar et al. 2005). Bei 30 % der erkrankten Kinder liegen aggressive oder dissoziale Störungen vor (Döpfner et al. 2008).

Kinder mit der Diagnose ADHS haben demnach ein hohes Exklusionsrisiko, das sich aufgrund:

U. Henke (✉) · M. Wendler
Evangelische Fachhochschule RWL, Bochum, Deutschland
E-Mail: henke@efh-bochum.de

M. Wendler
E-Mail: wendler@efh-bochum.de

H-J. Balz et al. (Hrsg.), *Soziale Inklusion*, DOI 10.1007/978-3-531-19115-7_17,
© VS Verlag für Sozialwissenschaften | Springer Fachmedien Wiesbaden 2012

- einer gesundheitliche Benachteiligung durch Begleiterscheinungen der Erkrankung,
- geringerer Ausdauerleistungen und Konzentrationsschwierigkeiten und den dadurch entstehenden negativen Auswirkungen auf die Bildungsbiographie und -karriere,
- impulsiven sowie hyperaktiven Verhaltens in Ausgrenzungen von Kindern mit ADHS durch andere Kinder

verfestigen kann. Dies wirkt sich wiederum negativ auf ihre Motivation und ihr Sozialverhalten aus. Ein Teufelskreis, den sie selbst nicht durchbrechen können und der von vielen Übertragungseffekten (Spill-Over-Effekte) gekennzeichnet sein kann. Diese können zur Folge haben, dass sich die Gesamtsituation der Familie weiter verschlechtert und sich auch auf die psychische Gesundheit aller Mitglieder auswirken kann (Eikelmann et al. 2005, S. 668).

Die Ursachen von ADHS sind mehrdimensional und können ihren Ursprung in biologisch-physiologischen, genetischen und psychosozialen Faktoren haben. Psychosoziale Faktoren spielen nach Glaeske (2008) bei der Entstehung von ADHS zunächst keine zentrale Rolle, sie sind aber mitentscheidend für die Ausprägung und Aufrechterhaltung der Erkrankung. Spezifische familiäre Situationen, insbesondere Ein-Eltern-Familien bzw. Stieffamilien (Glaeske 2008), psychische Störungen der Mutter und Störungen in der Eltern-Kind-Beziehung (Gerdes et al. 2003) verstärken die Erkrankung. Die Familieninteraktion, d. h. bestimmte lernpsychologisch relevante Prozesse, können die Erkrankung über Generationen aufrechterhalten bzw. verstärken. Es scheint, dass das Umfeld und familiäre Belastungsfaktoren einen großen Einfluss auf den Krankheitsverlauf haben. Hieraus lässt sich umgekehrt jedoch die Schlussfolgerung ziehen, dass ein günstiges soziales Umfeld und veränderte weniger belastende familiäre Strukturen und konsequente Erziehungsstrategien den Krankheitsverlauf positiv beeinflussen können (vgl. u. a. Taylor et al. 2001; Hüther 2010; Warnke 2011).

1.1 Die Suche nach geeigneten Therapieformen

ADHS bei Kindern und Jugendlichen wird z. Zt. überwiegend medikamentös behandelt. Wurden im Jahr 1993 „(...) nur" 34 kg Methylphenidat verschrieben, so waren es im Jahr 2007 schon 1.429 kg (Fokus 2009, S. 97), oder – um es mit betroffenen Kindern zu benennen – 1991 hatten 15.000 Kinder eine ADHS (Glaeske 2008), 2007 waren es über 600.000 Kinder (Schlack et al. 2007) – das ist eine Steigerung um das 40fache. Die Multimodale-Treatment-Study of Children with ADHD (MTA 1999), in die insgesamt 579 Kinder im Alter von sieben bis neun Jahren mit der Diagnose ADHS einbezogen wurden, zeigt, dass die alleinige medikamentöse Behandlung jedoch weniger effektiv ist als eine kombinierte medikamentöse und verhaltenstherapeutische Behandlung. Zudem sprachen 30 % der untersuchten Kinder gar nicht auf die Psychostimulantien an. In einer Zeitreihenanalyse nach drei Jahren konnte nachgewiesen werden, dass die Wirkung des Medikaments immer weiter nachließ. Am Ende des dritten Jahres war das Ergebnis nicht mehr signifikant besser als bei den nichtbehandelten Kindern (Jensen et al. 2008). Somit müssen unbedingt neben der medikamentösen Therapie andere Therapieformen gesucht werden.

2 ADHS im Spannungsfeld zwischen Exklusion und Inklusion

Vor allem die Schule ist neben den Eltern aufgefordert, individuelle Fördermöglichkeiten für ADHS Kinder anzubieten. Verträgt aber die Regelschule Kinder mit ADHS? Oder anders gefragt, trägt ADHS zur Exklusion oder zur Inklusion bei? Das Beispiel des Esslinger Gymnasiums scheint die Antwort zu geben: es ist das erste private Gymnasium nur für ADHS Kinder. „Sie sammelt jene Kinder ein, die das staatliche Schulsystem allzu oft ausspuckt als wären sie Giftbrocken in einem ansonsten gut verdaulichen Brei“ (Irle 2011).

Ziel dieses Esslinger Schulversuchs ist, sowohl den Kindern eine strukturgebende Lernumgebung zu geben als auch die Eltern, die sich per Vertrag zum Elterntraining verpflichten müssen, in einen „kritischen Dialog“ einzubeziehen. Die Kinder lernen im Rahmen des Unterrichts mit einem Training zur Selbstregulation sich im Unterricht besser zu konzentrieren und besser mitzuarbeiten. Es ist nicht das Ziel, ADHS zu therapieren. Hier finden Menschen mit ihrer Beeinträchtigung die „Chance der Berücksichtigung“ (Luhmann 1997). Kinder mit ADHS werden mit ihren „(...) Ressourcen, Kompetenzen und Handlungszielen zu ‚Elementen‘ dieses Teilsystems“ (Dimitrou 2011).

Schule besteht bislang eher aus homogenen und weniger aus heterogenen Strukturen. D. h. aber auch im Umkehrschluss, dass die Separierung die logische Folge war und ist und zwar mit dem Ausbau eigener Strukturen und gleichzeitiger Klassifizierung der Behinderung, die wiederum zur beidseitigen Exklusion und nicht zur Inklusion beiträgt (Radtke 2011). Diese wechselseitigen strukturellen Exklusionstendenzen von Regelschulen und anderen Schulformen/Förderschulen sollen mit der Umsetzung der UN-Behindertenrechtskonvention aufgehoben werden. Aber es bleibt die Frage, wie Kinder mit Beeinträchtigungen gezielt gefördert und begleitet werden sollen. Notwendig ist eine Hilfeplanung, die eine individuelle Förderung möglich macht. Während aber 18 % der finnischen und 12 % der amerikanischen Schüler/innen nach einem individualisierten Förderplan arbeiten, erhalten nur ungefähr 5 % der deutschen Schüler/innen bislang eine besondere, individuelle Förderung (Pfahl 2005).

Wohin führt der Weg für Schüler, deren Leistungen und Verhaltensweisen häufig im Kontext serialer Wahrnehmungsstörungen wie folgt beschrieben werden:

- die Kinder können nicht warten,
- wollen immer zuviel auf einmal,
- konzentrieren sich scheinbar schlecht,
- geraten bei Schwierigkeiten leicht in Panik,
- reagieren ungeduldig oder auch aggressiv,
- versagen bei Nachahmungsleistungen oder diese erscheinen mit Verzögerungen,
- können Handlungsketten oft nur unvollständig aufrechterhalten,
- haben Einschränkungen bei auditiven Gedächtnisspannen,
- zeigen ein gestörtes Sprachverständnis (Pfluger-Jakob 2007, S. 43).

Das Eckpunktepapier zu ADHS und Schule (ADHS-Netzwerk 2009) sieht deshalb zwingend eine fachliche Flankierung bei ADHS im schulischen Kontext vor. Neben sonderpädagogischer Begleitung kann auch eine Eingliederungshilfe beansprucht werden. Zudem wird die Forderung aufgestellt, dass sich Schule in das Behandlungs-, Förder- und Hilfeplanangebot des Kindes einbringt bzw. sich an interdisziplinären regionalen ADHS-Netzen (Punkt 10 im Eckpunktepapier zu ADHS) beteiligt. Und gerade im Offen Ganztag müssen spezifische Angebote für Kinder mit ADHS entwickelt werden (Punkt 12 im Eckpunktepapier zu ADHS). All diese Forderungen können nur bedingt umgesetzt werden, weil die strukturellen Voraussetzungen (z. B. interdisziplinäre regionale ADHS-Netze) noch gar nicht ausreichend geschaffen worden sind. „Inklusion ist kein Ergebnis, sondern ein Prozess. Inklusion ist eine Leitidee, an der wir uns konsequent orientieren und an die wir uns kontinuierlich annähern, selbst wenn wir sie nie vollständig erfüllen können“ (Kommunaler Index für Inklusion 22.03.2012). Sowohl der o. g. Schulversuch als auch das noch zu beschreibende waldpädagogische Angebot sind in diesem Sinn zu verstehen: Sie können helfen, Eckpunkte für die Zielgruppe umzusetzen.

3 Naturpädagogische Angebote zur Förderung der Aufmerksamkeit

James (1892/1962) und Kaplan (1995/2008) haben in ihrer „Attention Restoration Theory" darauf hingewiesen, dass es zwei unterschiedliche Formen der Aufmerksamkeit gibt: die freiwillige und die unfreiwillige Aufmerksamkeit. Die freiwillige Aufmerksamkeit entwickeln wir in bestimmten Situationen, z. B. wenn wir ein Problem lösen wollen oder wenn wir uns im dichten Straßenverkehr orientieren müssen. Diese Art der Aufmerksamkeit ist anstrengend, und wir geben sie sofort auf, wenn z. B. das Problem gelöst ist. Im Gegensatz dazu ist die unfreiwillige Aufmerksamkeit ohne Anstrengung leicht zu erreichen und über einen längeren Zeitraum aufrecht zu erhalten, z. B. durch Fremdes, Tiere, sich bewegende Bilder etc. Es scheint, dass Naturerlebnisse diese Aufmerksamkeitsform fördern (Taylor et al. 2001). Die Natur hilft Konzentrationsfähigkeiten zu regenerieren (vgl. Berman et al. 2008). Auch neuere Ergebnisse der Hirnforschung befürworten die „ordnende" Kraft der Natur, weil ADHS als Folge veränderter Sozialerfahrungen angesehen wird (Hüther 2010). „Die innere Struktur des kindlichen Gehirns, also die Art, wie die verschiedenen Zentren miteinander vernetzt werden, entsteht nicht von allein. Es hängt davon ab, welche Erfahrungen ein Kind macht. Das heißt: Wenn in der äußeren Welt Struktur gebende Elemente fehlen, kann auch im Gehirn keine Struktur aufgebaut werden. Das ist heute ein riesiges Problem, denn unsere Welt hat viel an Struktur verloren" (Hüther – 30.10.2011).

Hüther ist Initiator des Almprojektes „via nova". 12 Jungen, alle mit der Diagnose ADHS, waren auf einer Südtiroler Alm acht Wochen ohne TV, Computer und Zucker mit drei Betreuern untergebracht. Sie wurden alle im Alltag mit Ritalin behandelt. Nach Hüther (2010) sind vor allem Kinder betroffen, die viel fernsehen, wenig ausprobieren dürfen, oder denen Schwierigkeiten stets aus dem Weg geräumt werden. In den acht Wochen auf der Alm kamen sie ohne Medikamente aus. „Mit dem Almprojekt „via nova" sollte nur gezeigt werden, dass es geht, dass es möglich ist, diesen Kindern eine Lebenswelt zu bieten, in der diese ADS-Symptomatik verschwindet – ohne Pillen. Wenn viele Eltern erst einmal wissen, dass es überhaupt möglich ist, dass es prinzipiell funktioniert, werden sie vielleicht ermutigt, selbst zu versuchen, auch zu Hause eine Lebenswirklichkeit und Erfahrungsräume zu schaffen, die auch ihrem Kind helfen, aus diesen ungünstigen Verhaltensmustern herauszufinden" (Hüther 2009).

3.1 Das Projekt „Wald statt Ritalin?"

Als Vorlage für das Projekt „Wald statt Ritalin?" fungierte das Experiment von Taylor et al. (2001) zur Steigerung der Aufmerksamkeit. Insgesamt wurden 450 Probanden (17 Kinder mit diagnostiziertem ADHS) im Alter zwischen 7 und 12 Jahren hinsichtlich der Wirkung von drei dargebotenen Settings: Stadtpark, Innenstadt und Wohngebiet untersucht. Anhand des „Digital Span Backwards Test" schnitten die Kinder, die im Stadtpark spazieren gingen, in der danach folgenden Aufmerksamkeitsuntersuchung am besten ab.

Das Projekt „Wald statt Ritalin?" ist seit ca. zwei Jahren Gegenstand eines Forschungsschwerpunktes des Fachbereichs Heilpädagogik und Pflege. Ausgangspunkt war die Einrichtung eines Projektes der Walderlebnisschule[1] und Cruismannschule Bochum[2], für Kinder, die von der Aufmerksamkeitsdefizit-/Hyperaktivitätsstörung betroffen sind und Verhaltensauffälligen aufweisen, um einen zusätzlichen Lernort zu schaffen, der eine Alternative zu den Rahmenbedingungen im Klassenzimmer zugunsten einer für die Zielgruppe entwicklungsförderlichen Umgebung darstellt. Als metatheoretische Orientierung dienen einerseits naturpädagogische und -soziologische Ansätze, die den Aufenthalt im Grünen hinsichtlich einer Steigerung der geistigen Leistungsfähigkeit auch als heilendes Potential im Sinne einer entlastenden Funktion untersuchen und ähnliche Effekte wie beim Standardmedikament Methylphenidat bei Kindern mit ADHS nachweisen können (Brämer 2009). Andererseits werden raumpsychologische und feldtheoretische Ansätze (Lewin 1982 in Schulze 2008, S. 173 ff.) einbezogen, die den Lebensraum und die darin vorhandenen Wirkungsräume einer Person aufzeigen sowie Wirkungskräfte (Feldkräfte) in ihrer Gesamtheit analysieren. Als Grundauffassung wird angenommen, dass das Verhalten eines Individuums durch die Bedingungen des Lebensraumes, in dem es sich aufhält, bestimmt wird (Bär 2008, S. 11). In dem Projekt der Walderlebnisschule ergänzen sich die Auffassungen idealtypisch, so dass jede Projekteinheit an einem anderen Schwerpunkt der Wahrnehmung ansetzt, bei dem die Kinder mit „allen Sinnen" (u. a. auf kognitiver, taktiler, visueller Ebene) den Wald erleben können.

Die Strukturierung des Angebots beginnt mit Erfahrungen mit dem eigenen Körper in Raum und Zeit und verschiedenen Wahrnehmungsaspekten im Umgang mit der Natur oder Naturmaterialien, wie z. B.:

[1] Walderlebnisschule Bochum: Sitz des Vereins – Limbeckstr. 83, 44894 Bochum, http://www.walderlebnisschule-bochum.de/.

[2] Cruismannschule Bochum: Cruismannstraße 2, 44807 Bochum, http://www.cruismann.bobi.net/Cruismannschule/Willkommen.html.

- Hören – mit verbundenen Augen[3] durch den Wald gehen/Ameisenspiel
- Sehen – Bilder aus Blättern und Stöcken erstellen
- Schmecken – Essbare Pflanzen essen
- Riechen – mit verbundenen Augen z. B. Bärlauch riechen
- Tasten – mit verbunden Augen an Bäumen und Seilen entlang gehen u. a.

Mit größerer Sicherheit und stärkerem Selbstvertrauen erfordern die an die Schüler gestellten Aufgaben zunehmend mehr Kooperations- und Problemlösefähigkeiten. So müssen sich Schüler beispielsweise gegenseitig unterstützen, um im Gleichgewicht einen Baumstammparcour zu überwinden, ohne den Boden zu berühren (Erfahrungen mit einem Partner und/oder mit der Gruppe).

Neben der generellen Zielsetzung des Initiierens und Unterstützens von Lern- und Entwicklungsprozessen mittels unmittelbaren Naturerlebens in den Bereichen Körpersinne und -wahrnehmung (Selbstkonzept), Aufgabenverständnis, Konzentration, Selbstwirksamkeit, Soziabilität, Kreativität, Wissensvermittlung werden in diesem Prozess für Kinder mit ADHS folgende Ziele angestrebt:

Ziele im kognitiven und sozialen Bereich

- die Konzentrationsfähigkeit der Kindern soll gehalten/gesteigert werden,
- das Gruppengefühl soll neu erfahren und entdeckt werden,
- Werte und Normen werden vermittelt,
- die Kinder lernen Regeln einzuhalten und Rücksicht zu nehmen,
- sie haben Spaß in der Gruppe und lernen spielend Regeln einzuhalten und sich anzupassen/Rücksichtnahme.

Ziele im motorischen und sozial-emotionellen Bereich:

- Erfahrung und Erleben des eigenen Körpers sowie Selbstwertgefühl sollen gesteigert/gefördert werden,
- Motorik/Wahrnehmung, insbesondere die Impulskontrolle sollen verbessert und gefördert werden,
- die Kinder lernen sich auf andere Lebewesen einzustellen und Verantwortung zu übernehmen,
- Vertrauen gegenüber anderen Lebewesen kann gewonnen werden.

[3] Mit gegenseitiger Hilfe.

4 Der Beitrag zur Inklusion der Schüler

Es ist nicht das vorrangige Ziel des Projektes „Wald statt Ritalin?", die Unterschiede in der Lernentwicklung möglichst gering zu halten, sondern das Bemühen geht dahin, jedes Kind mit naturnahen Thematiken in seiner aktuellen Entwicklung, insbesondere seiner ADHS-Problematik möglichst gut zu unterstützen. In der sich vom „klassischen" Unterricht unterscheidenden Lernumgebung ergeben sich viele Themen, die die Interessen der Schüler und Schülerinnen auf unterschiedlichen Ebenen wecken und die sie auf verschiedenen Zugangswegen verinnerlichen können. Wichtig ist jedoch die Analyse, was jeder Schüler durch die Arbeit an den verschiedenen Thematiken erreichen oder vertiefen soll, d. h. welche Kompetenzen und Verhaltensweisen soll er/sie erwerben, welches Wissen soll er/sie sich aneignen? Darüber hinaus ist bedeutsam, welche Entfaltungsräume und Experimentiermöglichkeiten die Themen dem einzelnen Schüler/der einzelnen Schülerin und der Gruppe bieten, um ein gemeinsames Lernen zu ermöglichen (Steinert 2012, S. 61).

4.1 Fazit: Exklusion, um Inklusion zu ermöglichen!?

In Anlehnung an die Studien von Kuo/Taylor wurden die Kinder nach jeder Sitzung getestet. Die ersten Testergebnisse zeigen eine erhöhte Konzentration aller Kinder in der Walderlebnisschule über den gesamten Testzeitraum hin. Im schulischen Kontext war vielfach die Testung nicht möglich, weil die Kinder sich noch nicht einmal hinsetzten. Es scheint, dass das waldpädagogische Arbeiten den Kindern gefallen hat und sie dadurch zu z. T. erstaunlichen Leistungen fähig waren. Der Digital Span Backwards Test verlangte von den Kindern, sich eine neunstellige Zahl zu merken und rückwärts aufzuschreiben. Es ist davon auszugehen, dass Lernen in diesem Setting besser möglich scheint als in der Nachmittagsbetreuung in der Schule.

Ziel ist es daher, gemeinsam mit den Kooperationspartnern ein Betreuungsprogramm für Kinder mit ADHS im Offenen Ganztag zu entwickeln, um ihnen ein spezifisches Förder- und Hilfeplanangebot machen zu können (Zentrales ADHS-Netz, Eckpunkte zu ADHS und Schule). Zudem ist es dringend notwendig, Möglichkeiten von ergänzenden nicht-medikamentösen Therapien zu eruieren und auf ihre Wirksamkeit hin zu überprüfen, wie es die Konsensuskonferenz des Bundesministeriums für Gesundheit und soziale Sicherheit 2002 gefordert hat: „Die Therapie der ADHS ist als multimodales Behandlungsangebot definiert" (Konsensuskonferenz ADHS, Bonn 2002). In diesem interdisziplinären Geschehen leistet Naturpädagogik einen wertvollen Beitrag zur (Neu-)Orientierung von Entwicklungs- und Bildungschancen für Kinder mit ADHS.

Literatur

ADHS-Netzwerk (2009) Eckpunktepapier. http://www.lwl.org/psychiatrie-marsberg-download/PDF/Eckpunkte%20zu%20ADHS%20und%20Schule.pdf

Bär P k-D (2008) Archtitekturpsychologie. Psychosozial-Verlag, Giessen

Barkley RA (1998) The attention deficit disorder. A handbook for diagnosis and treatment. Guilford, New York

Berman MG, Jonides J, Kaplan S (2008) The cognitive benefits of interacting with nature. Psychol Sci 19(12):1207–1212

Brämer R (2009) Gesunde Natur ist schöne Natur – Wandern erschließt die heilenden Potenziale der natürlichen Umwelt. In: Bundesamt für Naturschutz (Hrsg) Tagungsdokomentation Naturschutz & Gesundheit -Allianzen für mehr Lebensqualität in Bonn vom 26.–27.05.2009, S 55–58

Dimitrou M (2011) Sport zwischen Inklusion und Exklusion „S:Z:D Arbeitspapiere Praxis" der Robert-Jungk-Stiftung. http://www.jungk-bibliothek.at/ap2.pdf

Döpfner M, Banaschewski T, Sonuga-Barke E (2008) Aufmerksamkeitsdefizit/Hyperaktivitäts-störungen. In: Petermann F (Hrsg) Lehrbuch der klinischen Kinderpsychologie, 6. Aufl. Hogrefe, Göttingen, S 257–276

Eikelmann B, Rheker T, Richter D (2005) Zur sozialen Exklusion psychisch kranker – Kritische Bilanz und Ausblick der Gemeindepsychiatrie des 21.Jahrhunderts. Fortschr Neurol Psychiatr 73:664–673

Fokus (2009) Generation Nervensäge 41:91–94

Gerdes AC, Hoza B, Pelham WE (2003) Attention deficit/hyperactivity disordered boys relationships with their mothers and fathers: child, mother and father perception. Dev Psychopathol 15(2):363–382

Glaeske G (2008) Analyse von Routinedaten der GEK von Kindern und Jugendlichen mit ADHS-Diagnose und Stimulanzienverordnungen Hinweise zur Versorgungsqualität. http://www.bptk.de/uploads/media/20081015_analyse_von__routinedaten_der_gek_von_kindern_und_jugendlichen_mit_adhs-diagnose_und_stimulanzienverordnung_gek-report.pdf

Harpin VA (2005) The effect of ADHD on the life of an individual, their family, and community from preschool to adult life. Arch Dis Child 90(Suppl 1):2–7

Hüther G (2009) Die Stimme unserer Kinder. http://www.diestimmenunsererkinder.de/experteninterviews/prof-dr-gerald-huether-neurobiologe

Hüther G (2010) ADHS ist die Folge veränderter Sozialerfahrungen. http://www.win-future.de/downloads/psychologie-heute_interview-huether_gerald_pro.pdf

Irle K (2011) Die letzte Chance. In: http://www.fr-online.de/schule/die-letzte-chance,5024182,8281340.html

James W (1962) Psychology: the briefer course. Collier Books, New York (Original work published 1892)

Jensen P et al (2008) Evidence, interpretation, and qualification from multiple reports of long-term outcomes in the Multimodal Treatment Study of Children with ADHD (MTA): part I: executive summary. J Atten Disord 12(1):4–14
Kaplan S (1995) The restorative benefits of nature: toward an integrative framework. J Environ Psychol 15:169–182
Kommunaler Index für Inklusion (22.03.2012) http://www.montag-stiftungen.de/jugend-und-gesellschaft/projekte-jugend-gesellschaft/projektbereich-inklusion/kommunaler-index-fuer-inklusion/kommunenundinklusion-konzept.html
Luhmann N (1997) Die Gesellschaft der Gesellschaft. Suhrkamp, Frankfurt a. M.
MTA Cooperative Group (1999) A 14-month randomized clinical trial of treatment strategies for attention-deficit/hyperactivity-disorder. Arch Gen Psychiatr 56:1073–1086
Pfahl L (2005) Die Exklusion von Schüler/innen mit sonderpädagogischem Förderbedarf. Gem Leben Z Integr Erzieh 10:68–78
Pfluger-Jakob M (2007) Kinder mit Wahrnehmungsstörungen. Erkennen – Verstehen – Fördern. Herder, Freiburg
Radtke S (2011) Inklusion von Menschen mit Behinderung im Sport. Polit Zeitgesch ApuZ 16–19
Schlack R, Hölling H, Kurth BM, Huss M (2007) Die Prävalenz der Aufmerksamkeitsdefizit-/Hyperaktivitätsstörung (ADHS) bei Kindern und Jugendlichen in Deutschland. Erste Ergebnisse aus dem Kinder- und Jugendgesundheitssurvey (KiGGS). Bundesgesundheitsblatt Gesundheitsforschung Gesundheitsschutz 50(5–6):827–835
Schulze G (2008) Der feldtheoretische Ansatz nach Kurt Lewin. In: Vernooij M, Wittrock M (Hrsg) Verhaltensgestört!? S 173–198
Steinert W (2012) Exkurs Lernlandschaften. In: Mittendrin e. V. (Hrsg) Eine Schule für alle. Verlag an der Ruhr, Mühlheim, S 60–63
Taylor AF, Kuo FE, Sullivan WC (2001) Coping with ADD. The surprising connection to green play settings. Environ Behav 33:54–57
Thapar A et al (2005) The genetics of attention deficit hyperactivity disorder. Hum Mol Genet 14(Spec No. 2):275–282
Warnke, A (2011) Psychotherapiestudie zur Behandlung der ADHS bei Kindern und betroffenen Müttern, Wirksamkeit eines Elterntrainings zur Behandlung der Aufmerksamkeitsdefizit- und Hyperaktivitätsstörung (ADHS) bei Kindern in Abhängigkeit von der Behandlung ihrer ebenfalls von ADHS betroffenen Mütter. http://kjp.uk-wuerzburg.de/de/forschung/adhd/forschungsverbund-psychotherapie-adhs/psychotherapiestudie-zur-behandlung-der-adhs-bei-kindern-und-betroffenen-muettern.html

Auf dem Weg zur Inklusion – Die Bochumer Schulentwicklungsplanung stellt sich der Herausforderung

Ulrich Wicking

1 Einleitung

Eine Diskussion über das „Für“ oder „Wider“ der Inklusion im Bereich schulischer Bildung ist müßig. Seit die Vereinten Nationen im Art. 24 ihrer Behindertenrechtskonvention unter anderem festgelegt haben, dass „Menschen mit Behinderungen nicht vom allgemeinen Bildungssystem ausgeschlossen werden dürfen“ und „Zugang zu einem inklusiven (integrativen) hochwertigen und unentgeltlichen Unterricht an Grundschulen und weiterführenden Schulen haben müssen“, diese Konvention aufgrund eines Bundesgesetzes seit dem 26. März 2009 in ganz Deutschland bindendes Recht darstellt und der Landtag von Nordrhein-Westfalen am 01. Dezember 2010 einstimmig beschlossen hat, dementsprechend die Rechte von Menschen mit Behinderungen „für alle Lebensbereiche umzusetzen“, kann in der kommunalen Schulentwicklungsplanung nicht länger über das „Ob“, sondern allenfalls nur noch über das „Wie“ diskutiert und über die Wege zu seiner Umsetzung gestritten werden.

Der Beschluss des Landtages formuliert schließlich eindeutig: „Notwendig ist deshalb eine Neuorientierung in der sonderpädagogischen Förderung, die die gegenwärtige integrative Phase als Übergangsphase zu einem inklusiven Bildungssystem des gemeinsamen Lernens bis zum Ende der Pflichtschulzeit betrachtet“. Damit und mit der – in einem ersten Schritt – zur Umsetzung der Inklusion erlassenen Verwaltungsvorschrift zu § 37 der AO-SF (Verordnung über die sonderpädagogische Förderung – Ausbildungsordnung gem. § 52 Schulgesetz -), die Schulaufsicht und Schulträger gleichermaßen beauftragt, den Elternwünschen nach „gemeinsamen Unterricht“ im Rahmen der bestehenden Regelungen so weit wie

U. Wicking (✉)
Schulverwaltungsamt der Stadt Bochum, Bochum, Deutschland
E-Mail: Wicking@bochum.de

H-J. Balz et al. (Hrsg.), *Soziale Inklusion*, DOI 10.1007/978-3-531-19115-7_18,
© VS Verlag für Sozialwissenschaften | Springer Fachmedien Wiesbaden 2012

möglich Rechnung zu tragen und im Falle einer Ablehnung die Gründe hierfür umfassend zu begründen („Umkehr der Beweislast"), haben sich Auswirkungen für die städtische Schulentwicklungsplanung ergeben, die eine (teilweise) Neuorientierung erfordern: ab sofort ist bei der Zielformulierung stets mitzudenken, welche Folgen die Umsetzung der UN Behindertenrechtskonvention auf die vorhandenen Schulstrukturen in Bochum hat und wie die Kommune bei der Weiterentwicklung ihres schulischen Bildungssystems darauf reagieren muss.

In den folgenden Kapiteln werden die Ausgangslage in der Stadt Bochum sowie die daraus zu ziehenden Konsequenzen und notwendigen Maßnahmen dargelegt. Abschließend wird ein Ausblick auf die weitere Entwicklung in unserer Stadt gegeben.

2 Ausgangssituation in der Stadt Bochum

Die Stadt Bochum ist aktuell Träger von 98 öffentlichen Schulen aller Formen und Stufen, die zurzeit von gut 47.000 Schülerinnen und Schülern besucht werden. Darunter befinden sich (einschließlich der Schule für Kranke) 12 Förderschulen, in denen knapp 1.300 Kinder und Jugendliche gefördert und unterrichtet werden. An vier dieser Schulen („Sprache" und „Emotionale und soziale Entwicklung" sowie „Kranke") geschieht dies zielgleich, an acht Einrichtungen (Förderschwerpunkt „Lernen" und „Geistige Entwicklung") zieldifferent. In der zuletzt genannten Gruppe stellen die sechs Förderschulen „Lernen" mit 632 Schülerinnen und Schüler den größten Anteil (Schülerjahresstatistik 2011/2012).

Doch noch wichtiger als diese Zahlen ist eine Aussage darüber, wie viele der behinderten Schülerinnen und Schüler derzeit im gemeinsamen Unterricht oder integrativen Lerngruppen bzw. in Förderschulen unterrichtet werden. Eine Auswertung der aktuellen Schulstatistik ergibt, dass von den insgesamt knapp 1.700 mit einem sonderpädagogischen Förderbedarf ausgewiesenen Kindern und Jugendlichen mehr als 75 % in Förderschulen unterrichtet werden und nur knapp ein Viertel „inklusiv" beschult wird.

3 Konsequenzen

Dass dieser „Inklusionsanteil" den Vorstellung der UN Behindertenrechtskonvention deutlich widerspricht, kann nicht bestritten werden. Ziel der kommunalen Schulentwicklungsplanung muss es deshalb sein, praktikable Wege zu beschreiben, wie sich dieses Verhältnis kurz-, mittel- und langfristig so verändern lässt, dass –

wenn auch vermutlich „erst" im nächsten Jahrzehnt – eine Umkehrung dieses Verhältnisses gelingt und die gemeinsame Beschulung behinderter und nicht behinderter Kinder zum „Regelfall" wird.

Während die Inklusion zielgleich zu unterrichtender (vor allem sprach-, hör- und körperbehinderter) Kinder und Jugendlichen in diesem Zusammenhang – wie übrigens auch schon in der Vergangenheit – eher geringe Probleme verursachen dürfte, sieht es bei den zieldifferent zu beschulenden Schülerinnen und Schülern mit lern- und geistigen Behinderungen sowie – eingeschränkt – auch bei den Kindern und Jugendlichen mit Erziehungsschwierigkeiten anders aus: ihre Integration in das allgemeine Schulwesen dürfte sich wahrscheinlich schwieriger gestalten.

Doch entscheidend wird letztlich sein, dem sich zunehmend stärker abzeichnenden Elternwillen nach einem Ausbau des gemeinsamen Unterrichts in der Primar- und Sekundarstufe gerecht zu werden, gleichzeitig aber auch den Wünschen von Eltern behinderter Kinder und Jugendlicher nachzukommen, die für ihre Kinder auch weiterhin die Unterrichtung in einer gesonderten Schule wünschen.

4 Maßnahmen

In ihren aktuellen Schulentwicklungsplänen hat die Stadt dem Rechnung getragen und entschieden, „an den allgemeinbildenden Schulen mittel- bis langfristig nach Maßgabe des Inklusionsgebots" der UN-Behindertenrechtskonvention und – noch fehlender – Landesregelungen die Möglichkeit zu schaffen, behinderte und nicht behinderte Kinder gemeinsam zu unterrichten (Schulentwicklungsplan – Teilplan Grundschulen – Fortschreibung 2010–2015). Darüber hinaus soll der Anteil der im Gemeinsamen Unterricht bzw. in integrativen Lerngruppen geförderten Kinder in enger Verknüpfung mit der Förderschul-Entwicklungsplanung im Interesse der behinderten Kinder und Jugendlichen gleichermaßen bedarfsgerecht wie behutsam erhöht werden. Ziel soll es sein, das inklusive Schulangebot in unserer Stadt unter Einbeziehung aller Betroffenen so voran zu treiben, dass sich mittelfristig, also etwa bis Anfang des neuen Jahrzehnts, ein Verhältnis der Anteile von „Gemeinsamen Unterricht" und „Förderschule" von „50 zu 50" erreichen lässt.

Allerdings fordert die Kommune – in Übereinstimmung mit dem Städtetag – dazu erhebliche Unterstützungsleistungen des Landes ein, vor allem in personeller Hinsicht. Schließlich setzt die bedarfsgerechte individuelle Förderung behinderter Schülerinnen und Schüler voraus, dass nicht nur die für eine überwiegende „Doppelbesetzung" in den jeweiligen Klassen erforderlichen (Sonder-)Pädagogen, sondern auch Fachkräfte anderer Professionen (Sozialarbeiter, Heilpädagogen, Logopäden, Ergo-Therapeuten usw.) bereitstehen. Schließlich darf die Inklusion nicht

„auf dem Rücken der Betroffenen" umgesetzt werden – statt dessen gilt: Qualität geht vor Quantität.

Damit dies gelingen kann, wurde die Schulverwaltung beauftragt, die bislang eher ungeordnete „Inklusions-Debatte" in unserer Stadt zu strukturieren und dabei alle Beteiligten – Befürworter wie Gegner – in geeigneter Weise in die Umsetzung einzubinden. Zum Auftakt dieses Verfahrens fand auf Einladung von Oberbürgermeisterin Dr. Ottilie Scholz im Januar 2012 die „2. Bochumer Bildungskonferenz" statt, die vom Regionalen Bildungsbüro vorbereitet wurde und versuchen sollte, neben einer Bestandsaufnahme einen Konsens über das weitere Vorgehen herbei zu führen (Ergebnisbericht 2. Bochumer Bildungskonferenz „Auf dem Weg zu einem inklusiven Bildungsangebot" 24. Januar 2012, Erich-Kästner-Schule – in Vorbereitung -). Anschließend soll dann eine vom Regionalen Lenkungskreis des Bildungsnetzwerkes Bochum eingesetzte Fach-Arbeitsgruppe die Weiterentwicklung des inklusiven Schulsystems in unserer Stadt – nach wie vor unter Einbeziehung aller Interessierten – koordinieren und der Politik Vorschläge zum bedarfs- und zielgerechten Ausbau des gemeinsamen Unterrichts machen, die später in die Bochumer Schulentwicklungsplanung einfließen sollen.

Unabhängig davon mussten Rat und Verwaltung hierzu aber schon in der Vergangenheit konkrete Maßnahmen beschließen, die zu einem erheblichen Teil auf die allgemeine demografische Entwicklung, also den Rückgang der Schülerinnen- und Schülerzahlen zurückzuführen waren. Hiervon wurden vor allem die Förderschulen „Lernen" betroffen, die am stärksten vom „Schüler-Schwund" erfasst worden sind: die Schließung einer Einrichtung konnte deshalb ebenso wenig verhindert werden wie die Zusammenlegung von zwei weiteren dieser Schulen an einem zukünftig gemeinsamen Standort. Und es zeichnet sich ab, dass die Entwicklung rasant weiter fortschreitet: immer mehr Eltern – nicht nur lernbehinderter Kinder – wünschen bei deren Einschulung den „Gemeinsamen Unterricht". Und selbst im Förderschwerpunkt „Sprache", der in den letzten Jahren noch Schüler-Zuwächse verzeichnen konnte, entscheiden sich immer weniger Erziehungsberechtigte für die entsprechende Förderschule. Folgerichtig wurde auch die Auflösung des Teilstandortes der Brüder-Grimm-Schule in Bochum-Wattenscheid politisch festgelegt.

Daneben wurde der Gemeinsame Unterricht in der Sekundarstufe I durch die Einrichtung zusätzlicher sogenannter „Integrativer Lerngruppen" bedarfsgerecht ausgebaut, da fast alle Eltern von GU-Kindern der Grundschulen nach Abschluss der Primarstufe eine Fortsetzung dieser Unterrichtsform verlangen. Ergänzend zu den Hauptschulen, die sich dieser Aufgabe bislang als einzige Schulform in der Stadt gestellt hatten, ist es der Oberen und Unteren Staatlichen Schulaufsicht gemeinsam mit der Schulverwaltung in zahlreichen Gesprächen mit den Leitungen der übrigen weiterführenden Schulen im letzten Jahr gelungen, zu Beginn des Schuljahres

2011/2012 erstmals auch integrative Lerngruppen in Real- und Gesamtschulen sowie Gymnasien und der neuen Gemeinschaftsschule Bochum-Mitte einzurichten.

Diese Entwicklung wird sich schulform-unabhängig durch die Einbeziehung weiterer Standorte fortsetzen. Auch die beiden neuen Sekundarschulen, die zum Sommer 2012 in den Bochumer Stadtteilen Langendreer und Linden-Dahlhausen ihren Unterrichtsbetrieb aufnehmen wollen, haben sich von vornherein für die Integration behinderter Kinder in ihrem Schulprogramm entschieden.

5 Ausblick

Diesen Weg konsequent weiter zu beschreiten, scheint angesichts der demografischen Entwicklung und der Tatsache, dass inzwischen bereits an der Hälfte aller Bochumer Grundschulen behinderte und nicht behinderte Kinder im Gemeinsamen Unterricht beschult werden, zwingend notwendig zu sein. Und es zeichnet sich darüber hinaus ab, dass sich die rückläufige Entwicklung der Förderschulen – vor allem in den Bereichen „Lernen“ und „Sprache“, möglicherweise aber auch im Bereich „Emotionale und soziale Entwicklung“ – fortsetzt und mittelfristig zu einem deutlich reduzierten Angebot an Förderschulen in unserer Stadt führen wird.

Es besteht unter den Bochumer Schul-Politikern Einigkeit und ist in der gültigen Schulentwicklungsplanung so festgelegt: kein verantwortlicher Schul-Politiker oder -fachmann will die Förderschulen in dieser Stadt komplett abschaffen. Statt dessen soll es in allen Förderschwerpunkten auch weiterhin mindestens eine besondere Schule für diejenigen Eltern und ihre Kinder geben, die die Förderung dort dem Gemeinsamen Unterricht vorziehen.

Und so wird es auch in einem – demnächst noch zu erstellenden – Bochumer Inklusionsplan stehen, der aber erst nach Vorliegen des „Rahmen-Inklusionsplans“ des Landes in Angriff genommen werden kann. Mit anderen Worten: Bochum hat sich bereits auf den Weg gemacht und wird diesen behutsam – Schritt für Schritt – auch zukünftig fortsetzen.

„Weil der Pate glaubt, dass auch aus mir etwas werden kann, dann kann ich das auch." Projekt Kontrakt – Unternehmen für Bildung

Claudia Formann und Steffen Pfannschmidt

1 Einleitung

Die Verantwortlichen des Projekts „Kontrakt – Unternehmen für Bildung" gingen und gehen davon aus, dass Wittener Kinder mit Migrationshintergrund nicht weniger begabt oder intelligent sind als Wittener Kinder ohne Migrationsgrund. Teilweise, so stellten sie fest, waren ihre Familien jedoch durch unzureichende deutsche Sprachkenntnisse benachteiligt. Die Eltern konnten in diesen Fällen ihre Kinder in der Schule nur wenig oder gar nicht unterstützen. Manchmal kam hinzu, dass den Eltern das Schulsystem sowie Unterstützungsmöglichkeiten bei Erziehungsschwierigkeiten nicht bekannt waren. Auch die finanziellen Ressourcen konnten ein Faktor sein, der die Förderung von Kindern und Jugendlichen begrenzte, sodass Hausaufgabenbetreuung, Klassenfahrten, Mitgliedschaft in Sportvereinen oder Tanzschulen nicht möglich waren. Selbst die nicht finanzierbare Fahrkarte zum Besuch der Schule ihrer Wahl, ließ einige Wittener Kinder mit Migrationshintergrund verstärkt unter sich bleiben. Diese Umstände gelten auch für die Gegenwart.

Der Prozess der Integration, der durch das Projekt gefördert werden soll, wird als zweigleisig verlaufender angesehen – von der Seite derer aus, die vorher schon in der Gesellschaft vor Ort lebten, und von der Seite derer aus, die neu dazukommen. Beide Seiten müssen ihn wollen und aktiv gestalten, worüber sich u. a. eine

C. Formann (✉)
Integrationsbeauftragte der Stadt Witten, Witten, Deutschland
E-Mail: claudia.formann@stadt-witten.de

S. Pfannschmidt
Evangelische Fachhochschule RWL, Bochum, Deutschland
E-Mail: steffen.pfannschmidt@yahoo.de

H-J. Balz et al. (Hrsg.), *Soziale Inklusion*, DOI 10.1007/978-3-531-19115-7_19,
© VS Verlag für Sozialwissenschaften | Springer Fachmedien Wiesbaden 2012

gegenseitige Anerkennung der vollwertigen Mitgliedschaft in der Gesellschaft durchsetzen kann. Die Förderung der Integration von Kindern und Jugendlichen muss dabei individuell und auf verschiedenen Ebenen gestaltet werden. Einzelne Aspekte dieses Prozesses werden nachfolgend vorgestellt.

2 Städtische Voraussetzungen und die Entwicklung des Projekts

Witten wies 2008 einen Anteil von 8,5 % ausländischer Bevölkerung auf. Im Vergleich mit dem bundesweiten Durchschnitt von 8,2 % liegt der Anteil von Ausländern damit etwas höher.[1] Auch die Arbeitslosenquote von Ausländern ist in Witten etwas höher als im bundesdeutschen Durchschnitt.[2] In Bezug auf die Bildungssituation ist für das Schuljahr 2006/2007 festzuhalten, dass fast 55 % der Schüler ohne deutschen Pass eine Haupt- oder Förderschule besuchten.[3] Zudem ist die Benachteiligung von Kindern und Jugendlichen mit Migrationshintergrund im Bildungsbereich beschrieben und statistisch erfasst (vgl. u. a. Konsortium Bildungsberichterstattung 2006, S. 292).

In Gesprächen mit Wittener Unternehmerinnen und Unternehmern zeigte sich zudem, dass sie wenig geeignete Bewerberinnen und Bewerber für ihre Ausbildungsstellen fanden. Die Ausbildungsunfähigkeit vieler Jugendlicher wurde bemängelt; kritisiert wurden dabei schlechte Zeugnisse, mangelhaftes Allgemeinwissen, unreifes Verhalten und das Fehlen von sozialen Kompetenzen.

Aus dieser Lage heraus wurde 2007 die Grundidee für das Projekt „Kontrakt – Unternehmen für Bildung“ in der Stabsstelle für Integration, Internationale Beziehungen und Städtepartnerschaften[4] entwickelt und seitdem maßgeblich verantwortet. Als Ausgangsziel des Projekts in Bezug auf die teilnehmenden Kinder und Jugendlichen mit Migrationshintergrund wurde deren (im Vergleich zur Ausgangslage) verbesserte Integration in die Wittener Bildungs- und Arbeitsmarktsitu-

[1] Vgl. Statistisches Bundesamt: Bevölkerung, Migration und Integration. http://www.destatis.de/jetspeed/portal/cms/Sites/destatis/Internet/DE/Navigation/Statistiken/Bevoelkerung/MigrationIntegration/MigrationIntegration.psml (23.2.2011).

[2] Vgl. Internetseite der Stadt Witten (2010): Arbeitslosenquote. http://www.witten.de/Arbeitslose-offene-Stellen-und Arbeitslosenquote.13900.0.html.

[3] Eigene Berechnung auf Grundlage der Landesdatenbank NRW, Strukturdaten für Witten, Stadt.

[4] Vgl. http://www.witten.de/buergerservicerat-amp-verwaltung/verwaltung/aemter-dezernate/dezernat-1-buergermeisterin-sonja-leidemann/stabsstelle-fuer-integration-internationale-beziehungen-und-staedtepartnerschaften.html.

ation festgehalten. Die Zielgruppe wurde auf SchülerInnen der 8. bis 10. Klasse an Hauptschulen festgelegt. Sie sollten sich annähernd gleichberechtigt neben anderen Jugendlichen etablieren können.

Dazu benötigten sie – so die inzwischen bestärkte Annahme – neben der Förderung im schulischen Bereich auch andere Fertigkeiten und Kenntnisse. In Bewerbungstrainings, Einstellungstests und motivierenden Gesprächen sollten sie im Umgang mit sozialen Medien (Facebook usw.) geschult werden. Soziale Fähigkeiten (wie sicheres Auftreten, gutes Benehmen, freies Sprechen, gepflegtes äußeres Erscheinungsbild, Verhaltensregeln u. a.) sollten in Workshops erlernt werden. Die Eltern der Patenkinder sollten im Rahmen von Elternabenden und Veranstaltungen (Gemeinsames Kochen, Ausflüge) als Partner für die Arbeit mit ihrem Kind gewonnen werden. Die wichtigsten Kooperationspartner sollten dabei die das Projekt begleitenden ehren- und hauptamtlichen sozialpädagogischen Mitarbeiter sein. Integration sollte neben fachlichen Inhalten auch durch Beziehungsarbeit entstehen. Deshalb sollten die Paten auch eine Funktion als Vorbild, als Ansporn und als Unterstützung haben.

Die Unternehmer, aber auch Organisationen und Institutionen, die ebenfalls angesprochen wurden, sollten durch ihre Beteiligung am Projekt einen Imagegewinn davontragen. Sie sollten mit ihrem sozialen Engagement werben und gleichzeitig in die Zukunft ihres Unternehmens investieren können. Durch ihr frühzeitige „Suche" sollten sie dazu beitragen können, dass Schülerinnen und Schüler die geforderten Voraussetzungen zur Aufnahme eines Ausbildungsbildungsverhältnisses, möglichst in ihrem Unternehmen, erwerben. Sie sollten insbesondere von der Mehrsprachigkeit der Jugendlichen und den im Projekt erworbenen bildungsbezogenen und sozialen Kompetenzen profitieren. Die Unternehmer sollten sich bereit erklären, ein Kind oder einen Jugendlichen drei Jahre, von der 8.–10. Klasse, zu fördern. Durch diesen Beitrag sollten die Kinder die Möglichkeit haben, an Fördermaßnahmen teilzunehmen. Durch diese Art der Finanzierung stellt das Projekt eine Form des Private-Public-Partnership dar, das für beide Seiten gewinnbringend verlaufen soll.

3 Durchführung und konzeptionelle Veränderung des Projekts

Das Projekt Kontrakt wurde im Jahr 2008 gestartet und an Wittener Hauptschulen beworben. Seitdem wird es unter sich verändernden Bedingungen weitergeführt. Der Prozess der Durchführung und einige konzeptionelle Veränderungen werden nachfolgend vorgestellt.

3.1 Schülerauswahl

Im ersten Jahr des Projekts, das mit dem Schuljahr 2008/2009 startete, konnten alle 17 Jugendlichen, die von einer Lehrkraft vorgeschlagen wurden und sich anschließend bewerben konnten, aufgenommen werden. Die Gruppe, die durch eine Sozialarbeiterin betreut wurde, wuchs im zweiten Jahr um 22 Jugendliche und im dritten Jahr um weitere 19. Bei der erreichten Gruppengröße von 58 Personen, zeigte sich im dritten Jahr, dass eine individuelle Betreuung nicht mehr umsetzbar war. Zudem wurde bei einigen Schülern deutlich, dass sie nicht nur in schulischen Belangen, sondern auch im Sozialverhalten Förderbedarfe aufwiesen. In einigen Fällen waren Jugendliche auch psychisch beeinträchtigt. Der Unterstützungsbedarf dieser mehrfach belasteten Jugendliche konnte und kann im Rahmen des Projekts Kontrakt nicht geleistet werden.

Mit Beginn des vierten Jahres der Durchführung im Sommer 2011 bewerben sich seitdem alle Schülerinnen und Schüler schriftlich und nehmen an einem Auswahlgespräch teil. Die Bewerberzahl lag 2011 bei 33 Personen, von denen 14 aufgenommen werden konnten. Weiterhin können sich seitdem auch Jugendliche unabhängig ihrer Herkunft bewerben, solange sie SchülerInnen einer Hauptschule sind. In den ersten drei Jahren wurde das Projekt Kontrakt durch das Bundesamt für Migration und Flüchtlinge gefördert und war dadurch u. a. an die Vorgabe der Förderung von Kindern und Jugendlichen mit Migrationshintergrund gebunden. Diese bleiben aber auch weiterhin die Hauptzielgruppe des Projekts.

3.2 Mitwirkung der Eltern

Die Mitwirkung der Eltern ist für die erfolgreiche Durchführung des Projekts erforderlich. Wiederholt zeigte sich, dass Eltern mit der Ausübung ihrer Aufsichtspflicht überfordert waren. Aus diesem Grund werden mittlerweile auch mit den Eltern Auswahlgespräche geführt, in denen ihre aktive Mitwirkungsbereitschaft schriftlich festgehalten wird. Wenn die Eltern ihr Kind nicht fördernd (und ggf. auch fordernd) unterstützen möchten, können auch die Fördermaßnahmen im Rahmen des Projekts nicht greifen. Aus diesem Grund wird auch ein symbolischer Elternbeitrag erhoben.

3.3 Fördermaßnahmen

Der Schwerpunkt der Förderung der Kinder und Jugendlichen lag zunächst im schulischen Nachhilfebereich. Die wissenschaftliche Begleitung durch die Evangelische Fachhochschule Rheinland-Westfalen-Lippe (EFH Bochum) zeigte jedoch, dass viele Jugendlichen deutlich mehr von anderen Gruppenaktivitäten profitierten, die im Rahmen des Projekts angeboten wurden. Hierzu zählten u. a. Workshops zu arbeitsmarktbezogenen Themen, Vorbereitungen auf Präsentationen und Freizeitaktivitäten. Vor allem wurden die Jugendlichen selbstsicherer und ihre Frustrationstoleranz stieg. Aus diesem Grund wurden die konzipierten Fördermaßnahmen verändert. Die Kinder erhalten zwar weiterhin eine Förderung im schulischen Bereich, daneben werden aber vermehrt Gruppenangebote durchgeführt, die darauf abzielen, die Sozialkompetenzen und das Auftreten der Jugendlichen zu verbessern.

3.4 Patenschaftsformen

Die UnternehmerInnen, Organisationen oder Institutionen verpflichteten sich in einer „Erklärung zur Übernahme einer Patenschaft", ein „Bildungsstipendium" in Höhe von 50 € monatlich zu zahlen. Mithilfe dieses Beitrags sollten und wurden die für das jeweilige Patenkind notwendigen bildungs- und integrationsfördernden Maßnahmen finanziert. Während des Werbungsprozesses für das Projekt zeigte sich, dass Unternehmer bevorzugt ein bestimmtes Patenkind fördern wollten, da sie ihre Unterstützung so direkt einer Person zuordnen konnten. Während in den ersten drei Jahren nur für die Übernahme einer dreijährigen Patenschaft geworben wurde, werden nunmehr auch Paten akquiriert, die das Projekt an sich oder auch bestimmte Angebote fördern möchten.

3.5 Finanzierung

Das Projekt Kontrakt wurde durch das Bundesamt für Migration und Flüchtlinge von Mai 2008 bis Juni 2011 mit 150.000 € finanziert. Hierdurch konnte eine Sozialarbeiterin auf einer halben Stellen für die persönliche Begleitung der ProjektteilnehmerInnen über drei Jahre angestellt werden. Im Mai 2011 wurde die Finanzierung des Projekts durch Gründung des gemeinnützigen Vereins „Kontrakt – Unternehmen für Bildung e. V." umstrukturiert. Die individuelle sozialpädagogische Begleitung der Kinder wird mittlerweile durch das ehrenamtliche Engagement von Fachkräften gewährleistet, die für ihre Tätigkeit eine Aufwandsentschädigung durch den Verein erhalten. Zur Sicherstellung des Projekts ist der Verein auf Spenden angewiesen, da durch die Bildungsstipendien der Paten hauptsächlich nur die Förderung im schulischen Bereich finanziert werden kann. Mit steigender Zahl der TeilnehmerInnen, vergrößert sich der Verwaltungs- und Betreuungsaufwand. Zur

Deckung der Kosten für Betreuung, Gruppenangebote und besonderer Aktivitäten müssen fortlaufend zusätzliche Fördermittel akquiriert werden.

4 Evaluation des Projekts

Das Projekt wurde von 2008 bis 2011 durch Lehrende und Studierende des Masterstudiengangs „Soziale Inklusion: Gesundheit und Bildung" an der EFH Bochum wissenschaftlich begleitet und ausgewertet. U. a. wurden die Nachhilfelehrer und die sozialpädagogischen Begleitungspersonen sowie die Patenkinder mit einem Fragebogen zur Selbsteinschätzung zu verschiedenen Zeitpunkten des Projekts befragt. Weiterhin wurden die Schulzeugnisse der Patenkinder ausgewertet. Dabei konnte zwar eine Veränderung (teilweise Verbesserung) von Schulnoten festgestellt werden, bei allen TeilnehmerInnen vor allem aber ein Zuwachs in sozialen und emotionalen Kompetenzen. Die teilnehmenden Mädchen stellten in Bezug auf ihre Leistungen und Verbesserungen in der Schule und im Nachhilfeunterricht eine etwas homogenere Gruppe dar. Kritisiert wurde teilweise eine fehlende Vorbildfunktion der Eltern, deren Haltung und Verhalten zu Bildung und Erziehung sich in wenigen Fällen maßgeblich negativ auf ihre Kinder auswirkte.

Aus Sicht der Durchführenden konnten die Patenkinder erkennbar Mut fassen und Zuversicht in Bezug auf ihre persönliche Situation gewinnen. „Wenn der Pate jeden Monat für mich bezahlt, weil er glaubt, dass auch aus mir etwas werden kann, dann kann ich das auch." (Freies Zitat eines Patenkinds während der Projektteilnahme). Von den ersten Jugendlichen, die im Jahr 2008 als Siebtklässler starteten, verließen fünfzehn 2011 das Projekt erfolgreich. Sechs von ihnen begannen eine Berufsausbildung auf dem ersten Arbeitsmarkt, teilweise bei ihren Paten. Drei konnten ihre schulischen Leistungen so weit steigern, dass sie ein Fachabitur erwerben wollten. Vier Jugendliche strebten die Fachoberschulreife in Kombination mit einer Berufsvorbereitung an. Ein Schüler entschied sich zur Wiederholung der Abschlussklasse.

5 Weiterführung des Projekts

Aus Sicht der Projektverantwortlichen hat sich das Projekt Kontrakt in der Bildungslandschaft Wittens bewährt und leistet einen wichtigen Beitrag zur Integration von Kindern und Jugendlichen. 68 Wittener Jugendliche profitierten mittlerweile durch die Bereitschaft eines Unternehmens, einer Organisation oder Institution, eine oder mehrere Patenschaften zu übernehmen. Nur in wenigen Fällen verließen TeilnehmerInnen vorzeitig das Projekt. Nachdem im Sommer 2011 die ersten 15 Jugendlichen erfolgreich entlassen wurden, befinden sich derzeit 52 Kinder im Projekt. Von der 8. bis zur 10. Schulklasse erhalten sie Förderunterricht in den Fächern Mathematik, Englisch und Deutsch. Sie nehmen an unterschiedlichen Maßnahmen und Kursen teil und werden durch einen persönlichen Coach begleitet. Die Öffnung des Projekts für Jugendliche ohne Migrationshintergrund wurde von den TeilnehmerInnen sehr positiv aufgenommen. Auch in der Wittener Öffentlichkeit wird aus Sicht der Verantwortlichen das Projekt immer bekannter und als sinnvoll und nachhaltig bewertet.[5] 2010 erhielt das Projekt auf Bundesebene den dritten Platz des Deichmann-Förderpreises in der Kategorie „Berufliche Förderung durch Unternehmen, Vereine und öffentliche Initiativen".[6]

6 Fazit

Das Projekt Kontrakt stellt eine kostengünstige präventive Maßnahme dar, die Jugendlichen mit entsprechenden Bedarfen Bildungs- und Integrationsmöglichkeiten in den Arbeitsmarkt bietet. Unter Einbeziehung ehrenamtlichen Engagements und finanzieller Beteiligung privater UnternehmerInnen können Jugendliche mit Migrationshintergrund den für sie teilweise erschwerten Übergang von der Schule in den Beruf leichter bewältigen und erhalten dabei Orientierungshilfe. Das Projekt kann unter präventiven Gesichtspunkten einen Ansatzpunkt für die Arbeit von Landschaftsverbänden und Jugendhilfeeinrichtungen darstellen. Einem strukturellen Ausbildungsplatzmangel und einhergehenden Verdrängungswettbewerb kann das Projekt sicher nicht hinreichend entgegenwirken. Es bietet aber einen hilfreichen Baustein hierzu. Angesichts des erwarteten Facharbeitermangels wäre das erfolgreich umgesetzte Konzept eventuell auch für die Bundesagentur für Arbeit von Interesse.

Literatur

Deichmann Förderpreis (2010) http://www.deichmann-foerderpreis.de/2011/01/17/kontrakt-witten/. Zugegriffen: 23. Feb. 2011

[5] Vgl. http://www.witten.de/buergerservicerat-amp-verwaltung/rat/die-buergermeisterin/kolumne/kolumne-einzelansicht/article/viel-erreicht-patenprojekt-kontrakt-steht-ohne-foerderung-auf-eigenen-fuessen.html.

[6] Vgl. http://www.deichmann-foerderpreis.de/2011/01/17/kontrakt-witten/.

Konsortium Bildungsberichterstattung (Hrsg) (2006) Bildung in Deutschland. Im Auftrag der Ständigen Konferenz der Kultusminister, der Länder in der Bundesrepublik Deutschland und des Bundesministeriums für Bildung und Forschung. Ein indikatorengestützter Bericht mit einer Analyse zu Bildung und Migration. Bertelsmann-Verlag, Bielefeld. http://www.bildungsbericht.de/daten/gesamtbericht.pdf. Zugegriffen: 23. Feb. 2011

Stabsstelle für Integration, Internationale Beziehungen und Städtepartnerschaften. http://www.witten.de/buergerservicerat-amp-verwaltung/verwaltung/aemter-dezernate/dezernat-1-buergermeisterin-sonja-leidemann/stabsstelle-fuer-integration-internationale-beziehungen-und-staedtepartnerschaften.html. Zugegriffen: 23. Feb. 2011

Stadt Witten, die Bürgermeisterin, Artikel auf der Homepage Viel erreicht: Patenprojekt „Kontrakt" steht ohne Förderung auf eigenen Füßen. http://www.witten.de/buergerservicerat-amp-verwaltung/rat/die-buergermeisterin/kolumne/kolumne-einzelansicht/article/viel-erreicht-patenprojekt-kontrakt-steht-ohne-foerderung-auf-eigenen-fuessen.html. Zugegriffen: 23. Feb. 2011

Statistisches Bundesamt: Bevölkerung, Migration und Integration nach Mikrozensus. http://www.destatis.de/jetspeed/portal/cms/Sites/destatis/Internet/DE/Navigation/Statistiken/Bevoelkerung/MigrationIntegration/MigrationIntegration.psml. Zugegriffen: 23. Feb. 2011

Strukturdaten der Stadt Witten: Arbeitslosenquote. http://www.witten.de/index.php?id=13900

Unabhängige Patientenberatung für schwer erreichbare Zielgruppen

Bettina Schmidt und Katja Bakarinow-Busse

1 Unabhängige Patientenberatung: Eine für alle?

Seit vielen Jahren bemüht man sich nicht nur im Gesundheitswesen darum, zentrale Institutionen durch nutzerorientierte Mitbestimmung zu demokratisieren und zu optimieren. Diese Bemühungen entstanden in der Folge der Neuen Sozialen Bewegungen der 1970er Jahre, deren Ziel es war, hierarchisch organisierte Systeme mittels Partizipation zielgruppengerecht umzubauen. Die Akteure der Neuen Gesundheitsbewegungen wollten das bis dato sehr arztzentrierte Gesundheitswesen durch eine verbesserte Patientenorientierung stärker auf die individuellen Bedarfe (potenzieller) NutzerInnen zuschneiden. Vielfältige Initiativen entstanden, um den entsprechend wachsenden Informationsbedürfnissen dieser NutzerInnen Rechnung zu tragen und sie durch Kompetenzsteigerungen zur Verbesserung ihrer Mitwirkungsmöglichkeiten zu befähigen (Schröder et al. 2011, S. 9.e1). Zusätzliches Ziel war, Unter-, Über- und Fehlversorgung zu minimieren und das deutsche – bekanntlich überdurchschnittlich kostenintensive – Gesundheitswesen zu einem auch überdurchschnittlich nutzenintensiven System zu führen.

Unabhängige Beratungseinrichtungen galten als erfolgversprechende Maßnahmen, um diese Ziele umzusetzen (Schaeffer et al. 2004, S. 1). 2000 führte der Gesetzgeber den § 65b SGB V zur „Förderung von Einrichtungen zur Verbraucher- und Patientenberatung" ein, der die Krankenkassen zur Erprobung entsprechen-

B. Schmidt (✉)
Evangelische Fachhochschule RWL, Bochum, Deutschland
E-Mail: bschmidt@efh-bochum.de

K. Bakarinow-Busse
Unabhängige Patientenberatung Deutschland,
Beratungsstelle Dortmund, Deutschland
E-Mail: katja.bakarinow-busse@upd-online.de

H-J. Balz et al. (Hrsg.), *Soziale Inklusion*, DOI 10.1007/978-3-531-19115-7_20,
© VS Verlag für Sozialwissenschaften | Springer Fachmedien Wiesbaden 2012

der Modellvorhaben verpflichtete. Die Modellvorhaben wurden evaluiert, und die Gutacher der ersten fünfjährigen Förderphase kamen zu einer positiven Gesamtbilanz: Unabhängige Beratungseinrichtungen werden als überfällig bezeichnet, da viele (potenzielle) PatientInnen viele Fragen rund um das Thema Gesundheit haben, die in einer normalen ärztlichen Sprechstunde kaum beantwortet werden können. Die folgende Abbildung zeigt die gängigsten Fragestellungen aus 2010 (Prognos 2011, S. 49).

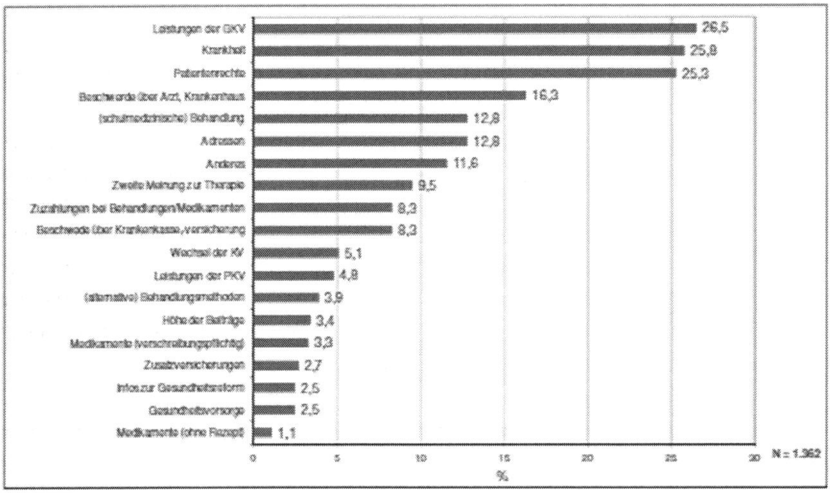

Optimierungsbedarfe bestehen nach Ansicht der Gutachter der ersten Förderphase u. a. bei der zielgruppengerechten Erreichbarkeit: „Bei allen Projekten, die ein Beratungs- und Informationsangebot vorhalten, stimmt die Zugänglichkeit und Erreichbarkeit bislang nur partiell mit dem von ihnen für konstitutiv befundenen Gebot der Niederschwelligkeit überein und bedarf der Verbesserung (…) Darüber hinaus ist [es] notwendig, dass die Projekte sich intensiver den bislang nicht erreichten Zielgruppen zuwenden, denn etliche Nutzergruppen sind im Spektrum der Nutzer noch unterrepräsentiert, so vor allem Männer, Migranten, Jugendliche/junge Erwachsene und Angehörige unterer sozialer Schichten" (Schaeffer et al. 2004, S. 161 ff.).

In der zweiten Förderphase sollten unabhängige Patientenberatungen bundesweit vereinheitlicht werden und als „Unabhängige Patientenberatung Deutschland – UPD" flächendeckend bekannt werden. Die Gutachter der zweiten Förderphase kamen ebenfalls zu einem positiven Gesamtergebnis, doch auch die bundesweit einheitliche UPD erreicht nicht alle NutzerInnen gleich gut: Die Beratungsaktivitäten werden vornehmlich in Anspruch genommen von Menschen mittleren Alters (Durchschnittsalter: 57 Jahre) und mindestens mittlerem Bildungsstatus (knapp 70 % haben mindestens mittlere Reife, 38 % haben einen Hochschulabschluss), von Frauen (61 %), und zu 96 % von Deutschen (Prognos 2011, S. 43 f.).

Trotz dieser Mängel ist die UPD zweifelsfrei ein hilfreiches Angebot, und seit dem 1.1.2011 ist sie als gesetzliches Regelangebot der GKV etabliert. Jährlich werden etwa 5 Mio. € von der GKV bereitgestellt, zusätzlich werden von der PKV für die kommenden drei Jahre freiwillig jährlich 364.000 € gezahlt (GKV-Spitzenverband 2011, S. 1). Aufgabe dieser nun verbindlichen GKV-Leistung ist (UPD 2011, S. 11): unabhängig, professionell, kostenlos und vertraulich zu informieren und zu beraten und einen Beitrag zur Verringerung von Unter-, Über- und Fehlversorgung zu leisten. Angesprochen werden alle Menschen, unabhängig von Versichertenstatus, Alter, Geschlecht, Nationalität, Sozialstatus u. ä. Die Beratungsleistungen sollen der Pluralität unterschiedlicher Lebenswelten Rechnung tragen und entsprechend kultur-, sozial- und gendersensibel konturiert sein. Weil viele Beratungsangebote bekanntlich vor allem von vermögenden (im Hinblick auf ökonomisches, kulturelles, soziales Kapital) Menschen in Anspruch genommen werden, konzentriert sich die UPD zusätzlich darauf, benachteiligten Personengruppen (z. B. Menschen mit niedrigem Sozialstatus, bildungs- und gesundheitssystemferne Menschen etc.) den Zugang zur UPD zu erleichtern (UPD 2011, S. 22).

2 Schwer erreichbare Zielgruppen – oder unzureichend angesprochene Zielgruppen?

Die Evaluationen der UPD zeigen, dass nicht alle Menschen gleich gut erreichbar sind für die Beratungsangebote. Genauer gesagt: Nicht alle Menschen werden gleich gut angesprochen durch die Angebote – und manche werden vermutlich noch schlechter angesprochen, wenn die UPD den Empfehlungen der Gutachter des Endberichts folgt (Prognos 2011, S. 37): Empfohlen wird dort, künftig vor allem den Ausbau der bundesweiten Beratungshotline sowie der Internet-Präsenz voranzutreiben. Zweifellos erreichen Telefon- und Internetberatung vergleichsweise kostengünstig viele Menschen, jedoch präferieren die schwer erreichbaren Personen persönliche statt Telefon- und Email-Beratung, denn sie beurteilen Beratung v. a. dann positiv, wenn sie „sich einmal richtig aussprechen können“ und wenn sie eine dinghafte Unterstützung (z. B. ein relevantes Schriftstück) erhalten (Schaeffer et al. 2004, S. 204). Eine Konzentration auf Beratungsformen, die zwar preiswert ist, jedoch die bedürftigsten Menschen unzureichend anspricht, verfehlt die Empfehlungen des Sachverständigenrats für die konzertierte Aktion im Gesundheitswesen, der bereits 2000/2001 darauf hinwies, dass „für die heute vorherrschenden Formen der Information, Aufklärung und Verhaltensbeeinflussung der gesundheitliche Nutzen vor allem bei gesundheitlich weniger belasteten Menschen aus den sozialen Mittelschichten belegt ist" (SVR 2001, S. 34). Den unabhängigen Patientenberatungen empfiehlt er in seinem Folgegutachten zusätzlich, sich intensiv zu bemühen um die Analyse und Verbesserung der Zugangswege für herkömmlicherweise schwer erreichbare Zielgruppen (SVR 2003, S. 47). Hier wird das bekannte gesundheitswissenschaftliche Dilemma sichtbar: Gesundheitsleistungen erreichen entweder besonders viele Menschen, oder sie erreichen besonders bedürftige Menschen. Besonders viele und besonders bedürftige Menschen gleichzeitig zu erreichen, ist (theoretisch) zu schön, um (empirisch) wahr zu sein.

3 Die exemplarische Feldstudie in der UPD in Witten

Im Rahmen eines Lehrforschungsprojekts an der EFH R-W-L im Masterstudiengang „Soziale Inklusion, Bildung und Gesundheit" wurde der Frage nachgegangen, ob und wie es der UPD unter den gegebenen Rahmenbedingungen gelingen kann, gesundheitlich belastete Zielgruppen mit erhöhtem Unterstützungsbedarf erfolgreich anzusprechen. Die KollegInnen der Regionalberatungsstelle der UPD in Witten erklärten sich dankenswerterweise dazu bereit, exemplarisch zur Verfügung zu stehen und Studierende bei ihrer Lehrforschung zu unterstützen durch Informationen und Beratung. Das Projekt war in drei Phasen geteilt: In der ersten Phase wurden UPD-NutzerInnen gemäß der von der UPD standardmäßig geführten Statistik im Hinblick auf ihre demographischen Kennzeichen analysiert. In der zweiten Phase wurde eine Literaturstudie durchgeführt, die zum Ziel hatte, Zugangswege für „Hidden Populations" zu eruieren. In der dritten Phase wurden Empfehlungen formuliert und mit den KollegInnen der UPD in Witten erörtert.

3.1 Zielgruppenanalyse der NutzerInnen der UPD

Für die Regionalberatungsstelle der UPD in Witten gelten ähnliche Nutzerprofile wie für die übrige UPD auch: Mehr Frauen als Männer, mehr Menschen zwischen 50 und 60 Jahren, und mehr Menschen, die über einen mindestens mittleren Bildungsabschluss verfügen, nehmen Leistungen in Anspruch. Bildungsbenachteiligte Gruppen, Männer, Menschen mit Migrationshintergrund oder Personen mit sozialen Beeinträchtigungen gehören auch in Witten zu den Wenig-Nutzern. Ein komplexes Konglomerat aus individuellen (Unwissenheit, Angst vor Abwertung, Hoffnungslosigkeit etc.) und strukturellen (Standort, Öffnungszeiten, Passung des Angebots etc.) Hemmnissen verhindert offenbar zielgruppenübergreifende Inanspruchnahme.

3.2 Literaturstudie zum Thema Hidden Populations

Eine theoretische und empirische Literaturstudie zur Ansprache sozial und gesundheitlich benachteiligter Zielgruppen erwies sich als wenig fruchtbar, da das Ziel des vorliegenden Lehrforschungsprojekts weniger war, die „typischen" schwer erreichbaren Personen für die UPD zu gewinnen – also MigrantInnen, Arbeitslose, Drogenabhängige etc. –, sondern die sprichwörtliche Lise Müller vom Land und den kleinen Mann von Nebenan. Professioneller gesagt, es ging z. B. um Menschen aus dem Milieu der so genannten „Konsum-Materialisten", deren Alltagskultur nicht von individueller Gesundheitssorge, sondern von bedenkenlosem Genussmittelkonsum, Präferenz für Fastfood, Interesse an Bodytuning bei gleichzeitig ruppigem Selbstumgang sowie durch kritiklosen Einsatz von Medikamenten gekennzeichnet ist (Wippermann et al. 2011, S. 49). Die durchgeführte Literaturrecherche in den gängigen Literaturdatenbanken mittels typischer Suchbegriffe (z. B.: schwer erreichbare Zielgruppen, hidden population, hard-to-reach-population) hilft für solche unklassifizierten Zielgruppen kaum weiter, da dort vornehmlich Ergebnisse auffindbar sind, die sich mit klar definierten Subgruppen befassen. Dennoch lassen sich aus den gewonnenen Erkenntnissen Empfehlungen ableiten, die für alle unzureichend erreichten Personengruppen gleichermaßen gelten.

3.3 Empfehlungen für eine unabhängige Patientenberatung für alle

Die Empfehlungen weisen bedauerlicherweise nicht über das hinaus, was längst bekannt ist – aber auch diese Erkenntnis ist wichtig: Taugliche Lösungswege sind hinlänglich bekannt, doch sie sind offenbar wenig erwünscht (zu personal- und kostenintensiv, zu wenig standardisier- und rationalisierbar) und entsprechend wenig umgesetzt:

- Zunächst gelten die Empfehlungen des Wissenschaftlichen Beirats (2010, S. 4 ff.): Die Beratung der UPD muss sachverständig, leicht zugänglich, verständlich und kostenlos sein und KlientInnen anwaltschaftlich in ihren Selbstkompetenzen stärken.

- Die gemeindenahe Verfügbarkeit ist sicherzustellen. Viele sozial benachteiligte Menschen bevorzugen Face-to-Face-Angebote. Mobile Beratungsbusse erreichen Menschen in niedrig besiedelten Gegenden. Zusätzlich sind aufsuchende Leistungen z. B. für multimorbide Menschen unabdingbar. Auch persönliche Einladungen können Nutzungshemmnisse reduzieren.
- Die Angebote sind zielgruppengerecht auszugestalten, dazu gehört nicht nur Barrierefreiheit für RollstuhlfahrerInnen, sondern z. B. auch eine einladende Atmosphäre, Hinweisschilder, Kinderbetreuung, zielgruppenadäquate Beratungsformen etc. Zielgruppengerechte Medien sind zu nutzen, z. B. macht Großbritannien bei Benachteiligten bessere Erfahrungen mit öffentlichem Gesundheits-TV als mit Internet-Gesundheitsberatung.
- Einrichtungen mit hoher Nutzerfrequenz, z. B. Hausärzte, sind als Kooperationspartner für Vermittlungsdienste zu gewinnen. Gleiches gilt für Apotheken, Kirchengemeinden, Supermärkte etc. Peer-Angebote sind von zusätzlichem Nutzen.
- Anreize erhöhen die Inanspruchnahme, z. B. kostenlose Bustickets oder Willkommensgeschenke. Substanziell spürbare Unterstützung – z. B. ein fertig ausgefüllter Antrag für den Kostenträger – wirkt ebenfalls nutzenförderlich.

Unabhängige Patientenberatung ist kein Instrument, um Gesundheitsausgaben zu senken, zumindest nicht, wenn man sie einsetzen möchte, um besonders bedürftige Menschen zu erreichen und einen Beitrag zur Reduktion gesundheitlicher Ungleichheit zu leisten. Dann ist unabhängige Patientenberatung eine Investition in die Gesundheit einer Bevölkerungsgruppe mit überdurchschnittlichem Bedarf und unterdurchschnittlichem Versorgungsgrad an Gesundheitsleistungen. Um auszuschließen, dass die UPD wie viele andere Angebote des Gesundheitssektors doppelte Benachteiligung fördert und jenen Personen(gruppen) mit den größten Problemen die geringste Unterstützung zuteil werden lässt, ist es unabdingbar, die UPD nicht auf die Bedürfnisse der Mehrheitsgesellschaft zuzuschneiden, denn es sind plurale Minderheiten, die der dringendsten Unterstützung bedürfen. Diese Menschen brauchen Vorort-Einrichtungen in Wohnortnähe, aufsuchende und mobile Angebote, Peergruppen-Angebote etc. (Krause und Schaeffer 2005, S. 19 f.). Schlecht erreichbar – sind Menschen, wenn sie schlecht angesprochen werden. Menschen mit komplexen Problemlagen benötigen komplexe statt schlichte Unterstützungsleistungen.

Literatur

GKV-Spitzenverband (2011) Unabhängige Einrichtungen zur Verbraucher- und Patientenberatung. GKV-Spitzenverband, Berlin. http://www.gkv-spitzenverband.de/Verbraucher__und_Patientenberatung.gkvnet

Krause H, Schaeffer D (2005) Unabhängige Patientenberatung und Nutzerinformationen in Deutschland – Resultate des dreijährigen Modellvorhabens nach § 65b SGB V. Gesundh Ges Wiss 5(1):14–22

Prognos AG (2011) Wissenschaftliche Begleitung des Modellverbundes nach § 65b SGB V Unabhängige Patientenberatung Deutschland. Endbericht zur Modellphase 2006 bis 2010. Prognos AG, Basel

Schaeffer D, Dierks M-L, Hurrelmann K, Keller A, Krause H, Schmidt-Kähler S, Seidel G (2004) Evaluation der Modellprojekte zur Patienten- und Verbraucherberatung nach § 65b Sozialgesetzbuch V – Abschussbericht der wissenschaftlichen Begleitforschung für die Spitzenverbände der GKV

Schröder J, Lochner S, Kirch W (2011) Unabhängige Patientenberatung in Deutschland. Forum Public Health 19(70):9.e1–9.e2

SVR – Sachverständigenrat für die Konzertierte Aktion im Gesundheitswesen (2001) Bedarfsgerechtigkeit und Wirtschaftlichkeit – Kurzfassung. Berlin, SVR

SVR – Sachverständigenrat für die Konzertierte Aktion im Gesundheitswesen (2003) Finanzierung, Nutzerorientierung und Qualität – Kurzfassung. SVR, Berlin

Unabhängige Patientenberatung Deutschland (2011) UPD-Handbuch. UPD, Berlin

Wippermann C, Arnold N, Möller-Slawinski H, Borchard M, Marx P (2011) Chancengerechtigkeit im Gesundheitssystem. VS Verlag für Sozialwissenschaften, Wiesbaden

Wissenschaftlicher Beirat zu den Modellvorhaben nach § 65b SGB V (2010) Eckpunkte für das zukünftige Leistungsprofil einer unabhängigen Patientenberatung. http://www.gkv-spitzenverband.de/upload/Wissenschaftlicher_Beirat_%C2%A7_65_b_SGB_V_-_Stellungnahme__%282010-01-22%29_12047.pdf

Teil IV
AUSBLICK

Soziale Inklusion: Antinomien und Perspektiven für professionelles Handeln im Bereich inklusiver Sozialer Arbeit

Ernst-Ulrich Huster und Carola Kuhlmann

DIE NACHTLAGER
Ich höre, daß in New York
An der Ecke der 26. Straße und des Broadway
Während der Wintermonate jeden Abend ein Mann steht
Und den Obdachlosen, die sich ansammeln
Durch Bitten an Vorübergehende ein Nachtlager verschafft.

Die Welt wird dadurch nicht anders
Die Beziehungen zwischen den Menschen bessern sich nicht
Das Zeitalter der Ausbeutung wird dadurch nicht verkürzt
Aber einige Männer haben ein Nachtlager
Der Wind wird von ihnen eine Nacht lang abgehalten
Der ihnen zugedachte Schnee fällt auf die Straße.
Bertolt Brecht

1 Antinomien und Aporien im Verständnis von sozialer Exklusion

Um eine gute Politik zur Überwindung sozialer Ausgrenzung in unserer Gesellschaft zu machen, wissen wir eigentlich genug. Seit dem Übergang in die 1980er Jahre wird in vielfältiger Weise über Ursachen sozialer Ausgrenzung geforscht, öf-

E.-U. Huster (✉)
Evangelische Fachhochschule RWL, Bochum
und Justus-Liebig-Universität Gießen, Gießen, Deutschland
E-Mail: ernst-ulrich.huster@t-online.de

C. Kuhlmann
Evangelische Fachhochschule RWL, Bochum, Deutschland
E-Mail: kuhlmann@efh-bochum.de

H-J. Balz et al. (Hrsg.), *Soziale Inklusion*, DOI 10.1007/978-3-531-19115-7_21,

© VS Verlag für Sozialwissenschaften | Springer Fachmedien Wiesbaden 2012

fentlich diskutiert und politisch gestritten. Woran liegt es, dass dem in den unterschiedlichen politischen Ebenen und vielfältigen Forschungsansätzen gewonnenen Wissen immer noch zu wenig eine praktische Umsetzung dieser Erkenntnisse folgt, dass Wissen das eine, Politik und Soziale Arbeit aber das andere sind? Einfache Antworten helfen da nicht weiter, denn ganz offensichtlich stößt eine konsequente Inklusionspolitik auf materielle und immaterielle Gegen-Interessen, sind soziale Ausgrenzungsprozesse ganz offensichtlich auch funktional für eine Leistungsgesellschaft, die im Wettbewerb um bessere und schlechtere soziale Chancen nicht nur Distinktion innerhalb der Gesellschaft, sondern auch den Motor für die gesamtgesellschaftliche Wohlstandsmehrung sieht (Huster 1983; Eißel 2012).

Neben dieser allgemeinen Einschätzung, die sicher zu einem komplexeren Handlungsansatz führen muss, der zudem einen sehr langen Atem notwendig macht, ergeben sich auch Perspektiven mit Blick auf konkrete Handlungsebenen, die einmal – zwischen Kommune, Land, Bund und Europäischer Union – nie synchron liefen, laufen und laufen werden und die deshalb jeweils Handlungsspielräume eröffnen, sei es mit dem Ziel kleiner Lösungen, sei es mit dem Ergebnis eines perspektivischen Lernens beim Handeln – und zwar wieder auf den unterschiedlichen Handlungsebenen. Neben diesen öffentlichen Akteuren gibt es zahlreiche zivilgesellschaftliche Interessen und Handlungsansätze, teils in Kombination, teils synchron, teils im Widerspruch zu öffentlichen Interessen stehend. Ergänzen oder paralysieren sich diese unterschiedlichen Stakeholder, wie sie von der Europäischen Union nun einheitlich genannt werden (Zimmermann und Boeckh 2012)? Regen sie sich gegenseitig an oder bloß übereinander auf?

Doch es bleiben strukturelle Anfragen, auch und gerade bezogen auf Widersprüche: Allgemeine Exklusion durch geringe materielle Ausstattung, Bildung und Gesundheit: Bestehen hierzwischen kausale Bezüge oder aber bloß eine lockere Kontingenz bzw. Signifikanz? Bestehen diese Zusammenhänge aktuell und sind folglich derzeit auch bearbeitbar, oder haben sich hier soziale Zusammenhänge intergenerativ verfestigt und sind nur über langfristige Strategien bearbeitbar? Wenn nur langfristig negative soziale Kreisläufe durchbrochen werden können, was geschieht mit dem je einen, konkreten Leben, das eine Verbesserung seiner konkreten Existenz erreichen möchte, erreichen sollte? Man kann diese Hinweise auf Antinomien, teils auf Aporien fortsetzen: Führt Mehr-Wissen wirklich zu einer größeren Handlungsfähigkeit oder verunmöglichst sie nicht eher konkretes Handeln? Wo fängt man an? Muss man erst bei der Bildung ansetzen, um ein besseres Gesundheitsbewusstsein zu erreichen? Doch was nutzt dieses, wenn die allgemeinen Arbeits- und Lebensbedingungen gleich bleiben? Diese Fragenkette lässt sich beliebig variieren. Und schließlich: Was soll erreicht werden? Soziale Inklusion als Ziel – was sind die Parameter: individuell und sozial? Oder ist Soziale Inklusion ein

Prozess, der vor allem auf mehr Teilhabe und Selbstbestimmung ausgerichtet ist? Wer legt diese Normen fest – der/die je Einzelne, die Gemeinschaft oder leitet sich dieses aus höchsten Normen, etwa der „Würde des Menschen" ab, die unantastbar ist (GG Art. 1)?

Im vorliegenden Buch sind viele Antworten auf diese Fragen versucht worden. Ein abschließendes Fazit zu ziehen, das alles bisher Gesagte auf einen Punkt bringen könnte, wäre bei der Vielzahl der theoretischen und praktischen Bezüge der Thematik vermessen. So soll das Folgende als vorläufige Standortbestimmung verstanden werden, die sich insbesondere auf das Zentrum inklusiver Sozialer Arbeit – auf den Umgang mit Armut konzentriert und perspektivisch auf die Frage nach der Qualifizierung von Studierenden für dieses Praxisfeld abzielt.

In dem Spannungsfeld zwischen gesellschaftlicher und zivilgesellschaftlicher Interessenvertretung, zwischen konkreten Handlungsbedarfen und komplexem Handlungswissen, zwischen antinomischen und aporetischen Grundlegungen und dem einen ungeteilten Menschenleben in seinen sozialen Bezügen steht konkretes soziales Handeln – und zwar immer! Wenn man, probater Einzelinitiativen halber, auf die Einbeziehung dieser komplexen Einheit und Widersprüchlichkeit nicht verzichtet, bedarf es einer zielgerichteten Ausbildung mit dem Ziel, Studierende zur Umsetzbarkeit inklusiver Projekte in gesellschaftlichen Problemfeldern zu qualifizieren. Bestandsaufnahme von Ausgrenzungsprozessen, analytische Zuordnung von Ausgrenzungsergebnissen und programmatische sowie praktische Konzeptionalisierung von multidimensionalen Eingrenzungsstrategien sind gefordert, ohne diese Widersprüche zur Seite zu legen, sondern vielmehr auf diesen aufbauend. Es geht um Veränderungswissen auf dem Hintergrund komplexer Faktoren der Beharrung (Eppenstein 2012).

Der Studiengang „Soziale Inklusion: Gesundheit und Bildung" an der Evangelischen Fachhochschule Rheinland-Westfalen-Lippe betritt auf diesem Hintergrund seit 2008 konzeptionell und praktisch Neuland. Er soll deshalb im Folgenden kurz skizziert werden.

2 Der Masterstudiengang „Soziale Inklusion: Gesundheit und Bildung" an der Evangelischen Fachhochschule Bochum

Der Studiengang „Soziale Inklusion: Gesundheit und Bildung" ist als konsekutiver Master auf der Grundlage der BA-Studiengänge aus den Bereichen der Sozialen Arbeit, der Heilpädagogik und Pflege sowie der Erziehungswissenschaft und der Gemeindepädagogik angelegt und zielt auf eine Qualifizierung für die Wahrnehmung verantwortlicher Positionen in sozialen, gesundheitsbezogenen und bildungsrelevanten Berufen bzw. in entsprechenden professionellen Handlungsfeldern. Ziel des Studiengangs ist die Vermittlung von Kompetenzen, die zur wissenschaftlichen Begründung, Konzeptionierung, Durchführung und Evaluation von inklusiven Projekten befähigen. Thematisch richtet sich der Studiengang auf Projekte und Praxen, die zur Reduktion von Armut sowie Benachteiligungen im Bildungs- und Gesundheitswesen beitragen. Basis hierfür stellt die multiperspektivische, interdisziplinäre Durchdringung des komplexen Zusammenhangs von sozialer Inklusion und Exklusion in verschiedenen gesellschaftlichen Bereichen dar.

Gleichermaßen werden mit der Überschreitung bisheriger Strukturen und Disziplingrenzen Fähigkeiten zur kritischen Reflexion professioneller Praxis entwickelt. Dabei wird konsequent versucht, den Zusammenhang zwischen Bildung und Gesundheit sowie sozialer Lage in die akademische Ausbildung zu transferieren und entsprechende professionelle multiperspektivische und zugleich interdisziplinäre Handlungs- und Forschungskompetenzen zu generieren.

Das Profil des Studiengangs ist in einem hohen Maße interkulturell geprägt. Deutschland ist eine multikulturelle Gesellschaft, eingebettet in die Europäische Union und darüber hinaus in internationale Abmachungen zu Gesundheitsfragen (WHO), Fragen der Bildung (Bologna-Prozess) sowie des Arbeitsmarktes (ILO). Der Beschluss des Europäischen Rates von Lissabon im Jahr 2000, die Europäische Union bis zum Jahr 2010 „zum wettbewerbsfähigsten und dynamischsten wissensbasierten Wirtschaftsraum in der Welt zu machen – einem Wirtschaftsraum, der fähig ist, ein dauerhaftes Wirtschaftswachstum mit mehr und besseren Arbeitsplätzen und einem größeren sozialen Zusammenhalt zu erzielen" (social cohesion) (Europäischer Rat 2000), ordnete nationale Politik der sozialen Inklusion supranationalen Zielsetzungen unter, macht diese zum Teil internationaler Sozialer Arbeit. Die Strategie „Europa 2020" sucht dieses fortzusetzen, wenngleich mit einer deutlich weniger klaren Zielsetzung (Europäische Kommission 2010; Benz 2012). Zugleich sind Prozesse sozialer Segregation nur unter gleichzeitiger Einbeziehung interkultureller Sozialer Arbeit umkehrbar, insbesondere in den Bereichen Gesundheit und Bildung. Die bisher vorgelegten PISA–Studien verweisen neben anderem auf den engen Zusammenhang von Migration und Problemen der Bildungsintegration sowohl im Elementarbereich wie in den Schulen (Boeckh 2012).

Auch die nunmehr über zwanzigjährige Armutsberichterstattung in Deutschland (s.u.a. Döring et al. 1990) und in der Europäischen Union zeigt eine ungebrochen segregierende Wirkung sozialer, wirtschaftlicher und politischer Entwicklungen (Benz et al. 2000). Die Ergebnisse des Euro-Paneels zeigen, dass materielle Armut häufig mit Benachteiligungen in anderen Bereichen korreliert (European Commission 2012, siehe auch: Huster et al. 2012).

2.1 Studien- und berufsfeldspezifische Ziele und Kompetenzen

Der von Gerhard Weisser entwickelte und inzwischen weiter ausgeführte Begriff der Lebenslage fragt nach den Handlungsspielräumen, die der Einzelne bezogen auf Einkommen, Kommunikation, Lernen und Erfahren, Regeneration und Partizipation hat (Glatzer und Hübinger 1990). Die langjährige Sozialberichterstattung im Kontext der Europäischen Union hat diesen Lebenslagenansatz bezogen auf fünf zu beachtende Dimensionen zur Bestimmung von Armut operationalisiert: auf Arbeit, Einkommen, Bildung/Ausbildung, Gesundheit und Wohnen, zugleich deren Interdependenzen sowie sozialräumliche Zuordnung erfassend. Dabei kommt den Dimensionen „Einkommen" als Parameter für das Unterschreiten einer sozial definierten Armutsgrenze, „Bildung" als Vorbedingung sozialer Teilhabe und Mobilität sowie „Gesundheit" und bei betroffenen Kindern und Jugendlichen zusätzlich die psychomotorische Entwicklung im Sinne von „Good Health and Development" eine besondere Bedeutung zu.

Über die Dimension Arbeit werden Einkommen, Bildung/Ausbildung und Gesundheit in hohem Maße mitbestimmt, so dass die Veränderungs- oder Eingrenzungsstrategien besonders auf eine Verbesserung von Bildung/Ausbildung bzw. Gesundheit gleichermaßen abzielen müssen.

Die Verbesserung der Bildungsqualität in Deutschland ist, gerade für sozial benachteiligte Kinder und Jugendliche, nicht zuletzt durch die PISA-Studien, als ein für die Zukunft entscheidendes Handlungsfeld erkannt worden (Kuhlmann 2012; Balz et al. 2009). Dabei kommt die AWO-ISS-Studie zur Kinderarmut zu dem ernüchternden Schluss, dass die soziale Selektion bereits auf der Ebene der vorschulischen Erziehung und in der Primarstufe erfolgt (Holz und Skoluda 2003). Der soziale Status eines Kindes bzw. seine Herkunft in Deutschland ist nicht nur für seine Bildungschancen entscheidend. Ärmere Kinder sind auch weniger gesund bzw. haben höhere Risiken in ihrer psychomotorischen Entwicklung (Haverkamp 2012).

Somit vermitteln sich über die gesamte Lebenspanne hinweg in einem Dreieck aus Bildungs- und Erziehungsfragen, sozialen Fragen und Fragen sozial bedingter Erkrankungsrisiken bzw. Gesundungsoptionen Belange von Gesundheit, sozialer Eingrenzung mit einem erweiterten Verständnis von Bildung und Erziehung miteinander. „Bildung" soll in diesem Zusammenhang nicht auf eine Didaktik zur gesundheitlichen Prävention etwa in Hinblick auf gesunde Zähne, Krebsvorsorge oder Vermeidung von Suchtkarrieren reduziert werden, sondern erschließt multidimensionale Zusammenhänge von Lebensbewältigung, Weltaneignung und Resilienz.

Die bisherige akademische Ausbildungs- und insbesondere die Forschungssituation hinsichtlich dieser komplexen Wirklichkeit ist insgesamt als defizitär anzusehen. Um den oben ausgeführten Anspruch an den Studiengang gerecht werden zu können, fließen aktuelle theoretische Reflexionen um Intersektionalität, Differenz in der Sozialen Arbeit und Diversity-Konzepte im Management ein, sowie verhältnispräventiv ausgerichtete Konzepte, die die Defizite bisheriger Programme überwinden, indem sie Prozesse der Exklusion bzw. Inklusion in einer sich pluralisierenden Gesellschaft kritisch berücksichtigen (Schütte 2012). Mit einer solchen Perspektive werden bislang fehlende Kompetenzen zur multidimensionalen Verknüpfung von sozialer Ungleichheit bezüglich Gesundheit, Bildung und Erziehung in Theorie und Praxis entwickelt und ermöglicht.

Mit der Ausrichtung auf Forschungs- und Leitungskompetenz reagiert der Masterstudiengang auf die Entwicklung, dass in der Praxis immer häufiger Projekte initiiert werden, die nicht nur wissenschaftlicher Begründung bedürfen, sondern deren Wirksamkeit auch evaluiert werden muss. Kompetenzen in diesem Bereich, werden von Leiterinnen und Leitern in diesen Projekten erwartet. Gerade im Bereich der aktuellen Reform hin zu Inklusiven Schulen kann ein weiteres Berufsfeld für Masterabsolventen gesehen werden. Der durch die UN-Behindertenrechtskonvention neu entfachte Diskurs zieht eine sich zukünftig verändernde Praxis nach sich, die sich zunächst in Projektform realisieren wird. Das Spannungsfeld, in das der Master „Soziale Inklusion" durch diese Inklusionsdebatte geraten ist, gilt es auszuhalten. Der bisher vorrangig auf die Armutsproblematik fokussierte Masterstudiengang muss sich den Themen der Exklusion behinderter Menschen aus Schulen oder Jugendhilfeeinrichtungen, dem Arbeitsmarkt oder sozialen Institutionen stellen, will er sich nicht den Vorwurf gefallen lassen, unzulässig ein wichtiges Thema sozialer Ausgrenzung zu vernachlässigen (vgl. Degener/Mogge-Grotjahn in diesem Bd.).

2.2 Angestrebte berufliche Tätigkeitsfelder

Insgesamt hat die Einführung der BA-Studiengänge im Bereich der Sozialen Arbeit Auswirkungen auf die Beschäftigungsbefähigung der Absolventen gehabt. Für eine stärker eigenverantwortliche Tätigkeit, die die Entwicklung, Durchführung und Evaluation von Projekten zu leisten hat, reicht in den meisten Fällen die BA-Qualifizierung nicht aus. Das Thema der Inklusion von durch Armut bedrohten oder von Armut betroffenen Menschen ist gesellschaftlich hoch relevant und die Zusammenarbeit mit Bürgerinitiativen in diesem Bereich (z. B. die Tafelbewegung) sowie deren kritische Reflexion sind sinnvoll und gewünscht. Noch immer stellt auch das Problem der Armut alleinerziehender Frauen eine große gesellschaftliche Herausforderung dar, die durch die Gesetzgebung noch nicht in einer Weise geregelt sind, dass sich kompensierende Hilfen im Bereich der Sozialen Arbeit erübrigen (Boeckh et al. 2011[3]). Im Modul, das sich mit intersektioneller Benachteiligung beschäftigt, spielt daher das Thema der Geschlechtergerechtigkeit – gerade in Bezug auf Armutsfragen – eine wichtige Rolle.

Absolventen/innen des Master-Studiengangs „Soziale Inklusion" qualifizieren sich u. a. für die Leitung und/oder Konzeptentwicklung von Bildungseinrichtungen der Kinder-, Jugend- und Erwachsenenbildung (z. B. Familienzentren, Kindertagesstätten, Horte, Jugendakademien, Volkshochschulen, Bildungswerke etc.). Dem Praxisfeld der Schulsozialarbeit kommt im Rahmen des Bildungsbereiches dabei besondere Bedeutung zu. Daneben qualifizieren sie sich zur Übernahme von Leitungsverantwortung bei privaten, kommunalen und regionalen Gesundheits- (medizinische Versorgungszentren, Polikliniken, ambulante Formen der Patientenversorgung, Kliniken) und Fördereinrichtungen (z. B. Frühfördereinrichtungen, Sozialpädiatrische Zentren, Eltern-Kind-Einrichtungen). Hinzu kommen die verschiedenen Ebenen des Sozialstaates bis hin zu internationalen Organisationen mit Aufgaben im Bereich sozialer Inklusion, Bildung bzw. Gesundheit.

3 Qualifizierung und Beschäftigungsfähigkeit für den sozialen Widerspruch

Im Bereich der abschließenden Reflexion des Masterstudiengangs geht es immer wieder auch um Antinomien und Aporien einer Sozialen Arbeit, die mit Armut konfrontiert ist. Es gilt, zukünftigen Professionellen dieses Spannungsverhältnis, in dem sie sich verorten und bewegen müssen, zu verdeutlichen. In diesem Bereich hat Soziale Arbeit ihre Janusköpfigkeit nicht abgelegt, nicht ablegen können. Seit Beginn der christlichen Armenfürsorge war und ist Soziale Arbeit immer ein Zusammenspiel von organisierter kommunaler Sozialpolitik und freiwilliger praktizierter Nächstenliebe, die sich als Wohltätigkeit (englisch: Charity) verstand. Der bzw. die Einzelne steht im Zentrum, sein/ihr Lebensschicksal gilt es zu wenden – durch materielle und immaterielle Hilfestellung, aber auch durch Hinführung zur Selbsthilfe bzw. durch Sanktionen, bei Nichtbeteiligung am Hilfeprozess bzw. beim Nichteinlösen von Auflagen. Soziale Hilfe leistet Kompensation, beinhaltet aber auch Erziehung und im Zweifelsfalle soziale Disziplinierung (Sachße und Tennstedt 1986, vgl. Kuhlmann in diesem Band zu Machtpolitiken im Sinne Foucaults). Diese Seite Sozialer Arbeit sieht im Hilfesuchenden ein Wesen, das von der gesellschaftlichen Norm abweicht, und sie klagt die Akzeptanz dieser Normen durch den Bedürftigen ein. Das Begrüßungsritual etwa bei Johann Hinrich Wichern für seine Zöglinge im Rauhen Haus steht hierfür pars pro toto: „Mein Kind, dir sind alle deine Sünden vergeben." brandmarkte die vorfindliche Not als Ergebnis einer Normabweichung („Sünde"), der mit „Liebe" begegnet werden solle: geregeltes Leben, Bildung, basale berufliche Ausbildung und dann – mit 14 Jahren – Entlassen-Werden in das „Leben" (Wichern 1979, Werke, Bd 4, S. 108). Soziale Ausgrenzung wurde als Einzelschicksal wahrgenommen, wenngleich es millionenfach vorfindbar war und ist. Soziale Intervention zielte auf das Verhalten des Einzelnen, der zu mehr Eigeninitiative und Selbsthilfe befähigt werden sollte. Wohltätige Organisationen, Caritas und Diakonie, verstanden und verstehen sich noch heute oft (vgl. Charity-Veranstaltungen und -sendungen heute) als unpolitisch, sie klammeren die sozialen Rahmenbedingungen weitestgehend aus bzw. koppeln die Bearbeitung der Schädigungen am Einzelnen unter Aufrechterhaltung des sozialen Status quo. Doch gerade darin waren sie und sind sie immer auch politisch, politisch eben im Sinne des Statuserhalts.

Soziale Intervention konnte immer auch bewusst politisch sein. Zu erinnern ist an die sozialepidemiologischen Untersuchungen etwa von Rudolf Virchow, an die Bestimmung von Sozialer Arbeit als Herstellung sozialer Gerechtigkeit bei Alice Salomon und etwa im Konzept der Gemeinwesenarbeit. Soziale Arbeit in diesem Sinn will hier beides: soziale Verhältnisse benennen, ihren Anteil am Exklusionsprozess deutlich machen und die Betroffenen befähigen, ihre Interessen zumindest öffentlich zu machen. Diese Position versteht sich bewusst als politisch, will Veränderungen sozialer Rahmenbedingungen, sucht aber zugleich nach Strategien, diesen Prozess in das gesellschaftlich wirksame Kräfteparallelogramm einzubringen. Sie setzt sich damit nicht nur von „Charity" ab, sondern auch von jener radikalen Alternative, die Reformen im vorfindlichen Gesellschaftssystem als letztlich systemimmanente Kosmetik betrachten, ohne die eigentlichen Ursachen sozialer Ausgrenzung tatsächlich zu benennen, geschweige denn politisch verändern zu suchen.

Die Ausbildung zum/zur Tätigen in der Sozialen Arbeit und damit auch die Herstellung von Beschäftigungsfähigkeit in leitenden Funktionen etwa über das Master-Studium, ist in diesem Widerspruch befangen, sie muss ihn thematisieren und dadurch Handlungsoptionen eröffnen. Es bleibt der Notfall, die Krisensituation, die letztlich nichts anderes als eine einzelfallbezogene Intervention notwendig macht. Das SGB XII sieht in seinen Paragraphen 67 ff. explizit Hilfen für diese Fälle vor. Auf der anderen Seit müssen Konzepte, die auf soziale Inklusion abzielen, die sozialen und politischen Rahmenbedingungen, Sozialisationsagenturen und deren Langfristwirkung, nationale und internationale Einflüsse in die Lebenswelt derjenigen, für die und mit denen hier geplant und umgesetzt wird, einbeziehen – und auf deren Veränderbarkeit hin hinterfragen. Änderungswissen bedeutet auch das Wissen um die Veränderbarkeit von Rahmenbedingungen, zugleich handelnder

Akteure – wie anders ist es möglich gewesen, aus einer frühkapitalistischen Notsituation heraus ein Sozialversicherungssystem aufzubauen, das seit seinen Anfängen 1881 beachtlich weiterentwickelt wurde, allerdings immer wieder auch mit Rückschlägen und Infragestellungen konfrontiert war. Änderungswissen ist letztlich nur aus dem Zusammengehen von rationaler Situationsanalyse, dem Herstellen gesellschaftlicher Bezüge, dem Lernen am konkreten Beispiel (geschichtlich, aktuell) und dem Erproben neuer Wege zu gewinnen. Änderungswissen setzt einen aktiven Theorie-Praxis-Bezug voraus, und dieses immer unter geschichtlicher Perspektive.

Soziale Inklusion ist nur durch soziale Partizipation der Betroffenen möglich. Soziale Rahmenbedingungen betreffen soziale Gruppen, auch Einzelpersonen, aber immer deren gesamten Lebenskontext. Diese sozialen Rahmenbedingungen entmutigen, provozieren Fragen, aktivieren Ressourcen – mal mehr mal weniger. Soziale Arbeit meint hier eine Zwei- oder gar Mehrbahn-Straße, sie setzt auf bewusste Interaktion, die die Stärke, Stoßrichtung und das Ergebnis sozialer Interventionen mitbestimmen. Individuelle Interessen werden zu sozialen gebündelt, können sich organisieren, können sich allerdings auch wieder auflösen. Für alle Varianten gibt es historische und aktuelle Beispiele.

Die Stellung Sozialer Arbeit im sozialen Widerspruch, von dem Klassiker der Sozialpolitik wie Eduard Heimann und Hermann Heller nachhaltig gesprochen haben (Huster 2012), hat sich modifiziert, der soziale Grundwiderspruch in der Gesellschaft jedoch ist nicht aufgelöst. Doch die Geschichte der sozialen Intervention zeigt auch, dass und wie man Handlungsspielräume erkennen, nutzen und auch erfolgreich gestalten kann – wohl wissend, dass Rückschläge, Infragestellungen immer möglich sind. Ein Master Soziale Inklusion ist in einer Gesellschaft, die massive Ausgrenzungsprozesse nicht nur befördert, sondern teilweise sogar voraussetzt, beides: eine contradictio in adjecto und eine positive Gestaltungsoption. Soziale Arbeit Leistende müssen befähigt werden, dieses nicht nur auszuhalten, sondern darin zugleich eine Chance für die Umsetzung dessen in praktischer Arbeit sehen, was sie aus ihrem Menschenbild ableiten. Damit schließt sich der Zirkel zur ersten, einzelfallbezogenen sozialen Intervention: Gemeinsam ist ihnen das Bild von einem Menschen, der einerseits eine unaufgebbare Würde hat, der aber andererseits durch eigenes und fremdes Tun immer wieder gefährdet ist. Strategien sozialer Inklusion gewinnen aus diesem Menschenbild ihre Kraft – diese kann sicherlich nicht immer Berge versetzen, aber doch mehr als bloßer wie auch immer theoretisch begründeter Attentismus sein. In diesem Sinne schließt sich der Master Soziale Inklusion: Gesundheit und Bildung der Aussage von Bert Brecht an: Einzelfallbezogene Soziale Arbeit verkürzt vermutlich nicht das Zeitalter der Ungerechtigkeiten, aber sie verlängert es auch nicht automatisch (wie die „antikapitalistische Sozialarbeit" der 1970er Jahre behauptete). Inklusionsprojekte sind vielmehr Teil dieses Spannungsverhältnisses zwischen Verlängern und Infragestellung sozialer Ausgrenzung und gewinnen daraus ihre Relevanz.

Literatur

Balz H-J, Biedermann K, Huster E-U, Mogge-Grotjahn H, Zinda U (Hrsg) (2009) Zukunft der Familienhilfe. Veränderungen und integrative Lösungsansätze. Neukirchner Verlagsgesellschaft, Neukirchen-Vluyn

Balz H-J, Huster E-U, Kuhlmann C (2011) Soziale Inklusion: Änderungswissen und Handlungskompetenz im sozialen Feld – Master-Thesen und Promotionsprojekte. Denken und Handeln, Bochum

Benz B (2012) Armutspolitik der Europäischen Union. In: Huster E-U et al (Hrsg) Handbuch Armut und soziale Ausgrenzung. VS Verlag, Wiesbaden. S 644–662

Benz B, Boeckh J, Huster E-U (2000) Sozialraum Europa. VS-Verlag, Opladen

Boeckh J (2012) Migration und soziale Ausgrenzung. In: Huster E-U et al (Hrsg) Handbuch Armut und soziale Ausgrenzung. VS-Verlag, Wiesbaden, S 411–433

Boeckh J, Huster E-U, Benz B (2011[3]) Sozialpolitik in Deutschland. Eine systematische Einführung, Wiesbaden, 3. Grundlegend überarbeitete und erweiterte Aufl. VS-Verlag, Wiesbaden

Döring D, Hanesch W, Huster E-U (Hrsg) (1990) Armut im Wohlstand. Suhrkamp, Frankfurt a. M.

Eißel D (2012) Ungleichheit und Armut als Movens von Wachstum und Wohlstand? In: Huster E-U et al (Hrsg) Handbuch Armut und soziale Ausgrenzung. VS-Verlag, Wiesbaden, S 60–77

Eppenstein T (2012) Wer ändert was – Was ändert wen? Verändernde Praxis als Herausforderung für Hochschulausbildung und berufliches Handeln. In: Huster E-U et al (Hrsg) Handbuch Armut und soziale Ausgrenzung. VS Verlag, Wiesbaden. S 663–679

Europäische Kommission (2010) Europa 2020. Eine Strategie für intelligentes, nachhaltiges und integratives Wachstum, Mitteilung der Kommission, KOM (2010) 2020 endgültig vom 3. März 2010, Brüssel

Europäischer Rat (2000) Schlussfolgerungen des Vorsitzes, Europäischer Rat von Lissabon am 23./24. März 2000. http://www.consilium.europa.eu/uedocs/cms_data/docs/pressdata/de/ec/00100-r1.d0.htm. Zugegriffen: 09. Feb 2012

European Commission (2012) Employment and Social Developements in Europe 2011, Brussels

Glatzer W, Hübinger W (1990) Lebenslagen und Armut. In: Döring D et al (Hrsg) Armut im Wohlstand. Suhrkamp, Frankfurt a. M., S 31–55

Haverkamp F (2012) Gesundheit und soziale Lebenslage: Herausforderung für eine inklusive Gesundheitsversorgung. In: Huster E-U et al (Hrsg) Handbuch Armut und soziale Ausgrenzung . VS-Verlag, Wiesbaden, S 365–382

Holz G, Skoluda S (2003) „Armut im frühen Grundschulalter", Abschlussbericht der vertiefenden Untersuchung zu Lebenssituation, Ressourcen und Bewältigungshandeln von Kindern im Auftrag des Bundesverbandes der Arbeiterwohlfahrt. ISS-Eigenverlag, Frankfurt a. M.

Huster E-U (1983) Muss unsere Gesellschaft mit der Armut leben? Thesen, vorgetragen auf der Tagung der Evangelischen Akademie in Loccum über „Armut in der Bundesrepublik Deutschland“ vom 20.–22. Oktober 1982, in: Loccumer Protokolle, Nr. 25/1982, S 83–95; abgedruckt auch in: Frankfurter Rundschau vom 28.01.1983, S 10

Huster E.-U. (2012²) Soziale Teilhabe als sozialstaatliches Ziel – Der sozialpolitische Diskurs. In Huster E-U, Boeckh J, Mogge-Grotjahn H (Hrsg) (2012²) Handbuch Armut und soziale Ausgrenzung, S. 78–103. VS-Verlag, Wiesbaden

Huster E-U, Boeckh J, Mogge-Grotjahn H (Hrsg) (2012²) Handbuch Armut und soziale Ausgrenzung, 2.erweiterte und überarbeitete Aufl. VS-Verlag, Wiesbaden

Kuhlmann C (2012) Bildungsarmut und die soziale „Vererbung“ von Ungleichheiten. In: Huster E-U et al (Hrsg) Handbuch Armut und soziale Ausgrenzung. VS-Verlag, Wiesbaden, S 342–364

Sachße C, Tennstedt F (Hrsg) (1986) Soziale Sicherheit und soziale Disziplinierung. Suhrkamp, Frankfurt a. M.

Schütte J (2012²) Soziale Inklusion und Exklusion: Norm, Zustandsbeschreibung und Handlungsoptionen. In: Huster E-U et al (Hrsg) Handbuch Armut und soziale Ausgrenzung. VS Verlag, Wiesbaden. S 104–121

Wichern JH (1979) Ausgewählte Schriften, Bd 2: Pädagogische Schriften. GTB, Gütersloh

Zimmermann G, Boeckh J (2012²) Politische Repräsentation schwacher sozialer Interessen. In: Huster E-U et al (Hrsg) Handbuch Armut und soziale Ausgrenzung. VS Verlag, Wiesbaden. S 680–698

Liste der Autorinnen und Autoren

Bakarinow-Busse, Katja, Jg. 1954, Dipl.-Päd., systemische Supervisorin, Supervisorin und Patientenberaterin, Unabhängige Patientenberatung Deutschland, Regionalberatungsstelle Dortmund
E-Mail: katja.bakarinow-busse@upd-online.de

Balz, Hans-Jürgen, Prof. Dr. phil., Jg. 1957, Dipl. Psychologe, Professor für Psychologie an der Evangelischen Fachhochschule Rheinland-Westfalen-Lippe (RWL) Bochum, Schwerpunkte: Beratung und Diagnostik, Teamarbeit in psychosozialen Organisationen, Berufs- und Laufbahnberatung, Soziales Lernen in der Schule
E-Mail: balz@efh-bochum.de

Benz, Benjamin, Prof. Dr. rer. soc., Jg.1973, Dipl.-Soz.Arb. (FH), Professor für Politikwissenschaft / Sozialpolitik an der Evangelischen Fachhochschule RWL Bochum
E-Mail: benz@efh-bochum.de

Bourcarde, Kay, Dr. rer. soc., Jg. 1978, Politikwissenschaftler (MA), Referent für Beschäftigung, Jugendarbeitsmarktpolitik und Fachkräftesicherung im Ministerium für Soziales, Arbeit, Gesundheit und Demografie Rheinland-Pfalz
E-Mail: bourcarde@t-online.de

Clausen, Jens Jürgen, Prof. Dr. phil., Jg. 1954, Erziehungswissenschaftler, Professor für Heilpädagogik an der Katholischen Hochschule Freiburg, Schwerpunkte der Forschung und Lehre: Teilhabe und Selbstbestimmung von erwachsenen Menschen mit Behinderung im Bereich Wohnen, Arbeit und Bildung und Elternschaft
E-Mail: jens.clausen@kh-freiburg.de

Degener, Theresia, Prof. Dr. jur. (Frankfurt/M.) & LL.M. (Berkeley), Jg. 1961, Professorin für Recht und Disability Studies an der Evangelischen Fachhochschule RWL Bochum, Lehr- und Forschungsgebiete: Behindertenrecht, Frauenrecht und Internationale Menschenrechte sowie Disability Studies
E-Mail: degener@efh-bochum.de

H-J. Balz et al. (Hrsg.), *Soziale Inklusion*, DOI 10.1007/978-3-531-19115-7,
© VS Verlag für Sozialwissenschaften | Springer Fachmedien Wiesbaden 2012

Eppenstein, Thomas, Prof. Dr. phil., Jg. 1953, Professor für Erziehungswissenschaften und Theorien Sozialer Arbeit an der Evangelischen Fachhochschule RWL Bochum. Forschungsschwerpunkte liegen im Bereich der interkulturellen Pädagogik, Bildung für nachhaltige Entwicklung, Soziale Inklusion und Soziale Arbeit
E-Mail: eppenstein@efh-bochum.de

Formann, Claudia, Jg. 1958, Dipl. Sozialarbeiterin, Weiterbildung zur Mediatorin und Klientenzentrierte Gesprächsführung, seit 2005 Integrationsbeauftragte der Stadt Witten
E-Mail: claudia.formann@stadt-witten.de

Graumann, Sigrid, Prof. Dr. rer. nat., Dr. phil., Jg. 1962, Philosophin und Biologin, Professorin für Ethik im Fachbereich Heilpädagogik an der Evangelischen Fachhochschule RWL Bochum. Forschungsschwerpunkte: Bioethik und Behinderung, UN-Behindertenrechtskonvention
E-Mail: graumann@efh-bochum

Graebsch-Wagener, Sophie, Jg. 1952, Sozial- und Erziehungswissenschaftlerin, Stadträtin a. D., Lehrbeauftragte an der Evangelischen Fachhochschule RWL Bochum
E-Mail: s.graebsch-wagener@dokom.net

Große-Bley, Christiane, Jg. 1961, Dipl.-Kauffrau, Dipl.-Heilpädagogin, seit 2006 als Dipl.-Heilpädagogin an Bochumer Grundschulen tätig, Lehrbeauftragte im Fachbereich Heilpädagogik an der Ev. Fachhochschule RWL
E-Mail: chr_grosse_bley@web.de

Haverkamp, Fritz, Prof. Dr. med., Jg.1952, Dipl.-Psych., Kinder- und Jugendarzt, Neuropädiater, Professor für Soziale Medizin an der Evangelischen Fachhochschule RWL Bochum, Forschungsschwerpunkte: Neurokognitive Entwicklung bei Kindern, Psychosoziale Adaptation bei chronischen Erkrankungen, Entwicklung inkludierender medizinischer Versorgungsmodelle
E-Mail: f.haverkamp@efh-bochum.de

Henke, Ursula, Prof. Dr. rer. soc., Jg. 1951, Professorin für Soziologie an der Evangelischen Fachhochschule RWL Bochum, Privatdozentin an der Fakultät für Sozialwissenschaft der Ruhr-Universität Bochum, Schwerpunkte in Lehre und Forschung: Devianztheorien, Familiensoziologie, Sozial- und Gesundheitsberichterstattung, Mediennutzung sozial benachteiligter Jugendlicher, Pflegende Angehörige, ADHS und Waldpädagogik
E-Mail: henke@efh-bochum.de

Huster, Ernst-Ulrich, Prof. Dr. phil., Jg. 1945, Professor für Politikwissenschaft an der Evangelischen Fachhochschule RWL Bochum und Privatdozent an der Justus-Liebig-Universität Gießen
E-Mail: ernst-ulrich.huster@t-online.de

Kiesel, Doron, Prof. Dr. phil., Jg. 1949, Fachhochschule Erfurt, Fakultät Angewandte Sozialwissenschaften, Lehrgebiete: Interkulturelle Pädagogik und interkulturelle Soziale Arbeit, Migrations- und Minderheitenforschung, Integrationstheorien, Forschungsgebiete: Migration und Integration russischsprachiger Juden aus der ehemaligen Sowjetunion in Deutschland; Antisemitismus und Fremdenfeindlichkeit in Thüringen; Migrationsprozesse und Integrationsmuster in Thüringen
E-Mail: kiesel@fh-erfurt.de

Kuhlmann, Carola, Prof., Dr. phil., Jg. 1959, Erziehungswissenschaftlerin, Professorin für Pädagogik/Erziehungswissenschaft an der Evangelischen Fachhochschule RWL Bochum, Schwerpunkte in Lehre und Forschung: Geschichte und Theorie Sozialer Arbeit, Bildung und soziale Ungleichheit, Erziehungshilfe
E-Mail: kuhlmann@efh-bochum.de

Mielck, Andreas, Dr. phil., M.P.H., Jg. 1951, Helmholtz Zentrum München – Deutsches Forschungszentrum für Gesundheit und Umwelt, Institut für Gesundheitsökonomie und Management im Gesundheitswesen
E-Mail: mielck@helmholtz-muenchen.de

Mogge-Grotjahn, Hildegard, Prof. Dr. rer. soc., Jg. 1953, Diplom-Soziologin. Tätigkeiten als Bildungsreferentin, Studienleiterin und wissenschaftliche Mitarbeiterin, Professorin für Soziologie an der Evangelischen Fachhochschule RWL Bochum, Tätigkeit als Coach und Master-Coach (DGfC) für Fachkräfte in sozialen und pädagogischen Berufen
E-Mail: mogge-grotjahn@efh-bochum.de

Nüsken, Dirk, Prof. Dr. phil., Jg. 1970, Professor für Theorie und Praxis der Sozialen Arbeit an der Evangelischen Fachhochschule RWL Bochum, Schwerpunkte: Kinder- und Jugendhilfe, Hilfen zur Erziehung, Jugendberufshilfe, Kinderschutz und frühe Hilfen, Evaluation, Praxisforschung und Praxisentwicklung
E-Mail: nuesken@efh-bochum.de

Pfannschmidt, Steffen, Jg. 1982, M.A. Soziale Inklusion: Gesundheit und Bildung, B.A. Soziale Arbeit, Sozialarbeiter, CVJM-Jugendreferent, Erlebnis- und Umweltpädagoge, teilzeitbeschäftigte Lehrkraft, seit 2011 wissenschaftlicher Mitarbeiter an der EFH-Bochum in einem Forschungsprojekt zur Heimkinderziehung im 20. Jahrhundert
E-Mail: steffen.pfannschmidt@yahoo.de

Platte, Andrea, Prof. Dr. paed., Jg. 1963, Lehrerin für Sonderpädagogik, Professorin für „Bildungsdidaktik mit dem Schwerpunkt Didaktik der Elementarpädagogik" an der Sozialwissenschaftlichen Fakultät der Fachhochschule Köln, Institut für Kindheit, Jugend, Familie und Erwachsene
E-Mail: andrea.platte@fh-koeln.de

Rudl, Rainer, Jg. 1958, Diplom-Verwaltungswirt, Diplom-Sozialpädagoge, achtjährige Zeit als Haus-/Familienmann von 1996-2004, Leiter des Büros Ambulante Hilfen Wesel des Neukirchener Erziehungsvereins
E-Mail: rainer.rudl@neukirchener.de

Schlott, Christiane, Jg. 1973, Diplom-Sozialarbeiterin/Diplom-Sozialpädagogin (FH), staatlich anerkannte Erzieherin, Kath. Kindergarten und Familienzentrum St. Barbara des SKFM Wattenscheid e.V.
E-Mail: Christiane.Schlott@kita-st-barbara.de

Schmidt, Bettina, Prof. Dr. Public Health, Jg. 1967, Diplom-Sozialwissenschaftlerin und Master of Public Health. Professorin für Soziale Arbeit im Gesundheitswesen an der Evangelischen Fachhochschule RWL Bochum
E-Mail: bschmidt@efh-bochum.de

Wendler, Michael, Prof. Dr. phil., Jg. 1961, Diplom-Motologe, Professor für Heilpädagogik mit Schwerpunkt Bewegungspädagogik/ Motopädagogik an der Evangelischen Fachhochschule RWL Bochum
E-Mail: wendler@efh-bochum.de

Wicking, Ulrich, Jg. 1949, Diplom-Verwaltungswirt, Leitender städtischer Verwaltungsdirektor, Stadt Bochum, Schulverwaltungsamt, Amtsleiter
E-Mail: Wicking@bochum.de

14889342R00188

Printed in Poland
by Amazon Fulfillment
Poland Sp. z o.o., Wrocław